국정의 상상력 I

발간등록번호
12-1071000-000079-01

국정의 상상력 I

국정과제협의회 정책기획시리즈 **20**

조 대 엽
김 선 혁
양 종 곤
문 진 영
김 경 희
곽 채 기
구 갑 우
공 편

대통령직속
정책기획위원회
The Presidential Commission on Policy Planning

차 례

국정의 상상력 I

제1부 민주주의의 실현

제2부 일자리 경제와 혁신 성장

제3부 포용적 복지 국가

국정의 상상력 II

제6부 코로나19 위기 대응과 한국판 뉴딜

표 차례

그림 차례

국정과제협의회 정책기획시리즈
발간에 붙여

대통령직속 정책기획위원회

위원장 조대엽

1. 문재인 정부 5년, 정책기획위원회 5년을 돌아보며

문재인 정부가 출범한 지 5년차가 되었습니다. 돌이켜보면 전국의 거리를 밝힌 거대한 촛불의 물결과 전임 대통령의 탄핵, 새 정부출범에 이르는 과정은 '촛불혁명'이라고 할 만했습니다. 2016년 촛불혁명은 법과 제도의 틀에서 전개된 특별한 혁명이었습니다. 1,700만 명의 군중이 모여 촛불의 바다를 이루었지만 법의 선을 넘지 않았습니다. 전임 대통령의 탄핵과 새 대통령의 선출이 법과 정치적 절차의 훼손 없이 제도적으로 진행되었습니다. '제도혁명'이라고도 부를 수 있는 참으로 특별한 정치 과정이 아닐 수 없습니다. 세계적으로 대의 민주주의의 위기와 한계가 뚜렷한 가운데 2017년 문재인 정부의 출범 과정은 현대 민주주의의 범위와 내용을 제도적으로 확장한 정치사적 성과라고도 할 수 있습니다.

현대 민주주의의 괄목할 만한 진화를 이끌고 제도혁명으로 집권한 문재인 정부가 5년차를 맞았습니다. 선거 후 바로 대통령 취임과 함께 국정기획자문위원회가 출발해 100대 국정과제를 선별하면서 문재인 정부의 정치 일정이 시작되었습니다. 집권 5년차를 맞으며 인수위도 없이 출발한 집권 초기의 긴박한 과정을 떠올리면 문재인 정부는 임기 마지막까지 국정의 긴장을 늦출 수 없는 운명을 지녔습니다. 어쩌면 문재인 정부는 '제도혁명정부'라는 특별한 성격을 갖는다는 점에서 거의 모든 정부가 예외 없이 겪었던 임기 후반의 '레임덕'이라는 표현은 정치적 사치일 수 있습니다. 문재인 정부의 남은 시간 동안 지난 5년의 국정 성과에 이어 마지막까지 성과를 만들어냄으로써 국정의 긴장과 동력을 잃지 않는 일이 무엇보다 중요한 시점입니다. 그것이 문재인 정부의 역사적 소명이기도 합니다.

정책기획위원회는 지난 5년간 대통령 직속기구로서 폭넓은 국정자문 활동을 했습니다. 정책기획위원회의 주된 일은 국정과제 전반을 점검하고 대통령에게 필요한 내용들을 보고하는 일입니다. 지난 5년 정책기획위원회의 역할을 구분하면 정책 콘텐츠 관리와 정책 네트워크 관리, 정책소통 관리라는 세 가지로 요약할 수 있습니다.

먼저, 정책 콘텐츠 관리는 국가 중장기 발전전략 및 정책 방향 수립과 함께 100대 국정과제의 추진과 조정, 국정과제 관련 보고회의 지원, 국정분야별 정책 및 현안과제 연구, 대통령이 요구하는 국가 주요 정책 연구 등을 포괄합니다. 둘째로 정책 네트워크 관리는 청와대, 총리실, 정부부처, 정부출연 연구기관, 정당 등과의 협업 및 교류가 중요하며, 학계, 전문가 집단, 시민단체 등과의 네트워크 확장을 포함합니다. 특히 정책기획위원회는 대통령 소속 위원회를 통괄하는 기능을 갖기도 합니다.

대통령 소속의 9개 주요 위원회로 구성된 '국정과제협의회'의 의장

위원회로서 대통령 위원회의 소통과 협업의 구심 역할을 했습니다. 셋째로 정책소통 관리는 정부부처 간의 소통과 협력을 매개하는 역할이나 정책 쟁점이나 정책 성과에 대해 국민들이 공감할 수 있도록 정책 담론을 생산하고 확산하는 일을 포괄합니다. 연구용역이나 주요 정책 TF 운용의 결과를 다양한 형태의 간담회, 학술회의, 토론회, 언론 기고, 자체 온라인 방송 채널을 통해 공유하기도 했습니다.

정책기획위원회의 1기는 정부 출범 시 '국정기획자문위원회'가 만든 100대 국정과제의 관리와 '미래비전 2045'를 만드는 데 중점이 두어졌습니다. 말하자면 정책 콘텐츠 관리에 중점을 둔 셈입니다. 정책기획위원회의 2기는 위기적 정책 환경에 대응하는 정책 콘텐츠 생산과 집권 후반부의 성과관리라는 측면에서 과제가 큰 폭으로 늘었습니다. 주지하듯 문재인 정부의 후반부는 세계사적이고 문명사적인 아주 특별한 시대적 위기를 맞고 있습니다. 코로나19 팬데믹이라는 문명사적 위기는 정책기획위원회 2기의 정책 환경을 완전히 바꾸었습니다. 정책기획위원회는 코로나19 발생 이후 포스트 코로나시대에 새롭게 부가되는 국정과제를 100대 과제와 조정 보완하는 작업, 감염병 대응과 보건의료체제 혁신을 위한 종합 대책의 마련, 코로나19 이후 거대 전환의 사회변동에 대한 전망, 한국판 뉴딜의 보완과 국정자문단의 운영 등을 새로운 과제로 진행했습니다.

정책기획위원회의 2기는 코로나19 팬데믹으로 인한 방역위기와 경제위기를 뚫고 나아가는 국가 혁신전략들을 지원하는 일과 함께, 무엇보다도 문재인 정부의 국정성과를 정리하고 〈국정백서〉를 집필하는 일이 남아 있습니다. 우리 위원회는 성과관리를 단순히 정부의 치적을 정리하는 수준이 아니라 국정성과를 국민의 성과로 간주하고 국민과 공유해야 한다는 차원에서 정책 소통의 한 축으로 간주하고 있습니다.

우리 위원회는 문재인 정부가 촛불혁명의 정부로서 그리고 제도혁명의 정부로서 지향했던 비전의 진화 경로를 종합적 조감도로 그렸고 이 비전 진화의 경로를 따라 축적된 지난 5년의 성과를 포괄적으로 정리하기도 했습니다. 다양한 정책성과 관련 담론들을 세부적으로 만드는 과정이 이어지는 가운데, 우리 위원회는 그간의 위원회 활동 결과로 생산된 다양한 정책담론들을 단행본으로 만들어 대중적으로 공유하면 좋겠다는 데에 뜻을 모았습니다. 이러한 취지는 정책기획위원회뿐 아니라 국정과제협의회 소속의 다른 대통령 위원회도 공유함으로써 단행본 발간에 동참하게 되었습니다. '국정과제협의회 정책기획시리즈'가 탄생했고 각 단행본의 주제와 필진 선정, 그리고 출판은 각 위원회가 주관해서 진행하는 것으로 했습니다.

정책기획위원회가 출간하는 이번 단행본들은 정부의 중점 정책이나 대표 정책을 다루는 것이 아닙니다. 또 단행본의 주제들은 특별한 기준에 따라 선별된 것도 아닙니다. 이번에 출간하는 단행본 시리즈의 내용들은 정부 정책이나 법안에 반영된 것도 있고 그렇지 않은 것도 포함되어 있습니다. 따라서 이 책의 내용들은 정부나 정책기획위원회의 공식 입장이라고 할 수 없습니다. 정책기획위원회에서 지난 5년간 다양한 방식으로 논의된 정책담론들 가운데 비교적 단행본으로 엮어내기에 수월한 것들을 모아 필진들이 수정하는 수고를 더한 것입니다. 문재인 정부의 정책기획위원회에 모인 백여 명의 정책기획위원들이 다양한 분야에서 국가의 미래를 고민했던 흔적을 담아보자는 취지라 할 수 있습니다.

2. 문재인 정부 5년의 국정비전과 국정성과에 대하여

문재인 정부는 촛불시민의 염원을 담아 '나라다운 나라, 새로운 대한민국'을 약속하며 출발했습니다. 지난 5년은 우리 정부가 국민과 약속한 나라를 만들기 위해 진지하고도 일관된 노력을 기울인 시간이었습니다. 지난 5년, 국민의 눈높이에 미흡하고 부족한 부분이 있었습니다. 그러나 예상하지 못한 거대한 위기가 거듭되는 가운데서도 정부는 국민과 함께 다양한 국정성과를 만들었습니다.

어떤 정부든 공과 과가 있기 마련입니다. 한 정부의 공은 공대로 평가되어야 하고 과는 과대로 평가되어야 합니다. 아무리 미흡한 부분이 있더라도 한 정부의 국정성과는 국민이 함께 만든 것이기 때문에 국민적으로 공유되어야 하고, 국민적 자부심으로 축적되어야 합니다. 국정의 성과가 국민적 자부심과 자신감으로 축적되어야 새로운 미래가 있습니다.

정부가 국정 성과에 대해 오만하거나 공치사를 하는 것은 경계해야 할 일이지만 적어도 우리가 한 일에 대한 자신감과 자부심 없이는 대한민국의 미래 또한 밝을 수 없습니다. 정책기획위원회는 이 같은 취지로 2021년 4월, 『문재인 정부 국정비전의 진화와 국정성과』라는 제목의 보고서를 만들었고, 이 보고서를 바탕으로 5월에는 문재인 정부 4주년을 기념하는 컨퍼런스도 개최했습니다.

문재인 정부는 2017년 출범 후 '국민의 나라, 정의로운 대한민국'을 국가비전으로 제시하고 5대 국정목표, 20대 국정전략, 100대 국정과제를 제시했습니다. '국민의 나라, 정의로운 대한민국'이라는 국정의 총괄 비전은 "대한민국의 모든 권력은 국민으로부터 나온다"라고 하는 헌법 제1조의 정신입니다. 여기에 '공정'과 '정의'에 대한 문재인 대통령의 통치 철학을 담았습니다. 정의로운 질서는 사회적 기회의 윤리인 '공정', 사회적 결과의 윤리인 '책임', 사회적 통합의 윤리인 '협력'이라는 실천윤리가 어울려 완성됩니다. 문재인 정부 5년은 공정국가, 책임국가, 협력국가를 향한 일관된 여정이었습니다. 그리고 문재인 정부의 국정성과는 공정국가, 책임국가, 협력국가를 향한 일관된 정책의 효과였습니다.

돌이켜보면 문재인 정부 5년은 중첩된 위기의 시간이었습니다. 집권 초기 북핵위기에 이은 한일통상위기, 그리고 코로나19 팬데믹 위기라는 예측하지 못한 3대 위기에 문재인 정부는 놀라운 위기 대응 능력을 보였습니다. 2017년 북핵위기는 평창올림픽과 다자외교, 국방력 강화를 통한 한반도 평화 프로세스로 위기 극복의 성과를 만들었습니다. 2019년의 한일통상위기는 우리 정부와 기업이 소부장산업 글로벌 공급망을 재편하고 소부장산업 특별법 제정 등 모든 수단을 동원해 제조업의 경쟁력을 강화함으로써 위기를 극복했습니다. 일본과의 무역마찰을 극복하는 이 과정에서 '아무도 흔들 수 없는 나라'를 만들겠다는 대통령의 약속이 있었고 마침내 우리는 일본과 경쟁할 만하다는 국민적 자신감을 갖게 되었습니다.

이제는 핵심 산업에서 한국 경제가 일본을 추월하게 되었지만 우리 국민이 갖게 된 일본에 대한 자신감이야말로 무엇보다 큰 국민적 성과가 아닐 수 없습니다.

2020년 이후의 코로나19 위기는 지구적 생명권의 위기이자 인류 삶의 근본을 뒤흔드는 문명사적 위기라 할 수 있습니다. 우리는 개방, 투명, 민주방역, 과학적이고 창의적 방역으로 전면적 봉쇄 없이 팬데믹을 억제한 유일한 나라가 되었습니다. K-방역의 성공은 K-경제의 성과로도 확인됩니다. K-경제의 주요 지표들은 우리 경제가 코로나19 이전으로 회복되었을 뿐 아니라 성공적 방역으로 우리 경제가 새롭게 도약하고 있나는 사실을 보여주고 있습니다.

문재인 정부 5년 간 겪었던 3대 거대 위기는 인류의 문명사에 대한 재러드 다이아몬드식 설명에 비유하면 '총·균·쇠'의 위기라 할 수 있습니다. 인류문명을 관통하는 총·균·쇠의 역사는 제국주의로 극대화된 정복과 침략의 문명사였습니다. 그러나 문재인 정부가 지난 5년 총·균·쇠에 대응한 방식은 평화와 협력, 상생의 패러다임으로 인류의 신문명을 선도하는 것이었습니다. 세계가 이 같은 총·균·쇠의 새로운 패러다임에 주목하고 있습니다. 문재인 정부가 총·균·쇠의 역사를 다시 쓰고 인류문명을 새롭게 이끌고 있다고 감히 말할 수 있습니다.

문재인 정부는 지난 5년, 3대 위기를 극복함으로써 '위기에 강한 정부'의 성과를 얻었습니다. 또 한국판 뉴딜과 탄소중립 선언, 4차 산업혁명과 혁신성장, 문화강국과 자치분권의 확장을 주도해 '미래를 여는 정부'의 성과를 만들었습니다. 돌봄과 무상교육, 건강공공성, 노동복지 등에서 '복지를 확장한 정부'의 성과도 주목할 만합니다. 국정원과 검찰·경찰 개혁, 공수처 출범 및 시장권력의 개혁과 같은 '권력을 개혁한 정부'의 성과에도 주목해야 합니다. 나아가 문재인 정부는 한반도 평화유지와 국방력 강화를 통해 '평화시대를 연 정부'의 성과도 거두고 있습니다.

위기대응, 미래대응, 복지확장, 권력개혁, 한반도 평화유지의 성과를 통해 강한 국가, 든든한 나라로 거듭나는 정부라는 점에 주목하면 우리는 '문재인 정부 국정성과로 보는 5대 강국론'을 강조할 수 있습니다. 이 같은 '5대 강국론'을 포함해 주요 입법성과를 중심으로 '대한민국을 바꾼 문재인 정부 100대 입법성과'를 담론화하고, 또 문재인 정부 들어 눈에 띄게 달라진 주요 국제지표를 중심으로 '세계가 주목하는 문재인 정부 20대 국제지표'도 담론화하고 있습니다.

2021년 4월 26일 국정성과를 보고하는 비공개 회의에서 문재인 대통령은 "모든 위기 극복의 성과에 국민과 기업의 참여와 협력이 있었다"는 말씀을 몇 차례 반복했습니다. 지난 5년, 국정의 성과는 오로지 국민이 만든 국민의 성과입니다. 그래서 문재인 정부 5년의 성과는 오롯이 우리 국민의 자부심의 역사이자 자신감의 역사입니다. 문재인 정부 5년의 성과는 국민과 함께 한 일관되고 연속적인 국정비전의 진화를 통해 축적되었습니다. '국민의 나라, 정의로운 대한민국'이라는 국가비전이 구체화되고 세분화되어 진화하는 과정에서 '소득주도성장·혁신성장·공정경제'의 비전이 제시되었고, 이러한 경제운용 방향은 '혁신적 포용국가'라는 국정비전으로 포괄되었습니다.

3대 위기과정을 극복하는 과정에서 문재인 정부는 '아무도 흔들 수 없는 나라', '위기에 강한 나라'라는 비전을 진화시켰고, 코로나19 팬데믹 위기에서 '포용적 회복과 도약'의 비전이 모든 국정 방향을 포괄하는 비전으로 강조되었습니다. 코로나19 팬데믹으로 인한 방역위기와 경제위기를 극복하는 과정에서 대한민국은 새로운 세계표준이 되었습니다. 또 최근 탄소중립시대와 디지털 경제로의 대전환을 준비하는 한국판 뉴딜의 국가혁신 전략은 '세계선도 국가'의 비전으로 포괄되었습니다.

이 모든 국정비전의 진화와 성과에는 국민과 기업의 기대와 참여가 있었습니다. 그러나 우리는 문재인 정부의 임기가 그리 많이 남지 않은 시점에서 국민의 기대와 애초의 약속에 미치지 못한 많은 부분들은 남겨놓고 있습니다. 혁신적이고 종합적인 새로운 그림이 필요한 부분도 있고 강력한 실천과 합의가 필요한 부분도 있습니다. 무엇보다도 민주주의에 대한 새로운 기획이 필요합니다. 문재인 정부는 촛불혁명이라는 제도혁명을 통해 민주주의를 진화시킨 정치사적 성과를 얻었으나 정작 민주주의에 대한 새로운 전망을 제시하는 데는 미치지 못했습니다. 문재인 정부는 헌법 제1조의 민주주의를 실현하고자 했으나 문재인 정부 이후의 민주주의는 국민의 행복추구와 관련된 헌법 제10조의 민주주의로 진화해야 할지 모릅니다. 민주정부 4기로 이어지는 새로운 민주주의의 디자인이 필요합니다.

둘째는 공정과 평등을 구성하는 새로운 정책비전의 제시와 합의가 요구됩니다. 오늘날 대부분의 국가는 정의로운 공동체를 추구합니다. 정의로운 질서는 불평등과 불공정, 부패를 넘어 실현됩니다. 이 같은 질서에는 공정과 책임, 협력의 실천윤리가 요구되지만 우리 시대에 들어 이러한 실천윤리에 접근하는 방식은 세대와 집단별로 큰 차이를 보입니다.

신자유주의 시대에 성장한 청년세대는 능력주의와 시장경쟁력을 공정의 근본으로 인식하는 반면 기성세대는 달리 인식합니다. 공정과 평등에 대한 '공화적 합의'가 필요합니다. 소득과 자산의 분배, 성장과 복지의 운용, 일자리와 노동을 둘러싼 공정과 평등의 가치에 합의함으로써 '공화적 협력'에 관한 새로운 그림이 제시되어야 합니다.

셋째는 지역을 살리는 그랜드 비전이 새롭게 제시되어야 합니다. 공공기관 이전을 통한 중앙정부 주도의 혁신도시 정책을 넘어 지역 주도의 메가시티 디자인과 한국판 뉴딜의 지역균형 뉴딜, 혁신도시 시즌

2 정책이 보다 큰 그림으로 결합되어 지역을 살리는 새로운 그랜드 비전으로 제시될 필요가 있습니다.

넷째는 고등교육 혁신정책과 새로운 산업 전환에 요구되는 인력양성 프로그램이 결합된 교육혁신의 그랜드 플랜이 만들어져야 합니다.

다섯째는 커뮤니티 케어에 관한 혁신적이고 복합적인 정책 디자인이 준비되어야 합니다. 지역 기반의 교육시스템과 지역거점 공공병원, 여기에 결합된 지역 돌봄 시스템이 복합적이고 혁신적으로 기획되어야 합니다.

이 같은 과제들은 더 큰 합의와 더 많은 시간이 필요합니다. 그러나 이러한 쟁점들이 다음 정부의 과제나 미래과제로 막연히 미루어져서는 안 됩니다. 문재인 정부의 국정성과들이 국민의 기대와 참여로 가능했듯이 이러한 과제들은 기존의 국정성과에 이어 문재인 정부의 마지막까지 국민과 함께 제안하고 추진함으로써 정책동력을 놓치지 않는 것이 중요합니다.

코로나19 변이종이 기승을 부리면서 여전히 코로나19 팬데믹의 엄중한 위기가 진행되는 가운데 국민의 생명과 삶을 지켜야 하는 절체절명한 시간이 흐르고 있습니다. 문명 전환기의 미래를 빈틈없이 준비해야하는 절대시간이기도 합니다. 여기에 대응하는 문재인 정부의 남은 시간이 그리 길지 않습니다. 그러나 인수위도 없이 서둘러 출발한 정부라는 점과 코로나 상황의 엄중함을 생각하면 문재인 정부에게 남은 책임의 시간은 길고 짧음을 잴 여유가 없습니다.

이 절대시간 동안 코로나19보다 위태롭고 무서운 것은 가짜뉴스나 프레임 정치가 만드는 국론의 분열입니다. 세계가 주목하는 정부의 성과를 애써 외면하고 근거 없는 프레임을 공공연히 덧씌우는 일은 우리 공동체를 국민의 실패, 대한민국의 무능이라는 벼랑으로 몰아가는 것과 다르지 않습니다. 국민이 선택한 정부는 진보정부든 보수정부든 성공해야 합니다. 책임 있는 정부가 작동되는 데는 책임 있는 '정치'가 동반되어야 합니다.

정책기획위원회를 포함한 국정과제위원회들은 문재인 정부의 남은 기간 동안 국정성과를 국민과 공유하는 적극적 정책소통관리에 더 많은 의미를 두어야 합니다. 문재인 정부의 성과를 정확하게, 사실에 근거해서 평가하고 공유하는 데 더 많은 시간을 써야 합니다. 다른 무엇보다도 객관적이고 종합적인 국정성과에 기반을 둔 세 가지 국민소통전략이 강조됩니다.

첫째는 정책 환경과 정책 대상의 상태를 살피고 문제를 찾아내는 '진단적 소통'입니다. 둘째는 국정성과에 대한 이해를 통해 민심과 정부 정책의 간극이나 긴장을 줄이고 조율하는 '설득적 소통'이 중요합니다. 셋째는 국민들이 삶의 현장에서 정책의 성과를 체감할 수 있게 하는 '체감적 소통'을 강조할 수 있습니다. 위기대응정부론, 미래대응정부론, 복지확장정부론, 권력개혁정부론, 평화유지정부론의 '5대 강국론'을 비롯한 다양한 국정성과 담론들이 이 같은 국민소통전략으로 공유될 수 있기를 바랍니다.

정책기획위원회의 눈으로 지난 5년을 돌이켜보면 문재인 정부의 시간은 '일하는 정부'의 시간, '일하는 대통령'의 시간이었습니다. 촛불혁명으로 집권한 제도혁명정부로서는 누적된 적폐의 청산과 산적한 과제의 해결이 국민의 명령이었기 때문에 옆도 뒤도 보지 않고 오로지 이 명령을 충실히 따라야 했습니다. 그 결과가 '일하는 정부', '일하는 대통령'의 시간으로 남게 된 셈입니다.

정부 광화문청사에 있는 정책기획위원회 위원장실에는 한 쌍의 액자가 걸려 있습니다. 위원장 취임과 함께 우리 서예계의 대가 시중(時中) 변영문(邊英文) 선생님께 부탁해 받은 것으로 "先天下之憂而憂, 後天下之樂而樂"(선천하지우이우, 후천하지락이락)이라는 글씨입니다. 북송의 명문장가였던 범중엄(范仲淹)이 쓴 '악양루기'(岳陽樓記)의 마지막 구절입니다. "천하의 근심은 백성들이 걱정하기 전에 먼저 걱정하고, 천하의 즐거움은 모든 백성들이 다 즐긴 후에 맨 마지막에 즐긴다"는 의미로 풀어볼 수 있습니다. 국민들보다 먼저 걱정하고 국민들보다 나중에 즐긴다는 말로 해석됩니다. 일하는 정부, 일하는 대통령의 시간과 닿아 있는 글귀입니다.

문재인 정부의 남은 시간이 길지 않지만, 일하는 정부의 시간으로 보면 짧지만도 않습니다. 결코 짧지 않은 문재인 정부의 시간을 마지막까지 일하는 시간으로 채우는 것이 제도혁명정부의 운명입니다. 촛불시민의 한 마음, 문재인 정부 출범 시의 절실했던 기억, 국민의 위대한 힘을 떠올리며 우리 모두 초심으로 돌아가야 합니다.

앞선 두 번의 정부가 국민적 상처를 남겼습니다. 진보와 보수를 떠나 국민이 선택한 정부가 세 번째 회한을 남기는 어리석은 역사를 거듭해서는 안 됩니다. 문재인 정부의 성공이 우리 당대, 우리 국민 모두의 시대적 과제입니다.

3. 책의 기획과 구성에 관하여

정책기획위원회는 문재인 정부의 씽크탱크로서 지난 2019년부터 정부 정책방향과 분야별 정책 현안에 대한 제언 등을 담고, 위원회 주요 활동과 성과를 소개하기 위한 소통과 공론의 장으로 계간지 성격의 정기간행물 「열린정책」을 발간하였습니다. 「열린정책」은 2019년 1월 창간호를 시작으로 매분기마다 빠짐없이 발행되었으며, 2022년 3월 말 '특집호'를 마지막으로 총 13권이 발간되었습니다. 국정과제협의회 정책기획시리즈의 마지막을 장식하는 이 책은 정책기획위원회 정기간행물 「열린정책」에 실렸던 원고 중 정책기획위원들이 직접 집필에 참여한 '국정과제광장' 코너에 담겼던 글들을 모아서 출간한 단행본입니다.

이 책에 포함된 글들은 정책기획위원회에 속한 6개의 분과위원회(국민주권, 국민성장, 포용사회, 지속가능사회, 분권발전 그리고 평화번영)에서 매 호마다 발간 시점의 시의성과 중요성 등을 고려하여 분과별로 다루고 있는 정책분야에서 일정한 주제를 정하고, 각 분과에 소속된 위원들 중 한 분이 필진으로 선정되어 작성된 글들입니다. 따라서 이 책이 발간되는 2022년 4월 현재 시점에서 보았을 때 사실관계나 필자의 견해가 일부 달라졌을 수도 있으며, 각 원고들은 기본적으로 필자의 개인적인 견해로 정책기획위원회의 공식적인 입장이나 의견은 아니라는 점을 고려할 필요가 있습니다.

'국정의 상상력'이라는 이 책의 제목은 문재인 정부 국정운영의 성과를 극대화하기 위해 정책기획위원회에 참여한 모든 위원들이 가진 상상력을 최대한 발휘하여 정책에 대해 고민하고 소통했던 노력의 흔적과 결과물이라는 의미에서 정하였습니다. 민주주의 실현, 일자리 경제와 혁신 성장, 포용적 복지 확대, 자치분권·균형발전, 한반도 평화와 번영 그리고 코로나19 위기 극복과 한국판 뉴딜과 같은 핵심적인 정책과제에 대한 정책기획위원들의 깊은 생각과 담론을 형성했던 과정을 들여다 볼 수 있는 책으로서 정책기획위원회의 국정자문 활동에서 중요한 의미를 갖는 활동의 하나였다고 할 수 있습니다.

4. 한없는 고마움을 전하며

아무리 작은 일이라도 일이 마무리되고 결과를 얻는 데는 드러나지 않는 많은 분들의 기여와 관심이 있기 마련입니다. 정책기획위원회는 앞에서 밝힌 바와 같이 정책 콘텐츠 관리와 정책 네트워크 관리, 정책 소통 관리에 포괄되는 광범한 활동을 수행하고 있습니다. 사실 이 책과 같은 단행본 출간사업은 정책기획위원회의 관례적 활동과는 별개로 진행되는 여벌의 사업이라 할 수 있습니다. 이러한 부가적 사업이 가능한 것은 6개 분과 약 백여 명의 정책기획위원들이 위원회의 정규 사업들을 충실히 해낸 효과라 할 수 있습니다. 무엇보다도 정책기획위원회라는 큰 배를 위원장과 함께 운항해주신 두 분의 단장과 여섯 분의 분과위원장께 감사의 말씀을 드려야 합니다. 미래정책연구단장을 맡아 위원회에 따뜻한 애정을 쏟아주셨던 박태균 교수와 2021년 하반기부터 박태균 교수의 뒤를 이어 중책을 맡아주신 추장민 박사, 그리고 국정과제지원단장을 맡아 헌신적으로 일해주신 윤태범 교수께 각별한 마음을 전합니다. 김선혁 교수, 양종곤 교수, 문진영 교수, 곽채기 교수, 김경희 교수, 구갑우 교수, 그리고 지금은 자치분권위원회로 자리를 옮긴 소순창 교수께서는 6개 분과를 늘 든든하게 이끌어 주셨습니다. 한없는 고마움을 전합니다.

단행본 사업에 흔쾌히 함께 해주신 정책기획위원뿐 아니라 비록 단행본 집필에는 참여하지 않았지만 지난 5년 정책기획위원회에서 문재인 정부의 다양한 정책담론을 다루어주신 1기와 2기 정책기획위원 모든 분께 이 자리를 빌려 그간 가슴 한 곳에 묻어두었던 고마운 마음을 전합니다.

위원들의 활동을 결실로 만들고 그 결실을 빛나게 만든 것은 정부 부처의 파견 공무원과 공공기관의 파견 위원, 그리고 전문위원으로 구성된 위원회 직원들의 공이었습니다. 국정담론을 주제로 한 단행본들이 결실을 본 것 또한 직원들의 헌신 덕분입니다. 행정적 지원을 진두지휘한 김주이 기획운영국장, 김성현 국정과제국장, 백운광 국정연구국장, 박철응 전략홍보실장께 각별한 감사를 드리며, 본래의 소속으로 복귀한 직원들을 포함해 정책기획위원회에서 함께 일한 직원들 한 분한 분께도 감사의 마음을 전합니다.

한국판 뉴딜을 정책소통의 차원에서 국민적으로 공유하기 위해 정책기획위원회는 '한국판 뉴딜 국정자문단'을 만들었고, 지역자문단도 순차적으로 구성한 바 있습니다. 한국판 뉴딜 국정자문단의 자문위원으로 함께 해주신 모든 분들께도 이 자리를 빌려 감사드립니다.

인터뷰

더 나은 대한민국을 위해 힘쓴
대통령직속 정책기획위원회 조대엽 위원장을 만나다

2019년 12월, 대통령직속 정책기획위원회(이하, 정책기획위원회) 2기가 새롭게 시작되었다. 그리고 이제 위원회를 마무리할 시점이 다가왔다. 정책기획위원회 2기는 문재인 정부의 후반부를 서포트하는 중요한 역할을 부여받았다. 그러나 코로나19가 발병하여 다음해인 2020년 2월에는 우리나라에도 첫 확진자가 생겼다. 이에 국가 전체가 코로나19 비상대응체제로 전환되면서 정책기획위원회도 새로운 전환점을 맞이했다. 정책기획위원회는 코로나19 시대에 맞는 정책 제안과 대처로 다양한 성과를 이루어냈다. 조대엽 위원장을 만나 지난 2년 4개월간의 활동 성과와 소회에 대해 들어보았다.

대담진행 김지선 서울청년정책네트워크 공동운영위원장, 포용사회분과 위원

깊고 진한 소회
바쁘고 빠르게 지나간 2년

김지선 안녕하세요. 위원장님. 위원장님께서는 지난 2년 넘는 시간 동안 위원장님으로 많은 수고를 해주셨는데, 마지막에 이렇게 인터뷰를 할 수 있게 되어 영광으로 생각합니다. 취임하셨을 당시와 지금을 비교해 보셨으면 많은 것들이 달라졌을 것 같은데요. 그동안의 소회에 대해 이야기해주시면 감사드리겠습니다.

조대엽 소회야 깊고 진하지요. 특히 지금의 심정은 "봄이 왔으나 시절을 생각하니 꽃을 봐도 눈물이 흐른다"는 옛 시인의 마음이라고나 할까요. 아무튼 정책기획위원장으로서의 2년은 저로서는 바쁘게 보냈고, 문재인 대통령 재임 시기라고 하는 역사적인 시간이 다시 돌아올 수 없는 그런 시간이라는 생각을 늘 하면서 일을 해왔어요. 그런 의미에서 지난 2년은 저로서는 최선을 다한 시간이었습니다. 사실 정부 5년이라는 기간이 정책을 누적시키는 시간으로는 짧은 시간입니다. 그런데 정책기획위원장 2년의 시간은 더 짧은 시간이었고, 나름대로 최선을 다한 시간이긴 했지만 너무도 빠르게 지나간 시간이었습니다. 마무리하는 시점에서는 허허로운 생각도 듭니다.

김지선 정책기획위원회 위원장으로 취임하시게 되면서 특히 콘텐츠 관리나 네트워크 관리, 소통이라는 위원회 활동의 세 가지 축을 말씀하셨는데요. 어떤 성과를 보여주셨는지 말씀 부탁드립니다.

조대엽 국정과제를 다루는 위원회의 전체적인 업무를 어떤 식으로 조율하고 또 기획하고 체계화하기 위해서는 전반적인 방향성이 제시되어야 했습니다. 그래서 저는 시작할 때 정책기획위원회의 활동 방향을 3개의 축으로 제시했습니다. 첫 번째는 정책 콘텐츠 생산 관리, 두 번째는 정책 네트워크 관리 기능, 세 번째는 정책 소통 관리입니다. 이세 가지 영역에서 정책기획위원회의 역량을 얼마나 극대화시킬 것인지가 과제이자 목표였습니다.

김지선 예를 들면 어떤 것이 있을까요?

조대엽 예컨대 정책 콘텐츠 생산 관리의 경우 우리 정책기획위원회의 기본적인 업무가 정부 출범 때 만들어졌던 100대 과제를 피드백해서 점검하고, 보고하는 일이 상시적 업무였는데요. 그런 부분에서 우리 위원님들이 애를 많이 써주셨습니다.

제가 2019년 취임했을 무렵에 우한에서 코로나19 확진자가 발생하고, 2020년이 되면서 바로 우리도 2월에 확진자가 나왔죠. 그 후에는 정부 전체가 코로나19 대응 체제로 바뀌게 되었습니다. 이어서 코로나19는 팬데믹이 되었고 전 세계적인 위기가 닥침으로써 제가 늘 강조했던 대로 문명사적 전환이라고 하는 측면에서 대응을 하였는데요. 이러한 점에서 가장 의미 있는 일 중의 하나가 감염병 및 보건의료혁신 TF를 바로 가동하고 그 결과를 대통령께 보고드렸습니다. 그 과정에서 질병청이 만들어지기도 했어요. 또 2020년 7월 한국판 뉴딜선언 후 그 방향과 전략을 정교하게 다듬은 〈한국판 뉴딜+: 비전과 전략〉 보고서를 만들어 대통령께 보고드렸고, 이 보고서가 한국판 뉴딜 1주년에 발표한 한국판 뉴딜 2.0을 체계화하는 데 기여했습니다. 다른 한 편으로 정부출범 4주년을 맞아 4년간의 국정비전의 진화와 성과를 종합적 조감도로 그려낸 일이 기억에 남습니다. 또 1기 때부터 쭉 해왔던 사회적 가치 TF라는 게 있는데요. 사회적 가치 TF는 13개 영역에 걸쳐 공공기관의 사회적 가치 범주를 만들어내고 사회적 가치 기본법 준비를 했는데 아직 기본법이 통과되지 않아 아쉽기는 하지만 이 TF에서 상당히 많은 일들을 했습니다. 그 외에 각종 분과별로 하는 TF 활동들이 있었고, 또 분과별로 간담회들이 다양하게 개최되었는데 이런 활동이 모두 정책 콘텐츠를 생산해내는 과정이었습니다.

두 번째로 정책 네트워크 관리입니다. 저는 정책 네트워크 관리야 말로 우리 정책기획위원회가 무엇보다 중요하게 해야 할 일로 보는데요. 정책기획위원회는 11개 대통령 위원회들을 총괄하는 의장 위원회로서 국정과제 협의회를 통해 대통령 위원회들을 연결하는 일을 했습니다. 제가 막 취임하니 회의가 두 달에 한 번 정도 개최되더라고요. 일을 진행하려면 좀 더 자주 회의가 개최되어야 할 것 같아서 한 달에 한 번씩 개최하는 것으로 공식화하고 참여도 독려했습니다. 이와 함께 경제인문사회연구회 산하에 정부출연 연구기관들을 네트워킹해서 여러 가지 학술행사를 했고, 지자체들하고도 네트워킹을 했고요. 그리고 다양한 민간 학회 및 교수들과 연계하는 역할도 폭넓게 했고, 전국의 지역 싱크탱크들과의 네트워킹에도 노력했습니다. 한국판 뉴딜 지역 투어를 시작하기 전에 이 네트워크를 가동해서 10여 개 지역포럼 대표들과 시작을 함께 했던 경험이 있어요. 이러한 것들이 네트워크관리의 중요한 성과들이라고 할 수 있고요. 또 우리가 용역 과제를 매년 발주하는데요. 용역 과제 발주도 따지고 보면 용역을 받은 연구진들이 우리 위원회와 일종의 정책 네트워크를 가지게 되는 것으로 볼 수 있습니다.

　마지막으로 정책 소통 관리 영역인데요. 정책기획위원회는 정책을 만들어내고 실현하고 하는 걸 서포트하지만 정책을 국민들이 좀 더 잘 알 수 있게, 좀 더 대중적 언어로 번역해서 전달하는 것도 중요한 일입니다. 소통사업 가운데 가장 큰 성과는 문재인 정부 4년 성과를 정리하여 4부작으로 담론화한 것이 큰 의미가 있었어요. 문재인 정부의 3대 위기론이라는 담론을 제시함으로써 대통령께서도 자주 언급하셔서 공유되기도 했습니다. 그리고 문재인 정부 5대 강국론이라는 담론도 우리가 만들었고, 또 100대 입법 과제도 국민들이 체감할 수 있도록 정리했습니다. 마지막으로 세계가 주목하는 국제 지표라고 해서 우리 정부 들어 국제적인 평가 지표가 높아진 게 굉장히 많습니다. 우리가 기존에 정책 실현을 위해 일만 했지 그것을 성과 담론이나 정책 담론으로 모아 국민들이 알기 쉽게 전하는 작업은 거의 하지 않았어요. 그래서 정책기획위원회에서 나름대로 소통을 위한 담론을 만든 것은 대단히 의미 있는 일이었습니다. 또 다른 정책 소통으로는 집현포럼을 통해 한국판 뉴딜 관련 새로운 이슈들을 내용으로 7차에 걸쳐 진행했던 것이 의미있는 소통 관리였어요. 무엇보다도 과감한 소통사업은 한국판 뉴딜 경청공감 지역 투어를 실시한 것입니다. 전국을 6개 권역으로 나누고, 부·울·경을 마지막으로 마쳤는데요. 결국 정책 소통이라는 게 언론보도가 참 중요해요. 예컨대 대구·경북 지역 투어 때는 3일 동안 대구·경북 지역에 있으면서 지역 언론에 한 200회 이상 보도가 되는 것을 보고 저로서는 '정책 소통은 이런 식으로 되어야 하는구나'라는 것을 느꼈습니다. 또 4월 중순이 되면 그동안 정책기획위원회에서 논의된 담론들을 모아 만든 시판용 단행본 21권이 나오게 됩니다. 4월 중순에 우리 전체 회의를 하게 되면 그때 출판기념회를 함께 하기로 했는데요. 이러한 것들이 정책 소통을 정책기획위원회가 과감하고 선도적으로 해나가는 것이라고 볼 수 있습니다. 말씀드린 대로 정책 콘텐츠의 생산 관리, 정책 네트워크의 관리, 소통의 관리 세 축에서 정책기획위원회로서는 최선을 다하지 않았나 생각합니다.

김지선 들으면서 이 많은 것을 짧은 임기 중에 하셨다니 놀라운데요. 소회를 말씀하시면서 바빴다라고 말씀하신 게 너무 잘 이해가 되었습니다. 위원장님께서 가장 기억에 남거나 보람 있다고 생각하시는 것 그리고 꼭 언급하시고 싶은 성과는 무엇인지 말씀해주세요.

조대엽 가장 기억에 남는 것은 당연히 우리가 한 일들이 정책적 성과로 실현되는 것이 기억에 남고 또 우리가 만들어낸 정책 담론들이 확산이 돼서 공유가 되면 그게 우리 위원회 성과로서 기억에 남지요.

그중에서 세 가지 정도를 특별히 강조할 수 있습니다. 코로나19 상황이 너무 급박했기 때문에 델타변이에 대한 대응을 어떻게 할지 의학 전문가 그리고 현장 전문가 등 60명 가까운 분들을 TF로 구성해서 청와대 수석실과 수차례 회의를 하고, 보고서를 만들고 그로부터 방역과 공공의료 등의 방향이 설정된 것이 기억에 남습니다.

한국판 뉴딜은 초기에 국민적 관심이 덜했는데요. 붐업을 위해 의욕적으로 한국판 뉴딜 경청공감 지역 투어를 했던 게 기억에 남습니다. 한 지역에서 3일씩 머물면서 큰 규모의 컨퍼런스를 개최하고, 지역의 많은 분들을 만나 간담회를 여러 차례 하면서 쉴 틈 없이 달렸는데요. 제가 다소 과욕을 부려서 이끌어 갔는데, 이것을 직원들이 정교하게 뒷받침해줘서 아주 성공적이었고 또 고맙게 생각합니다.

그 다음으로는 4주년 국정 성과 시리즈를 만든 것입니다. 대통령께서는 시기마다 국정비전과 관련된 말씀을 많이 해주셨는데요. 특히 '국민의 나라, 정의로운 대한민국'이라는 국가비전 아래 다양한 비전을 제시했습니다. 그런 비전이 어떤 식으로 변화되었고 구체화됐는지에 대해서는 별 관심을 가지지 않았어요. 그래서 정부 출범에서부터 4년까지의 일종의 국가 비전, 국정 비전을 종합적으로 정리한 지도를 하나 크게 그려보는 게 중요하다고 생각해서 '진화도'라는 것을 그렸습니다. 이것을 대통령께 보고 드리고 이에 대해 함께 논의하고 토의한 것이 기억에 남습니다.

김지선 위원장님께서 말씀해주신 세 가지 저도 잘 기억하겠습니다. 위원장으로 재임하시면서 굉장히 많은 어려운 점이 당연히 있었을 것 같고 아쉬운 점도 있으실 것 같아서 그런 것들도 함께 나눠주시면 좋을 것 같습니다.

조대엽 저뿐만 아니라 이 시기에 어떤 직을 맡아서 일하는 사람들이 다 느끼는 것이었을 텐데요. 코로나19 때문에 모이지 못한 게 가장 아쉽습니다. 대통령직속 위원회라는 것이 회의체란 말이에요. 그래서 만나서 회의하고, 회의의 결과물들을 가지고 뭔가 콘텐츠를 만들어내야 하는데 모이질 못하는 것이 가장 아쉬웠고요.

또 정책기획위원회가 대통령직속 위원회 중에는 자문위원이 100여 명으로 가장 큰 규모입니다. 이 전문가들을 결속시키고 자부심도 갖게 만들어줘야 하는데, 그러기 위해서는 자주 모이고, 회의를 해야 단합이 되는데, 그럴 수 있는 기회가 완전히 박탈돼 버렸다는 것이 제일 어려운 점이었어요. 그 점이 위원들에게 가장 미안하고요.

그리고 제가 취임하면서 얘기했던 것이 우리 정책기획위원회와 청와대는 시스템으로 결합되어 있으니 수석실과 분과가 회의도 자주하고 그러면서 교류하길 바랐는데, 그런 부분에 대한 제약이 있었던 것이 가장 아쉽습니다.

김지선 그래도 그 과정에서 사기진작을 위해 위원장님께서 메일도 보내주시고 했던 것이 기억이 남네요. 이제 인수위가 출범하고 논의가 이루어지겠지만, 다음 정부에도 정책기획위원회와 유사한 형태의 조직이 생길 것 같습니다. 어떤 역할이 좀 더 강화되어야 한다고 생각하시나요?

조대엽 국가 싱크탱크는 앞으로 점점 더 중요해질 수밖에 없습니다. 위임 민주주의 체제에서 대통령은 국민으로부터 권한을 위임 받는 존재이기 때문에 그런 의미에서 대통령은 곧 국민 아니겠어요? 그렇다면 대통령직속 위원회는 대통령, 즉 국민을 위해 존재하는 것입니다. 그 점에서 본다면 정책위원회는 싱크탱크 중에 싱크탱크라고 볼 수 있는 거죠. 그래서 이 기능을 훨씬 더 체계화하고 강화할 필요가 있는 겁니다.

예컨대 대통령직속 위원회 위원장들은 비상근직이란 말이에요. 그런데 저는 개인적으로 매일 정시 출근해서 일정을 소화했어요. 그래도 아주 바쁘게 일정을 소화했는데 이 싱크탱크가 보다 안정적으로 운영되려면 위원장과 위원들 중에 적어도 몇 분은 상근직화할 필요가 있습니다. 그런 부분들이 좀 보완이 됐으면 하고, 하나 더 보태자면 정부의 부처도 마찬가지지만 협업이 부족합니다. 대통령직속 위원회끼리 협업해야 될 일이 많고 그 과정을 통해 시너지 효과를 내야 될 것들이 많이 있어요. 그런데 협업이 잘 안 되고, 겨우 국정과제 협의회를 통해 소통하는 정도인데, 활동이나 업무적 협업이 잘되지 않습니다. 또 국책 연구기관이나 지역 연구기관들과 연계하여 정례화되고 제도화된 네트워크가 구축되어야 하는데 취약합니다. 위원장이나 기관장들이 좀 더 적극적으로 활동할 필요가 있고 또한 제도적이나 재정적인 뒷받침이 된다면 훨씬 빠르게 변화할 수 있으리라 봅니다. 지식기반 정책 시대에 어울리게 국가 싱크탱크의 전폭적 정비가 필요합니다. 국가 싱크탱크, 정부가 운영하는 지식 생산 체계, 지식 관리 체계 이런 것들이 훨씬 더 근본적으로 변화될 시점이라는 점을 강조하고 싶습니다.

김지선 위원장님께서 비상근으로 이 많은 일을 하셨다는 게 믿기지가 않습니다. 이번 정부의 성과나 어젠다들이 있었는데, 이 중 다음 정부에도 중요하게 다뤄졌으면 좋겠다고 생각하시는 부분이 있으실까요?

조대엽 제가 취임 후 정부나 정치는 임기가 있지만 좋은 정책에는 임기가 없어야 한다는 말을 늘 강조했어요. 문재인 정부가 물론 부족함도 있었지만 다른 정부에 비해 괄목할 만한 좋은 정책적 성과를 낸 것도 참으로 많습니다. 국제 지표상으로도 코로나19 진단기법 ISO 국제표준 지정, 세계 10위 경제대국, 역대 최고의 국가신용등급, 세계 수출시장 점유율 1위 품목 69개, 제조업 경쟁력 세계 3위, 수소차 및 수소 연료전지 글로벌 보급량 1위, 무디스 ESG평가 1등급, 2021 블룸버그 혁신지수 1위, 유니콘 기업 6위, 세계은행 기업환경 평가 5위, 조선 수주 1위, 메모리 반도체 수출 점유율 1위, GDP 대비 국제특허출원 1위, 외환보유액 8위, 소프트파워 2위, 2020 UN전자정부 종합 2위, OECD 디지털정부평가 종합 1위, OECD 공공데이터 평가지수 1위 등이 세계가 평가하는 우리의 객관적 위치입니다. 아마 대한민국이 단군 이래 이렇게 세계적으로 주목받고 역량을 발휘한 적은 없었습니다. 또한 델타변이에 대한 방역은 봉쇄 없이 방역에 성공한 드문 예로 세계적인 평가를 받았습니다.

그 가운데 특히 포스트코로나 시대를 어떻게 극복해야 할 것인가라는 중요한 과제로 한국판 뉴딜을 시작했는데요. 한국판 뉴딜은 지구적인 위기, 문명사적 전환에 대응하는 거대한 국가 혁신 프로젝트란 말이에요. 그래서 적어도 한국판 뉴딜은 대한민국의 지속적 혁신을 위해 계속해서 이어가야 한다는 바람을 갖습니다.

다음으로 이제 세계 경제가 회복세이기는 하지만 저성장 기조가 여전한 가운데 일자리 정책은 꾸준히 진행되어야 합니다. 청년 일자리, 여성 일자리 문제는 여전히 핵심 과제입니다. 특히 문재인 정부에서 광주형 일자리부터 군산형, 대구형 등 지역상생형 일자리 정책이 여러 지역을 기반으로 시행되고 있는데 이러한 모델들은 반드시 연속됐으면 하는 바람을 갖습니다.

문재인 정부에서 조금 속도가 느렸던 것이 지역 균형발전 정책 부분입니다. 후반부에 와서는 부·울·경에서 시작된 초광역 메가시티라는 지역 균형 발전의 새로운 전략이 제시되었습니다. 이는 지역균형발전의 단위를 초광역화 하고, 지역에서 출발하고 지역에 기반을 둔 그리고 중앙 정부가 지원하는 방식의 새로운 디자인입니다. 이 같은 지역균형발전 전략은 어떤 정부가 들어오든지 보다 확장적으로 계속됐으면 하는 바람이 있습니다.

한반도 평화 프로세스도 언급하지 않을 수 없습니다. 새 정부에서는 대북 관계 전략 자체가 완전히 바뀌기 때문에 어떨지는 모르겠어요. 그러나 가급적이면 상호주의를 넘어서는 평화 프로세스의 연속성을 가져주길 바라마지 않습니다.

김지선 위원장님께서 정리해서 잘 말씀해 주셨습니다. 그리고 100명이 넘는 위원님들과 함께 위원회를 이끄셨는데, 함께해주신 분들에게 한마디 부탁드리겠습니다.

조대엽 우리 정책기획위원회 위원님들한테는 늘 감사한 마음 그리고 한편으로는 송구한 마음을 동시에 가지고 있습니다. 처음에 시작할 때는 한 달에 한 번은 위원님들에게 서신을 보내거나 통화를 해서 소통해야겠다고 생각했는데, 위원장 일이 생각보다 대외적인 일도 많고 바쁘더라고요. 특히 코로나19를 핑계로 소통을 잘 못했던 것들이 많이 아쉬워요.

그럼에도 저는 정책기획위원회를 문재인 정부판 집현전 또는 규장각으로 만들고 싶었어요. 우리 대회의실 앞에 '客來不起'(객래불기)라는 글의 액자가 걸려있는데요. 정조 임금이 규장각에 내린 말씀이라는데, 아무리 높은 손님이 오더라도 일어나지 말고 일하라는 뜻입니다. 어쨌든 열심히 하고 최선을 다했으나 역량 있는 위원님들과 충분히 함께하지 못한 아쉬움이 있습니다. 위원장실에는 '先天下之憂而憂, 後天下之樂而樂而'(선천하지우이우 후천하지락이락)라는 글이 걸려 있습니다. 천하의 걱정거리는 먼저 걱정하고 천하의 즐거움은 백성들이 다 즐긴 후에 맨 나중에 즐긴다는 말입니다. 선우후락이고들 합니다. 이는 공직에 있는 사람들이 반드시 가져야 될 책임의식 같은 것이라고 생각합니다. 제가 위원님들과 만나면 늘 이 얘기를 같이 하면서 독려했는데요. 지난 2년 동안 활동한 시간이 국정을 함께 고민했던 굉장히 소중한 경험이잖아요. 이 소중한 경험들을 개인적인 이력이나 경력으로만 소화하지 말고 대통령님 임기가 끝난 이후라도 이런 경험들을 우리가 공유하면서 민간 영역에서도 지속적으로 고민을 이어갔으면 하는 바람을 갖습니다. 특히 우리 사회는 민간 영역의 정책 지식역량이 취약합니다. 강화할 필요가 있습니다. 그래서 이런 부분을 재생산해낼 수 있으면 좋겠다는 생각을 합니다.

김지선 사실 저도 한 조직의 위원장으로 있으면서 코로나19 때문에 연락을 많이 못했다는 것은 너무 이해가 됩니다. 비대면 상황이 아니라면 자연스럽게 할 수 있는 것들을 일부러 시간을 내서 해야 한다는 것이 어려웠지요.

마지막 질문 드리겠습니다. 지난 2년 동안 열정적으로 활동하셨고, 앞으로 어떤 형태로든 정책 분야에서 계속 활약을 하실 것으로 생각이 드는데요. 앞으로의 계획은 어떠신지 말씀해주시면 감사드리겠습니다.

조대엽 일단 저로서는 주어진 직책에서 할 만큼 했다는 생각입니다. 아쉽고, 부족한 점은 있지만 개인적으로는 거의 모든 시간을 쏟아

부은 2년을 보냈기 때문에 비록 비상근직이었지만 임기가 끝나는 대로 학교로 돌아간다라는 표현이 저한테는 어울리는 표현인 것 같아요. 학교로 돌아가서 그동안 미루었던 논문과 저술작업을 해야겠다는 생각이 있고요. 또 하나는 앞서 말씀드렸듯이 우리가 민간 싱크탱크의 역량이 약해요. 있다 해도 기업연구소 정도인데 그런 의미에서 민간 싱크탱크의 역량을 어떻게 강화할 것인가라는 고민들을 좀 해야 되지 않나 하는 생각을 합니다. 그런 의미에서 지금 우리가 겪고 있는 포스트코로나 시대가 학생들의 온라인 수업이나 직장의 비대면 회의나 재택근무와 같은 단순한 변화뿐 아니라 우리가 엄청나게 거대한 사회 변동의 시기에 살고 있다는 것을 인식할 필요가 있어요. 우리는 아주 긴 불확실성의 시대, 그로 인한 긴 불안의 시대를 살게 될지 모릅니다. 포스트코로나 시대는 우리가 생각했던 것보다 훨씬 큰 폭의 완전히 새로운 시대, 또 하나의 현대가 시작되는 것인지도 모릅니다. 완전히 새로운 인류가 살아가는 시대를 열어야 하는지도 모릅니다. 그래서 포스트코로나 시대라고 하는 시대적 과제에 대한 공감대를 넓히고 이를 통해 미래비전을 고민하는 일을 학교로 돌아가면 체계적이고 진지하게 해야겠다는 생각을 합니다.

김지선   쉬신다고 하셨는데 안 쉬실 것 같네요. 지난 2년의 임기동안 수고해주신 조대엽 위원장님께 감사의 인사를 드리며, 인터뷰는 이것으로 마치겠습니다. 감사합니다.

대통령직속 정책기획위원회 분과위원장 좌담회

대통령직속 정책기획위원회 활동을 되돌아보다

정책기획위원회 활동에 대한 소회 및 향후 위원회의 역할과 나아갈 방향에 대하여

일시	2022년 3월 10일
진행	추장민(미래정책연구단장)
참가	조대엽(정책기획위원회 위원장), 김선혁(국민주권 분과위원장), 양종곤(국민성장 분과위원장), 문진영(포용사회 분과위원장), 김경희(지속가능사회 분과위원장), 곽채기(분권발전 분과위원장), 구갑우(평화번영 분과위원장), 윤태범(국정과제지원단장)

정책기획위원회는 문재인 정부 100대 국정과제 조정과 국가 중·장기 발전전략 및 정책 방향의 수립, 분야별 국가정책 및 현안 과제를 기획하는 대통령 자문기관이다. 그동안 약 100여 명의 민간위원들이 국민주권, 국민성장, 포용사회, 지속가능사회, 분권발전, 평화번영 등 6개 분과를 구성하여 다양한 분야의 자문위원들을 위촉하고 정부가 올바른 방향으로 나아갈 수 있도록 독려해왔다. 특히 2기 활동 기간인 지난 2년은 팬데믹으로 인하여 많은 활동이 비대면으로 전환되며 위원들 간 긴밀한 소통의 어려움 등 여러 한계가 있었다. 좌담회는 어려움 속에서도 묵묵히 위원회의 운영을 이끌어온 각 분과위원장들로부터 그간 활동에 대한 소회를 듣고, 이어 앞으로 정책기획위원회와 같은 국가 싱크탱크의 역할과 발전 방향에 대하여 이야기 나누는 시간으로 진행되었다.

추장민　오늘 좌담회는 주로 정책기획위원회 활동 소회에 대한 내용인데, 특히 2기 활동을 시작하며 팬데믹으로 대부분의 일정이 비대면으로 진행되며 교류와 소통이 어려웠습니다. 이러한 상황에도 중단 없이 위원회의 활동을 이끌고 참여해주신 위원장님과 각 분과위원장님들께 감사드립니다. 먼저 위원장님께서 한 말씀 해주시고 좌담회를 시작하겠습니다.

조대엽　이번 좌담회의 취지는 위원회 활동에 대한 회고도 하고, 분과위원장님들이 그동안 많이 애썼는데 마지막으로 기념이 되는 자리를 마련하는 데 있습니다. 그동안 같이 하는 분과위원장님들은 여러 어려움 속에서도 문재인 정부가 마지막까지 꿋꿋이 일하는 정부로 전념해온 것들을 누구보다도 잘 아시리라 생각합니다. 아울러 분과위원장님을 비롯한 정책기획위원님들께서 아낌없는 헌신을 하셨습니다. 여러 가지로 아쉬운 마음이 들지만 참으로 수고하셨고, 감사합니다. 남은 기간 어떻게 위원회를 잘 마무리할 것인지에 대한 고민을 해야 하지 않을까 합니다.

추장민　위원장님 말씀 잘들었습니다. 이어 그동안의 위원회 및 각 분과 활동에 대한 간단한 소회를 듣겠습니다. 위원회 활동과 관련하여 전체적인 운영, 분과위원장 간담회, 국정과제 진행 현황에 대한 점검, 보완에 대한 자문의견, 정책 현안에 대한 자문의견뿐 아니라 특별활동이라 할 수 있는 토론도 상당히 많이 있었습니다. 코로나19 시국에서 이를 수행한 소회, 감회를 말씀해주십시오.

김선혁 정책기획위원회 1기와 2기는 각각 장단점이 있었습니다. 1 기는 의욕적으로 새로운 일을 시작하고, 2기는 앞단에서 했던 일을 마무리하고 역사적 의미를 부여하는 작업이었습니다. 2기의 시작과 함께 코로나19로 인해 상황이 어려웠습니다. 그래도 위원장님께서 의욕이 넘치시고 열정이 있어 많은 중요한 일들을 했던 것 같습니다.

양종곤 국민성장분과 2기는 2년 전 4월 2일, 제가 임명받았을 때 11명으로 시작했습니다. 그런데 나중에 열 분이 보강되어 전체 21명의 분과위원과 활동을 진행하게 되었습니다. 안타까운 것은 코로나19로 인해 비대면으로 활동이 진행된 것으로 인해 위원들 간 스킨십이 부족했고, 뒤에 들어온 열 분은 더더욱 대면으로 만날 기회가 적어 더욱 큰 한계를 느꼈습니다. 접촉과 소통을 늘리는 것이 위원회 활동에 도움이 될 텐데, 비대면으로 인한 아쉬움이 있었습니다. 기억에 남는 건 위원장님 리더십 하에 전체 회의를 세 번 정도 진행했는데, 위원들 간 좋은 소통의 기회였다고 생각합니다.

문진영 2기가 시작되면서 저희 포용사회분과는 당시 38명으로 상당히 많은 위원님을 모셨습니다. 그러다 지속가능사회분과가 독립되면서 지금 현재 포용사회분과는 22명의 위원으로 구성되어 있습니다. 저희 분과에서는 사회복지, 보건, 교육 등 다양한 소분과 활동이 활발하게 이루어졌습니다. 정기적인 소분과 활동을 통해 나온 어젠다는 간담회로 연구성과를 축적하고, 전문적인 리서치가 필요할 경우 프로젝트를 발주하였습니다. 이러한 방식의 활동이 지속적으로 유지할 수 있었던 점에 대해 포용사회분과 위원님들께 고마움을 느낍니다. 정권 말기라고 참여도와 열의가 떨어지는 것은 지식인으로서의 사명이 아니라는 점이 위원님들과 공유되었고, 최근에 진행된 회의의 출석률도 높은 편이었습니다.

김경희 지속가능사회분과는 처음에는 포용사회분과에 함께 있다가 분리된 특징이 있습니다. 말 그대로 우리 사회가 우리 삶을 지속가능하게 하는데 필요한 국정과제를 주로 담당한다는 취지로 만들어졌고, 1기 때에도 잠시 지속가능사회분과가 있었습니다. 다만 소분과 구성이 조금 다른데, 1기 때는 문화와 기후환경 중심의 분과위원회였다면, 2기는 공정사회 소분과가 편입되어 차이가 있습니다. 소분과별로 보면 이질적이라 보긴 어렵지만 독립적이어서 다른 분과처럼 하나로 묶여서 일하기에는 쉽지 않았던 점도 있습니다. 그럼에도 분과위원님들께서 정책전문성을 발휘해 많은 일을 해주셨고, 기후환경 소분과의 경우 여러 차례 간담회와 많은 전문가들의 참여로 탄소중립위원회가 만들어지는 데에 큰 뒷받침이 되었던 것 같습니다. 그리고 공정사회 소분과의 경우 차별과 관련한 중요한 이슈를 다루는데 노동 이슈에 있어서 개혁성을 추진한 것은 긍정적으로 볼 필요가 있다고 생각합니다.

곽채기 저는 1기와 2기 함께 활동을 하였는데, 저희 분권발전분과는 1기 때는 전반부로서 국정과제가 우리 위원회에 중요한 역할이라 저희 분과 5대 목표 중 '고르게 발전하는 지역'에서 하는 11개의 국정과제와 관련된 독자적인 역할 영역이 있었습니다. 2기로 접어들면서는 100대 국정과제와 관련한 내용들이 거의 다 세팅되고 루틴화된 관리활동 단계에 접어들면서 분권발전분과의 역할 영역이 계속 도전받는 상황이었습니다. 이니셔티브는 정책기획위원회가 발휘할 수 있으니 분권발전분과가 나름대로 역할이 있었는데, 그 역할이 끝난 2기에는 대부분의 어젠다들이 자치분권위원회나 균형발전위원회와 중첩되었습니다. 이러한 구조적 요인이 앞으로 정책기획위원회와 같은 대통령 직속위원회가 고민해야 할 중요 포인트라고 생각합니다.

구갑우 저는 두 가지 정도를 생각했습니다. 하나는 정책기획위원회가 일종의 국가 싱크탱크로서의 역할을 할 수 있으면 좋겠다. 그리고 그러기 위해서 정책 제언을 할 수 있는 기구가 되었으면 좋겠다는 것이었습니다. 다른 하나는 일을 시작하면서부터 발생한 문제인데, 한반도 평화 프로세스가 일종의 국면으로 들어가는 시점에 평화분과 일을 하게 됐다는 것 정도가 생각이 납니다. 저희 분과 구성원들은 매우 적극적이어서 외교 안보와 통일 등의 분야에 적극적으로 의견을 개진하고 싶어 했습니다. 때문에 분과위원장 입장에서 보면 오히려 일을 많이 만드는 분과가 아닌가 하는 생각이 들 정도였습니다.

추장민 이어서 분과를 포함한 위원회 활동 중 의미 있는 성과나 대표적 과제, 또는 위원회 역할의 한계 등으로 인한 아쉬웠던 점을 말씀해 주시기 바랍니다.

김선혁 돌이켜보면 코로나19 대응과 관련한 부분과 한국판 뉴딜과 관련된 부분, 선도국가에 대한 개념적 담론에 근거한 여러 활동과 특히 정책개혁위원회가 이례적으로 광범위하게 작업에 참여한 국정백서 작업이 기억에 남습니다. 어려운 상황에서도 여러 유의미한 작업에 참여한 것을 보람으로 생각합니다. 대면으로 모일 수는 없었지만 다양한 활동을 통해 국정과제 관리, 중장기 정책기획, 현안에 대한 정책 제안까지 여러 활동을 다채롭게 펼칠 수 있었던 것에 대해 감사하게 생각합니다.

양종곤 저희 분과의 경우 아쉬운 점은 다른 분과도 마찬가지지만 소분과들이 각각 나눠지는데, 과제나 전공분야가 다양하다 보니 소분과 활동이 활성화되지 못한 게 아쉽습니다.

문진영 국정과제에 대한 평가를 위한 준비 등 행정업무도 중요하지만 행정부처나 청와대가 정치적인 이유로 제기하기 어려운 민감한 어젠다를 과감하게 설정하여 정책적으로 모색해보는 것이 정책기획위원회의 역할 중 하나가 아닌가 생각합니다. 포용사회분과를 제안 받았을 때 제가 나름대로 생각한 어젠다는 외국인 문제였습니다. 1960년대부터 1970년대에 유럽에서 처음 시작한 포용 사회의 개념은 국민만을 포용하자는 뜻이 아닙니다. 국민을 포용하는 것은 당연하고, 그 외부의 난민과 무국적자, 외국인 근로자, 결혼이주민 등 우리의 행정 시스템에 배제되어 있는 사람을 끌어안는다는 점에서 포용이라는 개념을 썼습니다. 그런 면에서 우리에게는 과감한 어젠다 세팅이 부족했던 것 같습니다. 여러 번 시도했지만 여러 이유로 쉽지 않았습니다. 정부가 나서기에는 힘들긴 하지만 분명 앞으로 우리 사회가 해결해야 할 문제인 것은 맞습니다. 마치 50년 전 여성문제를 이야기할 때 다들 난색을 표했어도, 지금은 우리 사회에서 중요하게 생각하는 가치가 된 것처럼 말입니다. 이와 같이 우리 사회에 장기적으로 영향을 미칠 이슈를 먼저 제기하고 정리해서 정책결정의 논의 구조를 만드는 기능이 아쉽습니다.

김경희　저희 분과의 역할과 관련지어 말씀드리겠습니다. 이번 정부는 젠더 이슈와 관련해 젠더 폭력 등에 관한 부분은 정부가 적극적으로 수용하고 반응했지만 낙태 이슈나 젠더 갈등 해결에 대한 문제제기가 활발하지 않았던 부분이 아쉽습니다. 하지만 국민 안전, 재난 안전과 관련된 부분은 높이 평가해야 할 것 같습니다. 다음 정부가 어떻게 할지는 모르지만 정책기획위원회나 전문가 그룹들이 만드는 성과가 공유될 수 있는 소통의 장치가 더욱 적극적으로 마련되어야 할 필요성을 느낍니다. 저희 분과는 앞으로 우리가 팬데믹과 기후위기를 경험하며 지속가능한 사회를 만들기 위한 토대가 무엇인지에 대한 성찰이 어느 때보다도 중요함을 깨달았습니다. 이것이 정책철학으로 반드시 자리매김되어야 하는데 이 부분을 자꾸 우리가 놓치고 앞으로도 놓칠 우려가 있는 듯합니다. 이윤추구와 경제성장만으로는 지속가능한 사회를 만들기가 어렵다는 것을 실감하고, 문제의식을 향상시키기 위한 담론을 만들려 했던 것을 성과로 봅니다. 앞으로 차기 정부는 국정 운영에서 이를 유념해야 할 것 같습니다.

곽채기　저는 정책기획위원회에서 함께 담론화하고 관련 어젠다를 논의하는 과정에서 계속 아쉬웠던 것 중 하나를 말씀드리겠습니다. 우리가 이미 주어진 국정과제를 정리하고 관리하는 역할을 넘어 전문가들이 보는 빅 어젠다를 발굴해서 그걸 지속해서 다듬어 나가고 기록으로 남기거나 관련 정책 커뮤니티에 공유하는 역할을 부여할 필요가 있습니다. 그런데 정책기획위원회 설치 관련 규정에 보면 이러한 역할들이 명시적으로 규정되어 있지 않아서, 현 정부에서 필요로 하는 정책 어젠다들은 나름대로 우리 위원회가 할 수 있는 역할 경계가 형성되어 있지만, 요구하지 않은 것을 개발하는 역할은 부족하지 않았나 하는 평가가 많았습니다.

구갑우 지금 정부가 가는 길에 대해 비판적 목소리를 내고 싶었고, 그게 가능하면 정책으로 채택이 되었으면 하는 생각도 많았습니다만 실제로는 정부의 외교, 보안, 안보 통일과 관련해서 일종의 패러다임 공유 작업이 어려웠습니다. 일종의 인식공동체가 부재하다는 생각을 TF나 간담회를 하면서 갖게 되었습니다. 그리고 한미동맹의 경우 제 개인적인 표현이긴 하지만, '한미동맹의 민주화'가 필요하지 않을까 하는 고민을 했습니다. 이번 선거에서도 나타난 것처럼 한미동맹 강화가 정부의 수렴점이 되어가는 듯한 모습에 대한 고민도 담아서 전달하고 싶었습니다. 우리 분과위원회는 남북 관계에 대한 우리의 패러다임을 바꿔보자는 노력을 했습니다. 한반도 자주독립 같은 것을 의제화하고 고식적인 틀을 벗어나는 발상의 전환 같은 것을 해보고 싶어 했고 그런 의견들을 전달했습니다. 하지만 현실은 다릅니다. 한 가지 예로 오늘 아침에 분과 회의를 했는데 정책기획위원회 백서에 저희가 TF나 간담회를 하고 나서 위원장님께 제출한 보고서를 담을 것인지를 놓고 가벼운 논쟁을 했습니다. 현재 정부가 했던 것에 비판적 시선을 던진 측면과 이 내용들이 백서에 포함될 때 생길 파장에 대한 고민이 있었고, 결국 이견이나 비판적 목소리가 드러나지 않게 정책기획위원회 백서를 처리하자고 합의를 봤습니다. 이런 부분에 대해 한계를 많이 느

껐습니다.

윤태범 정책기획위원회가 거버넌스로 보면 세 개의 축을 갖고 있습니다. 가운데 국정과제가 있고, 정책기획위원회가 있고, 국조실과 BH가 있고, 각 부처가 국정과제 담당부처로 연계된 구조로 세팅되어 있습니다. 그런데 세 개의 축의 구조에서 정책기획위원회는 처음부터 이니셔티브가 상대적으로 적었습니다. 그래서 초기에 정책기획위원회의 역할 수행이 쉽지 않았습니다. 특히 위원회의 운영 핵심인 사무국의 규모와 역할이 크지 않아서 쉽지 않았습니다. 위원들은 다른 현업을 갖고 있으면서 활동하기 때문에 전적인 몰입이 쉽지 않다는 점에서 사무국의 규모와 역할, 지원이 중요합니다. 이 부분이 상대적으로 취약하였다고 생각합니다. 이 부분이 향후에는 더욱더 보강되어야 할 것입니다.

추장민 국정과제 추진과정에서 생기는 쟁점, 미래사회 대비를 하는 과정에서 담론 형성을 했지만 보다 적극적인 어젠다 세팅이 필요하지 않나 하는 성찰을 해주셨습니다. 범부처 그랜드 이슈를 공격적으로 발굴하는 부분이 상대적으로 부족했다는 것은 많은 분들이 관통하여 말씀하신 것 같습니다. 논의의 주제가 자연스럽게 위원회의 역할과 위상과 관련된 내용으로 넘어가고 있는 것 같은데요. 차기 정부에서 정책기획위원회와 같은 대통령 직속 자문위원회는 어떻게 되어야 한다고 생각하십니까?

양종곤 한 가지 제안을 드리고자 합니다. 일전에 국정과제 점검을 위해 26개의 정책과제 중 해당되는 분과 위원들이 소분과로 나눠서 각 부처에 해당하는 공무원들을 불러 과제에 대한 설명을 들었습니다. 그 결과로 과제에 대한 이해도가 높았고, 분과 활동에도 많은 도움이 되었습니다. 그런 관점에서 보면 저도 분과위원장이지만, 분과위원들이 국정과제에 대하여 속속들이 알 수는 없습니다. 향후 분과위원장을 풀타임 상근직으로 전환하여 업무에 대한 숙지가 더 완벽하게 이뤄진다면 과제에 대한 제안이 더욱 활성화 될 것 같습니다.

곽채기 분과위원장은 상근 역할을 부여하는 걸 필요로 한다는 말씀도 있었지만 제가 보기에는 고민이 필요한 사항이므로 그보다 정책기획위원회 지원기능을 보강해야 하지 않나 싶습니다. 제가 위원장을 하면서 TF를 구성하고자 했는데, 그 과정에서 관련 부처의 협력을 끌어내기가 힘들었습니다. 정부 부처에서 도와주지 않는다면 정책기획위원회의 역할 과정에서 그 역할을 하기가 힘이 듭니다. 제 경험은 특수 케이스일지는 모르겠지만, 지켜본 바로 전반적인 분위기가 비슷하지 않았을까 합니다. 상근으로 근무하는 등 역할 부여도 중요하지만, 정책기획위원회는 관련된 주무 부처의 지원이 중요한데 그런 걸 끌어내는 지원 기능이 정책기획위원회에서 제대로 작동했는지 의문입니다.

구갑우 정책기획위원회가 국가 싱크탱크로서 자리매김하는 게 중요한 것 같습니다. 초창기 TF를 운영할 때는 관련 부처 실무자들이 TF에 참가하는 방식으로 무리해서 강제해봤습니다. 그래서 회의 시간을 조찬 형태로 아침 7시, 8시에 시작해서 시도해봤는데 정책기획위원회는 이를 강제할 권한이 전혀 없는 겁니다. 어떻게 보면 인맥을 통해 공부하러 나오라고 이야기하는 방식으로 설득해서 외교부, 통일부, 국방부 실무자들이 실제로 같이 논의하는 자리를 만들어본 적도 있습니다. 국가 싱크탱크에 실제 공무원들이 참여하는 형식은 아니었지만 나름대로 굉장히 유익한 시간이었습니다. 자기가 만드는 보고서에서 실제로 현장에서 일을 하는 분들의 생각이 담길 수도 있었기 때문입니다. 그런데 그 뒤로 이 일을 하기가 어려웠습니다. 정책기획위원회가 정부 내에서 갖는 지위, 역할, 권한 이런 것들에 대한 세심한 규정이 필요한 것 아닐까 합니다.

윤태범 제가 예전에 연구했던 것을 반추해보면 미국에는 대통령 자문위원회법이 있습니다. 그 법은 만들어진 지 50년이 되었으며, 핵심은 위원회가 작동하기 위한 충분한 예산을 지원해야 한다는 규정입니다. 물론 상시적인 활동도 하지만 반드시 매년 애뉴얼 리포트를 내도록 되어 있습니다. 애뉴얼 리포트에는 대통령 자문위원회의 활동과 정책자문 내용들이 포함됩니다. 그것에 관해 연방정부 각 부처가 자문 내용을 수용하도록 되어 있습니다. 이러한 관점에서 보면 우리의 자문위원회는 두 가지 모두에서 매우 약합니다. 위원회가 만들어낸 정책적 자문의 내용들이 각 부처에 대한 구속력이 사실상 없어서 구조적 한계가 처음부터 있었던 게 아닐까 합니다. 그다음으로 정책기획위원회의 근거는 대통령령입니다. 임시조직이라는 뜻이죠. 그런데 이 임시조직인 위원회가 법적 안정성을 상대적으로 높게 확보한 다양한 국정과제위원회의 총괄 기능을 수행하도록 되어 있습니다. 정책기획위원회의 법적 안정성이 미비한 상황에서 법·제도적 안정성을 갖고 있는 타 위원회를 총괄하는 것은 맥락이 맞지 않습니다. 다음 정부도 같은 상황에 직면할 거란 생각이 듭니다. 위원회가 정상적인 조직으로 안정적으로 작동하도록 하는 제도적 세팅을 잘 해두지 않으면 이 문제는 반복될 수밖에 없을 것 같습니다.

추장민 다들 제도화, 정책기획위원회의 권한과 역할의 제도화 미비함으로 인해 실질적인 역할을 제대로 못한 측면이 점이 있다는 것과 또 하나는 정책에 대한 가치의 공유를 봤을 때 위원회가 단순히 정부 정책에 대해 보완적 자문을 할 것인지, 변화를 위해 노력할 것인지에 대해 위원회 자체의 존재성에 관한 문제를 몸소 느끼신 것 같습니다. 대통령 직속 정책기획위원회의 본질적 한계일 수도 있는데, 이를 어떻게 해결할지 고민이 필요할 것 같습니다. 약속된 시간이 다 되었는데, 끝으로 우리 위원회의 마무리 방향에 대한 조대엽 위원장님의 말씀 듣고 마치겠습니다.

조대엽 앞서 말씀하신 이야기들을 들으며 저 또한 공감하는 부분이 많았습니다. 위원회 활동을 열심히 하신 만큼 발전도 크게 느끼셨을 테지만, 한편으로 대통령령에 근거를 둔 위원회로서의 한계가 있었습니다. 이러한 구조 속에서도 위원회의 효과를 극대화하기 위해 많은 고민이 있었습니다. 제가 그동안 느낀 바에 따르면 정책과 공권력의 생태계 속에서 다양한 각축이 벌어지는 것이 정부라는 조직입니다. 정책기획위원회 또한, 각축전에 뛰어들어 뭔가를 해내야 하고 그걸 하기 위한 전략을 고민해야 하는데, 쉽지 않았습니다. 위원회의 위상과 관련해서는 많은 위원님들의 헌신이 있었음에도 한계가 있었음을 인정합니다. 어려운 과정을 겪었고, 그 과정 속에서 정책 콘텐츠, 네트워크,

소통 관리라는 세 축에서 할 수 있는 걸 최대한 해보자고 했습니다. 그렇게 하면서 지역에 갔을 때 많게는 지역 언론이 200회 이상 보도하는 등 한국판 뉴딜을 궤도에 올리는데 역할을 했다고 봅니다. 두 번째로, 한국판 뉴딜 시즌2가 만들어지는 것은 우리가 처음 비전에서 그렸던 부분이 반영된 효과가 있었습니다. 특히 감염병 및 보건의료 혁신 TF도 의미가 있었습니다. 또 가장 중요한 경험인데, 정책기획위원회의 일은 위원들이 본인 일에 대한 자긍심을 가지면서 BH와 부처의 협업 효율을 얼마나 높이느냐에 달려 있습니다. 정책경쟁의 거대한 생태계에서 어떤 기구든 살아남으려면 필요에 응답을 해내는 콘텐츠 생산을 얼마나 많이 해내느냐 인데, 그러려면 갖춰야 할 요건이 많습니다. 저는 문재인 정부에서 함께한 경험이 소중한 자산으로 이어져야 한다고 생각합니다. 정책도, 사람도, 민간 영역에서라도 재생산 해나가는 작업이 필요할 것 같습니다. 마지막으로 각 분과위원장님들께서 위원회를 너무 잘 이끌어주셨습니다. 그동안 많이 애쓰셨고, 한없는 감사를 드립니다.

추장민 바쁘신 와중에도 정책기획위원회 활동에 대한 소회를 마지막으로 나누기 위해 와주신 위원장님과 각 분과위원장님께 감사의 말씀을 전하며 좌담회는 여기에서 마치겠습니다. 감사합니다.

| 제1부 |

민주주의의 실현

제1장

총·균·쇠의 역사를 바꾼 문재인 정부
: 문재인 정부의 '삼대국란' 극복기

조대엽 대통령 직속 정책기획위원장, 고려대학교 사회학과

1. 지금은 격려와 존중의 시간이다

코로나19와의 전쟁이 치열하다. 이제 감염은 팬데믹이 되었고 상황은 세계대전의 수준이 되고 말았다. 치료제나 백신이 개발되기 전에 이 전쟁은 끝이 보이지 않을 것 같다. 여기에서 살아남을 수 있는 유일한 무기는 협력과 연대라는 사실에 전 세계의 지도자들이 합의하고 있다. 잃어버린 일상을 회복하고 '전후'의 복구를 위해서도 협력과 연대는 필수적이다. 협력과 연대는 누구나 다 알고 있는 해결책임에도 그냥 얻어지지 않는다. 협력과 연대의 원천은 무엇보다도 '공동체적 자기애'다. 자신이 살고 있는 공동체에 대한 본래적 애정과 지지를 의미하는 공동체적 자기애는 서로에 대한 '인정'(認定)에서 출발한다. 인정은 공존을 낳고 공존은 협력과 연대로 나아간다.

우리는 국난의 위기를 맞을 때면 어김없이 우리 안에 내장된 협력과 연대의 유전자가 살아나 분열의 일상을 밀어낸 역사를 가졌다. 코로나19와의 전쟁으로 우리는 다시 대한민국이라는 국가공동체에 대한 '공동체적 자기애'를 복원시켰다. 다시 협력과 연대의 유전자가 깨

어난 것이다. 그리고 그 유전자는 정부로 하여금 민주주의적 질서 위에서 방역과 치료의 컨트롤타워로서의 적절한 역할을 할 수 있는 힘을 부여했다. 객관성과 공정성은 내팽개친 채 시대착오적 이데올로기를 앞세워 서로를 물어뜯는 것이 일상이 된 분열의 시대에 코로나19와의 우울한 전쟁이 놀랍게도 공동체적 자기애를 살려냈다. 또 그것은 방역을 포함한 모든 분야에서 투명성과 공정성을 앞세운 정부에 대한 신뢰로 이어졌다. 세계가 우리 정부의 대응 방식을 주목하고 배우려 한다. 우리가 애써 외면했던 정부의 능력을 세계가 거울이 되어 비춰준 것이다.

정부의 능력은 시민의 힘에서 나온다. 이 엄중난 국난의 위기에 비로소 확인된 문재인 정부의 유능이야말로 우리 시민 자신의 모습이다. 코로나와의 전쟁에서 드러난 문재인 정부의 유능함은 정파적 능력이 아니라 연대와 협력을 이루어낸 국민의 힘이다. '우리가 진천'이고 '우리가 대구'이듯이 우리가 바로 대한민국이다. 시민의 힘으로 우뚝 선 문재인 정부가 시민의 힘을 가장 돋보이게 했다. 전쟁은 길어지고 전흔은 깊어질 듯하다. 이 힘겨운 국난 극복의 시작은 우리 정부와 우리 스스로에 대한 자기애다. 우리 '시민'과 우리 '정부'와 우리 '나라'의 자존감을 우리 스스로 높여야 할 때다. 서로를 격려하고 존중할 시간이다.

2. 총·균·쇠의 역사를 다시 쓰다

코로나19의 국난까지 문재인 정부는 다른 어떤 정부도 겪지 못한 세 번째 국난을 겪고 있다. 세 번의 국난은 어떤 나라도 예측하거나 경험하지 못한 불확실성의 효과다. 문재인 정부는 이 같은 지구적 불확실성이 만들어낸 세 번의 국난을 넘기며 새로운 비전을 보여주는 놀라운 국가 능력을 드러내고 있다.

문재인 정부 제1의 국난은 2017년 9월의 '북핵대란'이다. 북한의 6차 핵실험이 성공하자 한반도에 핵위기는 엄중해졌다. 문재인 대통령은 72차 유엔총회 기조연설을 통해 다자주의 대화 및 평창올림픽의 성공적 개최를 위한 협력을 요청했다. 유엔은 157개국이라는 역대 최대 회원국 공동 제안으로 '올림픽 휴전'을 결의했다. 북한의 평창올림픽 참가가 승인된 후 한국, 북한, 미국의 지도자가 한자리에 모인 평화와 화합의 올림픽이 개최되었다. 세 차례의 남북정상회담이 열렸고 세 차례의 북미정상회담이 개최되었다. 문재인 대통령은 3년 연속 유엔총회에 참석해 연설했다. 언제 터질지 알 수 없는 핵위기의 긴장이 평창올림픽과 절묘하게 결합되어 기적처럼 만들어진 평화였다.

문재인 정부 제2의 국난은 2019년 7월에 시작된 일본과의 '통상대란'이다. 일본은 한국의 핵심 산업인 반도체 디스플레이 소재에 대한 규제에 이어 화이트국가에서 한국을 제외하는 조치를 느닷없이 발표했다. 세계적으로는 자유무역질서를 뒤흔드는 무도한 짓이었고 우리에게는 징용배상 판결에 대한 보복으로 비쳤다. 미국의 관망 속에 갈등은 악화되고 장기화되었다. 우리는 소재·부품·장비산업의 경쟁력 강화를 위한 대규모 예산을 투입하는 등 강력한 대응책을 추진하는 한편, 한일군사정보보호협정(GSOMIA) 파기 카드를 꺼내들기도 했다. 대통령은 '아무도 흔들 수 없는 나라'를 선언하고, 국회는 특별조치법을 통과시켰다. 불확실성이 남아 있으나 한일 통상대란은 우리에게 소부장산업의 해외의존도를 낮추고 경쟁력을 갖추는 새로운 기회가 되었다. 신속하고도 적극적인 대응 과정에서 이제 '일본에게는 밀리지 않을 수 있다'라는 자존감을 덤으로 얻었다.

　문재인 정부 제3의 국난은 현재 세계를 뒤흔들고 있는 코로나19 '바이러스 대란'이다. 이제 코로나19는 팬데믹이 되어 지구적으로 확산되고 있지만 한국은 2월 29일을 정점으로 일일 확진자 수가 줄고 있다. 관리 가능한 수준을 조심스럽게 기대할 수 있게 되었다. 처음 약 한 달간의 국가감염관리시스템은 거의 완벽에 가까웠다. 신천지 신도 집단감염과 함께 폭증하는 확진 사태가 온 국민을 불안과 공포로 몰았으나 방역과 검역의 시스템은 흔들리지 않았다. 발달된 IT기술을 활용한 진단검사와 철저한 역학조사, 중증도에 맞는 치료체제의 구축에 세계가 주목했다. 압도적인 진단역량과 속도에 세계가 놀랐다. 개방적이고 투명하며 시민과 함께 하는 독특한 방역시스템이 세계의 모델이 되고 있다. 바이러스 대란을 관리하는 정부의 능력에 우리 자신도 놀라지 않을 수 없다.

　핵란, 통상란, 균란이라고도 할 수 있는 문재인 정부의 삼대 국난극복은 총·균·쇠의 역사를 바꾸는 더 크고 놀라운 일로 평가될 수도 있다. 재레드 다이아몬드(Jared Mason Diamond)는 인류의 운명을 바꾼 세 가지 요소로 무기와 병균과 금속을 지목했다. 168명의 스페인 군인이 8만 명의 잉카 주민을 정복한 예처럼 유라시아가 긴 제국주의시대를 주도한 과정을 유럽의 환경에서 만들어진 총·균·쇠의 역사로 풀어낸 것이다. 재레드 다이아몬드의 '총·균·쇠'는 정복과 지배의 패러다임으로 20세기 강대국의 힘을 설명하는데도 여전히 유효했다.

　문재인 정부에 들이닥친 삼대국난은 다른 무엇보다도 '21세기형' 총·균·쇠의 급습이었다. 핵무기로 변형된 '총란'과 반도체 디스플레이 소재, 부품, 장비로 모습을 바꾼 '쇠란', 그리고 코로나 19로 등장한 '균란'은 21세기형 총·균·쇠였다. 20세기까지의 총·균·쇠는 강대국 중심의 세계질서 속에서 작동하는 침략과 점령의 패러다임이었다. 그러나 우리시대 총·균·쇠의 습격은 예측하지 못한 불확실성으로부터 오는 것이었고, 초연결사회에서 지구적 파국을 가져올 수 있는 지구적 현상이 되었다. 핵으로 바뀐 총란은 지구적 공존을 위협하고, 신소재로 바뀐 쇠란은 지구통상질서를 위협했으며, 코로나19로 바뀐 균란은 지구적으로 생명을 위협했다. 21세기형 총·균·쇠의 위협은 더 거대하고 더 치명적이며 더 두려운 것이 되었다.

문재인 정부는 총·균·쇠의 지구적 위협을 완전히 새로운 패러다임으로 극복하는 힘을 보여주었다. 파괴의 무기였던 '총'이 평창올림픽이라는 평화의 제전으로 극복되는 방식을 보여주었다. '쇠'는 거대한 자본과 강대국의 일방주의에 위축되지 않는 호혜주의의 비전을 제시했다. '균'이야말로 죽음의 공포와 불안에 내몰려 봉쇄와 단절을 택하기보다 외부로부터의 문을 닫지 않으면서도 시민사회와의 협력에 기초한 민주적 보건방역시스템으로 극복하는 모델을 만들었다.

문재인 정부는 총·균·쇠의 역사를 다시 쓰고 있다. 정복과 파괴의 총·균·쇠를 넘어 상호 호혜 속에서 인류 전체가 진보할 수 있는 새로운 출구를 열고 있다. 거대한 불확실성 앞에 세계가 갈 방향을 문재인 정부가 가리키고 있다. 문재인 정부의 문제해결 능력이 불확실성 시대에 지구적 이정표가 되고 있으며, 개발도상국과 약소국들에게는 희망이 되고 있다.

3. 시민의 힘이 유능한 정부를 만든다

지구적 초연결사회에서 국가 간의 상대적 능력은 실시간으로 확인된다. 자국 내에서 자기 정부의 능력에 대한 평가와 평판은 당파적 편견으로 가득 차 있지만 국가 간의 역량을 보이는 객관적 지표는 비교적 뚜렷이 드러나 있다. 삼대 국난을 극복해내고 있는 문재인 정부의 능력은 대한민국의 자존감을 한껏 높이고 있다. K-pop과 영화 '기생충'의 쾌거에 이어 이제 정부의 능력에 대한 새로운 모델을 만들어내고 있다. 총·균·쇠의 역사를 바꾼 문재인 정부의 유능함은 다른 무엇보다도 시민의 힘에서 나온다. 시민의 힘이 곧 국가의 능력이다. 2017년 약 1천 7백만 명의 시민들이 촛불을 들었고 박근혜 대통령을 탄핵했고 새정부를 출범시켰다.

일제에 저항한 시민, 독재에 저항한 저 4월의 시민, 부마의 시민, 5월 광주의 시민, 6월의 시민이 촛불로 모여 '나라다운 나라'에 대한 열망을 내뿜었고 그 선택이 문재인 정부였다. 그래서 '국민의 나라, 정의로운 대한민국'을 지향하는 문재인 정부는 어떤 정부보다 시민의 뜻에 민감하다. 다른 어떤 정부보다 시민을 두려워해서, 시민에게 듣고 시민에게 배우며 시민 속에서 시민과 함께 하고자 한다. 그래서 다른 어떤 정부보다 시민에게 개방적이고 투명하며 빠르게 응답할 준비를 갖춘 정부다. 시민의 힘이 삼대국난을 극복한 국가능력인 이유다.

문재인 정부의 삼란은 지구적 불확실성의 효과다. 특히 코로나19 '바이러스 대란'은 현대 세계의 모범으로 여겨졌던 서구 정치와 경제와 문화의 모든 질서를 의심케 하고 있다. 나는 이 지구적 혼돈과 위기에 대응해 총·균·쇠의 역사를 다시 쓰는 대한민국의 능력이 'K-디마크라시'(K-democracy)의 힘이라고 감히 말하고자 한다. 주권자가 관객으로 전락한 서구의 대의민주주의, 위임민주주의의 경직성과 수동성은 우리 시대의 위기에 무력하다. K-디마크라시는 시민의 참여와 영향력이 극대화된 '적극적 민주주의'이며 시민의 삶과 결합된 '유연한 공공성'의 질서다. K-디마크라시의 본질은 촛불에 응축되어 있고 촛불은 대한민국 국민이 독특하게 품고 있는 '공동체적 자기애'의 상징이다. 나아가 K-디마크라시가 응축하고 있는 공동체적 자기애는 '지구적 인류애'로 열려있다. '우리가 진천'이고 '우리가 대구'고 '우리가 대한민국'이라는 공동체적 자기애의 확장은 '우리가 지구'라는 인류애를 향해 있는 것이다. 나라를 잃은 상황에서도 세계문화에 공헌할 기회를 잃은 슬픔을 표현한 3·1 독립선언문의 정신도 바로 이 지점에 자리 잡고 있다. 공동체적 자기애를 뿌리로 하는 K-디마크라시는 시민적 자율의 민주주의이자, 사회적 책임의 민주주의이고, 공동체적 협력의 민주주의다. 시민의 힘과 정부의 능력이 이러한 민주주의를 유지, 발전시킨다. 'K-디마크라시'야말로 우리 시대 예측 불가능한 위기를 해결하는 최적의 모델이자 처방일지도 모른다. 정부를 격려할 때다. 정부가 우리고 우리가 대한민국이다.

제2장

3·1운동과 임시정부 수립 100주년, 기념·성찰·미래

김정인 정책기획위원회 국민주권분과위원, 춘천교육대 사회과교육과 교수

과거사 문제 해결, 포괄적 실행의 첫걸음

2018년 10월 30일 국무회의는 '각종 기념일 등에 관한 규정'을 심의·의결해 대한민국 임시정부(이하, 임시정부) 수립 기념일을 4월 13일에서 4월 11일로 바로잡았다. 임시정부 수립 기념일은 1989년에 일제강점기 일본 측의 정보 보고서를 근거로 4월 13일로 정해졌다. 그런데 그 후 역사학계는 실제 임시정부 수립일이 4월 11일이므로 기념일을 개정해야 한다고 주장했다. 그러다 마침내 30년 만에 임시정부 수립 100주년을 앞두고 바로잡힌 것이다. 2018년 10월 24일에는 더불어민주당이 과거사 정리를 위해 설치한 역사와정의특별위원회(위원장 강창일)가 간담회를 열며 본격적인 활동에 나섰다. 역사와정의특별위원회는 '과거사 문제 해결의 포괄적인 실행'을 위해 청와대, 국무조정실, 행정안전부 등과 협의체를 구성해 운영되었다.

2018년에 들어 정책기획위원회는 '3·1운동과 임시정부 수립 100주년 기념사업 TF'를 운영하면서 임시정부 수립 기념일 개정 문제를 제기한 바 있다. 또한 과거사 정리의 전망이 뚜렷이 보이지 않는 가운데 '과거사 정리 TF'를 만들어 과거사 정리를 위한 로드맵을 제안한

바 있다. 이러한 정책기획위원회의 정책 제안 노력이 임시정부 수립 기념일 개정과 과거사 문제 해결을 위한 당·정·청 협의체 구성이라는 결실로 이어졌던 것이다. 이처럼 과거를 어떻게 기념하며 과거로부터 이어져온 오늘을 어떻게 성찰할 것인가를 되짚는 일은 더 나은 미래로 나아가는 디딤돌을 쌓은 길이기도 하다.

100주년 기념사업의 틀을 꾸리다

2017년 5월 9일 제19대 대통령 선거를 거쳐 문재인 정부가 들어섰다. 그리고 대통령직 인수위원회를 대신해 국정기획자문위원회가 출범했다. 국정기획자문위원회는 100대 국정과제를 확정한 바, 11번 과제인 '국가를 위한 헌신을 잊지 않고 보답하는 나라'안에 "독립 정신 확산을 위해 2019년 3·1운동 및 임시정부 수립 100주년 기념사업을 추진"한다는 내용을 포함시켰다. 2017년 9월에 출범한 정책기획위원회는 국정기획자문위원회가 확정한 100대 국정과제의 내용을 관리하고 조정하는 역할을 맡았다. 정책기획위원회는 3·1운동과 임시정부 100주년 기념사업 추진이 갖는 중요성과 함께 향후 대통령 직속의 기념사업추진위원회가 발족할 것을 대비해 밑그림을 그리는 작업에 들어갔다.

정책기획위원회는 2017년 12월 말부터 2018년 3월 초까지 '3·1운동 및 임시정부 수립 100주년 기념사업 TF(이하 기념사업TF)'를 운영했다. 동시에 민족문제연구소에 '3·1운동 및 임시정부 수립 100주년 의의 및 기념사업 추진 방향'을 주제로 연구 용역을 발주했다. 2018년 3

월 기념사업TF는 '3·1운동 및 임시정부 100주년 기념사업(안) 보고서'를 제출했다. 민족문제연구소 역시 2017년 12월 22일부터 2018년 3월 21일까지 3개월 동안 수행한 과업의 보고서를 제출했다. 정책기획위원회가 100주년 기념사업의 틀을 꾸리는 동안 정부에서는 관련 훈령을 마련했다. 2018년 2월 6일 대통령령으로 '3·1운동 및 대한민국임시정부 수립 100주년 기념사업추진위원회의 설치 및 운영에 관한 규정'이 제정·시행되었다.

'3·1운동 및 임시정부 100주년 기념사업(안) 보고서'에 따르면, 기념사업의 추진 목적은 첫째, 2019년 100주년을 맞아 대한민국 과거 100년을 기억·성찰하고 미래 100년을 설계·전망하고, 둘째, 국민 모두가 적극적이고 자발적으로 참여하는 축제의 장을 마련해 국민 통합에 기여하는 데 있다. 기본 방향은 국민이 이끌고 참여하는 기념사업을 추진하는 것으로 잡았다. 정부 주도 사업에 대한 국민적 관심과 지지를 확보하는 데서 한 걸음 더 나아가 개인·단체 등의 자발적 참여를 이끌어낼 수 있도록 한다는 것이다.

기념사업은 정부, 민간, 국외 사업으로 구분해 제안했다. 중앙정부의 기념사업은 크게 세 영역으로 분류된다. 첫째, 3·1운동과 임시정부의 역사 자체를 기억하고 기념하는 사업이 있다. 3·1운동과 임시정부에 관련한 역사적 사실을 제대로 규명하고 관련 유적지를 정비하며 조형물을 조성하는 등의 기념사업이 여기에 해당한다. 앞서 언급한 임시정부 수립일 개정 추진이 바로 역사적 사실을 바로잡는 기념사업에 해당한다. 충칭의 광복군총사령부 복원과 효창공원 성역화 등은 유적지 정비 사업에 해당한다.

둘째, 대한민국 100년을 발전과 성찰이라는 안목에서 재조명하는 기념사업이 있다. 독립운동, 한국전쟁, 산업화, 민주화 등 지난 100년 간의 역사를 상징하는 주요 사건이나 주제와 관련한 기념사업이 여기에 해당한다. 민주, 인권, 평화 등 촛불 시민 혁명을 거친 대한민국이 지향하는 가치를 확산하는 기념사업도 포함된다. 700만 재외 동포의 대한민국 국민으로서의 정체성을 제고시키는 사업도 여기에 해당한다. 구체적으로 재외 동포의 이민자로서의 역사와 삶을 조명하고 권리 신장에 힘쓰며 차세대 네크워크를 구축하는 기념사업 등이 있다. 앞서 언급한 과거사 정리 문제도 지난 100년에 대한 성찰의 차원에서 여기에 해당한다. 일본군 위안부와 강제 동원 피해자 문제, 한국전쟁 전후 민간인 학살 문제, 5·18민주화운동과 제주 4·3사건의 진상 규명과 배·보상 문제, 국가 폭력에 의한 인권침해 등 아직 청산하지 못한 과거사 문제는 과거 100년을 딛고 미래로 나아가고자 하는 100주년을 맞아 반드시 해결해야 할 시대적 과제이다.

셋째, 대한민국 미래 100년을 희망으로 일구어내는 기념사업이 있다. 새로운 100년의 출발로서 촛불 시민 혁명을 기념하고, 촛불 시민 혁명과 미래를 형상화한 '미래 100년의 문'을 건축하는 기념사업이 여기에 해당한다. 대한민국의 가치 계승과 발전을 위한 민주 시민교육의 정착 사업도 포함된다. 또한 개인, 단체, 전문가 등이 대한민국 미래 100년에 대한 다양한 의견을 자유롭게 제시하고 토론하는 온·오프라인의 정책 광장 운영 사업도 포함된다. 나아가 100주년 기념사업의 성과를 토대로 '대한민국 미래 100년 위원회'를 설치하는 일 역시 미래 100년의 비전을 마련하기 위한 기념사업의 하나이다.

민간 부문의 기념사업으로는 먼저, 민간의 기념사업 참여 활성화를 위한 인증제가 있다. 개인과 단체가 스스로의 아이디어로 기념사업을 기획하고 시행하는 경우에 요건을 심사해 공식적인 기념사업으로 인정한다는 것이다. 이 경우에는 독창적이고 창의적인 행사가 다양하게 개최될 수 있도록 기념사업 인정 기준을 유연하게 운영해야 한다. 또한 인증된 민간 기념사업에는 공식 기념물을 제공하고 해당 기념사업을 백서에 수록하는 혜택을 주도록 한다. 그리고 영리단체인 기업 등이 100주년 기념사업 공식 기념물 등을 마케팅, 이벤트, 홍보에 활용하도록 하는 방안이 있다.

정책기획위원회에서는 정부와 민간 차원의 기념사업만이 아니라 남북이 협력할 수 있는 기념사업과 국외에서 추진할 기념사업에도 주목했다. 남북 공동으로 할 수 있는 기념사업으로는 3·1운동 당시 시위 방식이던 만세 시위의 전국적 재현 행사, 항일 독립운동가 관련 사료 정리, 한국전쟁 참전국이 참여하는 세계군인체육(축구)대회 등이 있다. 국외에서는 한인이 다수 거주하는 국가와 도시 혹은 유명 박물관 등에서 100주년을 기념하는 행사와 학술 대회를 개최하고 각국에 자리한 외교 공관에서 '한국의 밤'등의 행사를 개최해 100주년 기념사업을 소개하는 등의 기념사업이 가능하다. 또한 독립운동, 한국전쟁, 민주화 운동 과정에서 대한민국 발전에 기여했던 외국인과 관련된 자료집을 발간하고 기념패 등을 전달하는 기념사업도 추진 가능하다.

이처럼 기념사업TF 보고서를 통해 만들어진 기념사업 틀의 특징은 100주년 기념사업이 단순히 3·1운동과 임시정부 100주년을 기억하고 기념하는 사업에만 그치지 않는다는 데에 있다. 100주년을 맞아 지난 대한민국 100년 발전의 역사를 성찰적으로 돌아보고 미래 100년의 희망을 찾는 기념사업도 추진한다는 점에 있다. 과거, 현재, 미래라는 시간을 하나의 날줄로 삼고 기념사업으로 씨줄을 엮어 100주년을 맞겠다는 것이다.

정책기획위원회는 기념사업TF 운영과 보고서 제출에 이어 2018년 4월 5일에 백범김구기념관이라는 독립운동의 상징적 공간에서 '3·1 운동 및 임시정부 수립 100주년 기념사업' 정책 세미나를 개최했다. 세미나에서는 '3·1운동과 임시정부 수립 100주년의 의의와 기념사업 추진 방안'과 함께 '과거사 화해 치유 방안'이 발표되었다. 정책 세미나에서 100주년의 기념사업 중 과거사 문제 해결에 주목한 데 이어, 2018년 5월에는 정책기획위원회에 '과거사 정리 TF'가 발족했다. 그에 앞서 2018년 3월 26일에는 독립기념관이 '대한민국 임시정부 수립 기념일 언제인가?'라는 주제로 학술회의를 개최해 임시정부 수립 기념일 개정 문제를 공론화했다. 정책기획위원회가 정책 세미나를 마친 직후에는 국가보훈처가 임시정부 수립 기념일 개정을 공식화했다.

100주년 기념사업추진위원회가 출범하다

2018년 2월 6일 대통령령으로 3·1운동 및 대한민국 임시정부 수립 100주년 기념사업추진위원회(이하, 추진위원회) 운영이 공식화된 후 민간위원장과 민간위원 위촉 과정을 거쳐 7월 3일 추진위원회는 '문화역 서울284(구 서울역사)'에서 문재인 대통령이 참석하여 출범식을 가졌다.

추진위원회는 3·1운동으로부터 촛불 시민 혁명까지 민주주의를 위해 희생을 마다하지 않고 정의롭지 못한 권력에 저항했던 국민들과 함께 100주년을 기념하고자 하는 뜻을 담아 발족했다. 이와 같은 뜻을 담아 추진위원회는 100주년 기념사업의 기본 방향을 다음과 같이 제시하고 있다.

> 국민과 소통하는 기념사업을 펼치며 3·1운동과 임시정부 수립
> 이라는 민주공화국 100년의 출발점을 기억하고 기념하고 대한
> 민국 100년의 역사를 통해 민주공화국 100년을 성찰함으로써
> 사회 통합의 길을 모색하고 남북의 평화와 번영에 바탕을 둔 미
> 래 100년의 희망의 길을 찾고자 한다.

추진위원회 위원은 100주년을 상징한다는 의미에서 100명으로 구성되었다. 위원장은 2명으로 이낙연 국무총리와 한완상 전 통일·교육 부총리가 맡았다. 그리고 민간위원 82명, 관계 부처 장관 등을 비롯한 정부위원 15명으로 모두 합치면 99명이다. 1명의 자리는 모든 국민을 대표한다는 차원에서 상징적으로 남겨두기로 했다. 1차로 위촉되어 출범식에 참석한 민간위원은 모두 68명이었다. 이 중 여성위원이 35명(51.4%)으로 절반이 넘었다. 또한 정부 자문기구 격인 위원회들이 학자나 관련 단체 주요 인사로 꾸려지는 것과 달리 추진위원회는 다양한 나이와 배경을 가진 인사들이 골고루 참여했다. 국민 통합에 초점을 맞춘 구성을 추구했기 때문이다. 위원은 성별·이념·계층·세대·지역을 고루 안배하고 대한민국 100년의 상징성과 전문성 등을 두루 고려해 위촉되었다. 독립운동가의 후손, 산업화의 주역, 민주화운동 희생자의 가족, 세월호 생존 학생 등을 비롯해 학계, 여성계, 시민운동계, 재계와 노동계, 지역사회 등을 대표하는 인사들을 위원으로 위촉했다.

추진위원회는 대통령 직속 위원회로서 공무원으로 구성된 추진단

의 지원을 받아 민간위원이 중심이 되어 운영되고 있다. 우선, 정부 각 부처의 기념사업 계획 수립과 추진 과정을 점검하는 역할을 맡고 있다. 그리고 개별 부처에서 불가능한 기념사업은 물론 국민 참여형 기념사업을 독자적으로 추진하고 있다. 위원들은 기획소통분과, 기억기념분과, 발전성찰분과, 미래희망분과 4개 분과에 참여해 활동하고 있다.

추진위원회의 발족은 때늦은 감이 크다. 수년 전부터 준비되었어야 할 기념사업이 2019년 예산안 통과 시점부터 본격화되었다. 2019년에 가장 주목받게 될 기념사업은 남북 공동 기념행사일 것이다. 문재인 대통령은 출범식에서 "4월 27일 남북 정상회담을 통해 김정은 국무위원장과 남북 공동 기념사업에 대해 논의했다"고 밝혔다. 2018년 9월 19일 남북 정상회담 후에 발표한 '평양공동선언'에는 "3·1운동 100주년을 남북이 공동으로 기념하기로 하고 그를 위한 실무적인 방안을 협의"한다는 내용이 명기되었다. 2018년 3월 1일 문재인 대통령은 삼일절 99주년 기념사에서 "3·1운동과 대한민국 건국 100주년을 항구적 평화 체제 구축과 평화에 기반한 번영의 새로운 출발선을 만들겠다"고 선언했다. 2019년 3월 1일 남북이 공동으로 기념행사를 가짐으로써 평화와 번영의 토대를 놓는 100주년이 되기를 기대한다.

과거사 정리, 미래 100년의 가치를 선언한다

100주년 기념사업은 미래 100년의 길을 트면서 마무리하게 될 것이다. 이를 위해 '지금 여기'에서 반드시 치러야 하는 통과의례가 바로 과거사 정리이다. 국정과제로는 3번 '국민 눈높이에 맞는 과거사 문제 해결'에 해당한다. 문재인 후보는 대통령 선거 당시 '못 다한 과거사 진실 규명 완수'를 약속했다. 문재인 정부가 들어선 후에는 이명박·박근혜 정부에서 중단되었던 과거사 정리를 요구하는 목소리가 높아졌다. 하지만 문재인 정부 출범 이후 '제주 4·3 사건 진상 규명 및 희생자 명예 회복에 관한 특별법 시행령'개정(희생자 및 유족의 추가 신고 건)과 '5·18민주화운동 진상 규명 특별법'공포 이외에는 뚜렷한 진전이 없었다.

이러한 문제의식으로 정책기획위원회는 2018년 3월 초부터 5월 초까지 '과거사 정리 TF'를 운영했다. 그리고 '문재인 정부 과거사 정리 로드맵' 보고서를 제출했다. 이에 따르면, 과거사 정리는 1919년 3·1운동과 임시정부 수립 이후 대한민국 100년 동안 국민이 지켜온 인권과 법치주의, 그를 지키기 위한 희생 등의 가치를 현재화하는 작업이다. 또한 미래 100년의 가치를 선언하는 작업이다.

문재인 정부의 과거사 정리는 인권침해, 권력 남용으로 얼룩진 과거사와 단절하려는 의지의 표현이면서 국가와 정부에 대한 신뢰를 회복하고 정의, 인권, 민주주의와 평화가 존중되는 나라와 사회를 약속하는 것이고 미래 세대를 위한 현재 세대의 책무이기도 하다.

나아가 과거사 정리는 일국적 차원을 넘어, 아시아의 평화와 번영을 가로막고 있는 과거사를 극복하고 '아시아 인권 평화 공동체'의 기반을 마련함으로써 보편적 인권을 확립하려는 국제사회의 노력에 동참하는 과정이다. 즉 과거사 정리란 미래 100년의 비전을 선언하고 설계하는 작업이기도 하다.

과거사 정리 TF는 이와 같은 과거사 정리의 의의를 구현하기 위해 문재인 정부가 해야 할 책무에 대해 로드맵을 작성했다. 1단계(2018년)

로는 과거사 정리의 제도적 기반을 마련할 것을 제안했다. 제2기 진실화해위원회를 출범시켜 과거사 진상 규명의 토대를 마련하고 과거사 정리의 컨트롤타워로서 역사정의위원회를 설립하는 방안을 제시했다. 2단계(2019년)에는 과거사 정리에서 구체적인 성과를 내야 함을 강조했다. 제2기 진실화해위원회는 과거사 사건들에 대한 진상 규명과 재발 방지를 위한 제도 개선 방안을 마련하고, 역사정의위원회는 배·보상 특별법안을 제출하고 과거사 통합 재단 설립을 준비하는 역할을 수행해야 한다는 것이다. 또한 과거사 사건과 관련한 구체적인 제도 개선 방안을 마련할 것을 제시했다. 3단계(2020년)에는 최종적으로 '민주정권 과거사 정리 작업의 1단계 완수'를 공식 선언할 것을 제안했다. 포괄적 배·보상을 시행하고 과거사 통합 재단을 설립함으로써 1단계 완수를 선언할 수 있다는 것이다.

과거사 정리 TF가 3년에 걸친 3단계 로드맵을 제시했지만, 2018년에는 1단계의 성과조차 달성하기 어려웠다. 과거사 관련 법률안들이 국회를 통과하지 못한 가운데, 지난 10월 여당의 주도로 당·정·청이 모이는 협의체가 구성된 것이 그나마 앞으로의 진전을 기대하게 하는 소식이다.

이상에서 살펴보았듯이, 정책기획위원회는 3·1운동 및 임시정부 100주년 기념사업과 과거사 정리를 위해 각각의 TF를 구성했고 정책 세미나를 통해 공론화했다. 앞서 정책기획위원회의 역할로 국정과제 관리와 조정을 언급했지만, 두 번의 TF는 현안 대응을 넘어 선도적인 문제 제기와 정책 대안의 마련 역시 정책기획위원회의 중요한 역할임을 보여주었다. 2019년에도 더 많은 성과를 이루어내길 기대해본다.

제3장

가짜 뉴스와 표현의 자유

김창룡 정책기획위원회 지속가능분과위원, 인제대 신문방송학과 교수

가짜 뉴스, '공동체 파괴범'

'가짜 뉴스(혹은 허위 조작 정보)'에 대해 인내와 관용으로 일관하던 문 재인 정부가 마침내 팔을 걷고 나섰다. 더 이상의 관용은 '표현의 자 유'를 보장하는 것이 아니라 오히려 국민의 알 권리를 훼손하고 공동 체의 건전한 여론 형성을 방해하고 있다는 판단에서였다.

이낙연 국무총리가 국무회의에서 "개인의 사생활이나 정책 현안은 물론 남북 관계를 포함한 국가 안보나 국가원수와 관련한 턱없는 가짜 뉴스까지 나돈다"며 "검찰과 경찰은 유관 기관 공동 대응 체계를 구축 해 가짜 뉴스를 신속히 수사하고 불법은 엄정히 처벌하기 바란다"고 주문했다.

20여 년 기자 경력의 이 총리는 가짜 뉴스를 생산하는 사람들을 '공 동체 파괴범', '민주주의의 교란범'등으로 규정했다. 이들은 유튜브와 페이스북 등 사회 관계망 서비스(SNS)를 통해 가짜 뉴스를 양산하면서 또 다른 형태의 여론 조작, 왜곡의 주범으로 부상했다고 이 총리는 인 식했다.

문 정부의 가짜 뉴스 강경 대응 입장은 즉각적으로 국회의 반발을

불러왔다. 핵심은 가짜 뉴스와 오보의 구분도 어렵고 그 판단 주체도 모호하다는 것이다. 가짜 뉴스를 잡는다는 명분으로 표현의 자유를 훼손할 위험성이 다분하며 정부가 혹 가짜 뉴스 구분 주체로 나서는 데 대한 우려 등이 거론됐다.

가짜 뉴스의 확산, 저널리즘의 위기

허위 조작 정보는 진짜보다 더 진짜처럼 위장된다. 사실이 아니라는 것이 뒤늦게 밝혀지더라도 그 폐해는 고스란히 남거나 더 확산되거나 확고해진다. 허위 조작 정보는 터무니없이 만들어지는 것이 아니라 그런 성향의 정보를 기대하는 욕구 심리를 이용해서 부분적인 사실과 의도된 메시지를 교묘하게 편집, 혼용하기 때문에 진위 여부 구분이 쉽지 않다.

또한 이런 허위 조작 정보는 그 은밀성과 고의성 때문에 언론사에서 먼저 다루지는 않는 편이다. 대신 SNS 등 온라인 매체를 타고 전파되고 일부 언론사가 인용, 확산시키는 패턴을 보이는 특성이 있다. 사실관계를 확인하여 진실을 밝히는 데 한계가 있거나 시간이 걸리는 점을 교묘히 이용하여 의도된 메시지를 전파한다.

가짜 뉴스는 오보와 같은 옷으로 위장해서 미디어 생태계를 황폐화시키고 있다. 언론계가 먼저 대응책을 모색해야 할 입장이지만 일부에서는 이에 동조, 이용하는 경향도 보이고 있다. SNS 상에 나돌던 5·18 민주화운동 과정에 '북한 특수군이 투입됐다'는 허무맹랑한 주장을 TV조선, 채널A 등이 나서서 확산시킨 것은 대표적 사례다. 한겨레신문의 경우, 심층보도를 통해 가짜 뉴스의 생성 구조와 그 폐해 등을 고발하기도 했다.

미디어 소비 행태 변화

무엇보다 심각한 문제는 미디어 소비 행태가 기존의 언론사보다 SNS를 기반으로 하는 스마트폰으로 급속하게 이동하고 있다는 점이다. 종이 신문이나 고정형 TV는 뒤로 밀리고 손안에서 모든 정보가 삽시간에 소비되고 확산되는 모바일 시대는 가짜 뉴스를 키우는 토양이 되고 있다는 점이다.

2017년 방송통신위원회 조사를 보면 50대 52.1%, 60대 77.4% 70대 이상 93.4%는 고정형 TV를 필수 매체로 선택했지만, 10대 78.8%, 20대 84.2%는 스마트폰을 필수적인 매체라고 답했다. 60대 이상을 제외하면 각 가정의 거실마다 놓여 있던 TV 수상기는 차츰 무용지물이 되어가고 있으며 모든 정보와 뉴스를 40대 이하는 대부분 스마트폰으로 소비한다고 보면 된다. 이런 추세는 앞으로 더욱 빠르게 진행될 전망이다.

가짜 뉴스의 정의와 쟁점

편의상 여기서는 허위 조작 정보와 가짜 뉴스를 혼용하여 사용하고 있다. 그 의미상 큰 차이가 없기 때문이다. 먼저 가짜 뉴스에 대한 〈시사상식사전〉 정의에 따르면, "뉴스의 형태를 띠고 있지만 사실이 아닌 거짓 뉴스로, 조작된 형태에서부터 오보까지 그 유형이 다양함"으로 정리하고 있다. 보충으로 "거짓 정보를 사실인 것처럼 포장하거나 아예 없었던 일을 언론사 기사처럼 만들어 전달하는 것"으로 규정하고 있다.

시사상식사전의 정의는 오보를 가짜 뉴스에 포함시키는 오류를 범하고 있다는 점이 눈에 띈다. 보다 정확한 가짜 뉴스에 대한 정의는 언론진흥재단에서 정리했다. 한국언론진흥재단은 "정치·경제적 이익을 위해 의도적으로 언론 보도의 형식을 하고 유포된 거짓 정보"로 정의한다.

가짜 뉴스는 용어 그대로 '특정 목적을 위해 의도적으로 만든 거짓 정보'를 말한다. 뉴스라는 이름만 달고 있을 뿐 뉴스의 속성인 진실, 공정, 정확과는 거리가 먼 사기술이라는 뜻이다.

가짜 뉴스는 뉴스의 속성, 특성과는 정반대의 허위, 가짜, 고의, 사기 등을 내포하고 있다. 범죄의 영역에서 다뤄야 할 사안이라는 뜻이다. 어디에도 진실과 정의, 공정성 등을 기대하기 어렵다. 다만 진실로 둔갑하기 위해 부분적인 사실을 부각시키거나 인용하여 뉴스의 모양새를 갖출 뿐이다. 얼핏 보면 가짜와 진짜를 구분하기가 쉽지 않다. 그 구분에 대한 자세한 차이점에 대해서는 따로 정리하기로 한다. 가짜 뉴스의 정의는 바로 법으로 보호받아야 할 뉴스의 영역에 포함되지 않는 일종의 사기술임을 뜻한다.

허위 조작 정보를 규제하고 단속하는 데 대한 일부 국회의원들의 문제 제기와 반대는 표현의 자유 훼손 우려에 있다. 이런 주장의 논리적 근거는 가짜 뉴스와 오보의 구분이 어렵고 이를 단속하다가는 자칫 정보의 자유로운 유통과 표현의 자유 억압으로 비화될 소지가 있기 때문이라고 생각한다. 그래서 오보와 가짜 뉴스는 매우 다르며 구분 또한 불가능하지 않다는 점에서 차이점을 정리해보겠다.

가짜 뉴스와 오보의 구분

하나, 가짜 뉴스는 처음 만들어질 때부터 의도적으로 조작된다. 사실과 허위 주장을 교묘하게 조합하여 진짜처럼 둔갑시킨다. 오보는 의도성, 고의성이 배제된다. 잘못된 취재나 판단, 실수에 의한 것일 뿐이다.

둘, 가짜 뉴스는 뉴스라는 이름만 달았을 뿐 뉴스의 영역이 아니고 조작과 날조의 결과물로 일종의 사기술의 종속물이다. 날조는 국민 기만용으로 법적 처벌 대상이다. 오보는 저널리즘의 한 영역으로 불가피성, 정상성이 항상 참작되며 법적 보호의 테두리 안에서 존재한다.

셋, 가짜 뉴스는 탄생부터 최종 목적지가 분명한 특정 메시지를 담고 있다. 주로 정치적 목적이나 혐오, 낙인 찍기 등 분명한 타깃이 정해져 있다. 오보도 때로 위험한 목적지 향적일 수 있으나 보편적으로 저널리즘의 오보에 목표는 없는 편이다.

넷, 가짜 뉴스는 간단한 사실관계를 확인하지 않는 것이 아니라 조작, 악용한다. 오보도 때로 사실관계를 확인하지 못하는 경우도 있으나 적어도 민주주의 국가에서 정상적인 저널리즘이 작동됐다면 조작까지는 하지 않는다.

다섯, 가짜 뉴스는 숨은 배후가 존재하며, 오보는 배후라기보다는 정치적 목적, 상업적 이익이나 부실한 취재, 특종 과욕 등 검증 장치

부재가 있을 뿐이다.

여섯, 가짜 뉴스에는 '밀실(secret room)'이 존재해 누가 어디에서 어떻게 날조물을 만들어내는지 밝히기가 쉽지 않다. 오보에는 '수문장(gatekeeping)'이 존재해 오보를 걸러내기 위해 노력하는 장치가 있지만 그것이 부실하거나 생략되는 바람에 가짜 뉴스로 오해받을 수는 있다.

일곱, 형법, 민법에서 저널리즘의 오보를 표현의 자유 영역에서 보호하는 조항을 두고 있다. "비록 오보로 밝혀지더라도 진실로 믿을 만한 상당한 이유가 있을 때" 이를 처벌하지 않는다는 조항과 대법원 판례로 법적 보호 영역 안에 있다. 그러나 허위 날조 정보는 이런 법적 보호 영역에 포함되지 않는다.

여덟, 가짜 뉴스에는 정정이 없고 억지와 우김은 있다. 공신력 있는 언론사는 가짜 뉴스를 함부로 인용하지도 전파하지도 않는다. 오보는 그것이 오보로 밝혀지기 전까지는 타 미디어에서 인용도 하고 전파도 한다. 오보는 사실이 밝혀질 때에는 어떤 형태로든 언론사에서 정정하는 편이다.

아홉, 가짜 뉴스에 우연은 없다. 우연히 혹은 풍자 형태로 만들어진 가짜 뉴스는 바로 알게 되고 주변을 크게 오염시키지도 않는다. 그러나 오보는 필연이다. 저널리스트는 수사권도 조사권도 없으며 어렵사리 취재한 불완전한 내용을 토대로 완전한 그림을 그려내기 위해 비약도 과장도 추측도 하게 되며 여기에는 필연적으로 오보의 요소가 따르기 때문이다.

열, 헌법이 보장한 '국민의 알 권리'에 가짜 뉴스, 허위 날조 정보는 포함되지 않는다. 정상적인 저널리즘의 형태를 거친 뉴스와 논평은 비록 일부 오보나 부정확한 내용을 포함하더라도 이를 '알 권리' 차원에 포함시키는 것이다. 가짜 뉴스도 부정확한 보도이고 구분이 어렵다는 이유로 알 권리 차원에서 보호받아야 한다고 주장하는 것은 가짜 뉴스 생산자들 혹은 동조자들이거나 오보와 가짜 뉴스 구분이 안 되는 위정자들일 뿐이다.

열하나, 가짜 뉴스의 무대는 주로 페이스북, 트위터, 유튜브 등 소셜 네트워크이다. 온갖 혐오 발언과 가짜 정보가 생성·유통되는데, 우리나라 미디어 소비자들 절대다수가 여기에 고스란히 노출돼 있다. 영향력 면에서 오보의 심각성과 파급력은 가짜 뉴스에 비하면 '새발의 피'다.

허위 조작 정보 근절 방법론

영국과 독일의 경우를 간략하게 소개하고자 한다. 새로운 미디어 환경의 변화로 미디어 소비자를 보호해야 한다는 정부의 책임감이 야당과 일부 언론, 일부 여론의 반발에도 끝내 제도적 장치를 마련했다는 점이 국내에는 잘 알려지지 않았다.

가짜 뉴스 생산자, 유통사에 책임을 묻는 타율 규제

가짜 뉴스 현상은 미국, 영국, 독일, 프랑스 등지에서 일반화된 현상이다. 여기에 발 빠르게 대응한 나라는 영국, 독일이다. 독일은 2017년 '소셜 네트워크 내 법 시행 개선을 위한 법'을 제정, 혐오 발언, 가짜 뉴스 등을 규제의 사각지대였던 소셜 네트워크 서비스 공간에 적용한 것이다.

이 법안의 핵심 내용은 일정 규모 이상의 소셜 네트워크 업체가 혐오·차별 발언, 테러 선동, 허위 정보, 아동 및 미성년자 포르노, 위헌 단체의 상징물 등 불법 게시물을 차단하도록 의무화하고 있다. 바로 가짜 뉴스의 온상지가 되고 있는 유튜브, 트위터, 페이스북이 적용 대상이 된다.

이용자들이 신고하거나 자체적으로 발견한 문제의 콘텐츠를 24시간 이내에 접근을 차단하도록 했고 위반 행위 검증 시 7일 이내 삭제하도록 명문화했다. 사업자가 이를 위반했을 경우 최대 5000만 유로(약 650억 원)의 벌금을 물리도록 했다. 또한 사업자는 이런 내용을 6개월마다 모니터링하고 그 조치 결과를 당국에 보고하도록 했다.

유튜브는 2018년 1월부터 6월까지 이용자들로부터 21만 5000개 콘텐츠에 대해 법 위반 신고를 받았다고 독일 당국에 신고했고, 이 중 27%인 5만 8000개에 대해 차단 등의 조처를 했다고 한겨레신문은 보도했다. 페이스북은 1천 704건의 신고를 받고 362건에 대해 삭제 등의 조처를 취했다고 한다. 소셜 네트워크 규제의 무풍지대인 우리나라에서 큰돈을 벌어들이는 유튜브와 페이스북에 대해 독일 기준에 합당한 요구를 한다는 것은 무리한 요구가 아니다.

자율 규제 강화를 위한 반타율 규제안

영국 사회에서 언론은 보도하지 못할 것이 없을 정도라는 표현이 나올 정도로 언론 자유가 만개, 개인의 인격권 침해는 오랜 논란거리였다. 그래서 겨우 도입한 것이 1990년 언론 자율 규제 기구인 언론불

만처리위원회(Press Complaints Commission: PCC)였다. 그러나 PCC는 언론 불만 처리는커녕 언론사 입장을 대변하고 있다는 비판 속에 2014년 끝내 문을 닫았다.

영국은 2011년 훈트 경이 중심이 돼 PCC를 대체할 보다 강력한 규제안 연구에 돌입했다. 기존의 신문, 잡지는 물론 인터넷 매체 등을 규제할 수 있는 '영국언론표준기구(The Independent Press Standards Organisation: IPSO)'를 2014년 출범, PCC를 대체했다. IPSO는 2016년 1100개의 신문, 잡지 등 인쇄 매체와 1500개의 온라인 매체의 윤리 강령 준수 여부를 다루는 독립적이고 자율적인 규제 기관으로 발전했다. IPSO는 각 언론사 윤리 강령 준수 여부를 자체 조사하며 언론 불만 처리 문제까지 다룬다. 필요시 언론사에 연간 윤리 강령 준수 보고서를 요청할 수 있으며 모니터 작업도 병행한다. 2017년 말부터는 가짜 뉴스나 논란이 있는 보도에 대해서는 IPSO 자체적인 식별 로고를 만들어 표시하도록 했다.

특히 과거와 다른 점은 IPSO의 권한이 대폭 강화된 점이다. IPSO는 필요시 정정 보도나 언론사에 불리한 평결을 눈에 띄게 게재할 것을 요청할 권한을 가지며, 윤리 강령 위배가 구조적이고 심각할 경우 벌금까지 부과할 수 있다.[1]

---

1 IPSO handles complaints and conducts its own investigations into editorial standards and compliance. It also undertakes monitoring work, including by requiring publications to submit annual compliance reports. IPSO has the power, where necessary, to require the publication of prominent corrections and critiical adjudications, and may ultimately fine publications in case where failings are particularly serious and systemic.

미디어 소비자를 보호하라

가짜 뉴스나 오보는 잘못된 정보 제공이라는 점에서는 똑같다. 가짜 뉴스와 오보를 정확히 구분해내기가 쉽지 않다는 점도 이해는 간다. 그러나 저널리즘 전공자나 시니어 저널리스트들조차 구분하지 못할 정도는 아니다. 허위 조작 정보의 횡행은 저널리즘의 위기를 초래했고 건전한 여론 형성을 저해하는 사회악이다.

따라서 현시점에서 허위 조작 정보까지 보호 대상으로 해서는 안 된다는 점은 분명해졌다. 다만 표현의 자유가 어떤 형태로든 침해받지 않도록 신중한 접근을 전제로 대안 제시 차원에서 세 가지를 제시한다. 먼저, 가짜 뉴스의 온상이 된 유튜브, 트위터, 페이스북 등의 사이버 플랫폼 사업자들에 대해 최소한의 책임을 묻는 제도적 장치가 절실해졌다. 독일의 사례는 참고할 만한 가치가 있다. 망 사업자, 플랫폼 사업자 등이 국내에서도 최소한 자율적이고 독립적인 전문 모니터팀을 가동하도록 만들어야 한다.

둘째, 인터넷 언론사를 포함한 모든 언론사가 자체 윤리 강령과 보도 준칙을 준수하도록 모니터하고 필요시 벌금을 부과할 수 있는 역할을 갖춘 한국의 IPSO 설립도 고민할 시점이다. 허위 조작 정보가 언론사와 결합하여 파괴력을 발휘하며 엄청난 영향력을 갖기 때문에 인용, 확산 책임은 언론사에도 있기 때문이다.

마지막으로, 한국 사회는 보편적으로 개인의 인격권 보호보다는 언론의 자유, 표현의 자유를 보다 가치 우위에 두는 경향이 있다. 잘못된 보도나 허위 조작 정보로 한 개인이 최후의 보루라는 법에 호소했을 때조차 법은 언론 피해자에게 위안이 되지 못하는 편이다. 법이라는

타율 규제의 존재감이 존재하고 피해자들의 눈물을 닦아줄 수 있을 때 자율 규제가 살아나는 법이다.[2]

---

2   한국은 언론 보도로 인해 개인이 사생활 침해나 명예 훼손 등의 피해를 입었다고 법에 호소해 승소하기가 쉽지 않다. 물론 종교 집단, 공직자 등의 언론사 상대 승소율은 평균적으로 56%로 알려졌다. 문제는 손해배상 청구액이다. 손해배상 청구액은 평균 1억 2000만 원이었다. 실제로 인용된 액수는 10분의 1 수준인 1073만 원으로 집계됐다(2015년도 언론 관련 판결 분석 보고서). 이런 인용 액수는 노력과 시간, 변호사 비용을 빼고 나면 실익이 없는 정도다.

제4장

반부패 정책의 혁신과제: 신형 부패의 문제와 대응

최현선 정책기획위원회 국민성장분과위원, 경희대학교 국제대학원 교수

반부패 정책의 제언

문재인 정부는 출범과 함께 최우선 이행 과제로 부정부패 척결을 설정했다. 정부는 출범 후 반부패정책협의회 개최, 5개년 반부패 종합계획 수립, 청렴사회 민간협의회 등을 구성해 지속적인 반부패 정책을 추진했다. 이러한 노력의 긍정적인 결과는 국제투명성기구(Transparency International: TI)에서 발표하는 부패인식지수(Corruption Perceptions Index: CPI)가 2018년 전년도에 비해 3점 상승하고 순위도 6단계 상승했다는 것이다. 하지만 일반 국민의 부패인식지수는 여전히 부정적으로 나타나고 있다. 국민권익위원회 2018년 조사에 따르면 우리나라의 반부패 노력에 대해 우리 국민은 '다소 부정'으로 평가한 반면, 공무원들은 '다소 긍정'으로 평가했다.

국민들은 촛불 혁명을 통해 출범한 문재인 정부에 많은 바람을 가지고 있다. 국민 스스로가 대한민국이 정의로운 나라라고 느낄 수 있고, 세계에서도 그렇게 평가받을 수 있는 나라를 소망했을 것이라 생각된다. 이러한 국민들의 소원을 문재인 정부에서는 준엄하게 기억하고 있다. 그러나 국민들이 느낄 수 있는 성과를 보여주기에 현재의 정

책 기조와 방향은 한계가 있다고 판단된다. 특히 현재의 반부패 정책에는 한국형 부패인 엘리트 카르텔형 부패와 고위 공직자 부패를 근절할 수 있는 방안이 부족해 보인다. 이러한 권력 집단에 의한 구조적 부패가 근절되지 않는 한 근본적인 해결은 요원하다고 판단된다.

이 소고에서는 문재인 정부에서 향후 추진해야 할 반부패 정책의 제언으로 분산, 공개, 견제를 통한 엘리트 카르텔형 부패와 공직자 신형 부패에 대한 대응 방안을 제시하고자 한다. 신형 부패의 정의를 제시하고, 현재 반부패 정책의 한계를 진단하고, 어떠한 대안이 있을 수 있는지 논하도록 한다.

부패의 개념과 유형

현대적 의미의 부패는 규정이나 법률의 위반 행위로 판단하기 시작했고 청렴(integrity)함에 대한 것보다는 행위와 그 결과를 대상으로 부패 여부를 판단했다. 하지만 이러한 개념에도 변화가 생겼고 제도나 기관, 기관의 구성원으로서 행위자, 행위자의 의사 결정이나 선택, 사익과 공익의 변화와 같은 요인을 동시에 고려하게 되었다. 부패를 행위나 행동으로 규정하기 때문에 적극적인 행동만을 연상하기 쉬운데, 때로는 행동하지 않는 것도 포함하게 된 것이다.

부패의 정의는 시대정신에 따라 변했다. 전통적으로 부패는 공직 또는 권한 중심의 개념을 가지고 있었다면, 최근에 강조되는 신형 부패는 공익 중심 부패 개념으로 포괄적인 성격을 제시하고 있다. 현재 정부의 정책이나 공직자들은 전통적인 부패의 개념에 집중하고 있다면, 국민의 눈높이는 포괄적인 부패의 개념을 가지고 있다고 판단된다. 즉 일반 국민과 공직자들의 부패 인식의 차이는 부패 개념에 대한 인식의 차이에서 유래한다고 할 수 있다.

첫째, 전통적인 관점에서 공직 또는 권한 중심으로 부패의 개념을 논할 때, "부패란 (개인, 가까운 친족, 사적 파벌과 같이) 사적으로 연관된 금전적 혹은 신분적인 이익 때문에 공적 역할의 공식적인 의무로부터 벗어난 행위 또는 어떤 종류의 사적으로 연관된 영향력을 행사하는 것을 막는 규칙의 위반"으로 정의할 수 있다(Nye, 1967, pp.417-427). 니(Nye)는 위임된 공직과 권한을 사익을 위해 남용하는 경우를 뜻한다.

둘째, 공익 중심의 개념 정의(Public-Interest-Centered Definition)에서는 "권한 있는 자가 사익을 위해 공익을 침해하는 행위"라고 할 수 있다. 다시 말해 부패 행위는 공적 질서나 사적 질서에 대한 책임을 저버림으로써 사실상 그 체계에 반하거나 파괴적으로 작용해 공익을 침해하는 것이라고 할 수 있다. 여기에는 일반 국민과 국민의 이익에 손해를 끼치는 행위 등도 포함될 수 있다.

전통적인 접근법인 공직 또는 권한 중심의 부패 개념은 그 명확성이 가장 큰 장점이라 할 수 있다. 이러한 측면은 명확성 요건이 특히 강화되는 형법 영역에서 공직 부패 관련 범죄 구성요건 형성의 토대가 될 수 있다. 즉 부패에 대응한 다양한 법 제도적 노력에서 위헌 시비와 반발을 줄일 수 있다는 것이다. 하지만 이러한 접근법은 광범위한 부패의 현실에 비해 지나치게 그 개념이 협소하다는 단점이 있다. 또한 주로 형사적 사후 진압에 초점이 놓이게 되어, 사회의 다양한 유형의 부패에는 효과적으로 대처하기 어렵다는 치명적 단점이 있다. 현재 국민권익위원회를 비롯한 공직사회에서 부패를 전통적인 개념으로 사용하는 경향을 보이는 것은, 부패를 근본적으로 근절하려는 의지가 부족하고 혹시라도 예상되는 법적인 부담을 피하려는 행태라고 이해할 수 있다.

협소하고 소극적인 부패에 대한 접근법을 보완하기 위해서는 공익 중심의 부패 개념 적용을 통한 포괄적 접근법을 일부분이나마 한시적으로 사용하는 것이 필요한 시점이라 할 수 있다. 특히 공익 중심 접근법은 포괄적이기 때문에 민간 부문에 확대해 사용하는 것은 법적인 책임 부분이 명확하지 않고, 공적 부문 특히 공직자들에 대한 것으로 제한하는 것이 적절하다고 판단된다. 즉 공직자들은 공익을 해치고 사익을 해치는 것이 기본적인 공직자 윤리 강령에 어긋나는 것으로 판단할 수 있기 때문이다. 분명한 것은 두 가지 개념과 접근법에는 장단점이 존재한다는 점이다. 다만 시대정신과 사회에 만연한 부패의 정도에 따라 적용 수위를 고민할 필요가 있다.

부패의 유형과 관련해 마이클 존스턴(Michael Johnston) 미국 콜게이트대학교 정치학과 교수는 1) 독재형 부패(중국, 인도네시아), 2) 족별형 부패(러시아, 필리핀), 3) 엘리트 카르텔형 부패(한국, 이탈리아), 4) 시장 로비형 부패(미국, 일본) 등으로 유형화해 제시했다. 학자들의 분석이나 여러 가지 관점에서 볼 때 한국은 엘리트 카르텔형 부패 국가임을 알 수 있다. 국가의 부패 현상에 정치인, 고위 관료, 기업가, 언론인 등에 속하는 엘리트의 부적절한 행태가 깊게 작용하고 있다는 것이다.

반부패 정책에 대한 평가

역대 정부에서 추진해온 반부패·청렴 정책의 기본 방향은 사후적 통제보다는 사전 예방적 통제, 단기적 통제보다는 장기적 통제, 내부 통제보다는 외부 통제, 행태적 통제보다는 제도적 통제를 추구했다고 판단된다. 추진 방향 자체는 전체적으로 이해할 수 있으며, 역대 정부를 거치면서 일부 효과가 있었다고 판단된다(〈표 1-1〉). 하지만 사전적 예방을 위한 정책의 효과성은 지속적으로 떨어지고 있는 것으로 보이며, 사회 변화에 따른 부패 형태의 변화나 고도화되는 것들에 대한 대응은 부족했다는 판단이다.

〈표 1-1〉 역대 정부의 반부패 관련 정책들

정부	주요 반부패 공약	실현 여부
김영삼 정부	부정방지위원회 설치	감사원장 자문기구로 부정방지대책위원회 설치(1993)
	깨끗한 선거로 정치권 부패 추방	정치자금법 등 개정(1994, 1997)
	금융실명제 실시	금융실명거래법 제정(1997)
김대중 정부	반부패기본법 제정	부패방지법 제정(2001)
	특별수사기구 설치	-
	돈세탁방지제도 도입	자금세탁방지법 제정(2001)
	내부 고발자 보호 제도 도입	부패방지법에 규정(2001)
	상설 특별검사제 도입	한시적 특검으로 대체 활용
	재정신청제도 강화	-
	공직자윤리위원회 강화	-
	반부패특별위원회 설치	부패방지위원회 설치(2001)
	공무원 행동강령 제정	공무원 행동강령 제정(2003)

	고위공직자비리조사처	-
	특별검사제도 상설화	-
	인사청문회	인사청문 대상 전 국무위원 확대 (2005)
	공직자윤리법 강화	주식백지신탁(2005), 직계 존비속 고지 거부 허가제 도입(2007)
노무현 정부	정치자금제도 투명화	정치자금법 개정, 법인 정치자금 기부 금지, 고액 정치자금 기부자 공개 등(2004)
	부정부패사범 공소시효 연장	-
	돈세탁방지법 강화	고액현금거래보고제도, 금융기관 고객주의 의무 도입(2005)
	행정정보 공개범위 확대	정보공개법 개정, 전자적 정보공개, 주요 정보 사전 공개, 정보공개심의위원회 설치 등(2004)
	5대 취약 분야(계약 등) 특별감찰단	-
	예방적 제도 개선	권익위 통상 업무
이명박 정부	부패 사범 처벌 기준 강화	특정범죄가중처벌법 강화(뇌물사범에 대해 징역형 이외 수뢰액의 2~5배 벌금 병과)(2008)
	투명사회협약 계도운동 활성화	투명사회협약 폐지
	내부 고발, 공익 침해 신고자 보호 강화	-
	특별감찰관제 도입	실질적 권한 미비, 운영 형해화
	상설특검제 실시	특별감찰관 고발 건에 대해서만 수사
박근혜 정부	대검 중수부 폐지	-
	부정 청탁 행위 금지	부정청탁금지법 제정
	대통령 친인척 공직 제한	-
	정보공개법 개정	-

역대 정부에서 마련해 추진하고 있는 정책들은 기존 내용과 겹치는 부분이 상당히 많다. 각 정부에서 반부패에 대한 분명한 초점을 맞추

어서 대응하기보다는 백화점식의 대책 집합인 경우가 많다는 한계도 있었다고 판단된다.

문재인 정부는 국정과제 5대 전략 중 4개 전략에 반부패 관련 국정과제를 포함시키면서 총력적인 노력을 하고 있다(〈표 1-2〉). 반부패 정책협의회 개최, 5개년 반부패 종합계획 수립, 청렴사회 민간협의회 등은 분명히 일부 성과를 이룬 것으로 보인다. 이러한 결과는 2017년 세계 51위였던 국제투명성기구의 부패인식지수 결과가 2018년에는 45위로 6계단 상승한 것에서도 알 수 있다. 또한 법 제도적 개선을 위해 반부패 관련 주요 법률 제·개정 사항 등을 추진하고 있다. 고위공직자비리 수사처 설치를 위한 '고위공직자비리수사처 설치 및 운영법' 제정 등이 대표적인 예라고 할 수 있다(〈표 1-3〉).

〈표 1-2〉 문재인 정부의 반부패 관련 국정과제

전략 01 국민주권의 촛불 민주주의 실현	1. 적폐의 철저하고 완전한 청산 2. 반부패 개혁으로 청렴 한국 실현 3. 국민 눈높이에 맞는 과거사 문제 해결 4. 표현의 자유와 언론의 독립성 신장
전략 02 소통으로 통합하는 광화문 대통령	5. 365일 국민과 소통하는 광화문 대통령 6. 국민 인권을 우선하는 민주주의 회복과 강화 7. 국민주권적 개헌 및 국민 참여 정치 개혁
전략 03 투명하고 유능한 정부	8. 열린 혁신 정부, 서비스하는 행정 9. 적재적소, 공정한 인사로 신뢰받는 공직사회 구현 10. 해외 체류 국민 보호 강화 및 재외동포 지원 확대 11. 국가를 위한 헌신을 잊지 않고 보답하는 나라 12. 사회적 가치 실현을 선도하는 공공기관
전략 04 권력기관의 민주적 개혁	13. 국민의, 국민을 위한 권력기관 개혁 14. 민생 치안 역량 강화 및 사회적 약자 보호 15. 과세 형평 제고 및 납세자 친화적 세무 행정 구축

〈표 1-3〉 반부패 관련 주요 법률 제·개정 사항

정책명	관련 법 제·개정
국가청렴위원회	'부패방지법' 폐지 혹은 전면 개정
고위공직자비리수사처	'고위공직자비리수사처 설치 및 운영법' 제정
감사원 개혁	'헌법', '감사원법' 개정
자체감사기구	'공공감사에 관한 법률' 개정
공직자윤리위원회	'공직자윤리법' 개정
공직자 이해 충돌 방지	'부정청탁금지법' 개정
인사 검증	'고위공직자 인사검증에 관한 법률' 제정 '국회법', '인사청문회법' 개정
비밀 관리 등 알 권리 강화	'국가비밀관리법' 제정
정보 공개	'정보공개법' 전면 개정
공익 신고자 보호 강화	'공익신고자 보호법' 개정
국가옴부즈만위원회 설치	'국가옴부즈만위원회 설치 및 운영법' 제정
정책실명제 강화	'정책실명제법' 제정
5대 중대 부패 범죄	'국민의 형사재판 참여에 관한 법률' 제정

　　문재인 정부의 반부패 관련 노력에는 긍정적 측면도 있었지만 우려되는 점도 많다고 판단된다. 우선, 선후·경중 구분 없이 미시적·망라적으로 과제를 나열하는 것은 촛불 혁명에서 요구하는 준거 기준을 채택하기에 부족한 듯하다. 5개년 반부패 종합계획도 공공 및 민간 부문에서 발생하는 모든 유형의 부패에 대한 대책을 단순 병렬적으로 나열한 것으로, 반부패 정책의 핵심의 무엇인지 불명확해 보인다. 박근혜 정부 당시 생활 적폐와 비슷하게 여러 가지 민간 부문의 부패 항목을 나열해 반부패 정책의 핵심이 무엇인지 모르게 했던 그 잘못을 동일하게 범하는 것이 아닌지 우려된다. 생활 적폐보다 더 심각한 것이 권력형 적폐라는 것, 그리고 이에 대한 적절한 대안을 제시하지 못하고 있음을 인지할 필요가 있다.

엘리트 카르텔형 부패나 공직자들의 신형 부패에 대응하는 전략적 목표가 현재 반부패 계획에는 존재하지 않는다. 엘리트 부패 카르텔은 고위 공직자들의 일명 '관피아', 삼성으로 대표되는 재벌과 김앤장으로 대표되는 법조 엘리트 그리고 공직 사이의 회전문 인사와 같이 자본과 권력이 쉽게 결합할 수 있는 사회 구조에서 발생한다. 이미 사법농단 사태에서 드러난 정치권과 사법부의 재판 청탁과 재판 거래, 김앤장과 사법부의 재판 관여, 고질적인 전관예우, 검찰 비리 등과 같은 부조리가 지속적으로 있어왔다.

공직자들의 신형 부패에 대한 대응도 부족하다고 판단된다. 특히 최근의 관료사회는 전통적인 공직자 윤리에 대한 막연한 기대와 현실 행태의 불일치가 심각하다. 국민은 새로운 유형의 부패를 포함한 포괄적 개념의 부패 근절을 요구하는 반면, 관료들은 전통적인 협소한 부패만을 부패로 인정하려는 관점을 가지고 있다. 근무 윤리와 근무 행태의 급격한 변화로 포괄적 의미의 부패 발생이 용이한 환경이 조성되면서 관료들의 소극적 부패 행태 발생이 늘어나고 있다. 즉 관료들은 인지하지 못하지만 국민의 공익적 기대에 불일치하는 소극 행정, 복지 부동이 공직사회에 만연하게 되었다.

이러한 엘리트 카르텔 부패와 고위 공직자들의 신형 부패는 국민소득 3만 달러 시대를 맞이한 대한민국의 새로운 선진국병으로, 관료사회가 국가 발전에 발목을 잡는 있을 수 없는 상황으로 치닫고 있는 것이 아닌지 우려된다. 그동안 관료사회는 국가와 사회 발전을 위한 많은 일을 해왔다. 하지만 지나친 권력 집중에 관료들의 윤리 의식과 근무 역량 저하로 여러 가지 부작용을 낳고 있다.

향후 반부패 정책 방향과 대안

문재인 정부는 향후 어떤 비전과 목표를 가지고 반부패 정책을 이끌어야 할 것인가? 우선 기존의 전통적인 공직 중심의 부패 개념에 더해, 공직의 '공익적 침해 요인'을 중시하는 국민 눈높이에서 포괄적으로 부패 문제를 인식하고 정책 과제를 발굴, 추진해야 한다고 판단된다. 또한 일반 국민과 공직자 간의 부패 인식 차이를 줄이는 한편, 국민의 시각에서 정책을 수립할 필요가 있다.

엘리트 카르텔 부패와 고위 공직자들의 신형 부패는 다음의 세 가지 대원칙을 가지고 접근해 균형 있는 개혁 과제를 추진해야 한다. 첫째, 지나치게 집중된 권력의 분산화가 필요하다. 일부 부처, 예를 들어 기획재정부의 지나친 예산 권한은 권력 집중화가 심해 해당 관료들도 이를 국민의 시각에서 관리하기 쉽지 않고, 다른 부처의 관료들은 무력감에 빠져 소극 행정을 하게 되는 악순환으로 이어진다. 이러한 지나친 권력 집중은 엘리트 카르텔 부패와 고위 공직자들의 신형 부패를 야기하는 가장 큰 원인이 될 수 있다.

둘째, 공권력의 집행 과정에 대한 투명성, 즉 정보 공개가 강화되어야 한다. 국가의 많은 중요한 일들 그리고 권력과 자본의 지나치게 좋은 관계는 이를 견제하지 못할 경우 부패 행태로 변할 가능성이 높다. 국민의 직접적인 참여나 국가기관 스스로의 공개가 제도화되어야 할 것이다.

셋째, 시민사회의 감시와 견제를 더욱 강화해야 한다. 정보 공개와 연계해 일반 국민의 역할을 강화하고 경우에 따라서는 시민단체들의 지속적인 견제와 감시 활동을 위한 역할을 제공할 필요가 있다. 거버넌스(협치)의 진정한 정의는 국가, 시장, 시민사회의 파트너십에 있다. 즉 시민사회가 반부패 정책의 분명한 역할을 부여받을 때 진정한 거버넌스라고 할 수 있다. 현재 만들어진 협의회 등의 역할을 강화하거나 일반 국민의 직접 참여를 늘리는 방안도 고려할 수 있을 것이다.

위에서 제시한 세 가지 대원칙을 가지고 단기적 정책 방향과 중장기적 제도 개선이 함께 진행되어야 할 것으로 판단된다.

단기적으로는 기존의 '청렴사회 민간협의회'가 주도해 지역과 직능 대표 단체들이 엘리트 카르텔 부패와 고위 공직자들의 신형 부패를 겨냥한 '청렴사회협약'을 발표하는 방안을 생각할 수 있다. 또한 권익위원장, 법무부 장관, 공정거래위원장 등이 시민사회와 함께 10대 재벌과 5대 로펌과 연계해 '윤리경영', '청렴경영' 등의 합의와 대국민 홍보 등을 하는 방안도 고려해볼 수 있다.

공직사회의 안정을 위해 공직자의 취업 관리 및 투명성 확보에 대한 강화도 중요하다. 현재도 퇴직 후 직업에 대한 관리가 일부 진행되고 있으나 퇴직 공무원들의 취업 유형과 통계가 투명하게 공개되어야 할 필요가 있다고 판단된다. 2019년 1월 28일 KBS에서 방송된 내용에 따르면, 김앤장이 퇴직한 고위직 공직자를 싹쓸이하고 있다고 한다. 이에 대해 국민이 어떤 일이 벌어지고 있는지 정확한 사실을 알 수 있도록 국가 차원의 투명한 정보 공개가 필요하다.

소극 행정이 공직자들에 대한 국민의 기대를 배신한 부패의 유형이라는 점에 새로이 합의하고, 이를 개선하기 위한 공직사회의 노력이 동반되어야 한다. 특히 정부 부처가 세종시로 이전한 이후 많은 고위 관료들이 서울을 오고 가느라 많은 시간을 길에서 허비한다는 데서 이른바 '길 국장'이라는 신조어가 생겨났다. 이는 달리 말하면 실제 세종시에서의 근무시간이 부족하다는 뜻이다. 세종시 또는 다른 지역에 있는 정부 부처의 본부들에는 중요한 결정을 해주고 새로운 공무원을 교육할 수 있는 고위 관료들이 없어서 적극적인 행정 독려가 힘든 상황이다. 그 때문에 이를 개선할 수 있는 단기적 그리고 중장기적 노력이 시급하다고 판단된다.

중장기적인 노력으로는 정부가 더욱 적극적인 정부 입법안을 마련하고 국민의 공감대를 확대해나가야 한다. 특히나 효과적인 반부패 정책의 확산을 위해선 조직 개편, 제도 개선을 위한 법 제도의 확립과 개선이 이루어져야 한다. 이러한 측면에서 중장기적 노력으로는 법 제도의 개선이 가장 중요한 사항이 될 것으로 판단된다.

제5장

국민 눈높이에서 문제 해결 역량을 높이는 정부혁신 플랫폼의 조건

이재원 정책기획위원회 국민주권분과위원, 부경대학교 행정학과 교수

역량 한계와 바닥권 정부 신뢰, 낡은 신공공관리주의 플랫폼

저출산, 고령화, 근로 빈곤, 실업과 양극화, 가족과 공동체 해체 등의 사회·경제적 문제가 누적되지만 문제 해결 성과는 없다. 정책의 기획과 집행의 전체 과정이 원활하지 못하다. 최근 정부의 신뢰 수준은 30%대, 한마디로 바닥권이다. 과거 정부에 비하면 대폭 상승한 것이지만 여전히 낮다. 무사안일, 복지부동, 소극 행정에 대한 비판은 여전하다. 공무원은 엘리트이고 전문 역량이 상당함에도 문제를 해결하지 못하고 있다. 그러면 관료들이 제대로 일하기 힘든 정부 플랫폼을 의심해야 한다. 정부3.0이라는 버전의 상징과 달리 실제 플랫폼은 20세기 과거형이다. 정부 역할이 필요한 정책 의제는 21세기 신형 문제이다. 플랫폼과 어젠다의 버전이 맞지 않다. 문재인 정부 출범 이후 정부의 조직·인력·예산·성과관리 분야에서 정부혁신을 추진하지 않았다. 과거 정부의 플랫폼에 촛불 민주주의의 시대적 과제를 담았다. 맞지 않는 옷, 즉 과거 체제로 신형 문제를 풀 수 없다. 지금과 구조적으

로 다른 플랫폼을 만들어야 한다. 현행 운영체제의 역사적 맥락과 현황 진단에서부터 정부혁신을 시작해야 한다.

지금의 정부 운영체계는 1997년 IMF 외환위기를 극복하는 수단으로 설계되었다. 1990년대 말부터 시장주의와 신제도주의에 기초한 신공공관리주의 정부혁신을 추진했다. 경제적 가치에 기초하여 「국가재정법」과 「정부업무평가기본법」이 제정되었고, 균형성과평가제도(Balanced Score Card: BSC)와 같이 민간 기업의 통합 성과관리체계도 도입되었다. 이로 인해 그동안 상당한 성과를 창출했다. 하지만 신공공관리주의 방식의 운영 시스템을 20여 년간 사용하면서 여러 부작용이 발생했다. 너무 오래 사용했다.

정부 운영체계의 작동 원리는 성과, 이윤, 경쟁, 효율의 경제적 가치이다. 조직을 이윤 극대화를 추구하는 기업과 동일시하고, 관료는 자기 이익 극대화를 추구하는 경제적 인간으로 전제했다. 정부가 공공성을 대표했던 1960년대의 윤리적인 복지국가라는 전제는 해체되었다. 이후부터 공공선택이론의 비판과 같이 정부 관료들에게 공익을 실현하기 위한 윤리적인 책임성을 기대하기 힘들게 되었다. 정부와 공공기관 조직은 IMF 외환위기 시대에 안정적 직장을 찾는 이기적 개인의 집합체가 되었다. 정부는 공공성을 실현하는 유일 주체가 아니라 이윤을 추구하는 기업 조직과 같다. 기업주의 국가 혹은 경영 행정이 바람직한 것으로 주창되었다. 개발 행정의 집권적 권위주의 행정 체계에 신공공관리주의가 결합되었다. 이에 따라 정부 영역에서 신보수주의가 고착화되기 적합한 상황들이 진행되었다. 조직과 인력 관리에서 권위주의와 시장주의가 결합해 변종의 공공관리 체계가 형성되었다. 정부 실패에 대한 공공선택론의 경제적 처방은 새로운 대안으로 주목받았다. 그러나 지금 시점에서 보면 결과적으로 과도한 처방이었고 너무 많은 것을 잃었다.

복잡하고 커진 몸집, 하지만 과거형 정부 조직 체계

촛불 혁명, 4차혁명, 분권, 국민 참여 등의 시대 변화와 사회·경제적 국민 욕구에 능동적으로 대응하는 혁신이 필요하다. 계급 권위에 기초한 수직적 관료 체계를 개편하여 파트너십에 기초한 수평적 공공서비스 체계로 전환해야 한다. 하지만 현행 조직 체계는 개발 시대의 수십 년 된 과거 구조 그대로이다. 관료 구성원들은 합리적 개인으로 채워졌지만 이들이 몸담은 조직은 1960년대의 위계 체계인 것이다.

국민에게 공공서비스를 제공하는 부처들은 정부 조직도에서 변방 혹은 하층에 있다. 대통령 주변에는 관리 감독 통제 권한을 가진 권력 부처들이 집중되었다. TV에 비치는 정부 관료의 모습은 현장에서 일하는 실무자가 아닌 상부에서 지시하는 사람이다. 3050클럽에 가입할 정도로 국가의 몸집이 성장했지만 정책과 예산 집행의 권한은 기획재정부 한 개 부처에 집중되었다. 기획재정부는 경제적 가치에 기초한 전략 기획 조직이다. 조직의 권한과 구성원의 역량을 고려하면 윗분들이 일을 시키기에는 딱 좋다. 하지만 아래 방향에서 작은 그리고 절실한 사회·경제적 문제들을 해결하기에는 한계가 많다. 포용과 사회적 가치는 기획재정부의 전문 영역이 아니다. 올해 초 화제를 모은 드라마 〈SKY 캐슬〉에서 다룬 명문대 입시 위주 교육과 같은 사회적 병리를 해결하기 위해 정규 교육체계의 경직성을 개편해야 한다. 그런데 교육부가 사회부총리 지위에 있으면 'SKY 캐슬'은 더 굳어질 수밖에 없다. 중소벤처기업부를 신설해도 4차 산업 시대는 열리지 않는다. 이 부서는 정부 조직도에서 맨 하위에 있다. 조직 위계를 고려하면 정책과 예산에서 우선순위를 가지기 힘들다. 저출산 문제가 심각하지만 아동 정책을 실제 총괄적으로 전담하는 부처가 없다. 아동·청소년 정책은 20개 부처에 분산되었다. 관련 국정과제는 여성가족부에서 담당하고 종합계획은 보건복지부 소관이다.

고용을 통한 복지 정책을 추진하려면 고용과 복지 기능이 통합된 정부 조직이 필요하다. 현행 보건복지부는 '보건'과 '복지'가 통합되었다. 부처 내 인사이동에서 보건 전문가가 복지를 담당하고 복지 전문가가 보건을 담당하는 사례가 빈번하다. 고용 복지의 전문성을 기대하기 힘들다. 고용노동부는 '취업'과 '노사 관리' 기능을 통합한 조직이다. 마찬가지 맥락에서 기대만큼 복지와 취업을 통합 운영하지 못한다. 이러한 문제를 해결하기 위해서는 과감한 정부 조직 체계의 개편이 필요하다. 하지만 과거 잠시 논의된 이후 더 이상은 혁신 주창이 없다.

중앙 각 부처 기능의 경계 영역에서 발생하는 정책 과제가 급증하고 범부처 통합 조정이 필요한 사안이 증가하면서, 국무총리의 조정 기능에 과부하가 발생했다. 국민 눈높이에 맞는 조정·책임 기능이 취약하다. 총리의 권위에 기대는 국무조정실은 만능이 아니다. 정책 조정 사안에 대한 성과는 취약하다. 정부업무평가에서 국무조정실의 성과 지표는 '회의 개최 건수'가 다수다. 회의보다는 '해결'이 중요하지만 현행 플랫폼에서 조직의 성과와 구성원의 성과급은 회의 건수에서 결정된다.

저출산, 고령화와 농어촌 소멸 위험은 눈앞의 현실이다. 관련 재정 사업은 대부분 국고보조 방식으로 운영된다. 1960년대 중앙-광역-기초의 수직적 관리 체계가 그대로 유지되고 있다. 이러한 재정 사업 체계에서는 정보 격차와 도덕적 해이 문제가 상당하다. 사업 성과에 대한 책임 소재가 불분명하다. 돈은 많이 쓰지만 지난 십수 년 동안 성과의 흔적 없이 상황은 계속 악화되었다. 조직 운영체계에 구조적 문제가 있는지 의심해야 한다. 출산 장려와 노인 생활 보장 문제가 해결되지 못하는 원인으로 과도하게 집권화된 정부 간 관계를 의심해야 한다. 문재인 정부는 핵심 국정과제로 연방제 수준의 분권 국가를 주창했다. 이를 위해 중앙 부처의 조직, 인력, 예산을 축소하고 지방의 주도적 역할을 강화해야 한다. 정부 출범 초기에 제시했던 초심의 국정 가치를 되새겨야 한다. 하지만 분권을 인정하는 중앙 부처는 없는 것 같다.

이기적 관료의 경제적 행태와 위계적 관료주의의 결합

지난 20여 년 동안 신보수주의와 신공공관리주의의 영향으로 공직자들의 공직 진입 동기(행태)에 변화가 있었다. 공직 취업의 일차적 목적은 기득권을 보장받는 안정적 직장 추구가 되었다. 국가와 사회에 봉사하는 공익 실현 의지는 과거 일이다. 개인을 우선 고려하는 호모 에코노미쿠스의 이기적 행태가 일반적이다. 젊은 공직자들은 IMF 외환위기 시대를 거치면서 정규교육에서 그것이 합리적이라고 배웠다. 지난 정규교육은 개인주의와 경제적 가치 중심으로 형성되었다.

1960년대 공직자와 지금의 공직자는 동기부여와 공직 몰입 특성이 다르다. 고령 사회의 진전과 함께 퇴직 후 삶을 개인 수준에서 걱정하기 시작하면서 공직자의 도덕적 해이는 위험할 정도가 되었다. 엘리트 부패 카르텔에 공직자가 노출될 위험이 상당히 높아졌다. 공직 윤리성과 책임성이 약화되어 정부 신뢰 적자 문제가 심각하다.

정부 부처 및 조직 구조에서 과거 관례가 지속되고, 대부분의 인사이동이 동일 부처 내에서 실시되면서 복잡한 사안에 대한 전문 역량이 약화되었다. 관료제 내 개인 보직 관리를 위한 관행적 이동 경향이 지속되었다. 공직 유연성을 위한 개방형 직위 수는 많지만 성과는 취약하다. 내부의 인사이동 체계로 이용되는 경향도 있다. 타 부처 및 외부 개방직이 기대한 성과를 창출한 사례는 찾기 힘들다. 잊히기 전에 자기 부처로 빨리 복귀하거나 조직 내 주요 업무에서 배제되는 경향이 있다. 일은 뒷전인 계급 중심의 관료제가 지속되면서 공직 진입 방식 및 개인의 사회·경제적 환경에 따른 인사 및 보직 경로 관리의 차별화 현상이 지속되었다. 작은 차이를 악용하는 이른바 '계급놀이' 현상도 있다. 성과주의와 보수주의가 결합하면서 기득권 중심의 계급놀이가 굳어진 것이다.

중앙 부처의 세종시 이전에 따른 역량 및 활동 약화 문제도 만만치 않다. 장거리 출퇴근에서부터 가성비 높지 않은 길거리 소비성 출장에 이르기까지 공직자들의 이동 행태 변화가 많다. '길국장'이라는 신조어가 나올 정도이다. 서울-세종 간 출장은 과다하고 재정 사업에 대한 현장 출장은 과소하다. 현장의 문제는 더 복잡하고 담당 업무는 중첩되어 있다. 국회와 청와대 보고의 상위 방향 업무가 우선인 상태에서는 사업 담당자의 현장 인식·분석 역량은 높아지기 힘들다. 문서 작성과 보고 역량이 우수함에도 담당하는 문제는 해결되지 않는다. 원인을 찾아야 한다. 세종 지역은 아직 공직자 교육 훈련 인프라가 취약하다. 이에 따라 공직자들이 문제 해결 지식을 습득할 기회가 부족하다. 장·차관을 비롯한 상위 직급자의 세종시 근무 일수는 절대적으로 적다. 관료제 내부의 업무 과정에서 대면 학습 기회가 절대적으로 부족하다. 지금과 같은 근무 상황에서는 윗분들이 인식하는 국정과제와 문제들이 하위직에 원활히 전달되지 못한다. 전달할 시간이 없다. 바쁘기는 한데 뭔가 이상하게 바쁘다.

공직사회에서 뒷골목 인사 괴담은 무서울 정도다. 현실을 왜곡하는 가짜 뉴스와 부정적 풍문이 많다. 공직사회의 인사 관행은 어두운 밀실에 갇혔다. 직원의 근무·조직 충성심과 상급자의 관리 권한이 약화되고 고위 공직자들의 근무 행태에서 과잉 정치화 현상이 보인다. 부처 고위직의 인사가 지연되면 업무 공백 장기화 현상과 함께 인사 제도에 대한 불신이 악화된다. 공직의 인력 관리가 권력관계에 과잉 노출되면 국민 눈높이에서 '성과'와 '문제 해결'을 기대하기 힘들어진다.

1960년대 개발 행정 기조의 예산 및 성과관리체계

현행 정부 플랫폼의 신공공관리주의 기본 원리는 시장주의이다. 정부 운영에서 예산과 성과 평가(성과급)의 영향력이 상당하다. 지난 20여 년 동안 지속되면서 정부 운영 전반에 걸쳐 경제적 가치가 고착되었다. 조직과 인력의 작동 원리로서 예산 논리가 과도하게 작용한다. 동기부여 수단으로 단기 성과를 중시하고 정책 수단으로서 예산 재원 배분의 편의적 운용이 심화되었다. 결과 지향적 예산 혁신으로 국가재정법에서 통합 성과관리체계를 구축했다. 초기에는 성과가 상당했다. 하지만 시간이 지나면서 재정 경직성, 정보 격차, 비효율성 문제가 누적되었다. 단일 부처에 재정 권한이 집중되고 국가 예산을 정치적으로 활용하는 비합리적 권력 요소가 개입하면서 예산의 합리성을 기대하기 힘들게 되었다.

노무현 정부의 대표적인 재정 혁신이었던 예산 편성의 '총액배분제' 기능이 상실되었다. 기획재정부의 경제적 가치 중심 결정에 따라 부처의 현장 중심적인 다양한 예산 대응 기능이 약화되었다. 재정 사업 관리 시스템의 유형과 집행 강도가 강화되면서 손쉽게 대응할 수 있는 경로 의존적인 사업 운영 행태가 고착되었다. 문제를 해결하는 사업 중심의 성과관리보다는 관행적 예산·회계 제도의 형식에 맞춰 사업을 관리하는 목표-수단 전도가 심화되었다. 경로 의존적 성과관리체계 고착에 따라 부처의 행태는 자신들이 '잘할 수 있는' 관례적 업무 수행에 집중한다. 비전-전략 체계에서 제시한 '비전-미션'의 상징과 실제 활동하는 성과 지표의 간격이 상당하다. 초기에는 정기 점검이 있었지만 어느새 자체 점검도 형식화되었다. '해야 할 사명'에 대한 관심과 의지는 약화되었다. 월급에 도움이 되는 정도에 따라 업무의 우선순위가 결정되었다. 정책과 예산 관리를 연계하는 통합 성과관리 체계가 강화되면서 경직적이고 보수적 정책 대응이 악화되었다. 이와 같은 성과관리체계에서는 '적극 행정'이 실현되기 힘들다.

성과 평가가 과도하게 개인 급여와 승진에 영향을 미친다. 성과관리에서 평가 관대화에 따른 비용-효과성 약화 및 '평가 결과-현실 상황' 불일치가 심각하다. '벌거벗은 임금님'처럼 모두 알고 있는데 윗분들만 모른다. 아니, 모른 척하는 듯하다. 사무관 급여까지 평가 결과가 영향을 미치면서 조직 내 약탈적 경쟁이 악화되었다. 평가의 결과는 돈 몇 푼의 차이가 아니다. 급여 차이가 상당하고 승진까지 연결되어 있다. 객관적 평가를 위해 외부 전문가의 참여가 많다. 외부 전문가 역시 합리적·이기적 호모에코노미쿠스다. 국민 눈높이에서 객관적 평가를 기대하기 힘들다. 소신껏 평가하면 이의 제기가 너무 많다. 적지 않은 평가 부담 때문에 평가위원을 신청할 필요성을 못 느낀다. 이제는 보람이 없는 것에 그치지 않고 상처를 받기까지 한다. 경제적 가치 중심의 성과관리체계가 20여 년 동안 작동하면서 공직사회에서 상호 협력 네트워크가 해체되었다. 성과급 제도는 공유와 연대의 사회적 가치를 약화시키면서 계속 강화되었다. 공무원들은 성과관리 제도를 사업 성과를 위한 정책 수단이라기보다는 개인별 성과급 배분 목적에서 운영하는 내부 관리 제도로 인식한다. 국민 눈높이에 대한 초기의 제도 목적은 자리 잡지 못했다.

비전-미션 체계의 전략적 성과관리체계에서 집권적·관료제적 특성이 고착되고 외부에 공개되지 않은 가운데 제도 운영의 경직성이 심화되면 환경 변화에 따른 유연성과 부응성 기능을 상실한다. 성과 계획서의 성과 지표에 직접 영향을 미치지 않는 사안들은 정부 업무에서 배제된다. 국회와 청와대에서 걱정해도 재정 사업이 만들어지지 않고 성과 지표가 개발되지 않으면 현장에서 사업이 추진되지 않는다. 정부 보도 자료에는 정부 정책의 설명 내용에서 긍정 요소가 우선적으로 등장한다. 약간의 잘못이 있을 뿐이라고 한다. 이에 따라 대부분의 정부 활동은 선한 성과 창출로 포장된다. 국민 눈높이에서의 비판은 예외 혹은 중장기 정책 과제이고, 결국 적극 대응이 회피되었다.

혁신은 분권과 분산 그리고 수평 문화에서 출발

구체적인 혁신은 '분권'에서 출발해야 한다. 중앙 축소와 지방 역할 확대 방향의 정부 간 관계 개편이 중요하다. 3050클럽에서 중앙정부가 모든 사회·경제 문제를 이끄는 나라는 없다. 지금 중앙정부의 책임 부담이 너무 크다. 지방이 함께 분담해야 한다. 조건 없이 지방을 도와야 한다는 '잔여적 균형 분권'이 아니다. 함께 문제를 해결하는 파트너십의 '보편적 자치분권 투자'가 필요하다. '국가-지방자치단체'의 관계를 '중앙정부- 지방정부'의 수평적 관계로 개편해야 한다. 국고보조 사업이 많은 중앙 부처의 조직과 인력 그리고 사업 방식의 개편이 특히 중요하다. 복지, 농림수산, 환경, 국토교통, 문화체육 등이 대표적이다.

정부 간 관계 개편은 당면한 사회·경제적 문제 해결에서 출발해야 한다. 예를 들어 복지에서 전국 표준의 소득 및 건강 보장과 지역별로 다양한 사회서비스의 생활 보장이 중요하다. 이를 위해 기초 복지 현금 급여 업무의 국가 사무 전환과 사회서비스의 지방 이양이 묶어지는 정부 간 빅딜이 필요하다. 지자체 재정이 취약하다고 해서 저소득 취약 계층의 소득과 건강 보장이 약화되어서는 안 된다. 지역별로 차별이 있어서도 안 된다. 농림 정책 영역을 농업, 농촌, 농민으로 구분할 때 농촌과 농민 정책은 지방이 전담하고 중앙은 농업을 전담하는 방식의 빅딜이 가능하다. 현장 중심의 문제 해결을 위해 중앙정부의 조직과 인력을 축소하고 지방을 확대해야 한다. 특히 우수한 관료들이 현장에 근무하는 공무원 인사 제도 개편이 중요하다. 선발된 경쟁력 있는 지역 인재가 중앙 부처에 근무하는 지역할당제는 구시대적이다. 지방 인재의 중앙 흡수를 가속화할 뿐이다. 지역 인재는 지역에서 근무할 수 있게 해야 한다. 중앙 업무의 지방 이양에 따라 관료 저항이 많으면 국가공무원법과 지방공무원법을 통합하여 하나의 신분 체계를 운영하는 방안도 검토할 수 있다.

정부 간 관계 개편에서는 중앙정부의 조직-인력-예산-정책 그리고 '법률'이 지방으로 일괄 이양되어야 한다. 국회에 묶인 수많은 법률에는 주민 생활에 밀접한 생활 사안이 많다. 모든 것이 중앙에 집중되기 때문에 국회의 정치 상황 속에서 전 국민의 생활이 정지되었다. 지방분권이 확대되면 국회의 권한도 지방의회로 이양된다. 그만큼 국민 생활이 정치화되는 영역이 축소될 수 있다. 주민의 일상생활에 정치와 권력의 영향력을 줄여야 한다.

분권은 정부 부처 내부에서도 필요하다. 기획재정부의 예산 기능을 축소해야 한다. 부문별 예산 편성은 총액 배분 제도에 기초하여 부처에서 전담해야 한다. 복지 예산 편성 업무를 보건복지부로 이관하면 복지 문제 해결 관점에서 예산 재원을 배정할 수 있다. 복지 예산 효율화의 부처 인센티브도 활성화될 수 있다. 비판하지 말고 직접 일해야 한다. 예산 권한의 배분은 중앙정부 부처에 국한되지 않는다. 국회 상임위원회의 권한과 기능 조정과 연계된다. 복지 예산을 복지부가 편성하면 국회 예산 결정에서 보건복지상임위원회의 기능이 활성화된다.

부처의 인사 권한을 장관이 실질적으로 행사할 수 있게 인사 권한의 실질 분권이 필요하다. 제도 형식보다는 현실이 중요하다. 청와대가 인사를 직접 관여한다고 인식되면 부처의 자율 인사 체계가 원활히 작동하지 않는다. 정부 부처 산하 소규모 공공기관의 기관장 인선에서도 청와대의 입김을 핑계로 인사위원회에 무언의 압력이 형성될 수 있다. 당연히 유능한 인재들의 공직 참여 기회는 줄어들 수밖에 없다. 분권은 자율과 연결되는 가치이다. 차세대 정부혁신을 위해 공공 부문 조직 문화에 자율과 균형이 체화되어야 한다. 사회·경제적 문제 영역이 복합적이기 때문에 수직 정점의 국정 수행 체계는 적절하지 않다. 분야별로 담당 조직이 느슨한 형태의 연계 체계를 형성하고 자율과 책임의 원칙 속에서 관리의 분권적 균형 체계를 구축해야 한다. 이를 위해 수직적 관료 계층 체계를 수평 체계로 개편해야 한다. 예를 들어, 중앙 부처에서 부총리와 고위급 자문관 직위를 폐지하고 기능과 서비스 중심의 수평적 조직 및 직위를 확대해야 한다.

2000년대 초반 기능 중심의 조직 개편 당시 본부장과 팀장으로 바뀌었다. 하지만 여전히 '차관보'라는 위계적 직급과 명칭이 사용된다. 고위 공무원단 운영에서 중앙과 지방의 직급 차별화는 여전하다. 국민과의 접점에서 가장 유능한 인력이 현장에 배치되어야 한다. 이를 위해 외청과 본청의 권력관계도 변해야 한다. 예를 들면, 인천공항 검역 관리 업무에는 가장 유능한 보건 전문 인력이 배치되어야 한다. 국민들은 중앙의 인사관리 조직보다 현장 검역 관리에 유능한 공직자가 배치되기를 기대하기 때문이다.

문제 해결 중심의 성과관리체계 개편과
관료의 동기부여 혁신

통합 성과관리체계의 운영 기한이 상당 정도 경과되면서 제도의 형식성과 경직성이 심화되었다. 성과 평가는 관료의 성과급 수단이 아니라 문제 해결 수단이라는 초기 원칙으로 돌아가야 한다. 문제 해결 중심의 성과관리체계 및 성과 지표 개편이 중요하다. 재정 및 비재정 사업의 성과관리 지표에서 새로운 시대 가치(사회적 가치, 포용, 통합 등)가 직접 반영되어야 한다. 성과관리 제도에서 전략 과제와 성과 지표의 명칭만 수정하고 내용은 과거와 동일한 경우가 많다. 배제, 분리, 경제적 가치의 특성을 가진 과거 정책(사업)의 성과관리 요소를 세밀하게 분석하여 새로운 시대 가치가 실질적으로 반영되는 성과관리체계로 수정해야 한다. 사업 및 재정 부문의 성과관리체계에서 과도한 통합성을 완화하고 개별 관리 제도의 고유 가치를 위해 제도 자율성을 활성화해야 한다. 정책의 고유 가치가 우선 고려되는 성과관리체계를 운영해야 한다. 예산 기준에 맞추어 정책의 성과관리가 사전 결정되는 병리에 주의해야 한다.

성과관리체계가 효과적으로 작동하기 위해서는 공무원의 정책 운영 및 문제 해결 역량이 강화되어야 한다. 특히 세종시 근무 중앙 부처의 역량 강화가 중요하다. 문제 해결 역량을 갖춘 전문 인력을 위한 공직 개방을 확대하고 내부 인사관리 관행으로 운영되는 개방형 인력 운영을 정비해야 한다. 외부 임용자에 대한 역량 및 업무 지원을 통한 인사 혁신이 필요하다. 수십 명을 하나의 강의실에서 교육하는 것은 과거 방식이다. 높은 수준의 교육 훈련이 공직자 맞춤형으로 현장에서 제공되어야 한다.

신공공관리주의는 정부 실패를 해결하기 위해 호모에코노미쿠스 성향의 관료에게 경제적 동기 수단을 강조했다. 경쟁과 성과급제가 대표 사례이다. 이에 따라 공공의 영역이 과도하게 시장주의에 노출되었다. 초기에 성과는 있었다. 하지만 공직자를 이기적인 경제인으로 전제하는 것은 적절하지 않다. 공공선택이론의 문제 제기는 정확했지만 대안은 적절하지 않았다. 경제적 비효율성 문제 해결을 위한 경제적 가치 수단은 정부 실패를 더 악화시켰다.

공직자들이 윤리적이고 책임 있는 공직자가 될 수 있도록, 그리고 공공 문제 해결을 통해 자존과 자긍심을 가질 수 있도록 하는 동기부여 수단과 사회적 인센티브를 개발해야 한다. 공직자의 퇴직 후 활동 보장과 지원은 과거 10여 년 전 수준으로 고정되었다. 사회·경제의 발전 수준을 고려하면 상당히 낙후된 상태다. 중요한 고급 인적 자산이 사장되고 있다. 부정과 금지에 기초한 네거티브 성격의 윤리 제도뿐 아니라 공직자들이 자발적으로 윤리성을 체화할 수 있는 포지티브 수단이 필요하다. 자아실현 혹은 복잡한 인간관의 관점에서 공직자 인사 정책이 개편되어야 한다. 퇴직 후 민간 기업에 이직하는 경제적 인센티브와 대등한 수준으로 사회적 자산으로서의 사회 활동을 보장하는 방안을 개발해야 한다. 금전적인 문제만은 아니다. 퇴직 후 공직자의 자긍심이 중요하다.

세종시 근무 중앙 부처 공무원 근무 행태 개선 및 대외 활동 지원은 당장 현실의 과제이다. 예를 들어 고위직급의 출장총량제를 도입하여 출장 빈도를 제도적으로 억제해야 한다. 그리고 공간적으로 안정화된 근무 환경을 통한 관료제 내부의 자율 운영 및 업무 위계에 따른 조직 학습 체계를 마련해야 한다. 단기적인 제도 개편이 어려우면 헬기 지원과 같은 출장 수단이라도 확충해야 한다.

반성과 공유 그리고 균형적 통합 혁신 플랫폼 필요

정부혁신은 신기한 대안을 찾는 것이 아니다. 정책이 제대로 운영되지 못하는 원인을 찾고 이를 개선하는 것이다. 정부혁신은 정책 혁신의 토대이며 행정의 기본인 'POSDCoRB(Planning, Organizing, Staffing, Directing, Coordinating, Reporting, Budgeting)' 플랫폼을 개·보수하는 것이다. 미래학에서 상상하는 새로운 사업의 도입이 전부가 아니며, 장기적인 미래 전망과 희망의 시나리오도 아니다. 현실에 발을 딛고 국민 눈높이에서 당장 필요한 일이 무엇인지를 확인하는 것이다. 정부혁신은 행정-관리-정책의 세 분야에서 동시에 추진해야 한다. 21세기형 정책 욕구에 대응하기 위한 정부 행정 체계는 주제와 시대에 맞게 개편되어야 한다.

정부혁신의 세 가지 하위 요소에서 통합성과 함께 연계의 강도 조정이 필요하다. 각 부문별 고유 특성 및 가치가 훼손되지 않도록 적정한 혁신의 가외성을 인정해야 한다. 외부의 정치적 영향과 내부의 관료정치 문화 속에서 혁신 부문별로 단기 과제들이 불균등하게 형성될 수 있다. 선택과 집중보다는 세 가지 부문에서 혁신의 균형을 맞추는 노력이 필요하다.

혁신은 정부와 관료가 공직에서 긍지를 가지고 신명 나게 일할 수 있는 조건을 만드는 것이다. 따라서 새로운 정부혁신 플랫폼을 설계할 때에는 일관성 있는 기본 원칙이 중요하다. 역량 있는 관료 전문가 집단의 동기부여와 능동 행정을 위한 적극적 활동을 위해서는 혁신 원칙과 내용에 대한 공감, 특히 개인 수준까지 체감할 수 있는 미세하고 구체적인 공감이 필요하다. 혁신의 결과는 '21세기' 문제 해결을 위한

[그림 1-1] 통합적 정부 혁신 체계의 기본 구도

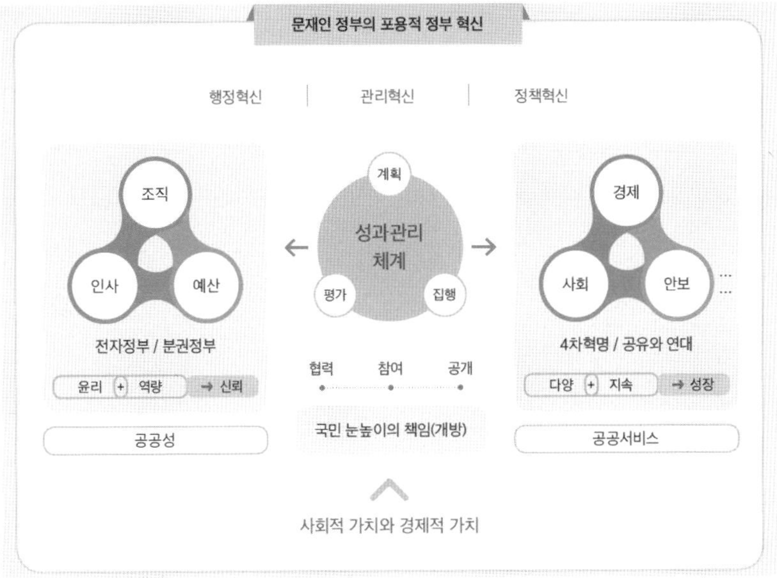

'21세기' 정부 운영 플랫폼을 만드는 것이다.

기본적으로 정부의 조직과 인력에 대한 전제를 개편해야 한다. 현행 정부 조직은 관료계층제의 기계적 구조 속성이 강하다. 문제 중심의 유기체 구조로 개편해야 한다. 혁신은 반성에서 출발해야 한다. 국민 신뢰가 높지 않은 정부 실패의 근본 원인에 대한 확인과 반성이 있어야 미래지향이 가능하다. 정부 운영체제가 문제 해결에 유효하지 않다는 쟁점을 공유해야 한다. 과거를 과도하게 정당화하면 과거 집착·향수·회귀의 부작용이 발생한다.

3050클럽 경제 대국의 국가를 개발 연대 국정 운영체계로는 감당하기 힘들다는 인식과 공감이 있어야 새로운 정부혁신이 가능하다. 약탈적 경쟁을 유발했던 배제와 경제적 가치 중심의 신자유주의 및 신공공관리주의가 미래 정부 운영체계로서 더 이상 유효하지 않다는 점을 공유해야 한다. 포용과 사회적 가치의 미래지향성을 공유하고 실천할 수 있는 정부혁신 플랫폼을 만들어야 한다.

제6장

사회적 가치 중심의 공공기관 운영을 위한 평가제도 혁신의 과제

최현선 정책기획위원회 국민주권분과위원, 명지대 행정학과 교수

서론

공공기관에 대한 경영평가제도는 당초 제도의 취지와는 다르게 공공성을 추구해야 하는 곳임에도 경영 이익을 달성하면 많은 성과급을 주고, 경영 이익을 만들지 못하면 성과급을 적게 받게 한다. 즉 공공기관이 정부의 일을 위탁하여 국민에게 서비스를 제공하게 되는데, 국민의 삶의 질을 높이는 좋은 서비스 제공을 유도하기보다는 기관의 경영 이익과 기관 구성원들의 성과급에만 집중하도록 제도가 왜곡되어 있다고 볼 수 있다. 이러한 공공기관의 기형적 운영은 경영평가제도의 당초 취지와는 어긋난 것이다. 문재인 정부 출범 이후 이러한 모순에 대한 일부 개선의 성과는 있었으나 아직 국민이 체감할 수 있는 혁신은 완성되지 않았다고 평가할 수 있다.

2018년 기준 전체 공공기관의 사업 규모(647.4조 원)가 정부 총지출(406.6조 원)의 1.6배에 달할 만큼 공공기관은 국민의 삶에 막대한 영향을 끼치고 있다. 하지만 공공기관의 대국민 신뢰도는 4.0 만점에 2.3점으로 매우 낮은 수준이다(한국행정연구원, 2019). 가장 큰 이유로는 신자

유주의의 강한 영향을 받은 단기 실적 중심의 획일적 평가 체계로 인하여 과도한 실적 경쟁이 유발되고 국민 편익 관점의 공공성과 다양성, 사회적 가치가 훼손되어 있는 현실이라고 할 수 있다. 그러므로 기획재정부와 주무 부처에 의한 폐쇄적 통제 체제보다는 공공기관 운영 체제를 '국민 중심'으로 혁신할 필요가 강하게 대두되고 있다.

문재인 정부의 출범과 함께 국민이 기대하는 국민의 시각과 참여 중심의 정부혁신은 시작되었다. 정부는 2018년 3월 19일, 문재인 대통령 주재로 제1회 정부혁신전략회의 개최, 행정 내부 개혁을 넘어 국민 삶의 질을 높이는 정부혁신 추진(안)을 확정하였다. 문재인 정부의 정부 및 공공기관 혁신의 핵심은 사회적 가치 관점에서의 혁신이라고 할 수 있다. 2014년 6월 문재인 당시 국회의원과 더불어 60여 명의 국회의원은 '공공기관의 사회적 가치 실현에 관한 기본법안'을 최초로 발의하였으며, 이후 김경수 국회의원 외 51명이 2016년 8월에 재발의하였고, 이어서 박광온 의원 외 21명이 2017년 10월에 한 차례 더 재발의를 하였다.

사회적 가치는 12번 국정과제 "사회적 가치 실현을 선도하는 공공기관"을 통해 국민이 체감할 수 있는 공공기관 혁신의 가장 중요한 내용으로 자리 잡고 있다. 특히 기획재정부에서 직접적으로 관리하고 있는 약 339개 공공기관의 예산은 2018년 기준으로 국가 예산의 1.6배에 달하는 647.4조 원에 달한다. 이러한 엄청난 예산이 사용되고 있는 공공기관은 대부분 국민의 삶에 직접적인 관련이 있는 서비스를 국민에게 직접 제공하고 있다. 즉 공공기관의 혁신의 정도에 따라 국민이 느끼는 혁신 체감도가 결정된다고 해도 과언이 아니다. 정부가 339개의 공공기관에 대해 끼치는 영향력은 기획재정부가 전적으로 담당하고 있는 경영평가제도를 통해 매년 실시되는 성과 평가에 의해 이루어진다. 공공기관 경영평가제도는 2007년 노무현 대통령 때 제정된 「공공기관 운영에 관한 법률」에 근거하여 진행되고 있다.

이 글은 국민의 삶에 지대한 영향을 끼치고 있는 공공기관의 운영과 관련된 경영평가제도가 문재인 정부가 추구하는 사회적 가치 중심의 혁신 방향으로 제대로 개편되어 있는지, 그리고 이러한 개편을 통해 국민의 삶을 개선하는 데 어떤 성과를 가져왔는지 논하여 보도록 한다. 특히 문재인 정부 초기에 시행된 평가제도의 개편 성과에 대한 다양한 의견을 모아 국민이 체감할 수 있는 성과로 이어지게 하기 위한 향후 개선 방안에 대해 제시하여 보도록 한다.

문재인 정부의 공공 부문 혁신

문재인 정부의 혁신 방향은 사회적 가치, 즉 공공성, 공익성, 공동체성 중심의 공공기관 운영에 초점을 두고 있다. 문재인 정부의 혁신 방향, 사회적 가치 정의, 그리고 공공기관 경영평가제도의 연혁 등을 살펴본다.

2018년 3월 문재인 대통령 주재로 제1회 정부혁신전략회의를 개최하고, 정부 운영을 국민 중심으로 전환하는 내용의 '정부혁신 종합 추진계획'을 확정하였다. 또한 2022년까지 OECD '더 나은 삶의 질 지수' 및 정부 신뢰도 10위권 진입, 국제투명성기구(TI) 부패 인식 지수 20위권 진입을 목표로 강력한 범정부 차원의 혁신을 본격 추진하였다(행정안전부, 2018).

정부는 정부혁신국민포럼을 통해 2018년 2~3월까지 일반 국민 2,143명이 참여한 '내가 생각하는 정부혁신'에 대한 의견을 수렴하였다. '내가 생각하는 정부혁신'의 핵심 키워드 분석 결과, '공정하고 투명한 정부', '공공성', '현장중심 적극행정', '효율적인 정부', '국민 소통과 협력'이 5대 핵심 키워드로 도출되었다. 또한 국민이 바라는 정부의 모습은 '약속을 잘 지키는 정부', '정의로운 정부' 등으로 나타났다. 따라서 혁신에 대한 국민의 지배적인 생각은 '사회문제 해결'에 대한 새로운 방안 모색이다.

정부혁신의 비전은 국정 목표인 "국민이 주인인 정부" 실현이며, 이를 달성하기 위한 3대 전략을 수립하였다. 첫째, '정부 운영을 사회적 가치 중심으로 전환'한다. 정책과 재원 배분의 우선순위를 공공의 이익과 공동체 발전에 기여하는 사회적 가치 중심으로 전환하고, 이를 위한 인프라로서 정부의 예산·인사·조직·평가 체계를 획기적으로 바꾼다. 둘째, '참여와 협력을 통해 할 일을 하는 정부'를 구현한다. 정책의 시작도 끝도 국민이라는 원칙 아래, 정책 제안·결정·집행·평가 전 과정에 국민이 참여함으로써 국민의 뜻이 보다 잘 실현되기 위한 노력이다. 셋째, '낡은 관행을 혁신하여 신뢰받는 정부'를 구현한다. 공직자가 개혁의 주체라는 인식을 갖고, 정부 신뢰를 저해하는 기존 관행과 일하는 방식을 근본적으로 바꿔 국민이 믿을 수 있는 정부를 만든다.

공공기관 사회적 가치

사회적 가치 기본법안

문재인 정부에서 추구하는 정부혁신의 방향이 참여와 협력이라고 할 때, 이러한 가치는 사회적 가치라는 관점에서 제시되었다고 판단된다. 사회적 가치의 기본 방향은 국회에 계류 중인 법의 내용과 관련이 있다. 2014년 6월 문재인 당시 국회의원과 더불어 60여 명의 국회의원은 '공공기관의 사회적 가치 실현에 관한 기본법안'을 최초 발의하였으며, 이후 김경수 국회의원 외 51명이 2016년 8월에 재발의하였고, 이어서 박광온 의원 외 21명이 2017년 10월에 한 차례 더 재발의를 하였다.

사회적 가치 실현을 공공 부문의 핵심 운영 원리로서 적용하여 업무 수행 시 이를 체계적으로 실행하도록 함으로써 공공 부문부터 사회적 가치 실현을 선도하고 나아가 민간 부문으로 확산시키기 위함이 본 법안의 목적이다. 공공기관의 사회적 가치 실현에 관한 기본법안을 살펴보면 [그림 1-2]와 같다.

법안의 내용은 인권 보호, 안전한 근로·생활환경, 보건 복지, 노동권 보장 등 국민 생활 중심으로 크게 13가지로 구성되어 있다. 이와 연계하여 사회적 가치 실현을 위한 법령 제·개정 및 폐지, 조직 정비 등 이행력 제고를 위한 방안까지 제시되어 있으며, 공공기관의 사회적 가치 실현에 대한 성과 평가를 위한 성과관리 강화에 대한 부분도 포함되어 있다.

기본법안은 법안에서 제시하고 있는 사회적 가치의 범위를 고려하

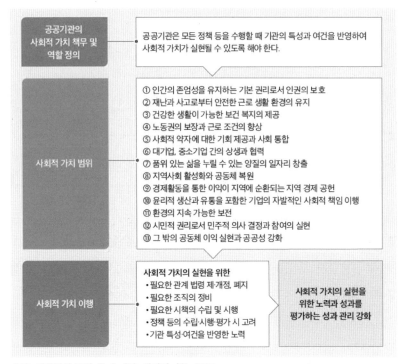

[그림 1-2] 공공기관의 사회적 가치 실현에 관한 기본법안

공공기관의 사회적 가치 책무 및 역할 정의
: 공공기관은 모든 정책 등을 수행할 때 기관의 특성과 여건을 반영하여 사회적 가치가 실현될 수 있도록 해야 한다.

사회적 가치 범위
① 인간의 존엄성을 유지하는 기본 권리로서 인권의 보호
② 재난과 사고로부터 안전한 근로 생활 환경의 유지
③ 건강한 생활이 가능한 보건 복지의 제공
④ 노동권의 보장과 근로 조건의 향상
⑤ 사회적 약자에 대한 기회 제공과 사회 통합
⑥ 대기업, 중소기업 간의 상생과 협력
⑦ 품위 있는 삶을 누릴 수 있는 양질의 일자리 창출
⑧ 지역사회 활성화와 공동체 복원
⑨ 경제활동을 통한 이익이 지역에 순환되는 지역 경제 공헌
⑩ 윤리적 생산과 유통을 포함한 기업의 자발적인 사회적 책임 이행
⑪ 환경의 지속 가능한 보전
⑫ 시민적 권리로서 민주적 의사 결정과 참여의 실현
⑬ 그 밖의 공동체 이익 실현과 공공성 강화

사회적 가치 이행
사회적 가치의 실현을 위한
• 필요한 관계 법령 제·개정, 폐지
• 필요한 조직의 정비
• 필요한 시책의 수립 및 시행
• 정책 등의 수립·시행·평가 시 고려
• 기관 특성·여건을 반영한 노력

사회적 가치의 실현을 위한 노력과 성과를 평가하는 성과 관리 강화

출처: 정부혁신 종합 추진 계획, 행정안전부, 2018.

여 정부 부처와 공공기관을 혁신의 방향으로 인지하도록 권하고 있다. 부처와 기관들이 경영 및 사업에 대한 추진 계획을 수립하고 집행, 성과, 환류의 과정에서 사회적 가치를 고려해야 한다. 이를 정착하고 내재화하기 위해 사회적 가치 운영과 관련 제도 발굴 및 시스템 마련이 필요하다.

사회적 가치의 정의

　사회적 가치의 정의는 포괄적인 성격이 있어 다양한 정의가 가능하지만, 막상 정책 담당자들이 본 개념을 사업과 평가에 적용하는 것은 쉽지 않은 과정이라고 판단된다. 사회적 가치가 정책에 영향을 주게 된 것은 신자유주의 퇴조와 관련된다. 1980년대부터 정부의 실패라는 명제를 가지고 미국을 중심으로 국가 정책에 강한 영향을 끼치게 된 신자유주의 사상은 2008년 이후 퇴조하게 된다.

　사회적 가치란 공동체가 공통으로 의미를 부여하는 것이라 할 수 있다. 이러한 과정에는 공식 및 비공식적인 법·제도 등이 중요하며, 공동체의 분배를 담당하는 정부의 역할 또한 중요하다. 이러한 사회적 가치 실현을 위해 정부는 행정적 또는 정책적 영역을 확인하고 영역들 간의 경계를 구분하고 보호해야 한다. 또 사회 공동체에서 어떤 사회적 가치가 중요하고, 어떤 가치의 배분에 정부가 관여할 수 있고 없는지를 정할 필요가 있다. 그리고 정부가 가치 배분에 어떠한 수단을 활용할 수 있는지도 판단해야 하는 정책 결정 과정이 진행되어야 한다. 이러한 과정에서 정부 부처와 산하기관 및 중앙 공기업들의 주요한 역할도 있으나, 주민들의 실제 생활권에 관련된 일을 집행하는 공공기관의 역할이 가치 배분에서는 무엇보다 중요하다 할 수 있다.

　사회적 가치의 개념은 다양한 해석이 가능하나, 정부와 공공기관 혁신의 관점에서 보면 공공성, 공익성, 공동체성이 함께하는 개념이라 할 수 있다. 실제로 사회적 가치를 지향한 공공 부문 혁신은 국민에 대한 정부나 공공기관의 본연의 임무를 회복하는 것이라 할 수 있다. 공공성은 부처와 공공기관의 본래 임무를 뜻한다. 시민들의 입장에서는

"왜 시민의 세금으로 만들어진 정부가 본연의 임무에 충실하지 않는가"라는 질문에서 떠올릴 수 있는 개념이라 할 수 있다.

공익성은 다수의 행복 추구라는 개념으로, 시민들 입장에서는 지난 정부의 행태를 보면서 "정부와 공공기관은 자신들의 부처를 위한 기관인가? 아니면 국민을 위한 기관인가"라는 질문을 던질 수 있다. 사회적 가치와 관련하여 가장 중요한 개념으로는 공동체성을 생각할 수 있다. 배려와 책임이 함께하는 사회를 지향하는 것이라 할 수 있으며, 시민들은 나누고 살면 더 잘 살 수 있다는 것이 상식이 되었으면 하는 기대를 하고 있다. 사회적 가치는 공동체가 공통으로 의미를 부여하는 것이기 때문에 공동체의 분배 역할을 담당하는 정부의 역할이 더욱 중요하다고 할 수 있다.

사회적 가치는 공동체의 특성에 따라 가변적이고, 분배되어야 할 사회적 가치는 특수한 사회·문화적 배경을 공유하는 사람들에 의해 창출되며, 그 분배의 기준은 가치의 특성에 적합한 것이어야 한다. 이러한 정의나 개념은 이미 국제사회에서도 범용되고 있다. 국제기구에서는 UN 글로벌콤팩트, GRI G4 가이드라인, ISO 26000 등이 사회적 가치와 관련되어 사용되었다.

〈표 1-4〉 사회적 가치의 개념

사회적 가치 = ① 공공성 + ② 공익성 + ③ 공동체성(형평성)
① 공공성: 부처와 공공기관의 본래 임무 ② 공익성: 다수의 행복을 추구(부처의 이익이 아닌) ③ 공동체성(형평성): 배려와 책임이 함께하는 사회

다른 국가의 사회적 가치 추진 사례

문재인 정부에서 내놓은 사회적 가치 중심의 국정 방향에 대한 논의는 세계적인 흐름과 그 궤를 같이한다고 판단된다. 미국, 영국, 프랑스의 부문별한 사회적 가치 강화 방안 사례는 우리의 혁신 방향인 참여, 협력의 구조와 유사하다고 보인다. 프랑스의 사회결속 정책, 영국의 공공 서비스(사회적 가치)법, 미국의 사회혁신청 등이 주요한 사례로 판단된다.

미국 사회혁신청

미국은 2009년 민간 영역의 사회 혁신 투자 확대를 위해 백악관 내 사회 혁신 및 시민참여처(Office of Social Innovation and Civic Participation)를 설치하여 참여를 통한 혁신을 추진하였다. 연방 예산을 토대로 시민단체의 능력과 효율성을 높임과 동시에 창의적 및 혁신적 아이디어를 통한 사회문제 해결 및 일자리 창출을 지원하는 임무를 가지고 출범하였다.

이 제도의 핵심 전략은 다음의 4가지 강조점을 가지고 있다.

- 연방 사회 서비스 참여 기회 확대
- 지역사회와 연계하여 취약 계층(청소년) 대상 고용 기회 확대 및 취업 능력 향상 프로그램 실시
- 시민단체에 대한 정보 공개를 통해 투명성과 책임성 확보
- 사회 혁신 펀드를 조성하여 비영리단체의 사회적 창의 프로그

램 투자

PFS(Pay For Success) 펀드라 불리는 성과 기반 보상 예산 투자 시스템을 구축하여 민간이 추진한 공공복지 사업의 성과에 따라 보상 하도록 기금을 운영하였다. 이를 통해 비영리재단의 목적 재산의 활용 범위 확대, 연방정부 내 사회 혁신 투자에 대한 인식 제고 등의 성과를 얻을 수 있었다. 특히 PFS 기금을 활용하여 솔트레이크시티, 뉴욕, 필라델피아 등의 지역에서 시범적으로 공공 안전, 노숙자 자립·자활, 아동교육 등 분야 공공복지사업 지원 사업을 진행하게 되었다.

영국 「공공서비스(사회적 가치)법」

공공기관이 위탁하거나 조달하려는 서비스에 대하여 사회적, 경제적, 환경적 가치의 창출을 고려하도록 규율하는 법이다. 일명 사회적 가치법은 2012년 3월 제정되어 공공 조달 사업에서 발주 기관이 조달 과정에 연계되는 폭넓은 사회적 유익(지역사회, 이해관계자, 민간 기업 등이 누릴 수 있는)을 고려할 것을 요구하게 되었다.

이 법에 따라 공공기관은 어떤 사회적 또는 환경적 부가가치가 지역공동체의 필요에 가장 적합할지, 공급자에게 어떤 혁신의 기회를 제공할 것인지에 대해 판단할 수 있는 권한을 가지게 되었다. 예를 들어 공공 발주 기관이 비용 편익만 강조할 경우 무조건 최저가 입찰자를 선택하겠지만, 사회적 가치를 우선적으로 고려할 때는 지역사회 우수 기업, 환경친화 기업, 공정 무역 제품, 사회적 기업 등 장기적이고 공동체적 유익을 추구하는 우수 조달 업체를 선정할 수 있는 재량권과 유연성을 가지게 되었다.

이 법의 가장 큰 특징은 공동체를 위한 편익이라는 측면을 강화하였고, 사회적 가치에 대한 권위 있는 정의와 일괄적인 구성 요소가 존재하지 않음을 인정하고, 규범적인 접근을 시도하지 않았다는 것이다. 즉 유연한 접근을 통해 사회적 가치에 대한 지역사회의 요구 맥락 또는 공적 기구의 특정 전략적 목표에 따라 그 편익을 고려하는 방식으로 유동성 있는 실행을 한 것이 큰 특징이라 하겠다.

프랑스 '사회 결속' 정책

사회 결속(cohsion sociale) 또는 사회 통합(Social Cohesion)은 프랑스를 비롯한 유럽 국가들의 주요 사회적 정책의 근간을 이룬다고 볼 수 있다. 19세기 말 산업혁명 시대부터 비인간적인 근로자 대우, 극심한 빈부격차 등의 사회 양극화, 파편화 등의 사회문제가 속출하는 상황에서 사회 결속 개념이 대두되었다. 지금도 유럽은 부의 편중, 이민자 등 소수집단의 소외와 갈등, 세대 갈등 등의 심각한 문제가 있다. 이에 대한 대응책으로 프랑스 정부는 강력한 사회 결속 추진을 위해 노력하고 있다.

프랑스의 공적 영역에서 사회 결속의 의미는 사회의 통합과 형평성, 약자 및 소외집단 배려, 공동체 발전이라 할 수 있으며, 정부 각 부처와 공공기관, 지방정부는 조직 고유의 임무와 상황, 환경적 요구에 적합한 사회 결속 구성 요소를 정의하고 실현 전략을 수립하고 있다. 공적 영역 주체들(중앙정부, 지자체, 산하기관 등)의 포괄적 참여 및 이해관계자, 시민사회 소통 체계를 강화하여 사회 결속 정책을 추진하고자 한다.

공공기관 경영평가제도

문재인 정부에서의 공공기관 평가제도

2017년 5월 출범한 문재인 정부에서도 공공기관 경영평가제도에 대한 큰 폭의 개편이 이루어졌다. 우선 기관 경영평가 지표 체계를 사회적 가치 관련 평가 지표 중심으로 전면적으로 재구축하는 가운데, 박근혜 정부에서 임기 중 1회 평가하는 것으로 개편하였던 기관장 평가는 폐지하고, 이를 기관 평가로 통합해 일원화하는 것으로 제도를 개선하였다. 반면 임기 중 1회 실시하고 있는 상임감사·감사위원 직무 수행 실적 평가제도는 매년 실시하는 것으로 개선하고, 3등급 평가 등급 체계는 6등급으로 확대하며 평가 결과를 상임감사·감사위원의 성과급 지급에 반영토록 하였다.

2017년 12월 제15차 공공기관운영위원회에서 사회적 가치 실현의 평가 방안이 포함된 '공공기관 평가제도 개편 방안'을 발표하였다. 평가제도 개편을 위해 전문가, 공공기관 노사, 시민단체 등 각계의 다양한 의견을 수렴하고, 「공공기관 운영에 관한 법률」 제정 10년을 계기로 근본적인 개혁 요구에 따른 개편 방안을 발표하였다. '공공기관 본연의 역할과 성과를 국민 눈으로 평가'하도록 평가 체계·지표·사후 관리 등 평가 전 단계를 개편한다는 기본 방향을 설정하였으며, 개편 방향에 대한 세부적 내용은 〈표 1-5〉와 같다.

〈표 1-5〉 공공기관 경영평가제도 개편 방향

개편 방향	세부 추진 과제
사회적 가치 실현	사회적 가치 배점 확대, 메뉴 방식 도입 등
자율·혁신 기반 맞춤형 평가	공기업·준정부 평가단 분리 및 지표 차별화, 성과 협약제 도입, 지표 통폐합·간소화 등
참여·개방·소통	평가단 구성 다양화, 계량 지표 → 전문 기관 위탁, 경영평가소위, 평가단 책임성 제고, 국민 참여 등
책임·윤리 경영	컨설팅 강화, 경영 진단·기능 조정과 연계, 사회적 책무 위반 시 등급 조정, 기관장·감사 평가 개편 등

공공기관이 사회적 가치 실현을 선도하기 위해 기존 지표 체계 틀 내에서 체계적으로 반영하고 배점을 확대하였다. 경영 관리 부문은 일자리 창출, 균등한 기회 등 5대 지표로 구성, 일자리 가점을 본 편람에 통합·일원화하였다. 주요 사업 부문은 기관 고유 사업 수행 과정에서 사회적 가치를 실현하도록 지표 재설계 및 배점을 확대하였다(기획재정부, 2017).

또한 기획재정부는 정부혁신과 연계한 공공기관 혁신 계획을 제출받고 이에 대한 평가 계획을 수립하였다. 기획재정부는 공공기관 혁신의 지향점을 국민이 체감할 수 있는 변화에 주력하여 실질적인 국민의 삶의 질 제고를 달성하는 목표를 설정하고 3대 기본 방향 및 주요 과제를 제시하였다(기획재정부, 2018).

공공기관 혁신의 추진 방식으로 정부는 공공기관이 정부 정책을 체계적·일관적으로 추진하고 민간 부문에 확산할 수 있도록 명확한 혁신 방향을 제시하고, 공공기관은 혁신의 기본 방향을 바탕으로 문제점 진단, 혁신 방향, 세부 추진 과제 등 기관별 혁신 계획을 국민 의견을 수렴하여 자율적으로 수립하여 추진하기를 권고하였다(기획재정부, 2018).

공공기관 경영평가의 연혁

공공기관 경영평가제도의 발전 연혁을 보게 되면, 1984년에 「정부투자기관관리기본법」에 의거하여 시작되었다. 이 기본법을 통해 공기업의 자율·책임 경영 체제를 구축하기 위해 도입된 정부 투자기관 경영평가제도를 모태로 형성되었다. 정부 투자기관 경영평가제도에 이어서 2003년 12월에 「정부산하기관관리기본법」이 제정됨에 따라 2004년부터는 정부 산하기관 경영평가제도가 새로 도입되었다(곽채기·김완희, 2019).

정부 산하기관 경영평가제도는 정부 투자기관 경영평가제도의 기본 틀을 그대로 수용하였으나 평가제도의 관리 방식이나 평가단 구성 및 운영 등의 측면에서는 나름대로 독자성을 확보하고 있었다. 2000년부터는 정부 투자기관의 지배구조를 개선하기 위해 도입된 사장 경영 계약 제도와 연계하여 정부 투자기관을 대상으로 한 사장 경영 계

[그림 1-3] 2018년 정부 경영평가 평가 지표 체계 요약

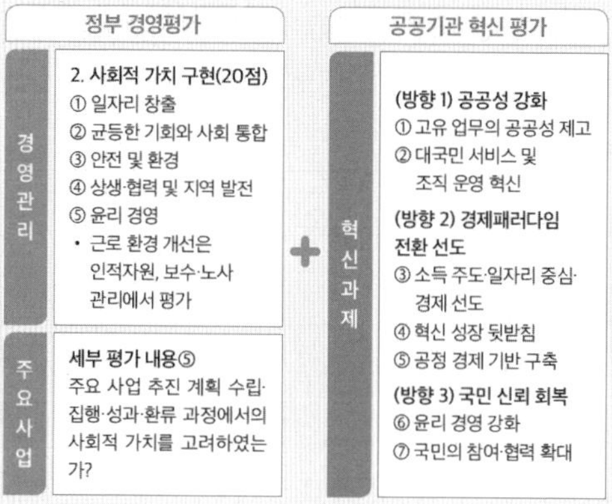

범주	평가지표	계	비계량	계량
경영관리	1. 경영전략 및 리더십	6	6	
	- 전략기획		2	
	- 경영개선		2	
	- 리더십		2	
	2. 사회적 가치 구현	20	12	8
	- 일자리 창출	6	3	3
	- 균등한 기회와 사회통합	3	2	1
	- 안전 및 환경	3	2	1
	- 상생 협력 및 지역 발전	5	2	3
	- 윤리경영	3	3	
	3. 조직·인사·재무관리	6	5	1
	- 조직 인사 일반	3	3	
	- 재무예산 운영 성과	2	1	1
	- 삶의 질 제고	1	1	
	4. 보수 및 복리후생비	8	5	3
	- 보수 및 복리후생	3	3	
	- 총 인건비관리	3		3
	- 노사관계	2	2	
	5. 혁신과 소통	5	3	2
	- 혁신노력 및 성과	3	3	
	- 국민 소통	2		2
	소계	45	31	14
주요사업	주요 사업 계획 활동 성과를 종합 평가	55	21	31
	소계	55	21	31
합계		100	52	45

약 이행 실적 평가제도가 새로 시행되었다(곽채기·김완희, 2019).

이처럼 여러 경로와 과정을 거쳐 형성되어왔던 정부 투자기관과 정부 산하기관의 경영평가제도가 노무현 정부 때인 2007년 4월 시행된 「공공기관의 운영에 관한 법률」에 의해 '공공기관 경영평가제도'로 통합 일원화되었다. 즉 공공기관의 운영에 관한 법률이 시행되면서 정부 투자기관과 정부 산하기관으로 이원화되어 있던 경영평가제도가 공기업·준정부 기관 경영평가(공공기관 경영평가)로 통합되었다. 하지만 당초의 법 제정 취지나 노무현 정부에서 추진했던 평가제도 운영의 거버넌스는 단일 부처에 권한 쏠림 현상이 생기면서 퇴색하기 시작하였다.

신자유주의의 영향을 받아 2008년부터 평가 기준과 방법의 일원화가 실현되었다. 또한 2009년에는 그동안 기관 평가제도와 연계하여 운영해왔던 기관장 평가제도를 기관 평가제도로부터 구조적으로 분리하여 평가 지표 체계를 독자적으로 설계하고 평가단도 독자적으로 구성하였다. 이러한 기관장 평가 분리 모델이 2011년까지 적용되었다. 그러나 2008년에 도입한 MB(말콤볼드리지) 모델에 기초를 둔 경영평가제도는 실제 적용 과정에서 형식주의를 유발하게 되었다.

박근혜 정부에서는 신자유주의에 의거한 관리 기법을 가속화하여 '공공기관 정상화 대책(2013. 12. 11) 및 실행 계획(2013. 12. 31)'에 따라 2014년 2월에 공공기관운영위원회가 '2014년도 기타 공공기관 평가 편람(안)'을 심의·의결함에 따라 '기타 공공기관에 대한 경영평가제도'가 새로 도입되었다. 이로써 2015년부터는 공기업, 준정부 기관, 기타 공공기관을 포함한 모든 공공기관이 경영평가를 받게 되었다(곽채기·김완희, 2019).

사회적 가치 중심의 공공기관 경영평가 개선 방안

현재. 경영평가제도의 문제점

(1) 2018년 기준으로 전체 공공기관의 사업 규모는 647.4조 원으로 정부 예산의 1.6배에 해당하는 지출을 담당하지만 사회경제적 기능과 역할 미흡, 평가를 전담하는 기획재정부의 관료 중심의 공공기관 통제 관리 체제로 인해 공공기관의 경영 자율성, 창의성, 책임성이 약화되었다. 이러한 폐쇄성을 상쇄할 수 있는 공공기관운영위원회 민간위원의 대표성 강화 및 운영 활성화가 필요한 시점이 되었다.

(2) 획일적 공공기관 경영평가제도 개편, 맞춤형 평가 체계를 강화할 필요가 있다. 공공기관의 특성과 설립 목적을 적극 반영하지 못하는 획일적 경영평가제도의 대수술이 요구된다. 특히 사회적 가치를 실현하고 국민 편익 중심의 접근을 위해 획일적 평가 체제는 커다란 저해 요인이 되고 있다.

(3) 현재의 평가제도는 효율성과 수익성 중심의 경영평가로 인하여 공공성에 대한 책무와 정부 정책의 효과가 약화되어 있다. 표면적으로 제시하는 국정 방향과의 연계가 실제로는 작동하지 않을 수도 있다는 우려가 있다. 최근의 평가 결과가 공공기관 경영평가와 정부 업무 및 국정과제 평가 결과와 불일치하는 모습으로 나타나고 있는 등 우려가 현실이 되는 모습이다.

(4) 순환 보직을 맡는 공무원들 중심의 폐쇄적 제도하에서 기관 간 경쟁 및 단기 실적 중심의 평가가 이루어지고 있다. 이를 극복하고 중장기 사회 경제적 파급 효과로 평가 패러다임을 전환하는 것이 시급한

실정이다. 이는 정부 정책과의 연계나 다양한 이해관계자의 협업 자체를 저해하는 요인이 되고 있다.

경영평가제도 혁신의 기본 방향

국가와 공공기관이 많은 예산을 다루고 있지만, 많은 국민에게는 체감되지 않고 오히려 사회가 점점 더 힘들어진다고 느끼고 있다. 이를 극복하기 위해 문재인 정부는 혁신의 방향으로 사회적 가치를 제시한다. 혁신은 '묵은 풍속, 관습, 조직, 방법 따위를 완전히 바꾸어서 새롭게 함'을 뜻하는데, 이는 포괄적이며 직접적인 변화를 요구하는 개념이라 할 수 있다. 문재인 정부의 출범과 함께 과거의 묵은 제도와 운영에 대한 반성과 함께 공공 부문의 혁신, 특히 사회적 가치의 실현을 통한 혁신이 중요한 화두가 되고 있다. 경영평가제도 혁신의 기본 방향은 다음과 같이 제시할 수 있다.

(1) 국민 중심 그리고 민간 주도의 평가제도 확립을 위해 공공기관 운영 위원회 위원 구성을 개선할 필요가 있다. 지금은 전문가 집단이 중심을 이루는 체제이자 기획재정부의 추천에 의한 구성이라면, 이제는 국민에게 투명하게 공개하고 사회적 약자 계층을 대변하는 위원들의 참여가 필요하다.

민간 위원들에게 권한을 더 주기 위해 공공기관운영위원회 내부에 민간 위원 부위원장 제도를 신설하고 민간 전문위원들을 상근으로 두어 민간 부문의 전문성을 향상시킬 필요가 있다. 또한 비상근인 민간 전문위원들을 위한 상근 전문위원들이 필요하다.

(2) 경영평가 결과가 공공기관의 혁신과 역량 강화로 이어질 수 있도록 평가 결과에 따른 기관의 책임성 및 기관 운영에 대한 자율성 강화가 필요하다. 기관은 국정과제 평가의 결과에 대한 책임을 주무 부처와 함께 져야 한다. 그리고 기관장들은 이를 기관의 주요 사업 지표에 적극 반영하여야 한다.

(3) 국민 편익 중심 평가 체계 구축이 필요하다. 국정과제 및 정부 부처의 주요 정책 과제와 공공기관 주요 사업 지표와의 연계를 강화하고, 국민 삶 중심의 중장기적인 지표를 설정하여 관리할 필요가 있다. 이러한 중장기적인 지표는 국민에게 투명하게 개방하여 국민이 체감할 수 있도록 관리할 필요가 있다.

평가 자체도 기관들끼리의 상대평가가 아니라 국민의 체감을 중심으로 하는 절대평가 체계로의 전환이 필요하다. 주무 부처의 평가 권한을 강화하고 경영평가단의 전문성 및 독립성을 강화하는 등의 실제적인 조치들이 바로 이루어져야 한다고 판단된다. 특히 시민사회, 노동조합, 정부 부처 등으로 평가 위원 추천을 확대하고 평가 지표 설계를 강화하기 위한 상시 전문 기관의 역할 강화 및 전문 설계단 운영은 필수적인 과제로 판단된다. 현재의 조세재정연구원 공공기관연구센터는 기획재정부의 판단에 따라 본연의 역할을 하지 못하는 경우가 많이 생기고 있어 이에 대한 전면적인 혁신이 필요한 실정이다.

경영평가제도가 사회적 가치 중심의 혁신을 이루기 위해서는 중장기적으로 공공기관 운영에 관한 법률의 개편이 필요할 것이다. 이러한 법 개정의 주요 방향은 민간 공동 위원장 제도와 같은 민관 협력의 거버넌스 체계를 이루어나가는 것이 되어야 할 것으로 판단된다.

서구 사회를 휩쓸던 신자유주의 사상과 신공공 관리 기법은 우리의 공공기관 평가제도에 강한 영향을 미치게 된다. 특히 지나치게 효율성을 추구하는 평가제도에 대해 '평가를 위한 평가'가 되는 모순이 생겼다는 평가가 있다.

세월호 사건은 그동안 추구하였다던 효율성은 고사하고, 기관과 제도가 국민의 안전을 보장할 수조차 없을 정도로 기존의 공공성마저도 담보하지 못하게 되었다는 경종을 울렸다. "세월호 참사는 사람의 생명과 안전보다 이윤을 앞세웠던 우리 사회의 민낯을 직시하게 한다. 이제는 이윤과 효율이 아니라 사람의 가치, 공동체의 가치를 지향하도록 국가 시스템을 바꾸어야 할 때이다."(김경수 의원이 대표 발의한 '공공기관의 사회적 가치 실현에 관한 기본법안' 서문에서.) 문재인 정부는 과도한 신자유주의 적용이 불러온 지나친 효율성 추구에 대해 반성하고, 사람의 가치와 공동체 중심의 일상적 삶의 변화를 추구하고자 하는 것이다. 공공기관의 경영평가제도는 이러한 방향에서 혁신되어야 한다고 생각한다.

| 참고문헌 |

곽채기·김완희, 「2019년도 공공기관 경영평가 지표 체계에 대한 메타 평가와 개선 과제」, 공기업학회보, 2019.

권은정·안원현·김치용, 「공유가치 창출(CSV)을 통한 기업의 문화예술 지원과 수용자들의 반응에 대한 연구」, 멀티미디어학회 논문지, 16(3), 2013, 388~398쪽.

김경례·윤영선, 「사회적 경제에서 공동체 운동의 가능성과 한계」, 지역사회연구, 23(2), 2015, 1~25쪽.

김성기, 「사회적 경제와 공공성의 확대를 위한 사회적 가치의 제도화」, 2013.

김진숙·조상미·강철희·정승화, 「전략적 사회 공헌 활동을 통한 공기업의 지역 상생 발전 전략」, Korea Business Review, 18(2), 2014, 17~44쪽.

김형욱, 「ISO 26000(사회적 책임 국제표준)에 대한 효율적 대응 방안」, 한국품질경영학회 추계학술발표논문집, 2010(0), 2010, 3~9쪽.

나주몽·김경례·이선·윤영선·오창민, 「공동체적 가치에 기반한 대안 경제 사회 이론 및 정책 개발」, 경제·인문사회연구회, 2013.

노광표·이명규, 「노동운동의 미래 의제: 기업의 사회적 책임」, 한국노동사회연구소, 2007.

라영재, 「공공기관의 지속가능 경영 수준과 모델 개발」, 한국조세연구원, 2012.

라영재, 「공공기관의 사회적 책임에 관한 정부의 역할 연구」, 한국부패학회보, 22(1), 2017, 119~142쪽.

민재형·하승인·김범석, 「기업의 지속가능 경영 활동이 기업의 장·단기적 가치에 미치는 영향」, 경영학연구, 44(3), 2015, 713~735쪽.

박석희·이선영, 「공공기관의 윤리 경영 실태 및 경영 성과에 대한 영향 분석」, 한국사회와 행정연구, 26(4), 2016, 1~26쪽.

신중섭, 「철학적 관점에서 본 사회 통합과 자유주의」, 한국경제연구원, 2013.

신철호·김재은, 「지속가능 경영의 현황과 과제」, 경총 임금 연구, 2008.

안윤기, 「지속가능 경쟁력과 사회적 책임」, 창조와 혁신, 1(1), 2008, 123~162쪽.

오단이, 「사회적 경제 조직의 리더십에 관한 탐색적 사례 연구」, 한국사회복지행정학, 15(4), 2013, 285~311쪽.

윤상희, 「기업의 사회적 책임 활동 유형 분석: IT 기업을 중심으로」, 한국산업경영학회 발표 논문집, 2013, 1~22쪽.

이장원, 「기업의 사회적 책임(CSR)과 노사 관계」, 노동리뷰, 2006, 28~40쪽.

한국행정학회, 「사회적 가치 실현을 위한 평가방안 연구」, 2017.

한장희·고영희, 「한국 수력 원자력의 지역공동체 경영을 통한 원전 지역 수용성 제고 전략」, Korea Business Review, 16(2), 2012, 1~28쪽.

제7장

집권 후반기 국정과제: 협치 대통령의 제도화

정상호 정책기획위원회 국민주권분과위원, 서원대 사회교육과 교수

문제의식: 소통하는 광화문대통령에서 '협치 대통령'으로의 지평 확대

3월 1일을 기준으로 문재인 정부가 들어선 지 벌써 임기의 절반하고도 넉 달이 지났다. 돌이켜보면 적지 않은 개혁 과제를 수행해왔다. 최저임금 인상과 주 52시간 근무제 정착, 공공 부문에서의 선도적인 비정규직의 정규직화, 비례성을 강화한 선거법 개정과 고위공직자범죄수사처(공수처) 신설, 경제사회노동위원회(경사노위)를 통한 탄력근로제 합의 등과 같은 진전이 그러하다. 그렇지만 여전히 과제는 산적해 있다. 회생 기미를 보이던 경제는 신종 코로나바이러스 감염증(코로나19)으로 치명상을 입었고, 민심은 '조국 사태' 이후 촛불 세력과 태극기 부대로 양분되었으며, 북미 관계나 한일 관계는 여전히 미로 속을 헤매고 있다. 참여연대와 〈서울신문〉이 문재인 정부 출범 2주년(2019년 4월 29일)을 맞아 시행한 전문가 조사를 보면, 문재인 정부가 약속했던 100대 국정과제의 이행은 절반을 약간 넘어선 것으로 평가되었다([그림 1-4] 참조).

[그림 1-4] 문재인 정부의 주요 국정과제 이행률

(단위: %)

	이행 완료	이행 중	축소·변질	진행 없음	항목 수
경제·민생	12.8	53.9	17.9	15.4	39
조세	33.3	33.3	33.3	0	6
교육	0	39.1	39.1	21.8	23
복지	5.9	64.7	17.6	11.8	17
정치 개혁	0	52.4	47.6	0	21
외교·안보	0	54.8	9.5	35.7	42
노동	5.3	21.1	52.5	21.1	19
환경	0	66.7	33.3	0	6
합계	5.2	49.1	27.2	18.5	173

[그림 1-5] 협치의 개념 확대

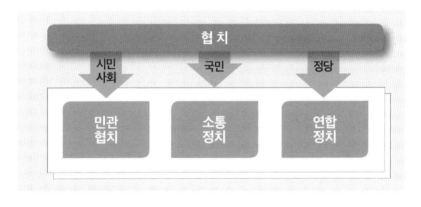

우리 모두가 알다시피 문재인 대통령의 핵심 공약 중 하나가 '365 일 국민과 소통하는 광화문 대통령'이었다. 이를 실현하기 위해 정부 는 출범하자마자 '광화문대통령시대위원회'를 구성하여 이전 계획을 수립하고자 했다. 그러나 면밀한 검토 끝에 2019년 1월 4일 "대통령 집무실 광화문 이전을 일단 보류하고 광장 재구조화 후 검토"할 것을

발표했다. 일각에서는 무리한 공약 남발 끝에 내린 졸속 결정이라는 비난도 있었지만 더 이상 우물쭈물하지 않고 적시에 내린 솔직한 결정이라 생각한다. 이러저러한 상황을 고려하면 현시점에서 문재인 정부의 과제는 새로운 국가 의제와 대형 이슈를 생산하는 것이 아니라 산적한 현안을 해결하고, 100대 국정과제를 중심으로 속도감 있게 성과를 내는 것이다. 이를 위해 반드시 필요한 것은 소통에서 협치로의 인식 확대다. 왜냐하면 무산된 개헌이나 선거법 협상, 그리고 검찰 개혁 과정을 돌이켜봤을 때 임기 후반 국면에서 야당의 협력과 합의를 얻지 못하면 국정과제를 추진하는 길은 험난할 것이고, 정치·사회적 양극화는 심각해질 것이 분명하기 때문이다. 따라서 [그림 1-5]에서 볼 수 있듯이 국민과의 소통을 지속하되, 시민사회와의 민관 협치(국정과제 6: 시민사회 성장 기반 마련)를 강화하고, 여러 정당과의 연합 정치를 활성화해야 한다.

협치에 대한 이해와 오해

우리나라의 협치는 세 가지 지적 연원을 갖고 있다. 하나는 사회과학, 특히 행정학 영역에서 유래한 거버넌스(governance)의 번역어다. 1990년대에 접어들며 서구에서는 더 이상 전통적인 관료적 통치나 행정만으로는 복잡한 사회문제를 해결할 수 없다는 인식이 확산되기 시작했다. 좀 더 구체적으로 살펴보면, 1) 정부 이외 기관과 행위자의 광범위한 포함, 2) 불분명해지는 정부와 민간 사이의 경계와 책임 소재, 3) 집합적 행동 문제와 관련된 상호의존관계, 4) 자율적인 자치 네트워크, 5) 정부의 공권력이나 명령에 의존하지 않는 문제 해결 능력 등을 특징으로 하는 새로운 형태의 지배구조가 필요해졌고, 등장하기 시작했다. 거버넌스의 해석이 무엇이든 간에 그것의 본질은 "주어진 영역 내에서 공동체가 직면한 공통의 문제를 해결하기 위한 구성원들의 자발적 참여와 협력에 기초한 문제 해결 기제"로 이해된다.[3] 이러한 인식에서는 전통적 관을 넘어선 민, 특히 시민사회와의 협력과 소통이 협치의 핵심 요소로 강조된다.

또 다른 협치의 뿌리는 연합 정치의 맥락이다. 연합 정치는 제도적 맥락에서는 연립 정치(coalition politics)로 불리기도 하지만 단순한 선거 연합을 뛰어넘어 선거와 집권을 통해 연립정부 구성을 전후한 모든 정치적 연대와 공동 행동으로 정의할 수 있다. 즉 후보 단일화를 비롯한 각종 선거 연합에서 연립정부의 내각 배분에 이르기까지 규약과 협조에 의한 집단 간 공동의 정치 행위를 의미한다.

한국 정치사를 살펴보면 중대 선거 국면에서 선거 연합을 필두로 한 여러 연합 정치 현상이 나타났다. 1956년 선거에서 진보당과 민주당의 후보 단일화 논의, 1971년 보수 양당과 재야의 연대, 1987년 '양김' 단일화 시도, 1997년 'DJP' 연합, 2002년 노무현과 정몽준의 후보 단일화, 2010년 5대 지방선거와 이후 선거에서 야당들 사이의 선거 연합 등이 있었다. 이 연합의 층위와 성격은 다양했고 일부는 성공적이었으며 일부는 실패했다.

세 번째는 초당파적 정당 협치, 즉 선거에서의 승리나 정부 구성과

---

3 이명석, 〈거버넌스의 개념화: '사회적 조정'으로서의 거버넌스〉, 한국행정학보 제36권 4호, 한국행정학회, 2002, 243쪽.

무관하게 경제위기 해결이나 중요 입법 통과를 둘러싸고 정부와 정당, 의회와 정당 사이에서 일어나는 긴밀한 협력을 뜻한다. 특히 의회 중심의 정당 협치는 분점 정부나 소수파 내각에서 제기될 가능성이 높다. 분점 정부의 대통령이나 단체장이 정치적 난관을 해결하는 방법은 두 가지가 있다. 먼저 내부 역량을 강화하여 다수당의 정책에 대응하는 정책을 개발하고 이에 대한 당내 지지를 끌어내 협상력을 키우는 것이다. 다음은 초기부터 양당 지도자들로부터 협력을 이끌어낼 수 있는 초당파적 협력체를 구성하여 양쪽으로부터 다수의 지지를 이끌어내도록 하는 것이다. 일례로 2009년 당시 미국 버락 오바마 대통령은 자신의 첫 번째 행정부를 구성하면서 세 명의 공화당 소속 인물을 포함시켰다. 오바마는 이러한 행정부 구성이 초당파성의 정신(bipartisan spirit)을 반영한다고 언급하며 과거와 구별되는 새로운 대통령의 모습을 보여주겠다고 말했다. 이와 같이 '당파성의 정치'에 지친 미국인들에게 초당파적 정치는 현재 미국 정치가 시급하게 회복하여야 할 가치로 인식되고 있다. 이를 바탕으로 정리하자면, 협치는 '공동체가 직면한 문제를 해결하기 위한 정부-시민사회-정치사회의 협력적 문제 해결 방식'으로 정의할 수 있다.

국정 운영에서 협치를 잘할 수 있는 방법을 제시하기 전에 해결해야 할 일이 있다. 그것은 협치와 관련하여 일반인들은 물론이고 전문가 사이에서도 꽤 넓게 퍼져 있는 편견을 바로잡는 것이다. 하나는 권한이 집중되어 있고 임기가 보장된 대통령제 하에서 협치는 가능성이 없고 그리 바람직하지도 않다는 인식이다. 하지만 최근 연구들에 따르면 대통령제에서도 연립정부, 즉 여합 정치 양상은 드문 것이 아니다. 한 연구는 1946년부터 1999년까지 54년 동안 218개의 대통령제 정부를 관측했는데 이 가운데 97개 사례에서 분점정부가 나타났다. 즉 대통령의 소속당과 의회 다수당이 다른 현상이 나타난 것이다. 그중 52개인 약 53.6%에서 연립정부를 구성했다. 또 다른 연구에 따르면 1978년부터 2002년 사이 라틴아메리카 내 18개 대통령제 국가의 80개 정부 중 51개가 소수파 대통령이었는데 그중 27개(52.9%)에서 연립정부가 형성되었다. 학계는 63개 대통령제 국가를 대상으로 1996년에서 2009년까지 좀 더 최근의 연도별 사례 687개를 분석했다. 이 가운데 442개년의 소수파 대통령 기간 중 250개년(56.6%)에 연립정부가 형성되었으며, 심지어 245개년의 다수파 대통령 기간 중에서도 60개년(24.5%)에 연립정부가 나타났다. 요약하자면 상식과는 달리 대통령제에서 연립정부의 구성, 즉 연합 정치의 출현은 희소한 사례가 결코 아니었다.[4]

흥미로운 점은 연립정부가 단독 정권보다 입법 성공률이 높았으며 행정부와 의회 사이의 갈등, 대통령의 조기 사임 비율이 감소했다는 것이다. 나아가 민주주의 생존성과 행정부의 안정성에도 효과적이었다. 특히 우리가 주목해야 할 것은 유럽에서 경제위기 이후 입법, 그중에서도 재정 및 사회 정책을 둘러싸고 정당과 의회의 공조 현상이 두드러졌다는 점이다. 2008년 말부터 시작된 경제위기로 유럽 대부분의 국가에서는 재정 건전성을 확보하고 경제위기에 대한 대응책과 해법을 제시하는 정당이나 정책을 통해 공조하는 연정 형태로 집권하는 경향이 뚜렷하게 나타났다. 그리고 이후 시기의 총선과 정치권력의 교

---

4 조성대·홍재우, 〈연합 정치의 비교정치적 맥락과 한국적 적용〉, 역사비평, 역사비평사, 2012, 26쪽.

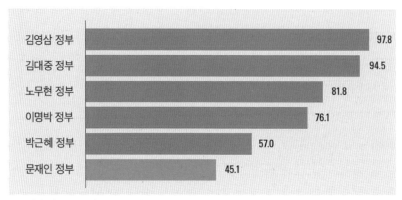

[그림 1-6] 역대 정부의 입법 통과율

(단위: %)

김영삼 정부	97.8
김대중 정부	94.5
노무현 정부	81.8
이명박 정부	76.1
박근혜 정부	57.0
문재인 정부	45.1

※문재인 정부는 취임 후 누적 기준
자료: 국회
출처: 〈한국경제〉, 2019. 11. 24.

체에서는 경제위기에 대한 대응 능력 여부나 국가 부도 위기를 벗어날 수 있으면서 개인의 이해관계에 최선이 되는 정당을 선택하는 일이 잦아졌다. 또한 국가적 위기에서 의회를 무대로 많은 정당이 함께 참여하는 '공동통치의 정치'라는 연합 정치가 다시 시작되었다. 따라서 최근의 정치적 변화는 정당 중심에서 의회 중심이라는 용어를 적용해도 될 정도로 그 어느 때보다 의회의 중요성이 더욱 증대되었다.[5]

하지만 우리의 현실은 정반대다. 국회 의안정보시스템에 따르면 20대 국회의 법안 처리율(발의 주체별)은 29.5%(2만 3,127건 중 6,823건 처리)다. 이는 역대 최저 법안 처리율(42.82%)을 기록했던 19대 국회 때보다 훨씬 낮은 수준이다(〈이데일리〉, 2019. 11. 19). 이러한 상황은 문재인 정

---

5 김종법·심지연, 〈글로벌 경제위기 이후 유럽 국가들의 의회와 정당의 대응과 변화〉, 정치·정보연구 17권 1호, 한국정치정보학회, 2014, 151쪽.

부에 이르러서도 크게 개선되지 않고 있다. 오히려 극한 대립을 불러온 '여소 야대'의 국회 상황에서 정책 추진력이 떨어지는 데다 대통령과 집권 여당의 협치 및 설득 능력의 한계로 문재인 정부의 법안 통과율은 역대 최저치를 기록했다.

요약하자면 첫째, 대통령제는 연합 정치가 필요한 여러 제도적 문제점을 안고 있다. 둘째, 기존의 이해와는 달리 대통령제에서 선거 연합을 통한 연립정부의 구성은 드물지 않으며 오히려 상당한 사례가 있다. 셋째, 대통령제와 연합 정치는 그 정치적 성과물에서도 우월한 결과를 낳을 수 있다. 다시 말해 연합 정치가 대통령제 때문에 어렵기보다는 오히려 연합 정치와 대통령제는 어울리는 짝일 수 있다는 것이다. 그러나 어떤 경우든 연합 정치가 쉽게 이루어지는 것은 아니다. 대통령제와 연합 정치, 연립정부가 조화를 이룰 수 있는 한층 더 구체적인 조건에 대한 이해가 필요하다.

협치를 통한 국정 운영
: 경제 대(大)연정, 평화 중(重)연대, 분권 소(小)연합

사실 협치를 위한 최선의 지름길은 권력 구조를 개편함으로써 제왕적 대통령제로 요약되는 작금의 '1987년 승자 독식 민주주의 체제'를 권력 분점 민주주의, 협의 민주주의, 혹은 합의제 민주주의 체제로 전환하는 것이다. 여기에 덧붙여 협상과 설득의 주체라 할 수 있는 정당의 '구조화'가 선행되어야 한다. 진정한 협치 발전의 전제는 그 주체가되는 정당이 각기 분명한 대표성을 가져야 하며, 따라서 자신들이 대표하는 그 이익의 관철에 필요한 정책 목표 역시 분명해야 한다는 것이다. 이는 결국 '정당의 구조화'가 협치의 기본 조건이라는 얘기다. 정당의 구조화란 유럽에 집중되어 있는 정치 선진국의 정당 체계가 보여주는 바와 같이, 다양한 사회·경제 세력을 제각기 대표하는 여러 유력정당이 분명한 정체성과 상당한 영속성을 유지하면서 이념이나 가치혹은 정책 기조를 중심으로 일정한 구조를 이루고 있는 현상을 말한다.[6] 그러나 이러한 구상은 개헌이나 정치 선진화와 같은 장기 비전이기 때문에 아래에서 설명할 구체적인 대안의 실천이 필요하다.

첫째, 총선 이후 대통령은 2018년 11월 이후로 개점휴업 상태인 '여야정국정상설협의체'를 정례적으로 개최하여 협치를 담보할 제도적 틀을 안정화시켜야 한다. 또한 형태도 과거처럼 여야 5당 대표로 국한하지 말고 대통령과 제1 야당 대표와의 단독 회담, 중요 입법 사안을 관철하기 위한 원내 대표 초청 회담, 외교와 경제 이슈 등 초당파적 의제 중심의 확대 회담 등으로 유연하게 대응하는 것이 바람직하다.

둘째, 당-정-청 차원의 거시적이고 다각적인 협치 전략이 필요하다. 그것은 구체적으로 경제 대(大)연정, 평화 중(重)연대, 분권 소(小)연합을 뜻한다. 먼저, 경제 안정과 성장을 위한 초당적인 경제 대(大)연정 전략이다. 오는 4·15 총선 이후 여야 모두는 지도부 교체가 자연스럽게 이루어질 전망이다. 지금 국민들의 최대 관심사는 '코로나19 바이러스 여파로 휘청거리는 한국 경제를 어떻게 회생시킬 것인가'다. 대구와 청도를 비롯한 특별재난지역 선포, 추가경정예산 편성, 관광·

---

6 최태욱, 〈협치의 조건〉, 내일을 여는 역사 제64호, 내일을여는역사재단·민족문제연구소, 2016, 112쪽.

항공·운수업을 비롯한 서비스업에 대한 지원, 영세 상인과 중소기업에 대한 대책 마련 등은 야당의 협조 없이는 신속하고 실효성 있는 지원이 어렵다. 새롭게 등장한 여야 지도부 모두를 대상으로 경제 살리기를 놓고 대통령의 초정파적 설득 정치가 긴요한 시점이다.

다음으로는 평화 중(重)연대 전략이다. 두 차례에 걸친 북미 정상회담과 평양에서의 남북 정상회담 이후 남북 관계는 교착상태에 빠져 헤어 나오지 못하고 있다. 총선 이후 정부는 북한 개별 관광과 금강산 관광 및 개성공단의 재개를 통해 과감하게 활로를 개척해야 한다. 이 과정에서 새롭게 등장할 여야 지도부 모두를 대상으로 한반도의 비핵화·평화협정 체제로의 전환에 대한 초당적 지지를 확보하는 것이 필요하다. 국가안전보장회의(상임위원회) 위원 일부에 정부의 남북 화해 협력 정책과 평화협정 체제의 추진에 우호적인 합리적 보수 인사를 임명함으로써 초당적 지원 여건을 마련하는 것도 검토해볼 만하다.

마지막으로는 분권 소(小)연합이다. 수도권 인구가 50%를 넘어섰다는 충격적인 보도(《한겨레》, 2020. 1. 7)가 나오면서 균형 발전을 기대했던 사람들과 시민단체에서는 실망감과 더불어 균형 발전 2.0이나 2기 혁신 도시를 외치는 주장이 힘을 얻고 있다. 그러나 임기 후반에 접어든 이 시점에서 지방분권의 속도를 위해 새롭게 대형 국책 사업이나 웅장한 비전을 발표하는 것은 실효성이 없고 진정성도 의심받기 십상이다. 가장 절실하고 효과가 큰 것은 75번 국정과제인 '지방재정 자립을 위한 강력한 재정 분권'을 차질 없이 실현하는 것이다. 문재인 정부는 출범 당시 국세 대 지방세 비율을 7:3을 거쳐 장기적으로 6:4 수준까지 개선할 것임을 약속했다. 실제로 제1단계 재정 분권을 통해 2019년 말 현재 75:25 수준까지 도달했다. 문제는 '12조 원+a'의 국세를 지방세로 이양하여 7:3의 목표를 달성하겠다는 '2차 재정분권 계획'이 기획재정부와 행정안전부, 자치분권위원회 등 부처 간의 이해 다툼과 컨트롤타워의 부재 속에 아무런 진전이 없다는 점이다. 여야를 떠나 지방자치단체들은 이 문제에 대해 상당한 관심을 갖고 있다. 현 시점에서는 청와대가 직접 '2차 재정분권 계획'의 수립과 실현에 책임을 다함으로써 균형 발전 의지를 과시하는 것이 필요하다. 아울러 지방분권과 돌봄 서비스를 매개로 야당 소속 광역 단체장들에게 국무회의 배석 권한을 허용함으로써 협치의 여건을 조성하는 방안도 검토할 수 있겠다.

셋째, 야당의 인식 전환이다. 협치와 관련하여 JTBC의 교양 프로그램인 〈썰전(舌戰)〉은 몇 가지 함의를 주고 있다. 보도에 의하면 '독한 혀들의 전쟁'이라는 부제를 달고 있는 〈썰전〉이 지상파방송 프로그램을 넘은 최고 시청률(9.3%)에 힘입어 '국민 논객'으로 등극했다(《한국스

[그림 1-7]

출처: 자치분권위원회 홈페이지

포츠경제〉, 2016. 11. 4). 주지하다시피 〈썰전〉은 보수 논객인 전원책 변호사와 진보적 성향의 유시민 작가가 벌이는 솔직하고 화끈한 공방과 논리 덕분에 재미를 넘어 대표적인 차세대 시사·교양 프로그램으로 부상했다. 흥미로운 것은 좌우 진영을 대변하는 두 논객이 때때로 사건 해석을 둘러싸고 감정적 대립으로 충돌하지만, 그 누구도 상대방을 '수구꼴통'이나 '종북좌빨'로 비난하지 않았다는 것이다. 비판을 넘어선 지나친 모독과 폄하, 독설을 넘은 인신공격, 근거 없는 이념 공세가 무성한 정글에서는 협치의 토양이 자랄 수 없다. 책임 있는 공직자(고영주 전 방송문화진흥회 이사장)가 현직 대통령을 공산주의자로 지칭하거나 대선 출마까지 했던 야당 정치인이 자신의 재판이 유죄가 되면 "노무현 대통령처럼 자살하는 것을 검토하겠다"는 망언을 하는 등 막말이 넘쳐나는 정치문화에서는 협치를 기대할 수 없다. 결국 의회 중심의 정당 협치는 막말과 욕설, 이념 칠하기의 투쟁적 의정 문화를 극복하는 것에서 시작되어야 한다. 이와 관련하여 모호하고 막연한 국회법의 징계 심사 관련 법규를 보다 구체적인 수준으로 강화할 필요가 있으며,[7] 국회의원윤리실천규범의 품위 유지 조항(제2조. 국회의원은 직무를 수행함에 있어서 국회의원의 품위를 손상하는 행위를 하여서는 아니 된다)을 구체적으로 규정해야 한다. 아울러 여야를 막론하고 제 식구 감싸기로 일관하고 있는 국회윤리특별위원회의 구성에 적어도 3분의 1 이상은 외부 인사 참여를 보장해야 한다.

 넷째, 협치가 우리 정치문화로 정착하기 위해서는 민주시민교육의

---

7 현행 국회법 155조 7항은 "제146조를 위반하여 본회의 또는 위원회에서 다른 사람을 모욕하거나 다른 사람의 사생활에 대한 발언을 한 때"로 제한되어 있다.

활성화가 요구된다. 대부분의 연구자는 협치의 모범으로 독일을 꼽는다. 1949년 「서독 기본법」 제정을 시작으로 정착한 민주적인 정치제도, 민주화를 위한 정치 엘리트들의 의지와 노력, 매스컴의 확산 등 경제발전의 성과는 독일 민주주의 발전의 밑거름이 되었다. 특히 민주시민교육 강화와 활발한 시민운동은 비판적이고 참여적인 정치 문화 형성에 중요한 역할을 했다. 그 결과 독일 국민들 사이에서 활발한 정치 참여, 타인에 대한 신뢰와 소수 의견에 대한 관용 등 자유로운 자기 결정을 중시하는 정치의식이 싹텄고, 이는 대화와 타협을 통해 절충에 도달하는 정치를 가능하게 했다.

이와 관련하여 지금까지 논의되어왔던 민주시민교육의 설계를 전면적으로 재검토할 필요가 있다. 사실, 중앙정부 차원에서는 지난 20년 동안 민주시민교육에 대한 다양한 논의와 실험을 해왔다. 특히 중앙선거관리위원회(선거연수원), 한국학중앙연구원, 국회(국회연수원), 민주화운동기념사업회 등에서 민주시민교육 담당 기구가 되고자 적극적으로 이론을 개발하고 입법 로비를 펼쳤지만 다 무산되었다. 보수 야당의 완강한 반대 탓도 있지만 그보다 중요한 원인은 민주시민교육의 핵심 내용과 교육 방법에 대한 사회적 합의가 미약했기 때문이다.

최근 여러 지방자치단체가 민주시민교육 지원센터를 평생교육진흥원 산하에 설치하고 있다. 충북, 부산 등의 지자체가 평생교육원 안에 민주시민교육센터를 두고 있지만 실제로는 유기적이거나 체계적인 활동은 전혀 이루어지지 못하고 있다. 여기에서 알 수 있듯이 한국에서 민주시민교육은 초등생부터 성인까지의 민주시민 정치교육에 초점을 두는 것이 아니라 실용, 인문, 교양 등의 성인 학습 또는 평생교육 프로그램의 일환으로 이루어지고 있다. 즉 두 제도의 지향점과 원리는 분명히 상이하지만, 조직과 예산의 제약 때문에 뭉뚱그려 진행되고 있는 것이다. 협치 문화를 위해서는 독일과 스웨덴처럼 적극적이고 참여적인 시민의 양성에 목표를 두고, 정당 주도의 민주시민교육 모델로 나아가야 한다.

끝으로 정부와 국회는 지방 차원의 협치 실험을 독려하고 그 경험을 연구해야 한다. 지방 차원에서의 협치는 제주도의 민관 협치와 경기도의 정당 협치가 대표적 사례라 할 수 있다. 자치와 분권이 한국 정치의 핵심적 과제 가운데 하나라는 사실에 이의를 달 사람은 없을 것이다. 대통령과 국회의장이 정부-여당과 당적이 다른 경기 연정과 제주 협치의 실험을 귀중한 사례로 인정하고 평가·연구한다면, 그 자체로 협치 문화를 진작시키는 데 기여할 것이다.

제8장

촛불민주주의 이후 '더 좋은 한국 민주주의'를 생각한다 : 직접민주주의와 숙의의 제도화

서유경 정책기획위원회 국민주권분과위원, 경희사이버대학교 후마니타스학과 교수

그 추운 겨울 광장에 온기를 가득 불어넣었던 함성, 바로 그 대한민국헌법 제1조 ―대한민국은 민주공화국이다. 대한민국의 주권은 국민에게 있고, 모든 권력은 국민으로부터 나온다.― 가 그때 우리를 단단히 함께 묶어준 혁명의 시대정신(Zeitgeist)이었다. 그 촛불혁명에 의해 탄생한 문재인 정부가 '국민주권 시대의 개막'을 선포하고 새 민주공화국의 정체성을 '국민이 주인인 나라'로 규정한 것은 지극히 당연한 수순이었고, 2017년 5월 18일 문재인 대통령의 국립5·18민주묘지 연설은 새 민주공화국의 경악하리만치 새롭고 아프게 아름다운 액막이 진혼곡(鎭魂曲)이었다. 그리고 모든 것이 순풍에 돛을 단 듯 매끄럽고 순조로웠다.

2018년 4월 27일 남북 정상의 판문점 군사분계선 상호 월경과 도보다리 회담, 5월 26일 통일각 2차 남북 정상회담, 6월 싱가포르 북미 정상회담, 9월 18일부터 20일까지 장장 54시간에 걸친 문재인 대통령의 평양 방문과 '평양공동선언'으로 쉴 새 없이 이어진 한반도발 외교 드라마는 가히 세계사의 한 장을 장식할 대(大) 역사적 사건이었다. 그러나 호사다마라고 했던가. 새 공화국 헌법 개정의 무산, 조국발 검

찰개혁에 대한 야당의 극심한 저항과 이른바 조국사태로의 전화(轉化), 한반도 비핵화 협상의 최종 결렬과 남북 교류 단절, 광화문 태극기집회와 서초동 촛불집회의 세 싸움, 추미애 장관과 윤석열 검찰총장의 극단적 대립, 부동산 정책 실패와 2020년 벽두에 찾아온 코로나19의 기습 등 현실정치의 냉혹함이 가차 없이 마각을 속속 드러냈기 때문이다.

마치 모든 것이 촛불혁명 이전으로 되돌아간 듯 새 민주공화국의 새로움이 사라지고 이상이 증발했다. 그나마 다행스러운 점은 현 정부가 코로나19와의 싸움에 합리적으로 잘 대응함으로써 인적·물적 피해를 최소화할 수 있었다는 객관적 사실 정도라고나 할까. 그래서 현재 집권 4년 차 말기인 문재인 정부의 '모든 것이 대통령의 레임덕을 가리키는데도 여전한 40% 가까운 콘크리트 지지율'을 도무지 이해할 수 없다고들 한다. 무엇 때문일까. 한국행정연구원이 실시한 '2020년 사회통합 실태조사' 결과에 따르면 응답자 대다수가 자신이 대한민국 국민이라는 것을 자랑스럽게 생각하고 있었다. 한국 민주주의 수준에 대한 만족도 역시 매년 조금씩 상승하고 있다. 이 사실이 바로 문재인 정부의 콘크리트 지지율에 대한 설명이 될 수 있을 듯하다. 자신의 국민적 자부심을 높여주는 정부, 자국 민주주의 수준을 만족스럽게 관리해주는 정부에 대한 지지는 너무나 당연한 합리적 선택일 것이기 때문이다.

촛불혁명, 한국인, 그리고 한국 민주주의

한국행정연구원의 「2016~2017년 촛불민주주의 이후 국민인식조사 결과」는 우리 국민이 느끼는 정치적 효능감의 수준이 매우 높다는 사실을 보여주었다. 응답자들은 촛불혁명이 박근혜 대통령 탄핵(96.5%), 현 정부의 국정운영 방식(88.8%), 국민의 시민의식 향상(87.9%), 2017년 대통령선거 후보자 선택(87.6%), 우리 사회 전반의 개혁 분위기 조성(87.5%), 정치인들의 국민 의견 중시(77.3%) 등에 지대한 영향을 준 것으로 인식했다. 이러한 높은 수준의 효능감은 높은 수준의 정치 참여 유발 요인으로 작용할 수 있다. 또 촛불혁명 참여 동기를 묻는 질문에 "나는 국민의 한 사람으로서 참여하는 것을 당연한 의무로 생각한다"라고 답한 응답자도 무려 88.7%나 되었다. 이 경우는 정치적 효능감보다는 자신이 속한 정치공동체의 주권자로서 국가의 정치과정에 자발적으로 참여하려는 시민공화주의적 책임의식이 동기로 작용한 것으로 이해할 수 있다.

2016년 6월 27일에서 11월 23일까지 실시된 국제사회조사프로그램(ISSP)의 조사에서도 한국인의 정치적 효능감과 정치참여 의지 수준이 매우 높게 나타나고 있다. 하지만 '정치에 대한 관심'과 '정치 이슈에 대한 이해도'는 최하위 수준이다. 바꿔 말해서 한국인은 정치에 관심은 별로 없는데 정치참여를 열망하고 정치에 대한 이해도는 떨어지는데 정치적 효능감은 매우 높은 수준이라는 것이다. 흥미롭게도 영국인의 경우는 이와 정반대로 정치적 효능감은 평균 이하지만 정치 이슈에 대한 이해도 수준은 평균보다 훨씬 높게 나타난다. ISSP는 이러한 결과에 대해 영국 국민이 정부, 정치인, 공무원들을 신뢰하기 때문에 정치참여의 필요성을 상대적으로 덜 느낀다고 설명한다. 어쩌면 이 설명은 영국인이 대의민주주의 제도를 선호하고 한국인은 그렇지 않다는 사실을 시사하는 것일지도 모른다.

아무튼 우리 국민은 현재 한국 민주주의의 수준에 대해 상당히 만족하고 있다. 한국행정연구원이 2020년에 실시한 한국 민주주의 수준에 대한 만족도는 2019년 대비 0.4점이 상승한 5.7점을 기록했고, 5년 후 민주주의의 수준에 대한 만족도의 가정치는 이보다 더 높은 6.1점이었다. 이 조사에서 민주주의에 대한 만족도가 매년 조금씩 증가한 사실은 우리 국민이 문재인 정부 하에서 한국 민주주의 수준이 향상되었다고 평가하고 있음을 암시한다. 또한 향후 5년 뒤를 가정한 수치가 조금 더 높게 나타난 것은 우리 국민이 문재인 정부 이후의 한국 민주주의에 대해서도 낙관적으로 보고 있음을 의미한다. 그러나 10점 만점에 5~6점대로 나타난다는 것은 결국 매우 만족하는 상태는 아니라는 얘기다. 그래서 지금 더 좋은 한국 민주주의를 위한 진지한 고민이 시작되어야만 한다.

더 좋은 한국 민주주의를 위한 고민

현대 숙의민주주의 이론가 피쉬킨(James Fishkin)은 『숙의민주주의』라는 책에서 정치적 평등(political equality), 숙의(deliberation), 대중참여(mass participation)를 '민주개혁의 3중 딜레마'로 지목한다. 우선 대의민주주의 하에서 정치적 평등은 보통선거권이 보장하는 것으로 간주되지만 그것은 단지 정치적 평등을 위한 최소 조건일 뿐이며, 숙의 과정의 문제는 반드시 모든 의견의 반영이냐 아니면 더 가치 있는 의견의 반영이냐는 고민 상황으로 귀결될 수밖에 없다. 또한 대중의 정치참여는 민주주의의 기본전제인 민주적 정당성 문제와 직결되기 때문에 항상 어떻게 다수 시민의 참여를 이끌어낼 것인가라는 딜레마를 수반한다.

고대 아테네의 이상적 직접민주주의의 경우는 우선 무작위추출법을 활용해서 시민들의 정치적 평등을 보장했으며 거기에 더 좋은 민주주의를 위해 숙의 방식을 결합했다. 현대 보통 시민권 시대에도 이러한 아테네식 직접민주주의 운영방식은 가능하지만 오직 '소우주(microcosmos)'—특정 정치 이슈에 대한 숙의가 이루어지기에 적합한 크기와 인적 대표성이 확보된 숙의 단위— 내에서만 실현될 수 있을 것이다. 그럼에도 어떤 형태가 됐든 숙의민주주의는 현대 대의민주주의 정치환경에서 아테네 직접민주주의의 이상을 구현하려는 의미 있는 시도임이 분명하다. 왜냐하면 대표성을 가지면서도 숙의적인 방식으로 일반시민들을 정치과정에 포함시키는 일이 더 좋은 민주주의를 성취하는 최선책이기 때문이다.

여기서 관건은 대의민주주의하에서 숙의적 정치참여를 어떻게 보장하고 활성화할 수 있는가이다. 이와 관련해서는 다음 두 가지 운영방식이 고려될 수 있을 것이다. 첫째는 기존의 정치참여 제도에 숙의과정을 가미하는 형태로, 예컨대 선거 일주일 전에 '숙의의 날' 행사를 개최하는 식으로 투표라는 비숙의적 일회성 정치참여 양태와 숙의를 결합하는 방식이다. 이것의 목적은 시민들이 정당의 진영논리나 집단 간의 이해관계에 매몰되지 않고 좀 더 객관적으로 신중한 선택을 하고 보다 장기적 안목에서 선택 대상이나 관련 이슈에 지속적이고 의식적인 방식으로 관여하게 하려는 것이다. 선거에 앞선 '숙의의 날' 행사가 중요한 이유는 그것이 일반 시민들을 거수기 취급하는 것이 아니라 숙의의 장으로 초대하여 그들의 목소리를 정치과정에 직접 반영함으로써 실질적인 정치적 평등을 구현하려는 시도이기 때문이다.

두 번째 유형은 2017년 신고리 원전 5·6호기 공론화위원회의 숙의조사와 같은 원포인트 정책 숙의과정을 조직하는 방식이다. 이런 단발성 숙의조사의 경우는 국민참여재판의 경우와 마찬가지로 숙의 결과가 사법 또는 정책 당국에 대한 권고사항으로 넘겨진다. 그럼에도 여론의 일시적 쏠림 현상이 즉각적인 사회적 압력으로 작용함으로써 대체로 소기의 정치적 효과를 창출하게 된다. 2017년 공론화위원회의 숙의조사는 문재인 정부의 탈원전 정책기조와 정면 배치되는 쪽으로 결론이 났다. 결과적으로 정부는 탈원전 공약을 지키지 못하는 것에 대한 정치적 부담을 덜 수 있었고 극단적인 갈등 양상으로 치달았던 국민 여론도 중심을 잡게 되었다.

[그림1-8] 신고리 5·6호기 공론화위원회 위촉장 수여식
(이낙연 전 국무총리, 김지형 신고리 공론화위원회 위원장, 2017년 7월 24일)

출처: 문화체육관광부

그러나 최근 월성 원자력발전소 1호기 경제성 평가 결과를 두고 정부의 탈원전 정책이 다시금 민관 갈등의 고리가 된 사태에서 알 수 있듯이 일회성 공론화위원회 참여방식은 첨예한 갈등 해결의 미봉책일 뿐 완전하고 영구적인 해결책이 되기는 어렵다. 이에 우리는 숙의민주주의가 제대로 작동하려면 기존의 정치참여 제도와 적절한 숙의 과정의 결합방식을 통해 숙의의 제도화를 추구하는 것이 가장 합리적이라는 결론에 도달하게 된다. 요컨대 숙의적 참여 권한이 정기적으로 실행될 경우에만 직접참여와 간접참여 사이의 간극이 메워질 수 있고 시민들과 대표자들 사이에 정치적으로 유의미한 대화 채널이 효과적인 방식으로 가동될 수 있게 된다는 것이다. 근래 전 세계적으로 국민발안제, 국민소환제, 국민투표와 같은 직접민주주의 기제들의 민주적 유용성이 새롭게 주목받는 이유가 바로 여기에 있다.

스위스의 국민발안제
: 직접민주주의와 숙의민주주의의 결합

국민발안제(popular initiatives)는 특정 국가공동체 내 구성원의 삶과 관련된 법과 규칙의 내용을 국민이 직접 제안하는 제도로서 주권자의 의사를 헌법개정안이나 법률안에 담아 정치공동체의 규범에 직접 반영한다는 점에서 민주적 정치참여의 가장 적극적인 실현방식으로 볼 수 있다. 특히나 이것은 절차상 숙의과정과 국민투표(referendum)를 반드시 통과해야 하므로 부득불 숙의민주주의와 직접민주주의의 결합 형태가 될 수밖에 없다. 대의민주주의 체제에서 입법부는 대개 법안 발의권을 독점하거나 법안 입안 및 심사와 연계된 숙의과정을 입법부 내·외부의 소수 관련자와 이해당사자로 한정하는 경향이 있다. 그러나 국민발안에 의한 입법과정은 일반적으로 국민 전체를 상대로 광범위한 의견수렴을 위해 공개적인 숙의과정을 거쳐야 하므로 자연히 대중의 정치참여 기회를 제공하게 된다.

스위스는 이런 방식으로 헌법개정안에 대해 국민발안제를 실시하는 가장 대표적인 사례로 꼽힌다. 시민들에 의해 발안된 헌법개정안은 국민투표를 통해 확정되는데 전부개정안은 중간절차 없이 바로 국민투표에 회부되며, 일부개정안은 의회가 심의와 성안 절차를 거쳐 국민투표에 회부한다. 1891년 헌법개정안 국민발안제도가 도입된 이래 2016년까지 총 209건이 발안되었지만 단지 22건만 최종 채택되었을 정도로 통과가 쉽지 않다. 이 중 73건은 철회되었고 대개의 경우는 연방의회가 회부한 역제안(a counter-proposal)이 통과되었다. 국민발안이 채택된 대표적 사례로는 신규 원자력 발전소 건설 중지(1990), UN가입(2002), 이슬람 종교첨탑 설치 금지(2009), EU 국가로부터의 이민 제한(2014) 등이 꼽힌다.

연방헌법의 개정안 발안은 18개월 이내에 스위스 선거권자 10만 명의 서명을 모아서 함께 제출해야 하며 특히 일부개정안 발안은 개정의견 제안 형식과 특정 조항에 대한 개정안 제안 형식으로 구분된다. 제안된 헌법개정안은 국민투표에서 과반수 찬성과 칸톤 투표에서 칸톤 과반수 찬성, 즉 이중 다수득표 방식으로 승인된다. 연방의회는 연방헌법 일부개정안 국민발안에 대해서만 심의권을 가지며 형식요건과 내용에 결격사유가 발견되면 무효를 선언할 수 있다. 또한 개정의견 형식의 발안에 대해서는 개정안을 작성하여 국민투표에 회부할 수 있고, 개정안 형식의 발안은 바로 국민투표와 칸톤투표에 각각 회부되지만 이때 연방의회는 해당 발안의 채택 또는 거부를 권고할 수 있으며, 절충적인 성격의 역제안 제출도 가능한데 이 경우는 원안과 함께 국민투표에 부쳐진다.

여기서 스위스의 헌법개정안 국민발안제에 숙의과정이 어떻게 결합되고 있는지 검토해보자. 우선 선거권자 10만 명의 서명을 18개월 내에 모아서 제출해야 한다는 발안의 조건은 시민들이 긴 호흡으로 필요한 정보 수집, 공론장 조직, 소통과 설득을 통해 헌법개정안을 숙성시킬 수 있는 시간적 여유를 허용한다. 둘째, 매년 정기적으로 4회(또는 3회) 국민투표 기회가 주어지며 서명자 요건 충족이 어렵지 않아 반복 발안이 용이하다. 재(再)발안의 경우 숙의과정의 중요성이 더 커진다. 셋째, 국민투표와 칸톤투표라는 이중 다수득표 방식은 국민발안제의 남용 방지책인 동시에 칸톤투표를 겨냥한 주민 간 소통과 설득의 불가피성을 제도틀 속에 내장함으로써 국민발안제가 사회통합의 기능을 수행하도록 한다. 끝으로 연방의회에 헌법 일부개정안 국민발안에 대한 심의권과 역제안 제출권을 부여함으로써 시민과 입법부 사이에 건설적인 숙의와 상호 견제가 동시에 이루어지도록 한다.

온라인 플랫폼을 활용한 국민발안제의 세계적 확산

실제로 국민발안제가 대의민주주의 정치체제에 일으킬 수 있는 파급효과는 상기한 내용 그 이상이다. 그러나 가장 근본적이며 중요한 사실은 국민발안제가 대의민주주의가 보증하는 형식적인 정치적 평등과 숙의민주주의가 요구하는 실질적인 정치적 평등을 함께 묶는 매개체로서 기능한다는 점이다. 국민이 주권자라는 것은 기본적으로 민주공화국 안에서 국민이 자기 삶의 규칙을 자기 스스로 정할 수 있어야 한다는 의미이다. 시간, 비용, 물리적 제약이 심했던 과거와 달리 요즘과 같은 디지털 시대에는 국민이 온라인 플랫폼을 통해서 얼마든지 쉽게 입법과정에 참여할 수 있다. 과거에 전문성 부족과 정보의 취약성 때문에 참여를 주저했던 시민들도 이제는 인터넷 검색엔진 등의 도움으로 별로 힘들이지 않고도 입법과정 참여에 필요한 전문지식과 정보를 획득할 수 있다.

이런 획기적인 정치참여 환경 변화 덕분에 법률안에 대한 국민발안제를 도입하는 국가가 점점 늘어나고 있다. 독일의 경우는 2005년 연방의회가 전자청원제도를 도입하여 4주 간 5만 명 이상의 동의를 얻으면 청원위원회가 논의하도록 했다. 영국은 2006년 내각이 전자청원 사이트를 개설하였고 2015년부터는 하원과 공동으로 운영하며 발의안이 10만 명 이상의 서명을 받게 되면 하원 본회의에서 반드시 논의하도록 하고 있다. 핀란드는 2012년 12월 헌법개정을 통해 법률안에 대한 시민발안제도를 전격 도입했는데 이 경우는 6개월 내에 5만 명 이상의 서명을 받으면 의회에 법률안으로서 접수된다.

우리의 경우 국민발안제는 '문재인 정부 100대 국정과제'에 포함돼 있었고 국회 헌법개정특별위원회와 헌법개정특별위원회 자문위원회도 국민발안제 도입에 찬성 의견을 제시한 바 있다. 그러나 아쉽게도 헌법개정이 무산됨에 따라 헌법에 대한 국민발안제의 도입이 무산됐다. 이에 국회는 2019년 4월 국회법 개정을 통해 전자청원시스템 도입의 법적 근거를 마련하고 2020년 1월 10일 국민동의청원 사이트를 개통하여 비록 제한적인 형태기는 하지만 국민발안제 도입의 물꼬를 텄다.

현재 대한민국의 국회의원 선거권자는 누구나 입법청원이 가능하며 법률안 전자청원 후 30일 안에 10만 명의 동의를 얻으면 자동으로 국회 논의 대상이 된다. 따라서 법률안 발의는 더 이상 국회의원만의 배타적 권한이나 국회의 재량 사안 또는 시혜적 조치가 아니라 법률이 정한 국회의 의무가 되었다. 이 법률안 국민발안제는 전자청원 사이트 개통 이후 불과 4개월 만에 83건의 청원이 동의 대상으로서 공개되고 이 중 7건의 청원이 10만 명 전자서명 요건을 충족하여 국회 심사대상으로 접수되는 등 빠르게 정착되고 있다.

더 좋은 한국 민주주의
: 헌법개정안 발의권을 국민에게!

「대한민국헌법」 제128조는 '헌법개정은 국회재적의원 과반수 또는 대통령의 발의로 제안된다'라고 명시함으로써 헌법개정에 관한 발의권을 국회와 대통령으로 한정하고 있다. 따라서 국민이 직접 개헌안이나 헌법의 수정조항을 발의하거나 제안하는 것은 허용되지 않는다. 현재 우리의 헌법개정 절차는 헌법개정안의 제안, 공고, 국회의결, 국민투표, 공포의 순서로 진행된다. 그러나 국회의원 재적과반수 발의의 경우 발의안 심사과정에 대한 별도 절차가 정해져 있지 않으므로 별다른 국회 심사과정을 거치지 않아도 바로 헌법개정안의 제안이 성립될 수 있다. 따라서 의원 발의안의 경우에 국민 의견 수렴과정은 생략된

[그림 1-9] 정책기획위원회 산하 국민헌법자문특별위원회는
2018년 3월 13일 개헌 자문안을 대통령에게 보고한 후 기자회견을 개최하였다.

[그림 1-9] 정책기획위원회 산하 국민헌법자문특별위원회는
2018년 3월 13일 개헌 자문안을 대통령에게 보고한 후 기자회견을 개최하였다.

다고 봐도 무방하다. 한마디로 대한민국의 국민은 헌법개정의 거의 모든 과정에서 철저히 배제되고 있다는 것이다.

『2018 대한민국헌법 개정 추진 백서』는 이 점을 잘 보여준다. 박근혜 정권의 무능과 실정이 백일하에 드러난 2016년 말부터 정치권과 시민사회 내에서 1987년 헌법 체계가 지난 30년 동안 변화된 국민의 기대치와 시대적 상황에 적절히 부응하지 못한다는 인식적 공감대가 형성되기 시작했다. 이에 2017년 1월 국회가 헌법개정특별위원회를 출범시켰지만, 2월 21일 야당 원내대표들이 야 3당 단일안을 마련하여 별도의 개헌추진 절차를 밟기로 합의함으로써 헌법개정특별위원회의 개헌추진 활동에 제동이 걸리게 되었다. 같은 기간 시민사회 내에서도 일부 시민단체들과 관련 학회들 사이에 개헌논의가 활발히 전개되었고 개정안도 여러 가지가 입안되었지만 이들에게는 발의권이 없었다.

두 번째 헌법개정 주체인 문재인 대통령은 2012년 18대 후보 시절은 물론 19대 후보 때도 '개헌 3대 원칙과 국민주권시대를 향한 5대 개헌 내용'을 발표하는 등 매우 적극적으로 개헌 의지를 표명하였다. 당선 이후는 개헌을 '문재인 정부 100대 국정과제'에 포함하여 2018년 6월 지방선거 시 개헌 국민투표 시행을 목표로 정했다. 특히 국회의 개헌안 마련이 불투명해진 시점인 2018년 1월 신년 기자회견을 통해 개헌추진 목표를 재확인하고, 이어 2월 5일 대통령직속 정책기획위원회가 6월 지방선거 시 투표에 부칠 대통령 개헌안 초안을 마련하도록 지시했다. 이에 학계, 시민사회, 법조계 인사 총 33인이 참여하는 국민헌법자문특별위원회가 개헌안을 마련하고 대통령이 이를 발의했지만 결국 국회의결 단계를 넘지 못해 좌절되었다.

우리는 상기한 헌법개정 무산과정을 통해 한 가지 분명한 사실을 깨닫게 된다. 대한민국헌법은 헌법개정의 주체를 대통령과 국회로 이원화하고 있지만, 사실상 국회가 헌법개정권을 독점하고 있다는 점이다. 어디 그뿐인가. 우리 국회의 입법권 남용은 도가 지나칠 정도로 심각한 수준이다. 미국 의회는 4년 간 약 1천 건, 일본 의회는 회기 당 약 5백 건 정도 법률안을 발의하는 것으로 알려졌다. 그런 반면 우리의 20대 국회는 무려 24,073건의 법안을 발의했고, 그중 9,138건을 처리하고 나머지는 폐기했다. 이처럼 기껏 발의된 법안의 반도 처리하지 못하고 회기를 마치는 국회, 동일 사안에 대한 무더기 발의 관행, 종료 시한에 쫓긴 날치기 통과 방식 등은 견제받지 않는 국회의 입법 전횡이 초래한 폐단들이다.

2020년 국민동의청원제도 도입과 함께 국민이 직접 입법과정에 참여할 수 있게 되었다. 이참에 국민이 헌법개정안을 직접 발의할 수 있

[그림 1-10]

게 국민발안제를 도입하는 것은 어떨까. 이는 우리 헌법 제128조 제1항을 "헌법개정은 국회재적의원 과반수 또는 대통령 또는 국회의원 선거권자 50만 명의 발의로 제안된다"라고 바꾸면 간단히 해결될 일 같이 보인다. 문제는 이것이 겉보기와 달리 국회나 대통령이 원포인트 개헌안을 발의한 후 국회 의결 절차를 밟거나 국민투표에 부쳐 결정해야 할 국가의 중대사이므로 실현 가능성이 거의 없다는 것이다. 그럼에도 만약 이것이 현실화된다면 이는 우리 국민이 헌법개정의 세 번째 주체로서 국민주권의 실질적 의미를 구현하게 된다는 의미이다. 동시에 이것은 우리 국민이 국가의 최고 입법과정에 참여함으로써 촛불민주주의 이후 더 좋은 한국 민주주의의 청사진을 직접 그릴 수 있게 된다는 의미기도 하다. 결국 헌법 제128조 제1항의 개정이 시급한 선결과제로 남는다.

제9장

문재인 정부 집권 4년의 평가
: 민주주의와 인권의 진전 그리고 미완의 과제

정상호 정책기획위원회 국민주권분과부위원장, 서원대학교 사회교육과 교수

문제의식
: 객관적인 평가가 '성공한 정부'의 필수 조건

2021년 5월 10일 기준으로 문재인 정부가 들어선 지 벌써 4년이 지났다. 돌이켜보면 적지 않은 개혁 과제들을 수행하여 왔다. 최저임금 인상과 주 52시간 정착, 공공부문에서의 선도적인 비정규직의 정규직화, 비례성을 강화한 선거법 개정과 고위공직자범죄수사처(공수처) 신설, 지방자치법 전부 개정안의 통과 등이 그러하다. 그렇지만 여전히 과제는 산적해 있다. 경제는 코로나19의 타격으로 여전히 침체기를 걷고 있고, 수도권의 부동산 가격 폭등과 LH 사태의 여파로 국정 지지도는 내리막을 걷고 있다. 조국 사태 이후 정치적 양극화는 격화되고 있고, 북·미 관계나 한·일 관계는 여전히 안개 속이다. 이러저러한 상황을 고려한다면, 현재의 시점에서 문재인 정부의 과제는 새로운 국가 의제와 대형 이슈를 생산하는 것이 아니라 산적한 현안을 해결하고, 100대 국정과제를 중심으로 확실한 성과를 냄으로써 임기를 성공적으로 마무리하는 것이다. 이를 위한 필수조건이 객관적 평가와 구체

적인 대안의 제시이다. 〈표 1-6〉은 민주주의와 인권과 관련된 국정과제(국민이 주인인 정부)인데, 이를 중심으로 4년의 성과를 평가하고 남은 과제들을 제시하고자 한다.

〈표 1-6〉 문재인 정부의 100대 국정과제 중 민주주의와 인권 관련 과제

목표	전략	국정과제(주관부처)
국민이 주인인 정부 (15개)		■ 전략 1: 국민주권의 촛불민주주의 실현
	1	적폐의 철저하고 완전한 청산 (법무부)
	2	반부패 개혁으로 청렴한국 실현 (권익위·법무부)
	3	국민 눈높이에 맞는 과거사 문제 해결 (행안부)
	4	표현의 자유와 언론의 독립성 신장 (방통위)
		■ 전략 2: 소통으로 통합하는 광화문 대통령
	5	365일 국민과 소통하는 광화문 대통령(행안부)
	6	국민 인권을 우선하는 민주주의 회복과 강화 (법무부·행안부·인권위)
	7	국민주권적 개헌 및 국민참여 정치개혁 (국조실)
		■ 전략 3: 투명하고 유능한 정부
	8	열린 혁신 정부, 서비스하는 행정 (행안부)
	9	적재적소, 공정한 인사로 신뢰받는 공직사회 구현 (인사처)
	10	해외 체류 국민 보호 강화 및 재외동포 지원 확대 (외교부)
	11	국가를 위한 헌신을 잊지 않고 보답하는 나라 (보훈처)
	12	사회적 가치 실현을 선도하는 공공기관 (기재부)
		■ 전략 4: 권력기관의 민주적 개혁
	13	국민의, 국민을 위한 권력기관 개혁 (법무부·경찰청·감사원·국정원)
	14	민생치안 역량 강화 및 사회적 약자 보호 (경찰청)
	15	과세형평 제고 및 납세자 친화적 세무행정 구축 (기재부)

적폐청산에서 제도화로의 진전

　문재인 정부에 대한 평가는 3개의 단계로 구분하는 것이 편리하다. 집권 초반에 해당하는 1기(2017.5~2019.12)는 정부 출범부터 공수처법과 선거법 개정안이 여야의 격한 대립 속에 통과되었던 2019년 연말까지의 시기이다. 코로나19와 21대 총선으로 상징되는 집권 2기(2020.1~2021.4)는 서울시장과 부산시장의 보궐선거까지의 시기이다. 임기 말에 해당하는 집권 3기(2021.5~2022.5)는 현재부터 새로운 정부가 출범하는 내년 5월까지의 시기로 볼 수 있다.

　1기(2017.5~2019.12)는 사회 각 영역의 잘못된 관행과 제도를 개선하는데 주력하였던 '적폐청산'의 시기였다. 대표적으로는 최순실 등 국정농단 관련자에 대한 엄정한 기소가 이루어졌다. 최순실 등 45명을 기소하여 1심에서 전원 유죄가 선고되었는데, 특히 두 전직 대통령에 대한 법적 처리가 확정되었다. 대법원은 이명박 전 대통령에게 뇌물수수와 횡령 혐의로 징역 17년과 벌금 130억 원을 선고하였고(2020.10.29), 박근혜 전 대통령에게는 3년 9개월 만에 징역 20년, 벌금 180억 원을 선고하였다(2021.1.14). 이 밖에도 정부 출범 직후 국정 역사 교과서를 폐지하였고(2017.5), 문화계 블랙리스트 진상 규명과 수사가 이루어졌다(2018.12). 한편에서는 '5·18민주화운동 진상규명조사위원회'의 본격적인 조사 활동이 전개되었고, '제주 4·3사건 희생자·유족 명예 회복 활동 및 기념사업'이 추진되었다. 제주 4·3사건의 경우 현재까지(6차 누계, 2018~2020) 총 21,696명의 희생자·유족에 대한 심사·결정을 완료하였다.

　2기(2020.1~2021.4)는 코로나19에 대한 적극적 방역, 소위 K-방역과 검찰과 경찰 등 권력기관에 대한 개혁에 역점을 두었던 시기이다. 1기가 과거의 정책과 인물을 정리하는 '적폐청산'의 시기였다면 2기는 입법 마련에 역점을 둔 '제도화의 시기'라는 차이가 있다. 문재인 정부는 '국민의, 국민을 위한 권력기관 개혁'을 표방하면서 고위공직자범죄수사처 설립을 위해 국회법, 인사청문회법, 국회 규칙을 제·개정하였다(2020.8). 한편으로는 수사권 개혁을 위한 검·경 수사권 조정을 위하여 형사소송법·검찰청법을 개정하였고(2020.1), 경찰 업무를 국가경찰 사무-자치경찰 사무-국가수사본부로 규정한 경찰법을 개정하였다(2020.12). 같은 맥락에서 국정원의 국내정치 개입 차단을 명문화한 국정원법을 개정(2020.12)하였다. 이러한 일련의 입법을 통해 마침내 고위공직자범죄수사처가 출범하였고(2021.1), 자치경찰제가 도입되었으며, 국정원의 정치적 중립의 기반이 확보되었다.

21대 총선에서 여당의 압도적인 승리는 개혁에 대한 여망과 정부의 코로나19 대응에 대한 긍정 평가에 기인한 것이었다. 문재인 정부는 개방성, 투명성, 민주성 등 K-방역의 3대 원칙을 내걸고 '검사-추적-치료-신뢰'라는 4T(Test-Trace-Treatment-Trust)를 신속히 체계화하여 실행하였다. K-방역은 정부와 방역 당국의 체계적인 관리, 의료 종사자와 자원봉사자들의 헌신, 시민들의 자발적 협력 등이 어우러져 이루어 낸 성과라 할 수 있다. 이 과정에서 다수 의석을 차지한 정부와 여당은 소득·재산과 상관없이 모든 국민을 대상으로 한 1차 재난지원금(2020.5)부터 최근의 소상공인 및 고용 취약 계층을 위한 4차 재난지원금(2021.4)까지 여야 합의로 적극 재정 정책을 주도하였다. 문재인 정부의 적극 재정 정책은 공공기관의 사회적 가치 실현을 위한 정규직 전환에서도 잘 드러났다. 공공기관의 정규직 전환 완료 인원은 2021

년 1월 현재 9만 5천 명으로 목표 인원 10만 4천 명 대비 91.4% 수준으로 차질 없이 이루어지고 있다.

문재인 정부는 1987년 민주화 이후 현재까지 권력형 부패와 친인척을 비롯한 측근 비리가 터지지 않은 유일한 정부이다. 거기에는 국민의 높아진 도덕적 기준과 더불어 대통령이 주도하였던 범정부 반부패 체계 구축이 한몫했다고 볼 수 있다. 대통령이 주재하는 '반부패정책협의회'가 주기적으로 열려 범정부 차원의 반부패 협력이 제도화되

〈표 1-7〉 우리나라 국가청렴도 변동 추이('08~'20년)

구분		'08년	'09년	'10년	'11년	'12년	'13년	'14년	'15년	'16년	'17년	'18년	'19년	'20년
점수		5.6	5.5	5.4	5.4	5.6	5.5	5.5	5.4	5.3	5.4	5.7	5.9	6.1
순위	전체	40/180	39/180	39/178	43/183	45/176	46/177	44/175	43/168	52/176	51/180	45/180	39/180	33/180
	OECD	22/30	22/30	25/33	27/34	27/34	27/34	27/34	28/34	29/35	29/35	30/36	27/36	23/37

2012년부터 100점 만점으로 변경.

[그림 1-11]

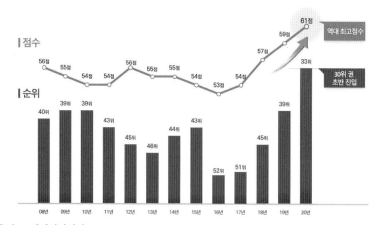

출처: 국민권익위원회.
12년 이전의 지표는 10점 만점이었으나 비교의 편의상 100점 만점 지표로 환산함.

었고, 최근에는 공직자의 직무수행 중 부당한 사익추구 행위를 근절하기 위한 '공직자의 이해충돌방지법'이 국회를 통과하였다(2021.4.29). 이를 반영하듯 국제투명성기구(TI)가 2021년 1월에 발표한 부패인식지수(CPI)는 역대 최고 성적인 61점으로 33위를 차지하였다. 또한 언론의 독립성·자율성 강화로 세계언론자유지수 순위도 꾸준히 상승하여, 총 180개국 중 42위로 2년 연속 아시아 1위를 달성하였다.

아쉬운 3가지 장면
: 부동산, 개헌 그리고 광화문 대통령

최근 국정 지지도 하락에는 수도권의 집값 폭등으로 상징되는 부동산 정책의 실패가 작용하고 있음은 정파적 입장을 떠나 논쟁의 여지가 크지 않다. 문재인 정부 출범 이후 정부는 약 10여 차례의 부동산 정책을 발표하였다고 하고, 야당과 언론에서는 무려 그 횟수가 25차례에 이르며, 50일마다 1건에 이른다고 비판하고 있다(한국경제. 2020.10.1). 그렇지만 중요한 것은 발표 횟수가 아니라 잘못 꿴 단추의 시작이 어디인가를 확인하는 데 있다. 필자가 꼽은 가장 아쉬운 장면 중 하나는 임기 초에 야심 차게 출발한 '대통령직속 재정개혁특별위원회'의 권고안이 기획재정부의 반발로 무산되었다는 데 있다. 전국동시지방선거의 압승 이후에 대통령직속 재정개혁특별위원회는 종합부동산세, 금융소득종합과세, 주택임대세를 동시에 강화하는 권고안을 발표하였다. 하지만 기획재정부가 반대 의사를 보인 가운데 청와대와 여당이 기재부의 입장을 지지하고 나섬(동아일보. 2018.7.6)으로써 부동산 정책의 초기 선제 대응에 실패하였다. 참여연대의 논평(http://www.peoplepower21.org/Tax/1572216)에 따르면, '진통제' 수준의 단기적 처방에 불과한 개편안조차도 채택되지 않음으로써 결국 정부의 부동산 대책에 대한 시장의 신뢰를 상실하게 되었다. 나아가 사정이 이렇게 된 데에는 관련 전문가들은 물론 일반 국민 사이에서 암암리에 돌았던 공직자와 이해관계자 사이의 투기 의혹을 참여연대와 민주사회를 위한 변호사 모임(민변)의 LH 사태 폭로까지 방임하였던 정부와 여당의 책임이 크다. 3기 신도시 발표(2019.5.7)를 전후로 하여 공직자의 직무수행 중 부당한 사익추구 행위 근절을 위한 '공직자의 이해충돌방지법안(채이배 의원 등 13인)'과 국민권익위원회의 입법안이 이미 예고(2019.7.19)되었지만, 안일한 인식 속에서 모두 무산시킨 점은 두고두고 아쉬운 장면이다.

두 번째로 아쉬운 장면은 개헌안의 처리 과정이다. 물론 문재인 대통령이 발의한 개헌안(2018.3.20)은 지방선거 때 동시투표로 개헌을 하겠다고 한 대선 공약의 이행이자 '국민헌법자문특별위원회' 주도로 전국 각계각층의 목소리를 수렴한 결과라는 점도 인정된다. 또한 새롭게 제안하였던 다음 조항들을 볼 때 권력의 집중에 의한 '다수제 민주주의'에서 시민참여와 지방분권의 '합의제 민주주의'를 지향하였다고 평가할 수도 있다.

그렇지만 형식과 절차에 있어 그 진정성을 의심할 만한 여지를 남겨 놓았다는 비판도 겸허히 수용해야 한다. 가령 선거법 개정안 통과도 여야의 극심한 물리적 충돌 속에서 거의 1년을 허비했는데, 국가의 근본인 헌법을 개정할 중대한 민의 수렴 기구인 '국민헌법자문특별위원회'의 출범(2018.2.13)과 최종안 제출(2018.3.13)이 불과 한 달 만에 졸속으로 진행되었다는 점이 그러하다. 또한 30년 만의 9차 헌법 개헌안 발표가 대통령이 아닌 조국 민정수석에 의해 이루어졌고, 개헌안 발의 관련 정부의 설명 역시 국민을 대상으로 한 대통령의 성명서나 공식 회견이 아니라 아랍에미리트(UAE)의 아부다비 현지 프레스센터에서 김의겸 청와대 대변인에 의해 대신 낭독(2018.3.26)되었다는 점도 유감이다.

〈표 1-8〉 문재인 대통령의 발의 개헌안 중 정치와 관련된 주요 조문

제1조	③ 대한민국은 지방분권국가를 지향한다.
제44조	③ 국회의원의 선거구와 비례대표제, 그 밖에 선거에 관한 사항은 법률로 정하되, 국회의 의석은 투표자의 의사에 비례하여 배분해야 한다.
제45조	② 국민은 국회의원을 소환할 수 있다. 소환의 요건과 절차 등 구체적인 사항은 법률로 정한다.
제56조	국민은 법률안을 발의할 수 있다. 발의의 요건과 절차 등 구체적인 사항은 법률로 정한다.
제97조	① 정부와 지방정부 간 협력을 추진하고 지방자치와 지역 간 균형 발전에 관련되는 중요 정책을 심의하기 위하여 국가자치분권회의를 둔다.

세 번째로 아쉬운 점은 '365일 국민과 소통하는 광화문 대통령'의 불발이다. 원래 '광화문 대통령'의 취지는 광화문으로 대통령 집무실을 이전하여 일반 국민과 소통을 강화하겠다는 것이었다. 정부는 약속했던 '대통령을 포함한 장관과 차관의 일정 공개'를 정보공개포털(open.go.kr)을 통해 62개 기관장의 일정을 통합 공개하였고, 대통령의 여름 별장인 경남 거제의 저도는 47년 만에 개방돼 많은 시민의 사랑을 받고 있다(국제신문, 2019.9.22). 얼마 전에는 김신조 사건 52년 만에 북악산 철문을 열어 청와대 인근을 개방하겠다는 대선 당시의 약속을

지켰다. 여기서 아쉬운 점은 광화문으로의 공간 이전 공약의 보류나 무산이 아니다. 정부는 광화문 일대를 개조하는 서울시의 광화문광장 재구조화 사업이 한창이고, 국회의 세종시 이전 논란 등을 고려하여, 솔직하게 장기 계획(실질적으로는 무산)으로 이관되었음을 공식 인정하였다. 진짜 문제는 광화문으로의 집무실 이전이 아니라 조국 사태 이후 국민에 대한 대통령의 설명 및 소통 능력이 현저하게 감소하였다는 점이다. 실제로 대통령과 청와대는 추미애 법무부 장관과 윤석열 검찰총장의 듣도 보도 못한 9개월 이상의 정부조직 내부의 갈등에 대해 제대로 된 해설 없이 논평자로 일관했다.

국정운영의 성공적 마무리를 위한 과제
: 촛불 정부의 초심으로 돌아가야 한다

지지 여부를 떠나 국민 모두 동의할 수 있는 문제인 정부의 집권 3기 (2021.5~2022.5)의 최대 과제는 코로나19의 완전한 극복이다. 당·정·청이 일심협력하여 오는 11월 집단면역을 달성해 '저녁과 가족이 있는 일상생활로의 복귀'가 지상 최대의 과제임은 두말할 나위가 없다. 이를 위해서는 이중 전략(two-track)이 필요한데, 하나는 K-방역을 매개로 한 전방위 백신-외교전략이다. 다행히 한미 정상회담(2021.5.21)과 초청국으로 참여하였던 G7 정상회담에서 한미를 비롯한 주요 선진국 간의 코로나19 협력의 강화와 분명한 성과를 도출함으로써 백신 공급과 관련된 국민의 의구심을 해소하는데 크게 기여하였다. 나아가 남북관계의 개선에도 K-방역을 매개로 한 백신-외교전략을 확대하는 것이 필요하다.

　다른 하나는 지방정부와의 협치 전략으로서 당적과 무관하게 중앙정부와 지방정부의 협력 체계를 유지하는 것이다. 이 과정에서 이번에 국회에서 통과된 지방자치법 전부 개정안의 '중앙-지방 협력회의'를 시범적으로 확대 운영하는 것이 바람직하다.

　집권 3기의 또 다른 과제는 지금까지 추진된 개혁 입법의 차질 없는 정착이다. 공수처, 수사권 조정, 자치경찰제·국가수사본부의 본격 운영을 앞두고 예상되는 부작용과 혼선을 최소화하려는 책임 있는 자세가 필요하다. 적지 않은 전문가들과 언론은 국가경찰-자치경찰-국가수사본부 사이의 직무 분장으로 인한 업무 혼선, 과도한 권한을 갖게 된 경찰의 정치 중립성 약화, 치안 공백 등을 우려하고 있다. 이를 위해서는 관련 장관의 책임과 유관 부처의 긴밀한 협력으로 하위법령

[그림 1-12] 김순은 대통령소속 자치분권위원회 위원장이 '자치분권2.0시대 어떻게 맞을 것인가'를 주제로 열린 경기·인천 대토론회에서 기조발제를 하고 있다(2021.05.13).

출처 : 자치분권위원회.

정비, 조직·인사체계 완비 등 치밀한 사전 대응이 필수적이다.

세 번째 과제는 임기 말 불과 2년 동안 무려 49조 원의 예산이 투입될 초대형 국책사업인 한국판 뉴딜에 대한 지속적 추진과 보완이다. 한국판 뉴딜이 일단락되는 2025년까지는 114조 원이 소요될 전망인데, 이는 단군 이래 최대 사업이라던 4대강 사업의 22조 원보다 무려 5배가 많은 액수이다. 적지 않은 국민은 4차 산업혁명이나 친환경 에너지를 내세운 바이든 정부의 출범 등 세계 정치·경제의 흐름을 고려할 때 한국판 뉴딜은 적실성이 있는 국가 정책이라고 긍정 평가하고 있다. 그렇지만 여전히 개선할 점이 산적해 있다. 무엇보다도 이렇게 중차대한 사업을 대통령이 주재하는 임시 회의체인 '한국판 뉴딜 전략회의'나 경제부총리가 총괄하는 '당정추진본부'가 담당하는 것은 무리이다. 이번 기회에 앞서 언급한 바 있는 '중앙-지방 협력회의'의 본격 가동을 실험해볼 필요가 있다. 이를 위해서는 무엇보다도 조속히 대통령령을 마련하여 '중앙-지방 협력회의'의 개최 및 운영에 필요한 사항을 명확히 할 필요가 있다. 특히 이 회의체가 대통령과 시도지사와의 형식적 간담회가 아니라 '지방자치단체의 재정 및 세제에 영향을 미치는 국가 정책에 관한 사항'이나 '지방자치 발전 및 지역 간 균형발전에 중대한 영향을 미치는 사항'에 대한 실질적 심의기구가 될 수 있도록 권한과 역할을 부여할 필요가 있다.

마지막 과제는 '촛불 정부의 초심'으로 돌아가는 것이다. 문재인 정부는 좁게는 전국적으로 석 달 동안 23회의 시위에 참여하였던 1천 7백만 촛불시민의 강력한 지지를 동력으로 출범하였다. 그러나 보다 정확하게, 그리고 넓게는 단순히 정치인 문재인과 민주당을 지원하였던 열성 지지층이 아니라 촛불시위를 응원하였던 압도적 다수 시민의 지지에 따라 등장하였다. 문재인 정부는 이러한 국민적 지지에 기대어 행정부-입법부-지방정부 모두를 석권하였지만, 앞서 언급한 세 가지 정책 난맥으로 인해 어려움을 겪고 있다. 그러나 다행스럽게도 아직 집권 3기를 기다리는 1년이라는 시간과 기회 그리고 역량이 있다. '성공한 정부'와 '성공한 대통령'이라는 위대한 여정을 향한 심기일전의 출발점은 인사나 정책에 앞서 진솔하고도 담대한 대통령의 언어를 주권자인 국민에게 들려주는 것이다. 다수 시민을 향한 소통의 복원이야말로 정권 재창출을 통해 민주 정부 4기를 만들어 낼 이 정부의 역사적 과제이다.

제10장

민주주의 진화를 위한 디지털 미디어 리터러시 역량강화

김선남 정책기획위원회 국민주권분과 위원, 원광대학교 행정언론학부 교수

디지털 미디어 리터러시는 사회 구성원들이 21세기 민주시민으로 거듭나기 위하여 갖추어야 할 필수 역량이다. 디지털 미디어가 수용자들에게 풍부한 정보와 지식을 제공하여 민주시민으로서의 알권리와 커뮤니케이션권을 부여하기 때문이다.

디지털 사회가 되면서 우리는 대량의 정보와 지식을 손쉽게 접하고 삶의 개선에 활용함으로써 전통사회에서는 경험하지 못했던 삶의 편리성과 다양성을 누리고 있다. 그러나 디지털 기기를 잘 활용하지 못하는 정보 취약층은 민주시민으로서의 권리인 그런 혜택을 누리지 못하고 있다. 특히 우리 사회의 4대 정보 취약층인 고령층, 장애인, 저소득층, 농어민은 디지털 활용 역량, 정보기기 보유, 디지털 접근 등에서 소외되어 있다.

최근 코로나19 팬데믹 상황이 전대미문의 비대면 사회를 구축함에 따라 디지털 혁명에서 소외된 정보 취약층은 상실감과 박탈감을 더 실감하고 있다. 특히 고령층의 경우 그 상황은 심각하다. 과학기술정보통신부·한국진흥정보사회진흥원(2020.12)에 따르면, 고령층은 디지털 정보화 수준 점수에서 69.6점을 기록하여 여타 계층에 비해 가장 취약

[그림 1-13] 계층별 디지털 정보화 수준

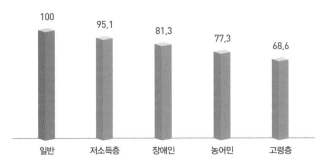

일반	저소득층	장애인	농어민	고령층
100	95.1	81.3	77.3	68.6

출처: 과학기술정보통신부·한국지능정보사회진흥원(2020.12). 2020 디지털 정보격차 실태조사.

했다([그림 1-13]참조).

　소외계층을 포함한 전 국민을 대상으로 디지털 미디어 활용능력을 갖추도록 사회적 분위기를 조성할 필요가 있다. 디지털 미디어를 소통의 주요 수단으로 정착시켜서 이를 토대로 국가발전과 민주주의 진화가 실현되도록 해야 할 것이다.

　미디어는 순기능 못지않은 역기능을 초래할 수도 있다. 이는 필터 버블(Filter Bubble)을 형성하여 인식의 확증편향, 가짜뉴스, 혐오표현 등을 생산함으로써 사회 구성원의 생존권과 참여권에 악영향을 미칠 수 있다. 이러한 이유 때문에 유튜브, AI 알고리즘, 빅데이터 등과 같은 디지털 기술에 대한 비판적 이해가 요구된다.

　따라서 우리는 디지털 미디어가 지배하는 미래사회를 대비하기 위하여 중장기적 한국형 미디어 리터러시 정책의 방향성, 비전 마련 등에 관하여 진지하게 고민을 해야 필요가 있다. 이에 국민주권분과(김선혁 분과위원장)는 이러한 고민의 일환으로 민주주의 진화를 위한 미디어 리터러시 역량강화와 관련된 이슈를 점검하고자 간담회를 마련했다. 간담회는 2021년 10월 15일부터 11월 29일까지 총 4회에 걸쳐 이루어졌다. 내용은 다음과 같다.

- 민주주의 진화를 위한 디지털 미디어 리터러시 교육의 방향 타진: 시민성 확장에 필요한 디지털 사회 구성원들이 갖추어야할 '시민 리터러시', '디지털 미디어 리터러시' 역량 등의 점검
- 민주주의 진화를 위한 디지털 미디어 리터러시 교육의 세계적 추세 파악: 선도적으로 공교육 및 시민 평생교육 차원에서 미디어 리터러시 교육을 수행해온 국가(프랑스, 미국, 영국 등)의 제도적 특성과 운영방식의 검토
- 민주주의 진화를 위한 '한국형 미디어 리터러시 교육정책'의 모색: 민주주의 진화에 필요한 디지털 미디어 리터러시 역량 강화를 위한 '한국형 디지털 미디어 리터러시 교육정책 방안의 검토

미디어 접근권과 민주주의의 실현

미디어는 끊임없이 진화한다. 미디어 접근권은 우리 모두가 누려야 할 기본권으로 민주주의 발전의 초석이 된다. 이는 보편적 서비스권, 퍼블릭 액세스권, 커뮤니케이션권으로 확대되어왔다. 보편적 서비스권이란 미디어로부터 균등한 서비스를 받을 권리를 의미한다. 우리 사회 구성원들은 누구나 미디어 접근으로부터 소외되어서는 결코 안 된다. 퍼블릭 액세스권이란 미디어를 통해 자신의 목소리를 낼 수 있는 권리를 말한다. 사회 구성원들은 누구나 미디어 제작에 참여하여 표현의 자유를 누릴 수 있다. 커뮤니케이션권은 미디어를 통해 서로 의견

을 공유하고 소통할 수 있는 권리를 의미한다. 사회 구성원들은 누구나 미디어를 활용하고 제작함으로써 공동체 일원으로서의 일정한 역할을 수행할 수 있어야 한다.

최근 디지털 기술이 미디어 환경을 크게 바꾸었다. 디지털 미디어 활용이 용이한 시민의 삶은 풍요롭지만, 그렇지 못한 계층의 삶은 빈곤할 수밖에 없다. 디지털 정보 활용에서 특히 세대별·지역별 격차가 민주주의 실현의 장애물로 작용하는 것이다. 그렇기 때문에 범사회적 차원에서의 디지털 리터러시 교육 활성화가 이루어져야만 한다.

디지털 환경이 요구하는 미디어 리터러시 교육의 핵심은 ① 미디어 접근 ② 미디어 이해와 비판적 평가 ③ 미디어 제작 및 활용의 역량개발이다. 이에 디지털 리터러시 교육은 시민성 함양에 최종 목표를 두고 있다. 시민들은 교육에서 학습한 디지털 지식을 활용하여 정보를 접근, 분석, 평가, 공유하고, 나아가 공동체 발전을 위한 활동에 적극 참여해야만 하기 때문에 그렇다.

미디어 리터러시 교육의 성장과 특성

국내에서 미디어 교육은 1970년대 등장했다. 1990년에 들어서 '미디어 이용자(시청자) 권리증진'이라는 국가정책으로 편재되면서 본격적으로 성장했다. 미디어 제작을 지원하는 '미디어센터'가 설립되고, 미디어 교육을 위한 인프라도 급속하게 확충됐다. 이때 설립된 미디어센터는 국민의 디지털 미디어 접근성을 향상시켜 디지털 격차를 해소하고 미디어 콘텐츠 제작능력을 배양해 참여 민주주의를 정착시키려는 국가정책의 일환으로 운영되고 있다.

디지털 미디어의 사회적 영향력이 커짐에 따라 더 많은 기관들이 가세하여 디지털 미디어 활용과 관련한 여러 사업들을 진행하고 있다. 한국언론진흥재단의 'NIE'&'뉴스 리터러시', 한국콘텐츠진흥원의 '게임 리터러시', 한국지능정보사회진흥원의 '디지털 리터러시'&'사이버 윤리' 등이 대표적인 사례다.

코로나19 팬데믹 현상은 학교 교육의 디지털화를 토대로 미디어 리터러시 코로나19 팬데믹 현상은 학교 교육의 디지털화를 토대로 미디어 리터러시 교육의 중요성을 부각시켰다. 이에 유엔아동권리위원회(2021)는 어린이·청소년이 디지털 격차로 인해 차별받지 않고 디지털 환경의 기회·위험에 대응할 수 있는 학교 교육과정개정을 강조한 바 있다.

학교 교육에서 미디어 리터러시 교육은 교육과정개정에 의존해 수행되어왔다. 2007년, 2009년 교육과정개편에서 범교과 학습영역에 속한 학습 주제 영역으로 다루어졌지만, 2015년 개정교육과정에서 제외되기도 했다. 2013년 창의적 체험활동, 2015년 자유학기제 등이 학교 내 미디어 리터러시 교육환경을 마련했다. 지식정보처리역량과 의사소통역량이 2015 개정교육과정의 총론에 반영되면서, 미디어 리터러시는 교육현장에서 중요 과제로 인식되었다. 그러나 여전히 교과 간 중복, 학교 간 편차 등의 한계점을 안고 있다. 2022년 교육과정개정안은 미래사회 대응에 절대 필요한 '디지털·AI 소양' 역량개발에 초점을 두었다.

시민사회 영역의 미디어 리터러시 교육은 방송통신위원회 시청자미디어센터와 문체부의 지역영상미디어센터가 주도하고 있다. 초기

언론감시를 위해 운영되었던 센터들은 이제 지역발전을 위한 참여 민주주의 실현에 방점을 찍고 있다. 일반시민은 물론 소수자, 장애인, 이주민 등 소외계층까지 아우르는 52개소 시민 미디어센터가 현재 운영 중이다.

디지털 시민성 함양을 위한 미디어 리터러시 교육의 과제

미디어 리터러시 교육은 포스트 코로나19 시대의 사회변화에 대응하기 위하여 적어도 두 가지 측면에서 큰 변화를 요구한다.

첫 번째 변화는 교육의 범위 확장과 관련한 것이다. 기존의 미디어 리터러시 교육은 언론감시 기능, 미디어기기의 활용법 습득 등에 주로 초점을 두었다. 그러나 코로나19 팬데믹 상황이 정착시킨 비대면 사회는 기존의 교육 범위를 넘어서서 디지털 시민성 함양이라는 포괄적인 형태의 미디어 교육을 요구한다.

두 번째 변화는 정책의 체계적인 추진과 관련한 것이다. 기존의 미디어 교육은 각 정부부처의 정책 사업으로 진행되었기 때문에 중복적이고 분산적으로 추진되었다. 그 결과 사업의 우선순위가 불일치하거나 일관성을 확보하지 못하는 경우가 빈번히 발생했다. 사업의 효율성과 효과성의 측면에서 볼 때 사업추진 주체를 명확하게 하는 것이 요구된다.

디지털 시민성 회복을 위한 '한국형 디지털 미디어 리터러시 역량 강화'를 위한 정책적 제안은 다음과 같다.

첫째, 4차 산업혁명, 포스트코로나 사회를 준비하고 대처하는 데 필요한 시민 역량을 개발하는데 초점을 둔 디지털 리터러시 교육 시스템을 구축해야만 한다. 빅데이터, 알고리즘 등 새로운 디지털 기술 환경에서 시민에게 요구되는 역량은 ① 미디어를 비판적으로 해석하고 ② 미디어로 자신의 생각을 표현하며 ③ 디지털 기술과 환경에서 다른 사람들과 소통하고 협업하며 ④ 타인을 배려하며 ⑤ 시민적 참여와 실천을 행하는 능력 등을 포괄한다. 교육 시스템은 이를 담아내는 교육목표를 기반으로 하여 구성되어야 할 것이다.

둘째, 국내 미디어 리터러시 정책을 체계적으로 운영·관리하는 '컨트롤타워'가 마련되어야 할 것이다. 그동안 정부부처 및 공공기관의 자체적인 정책적 이슈에 따라 미디어 리터러시 교육이 시행되었다. 그러다보니 각 실행기관별로 특정매체, 특정교육 목표에 집중함으로써 단편적이고 중복적인 사업이 속출하곤 했다. 따라서 국가적 차원에서 미디어 리터러시 교육과 관련된 정책과 사업을 디자인하고 집행해야 할 것이다.

셋째, 디지털 미디어 리터러시 교육의 성과를 도출하기 위해서는 관련 법제도 정비가 이루어져야 한다. 법적 토대가 부재한 상태에서 일관되고 장기적인 정책을 집행한다는 것은 사실상 불가능하다. 최근 9개 교육청이 미디어 리터러시 교육 관련 조례를 마련하였는데, 이들이 각각 서로 다른 미디어 리터러시 개념을 적용하고 있다는 점이 좋은 예가 될 것이다. 법적 근거가 불확실할 때 발생하는 이러한 혼란은 사회적 비용을 발생시킬 수밖에 없다. 따라서 국가 차원에서 디지털 미디어 리터러시 교육의 장단기 정책을 법적 토대 위에서 마련하는 것이 바람직하다.

| 제2부 |

일자리 경제와 혁신 성장

제11장

문재인 정부의 경제 정책을 보는 관점

김재훈 정책기획위원회 국민성장분과위원장, 대구대 경제학과 교수

우리나라의 복지 체계는 김대중 정부 때 비로소 틀을 갖추기 시작했고 노무현 정부 때 더 확장했으나 선진국 수준에 비하면 아직 훨씬 낮은 수준이었고 여기에 보수 정부 기간 동안 경제력 집중이 심화됨에 따라 낙수 효과는 기대할 수 없게 되었다. 이제 경제체제 면에서 낙수 효과가 아닌 분수 효과, 산업 정책이 아닌 사회 정책이 작동하는 새로운 사회·경제체제가 필요하게 되었고, 이에 문재인 정부는 그러한 방향 전환, 제도 개혁을 시작하였다. 그러나 그 개혁에 관해 우리 사회의 습관적이고 고질적인 방식인 좌파 정책이라는 이념적인 잣대를 휘둘러서 불필요한 논쟁과 편 가르기로 정책 수행을 방해하고 있다. 이에 현재 추진하고 있는 경제 정책을 어떤 관점에서, 즉 어떤 사상사적, 세계사적 관점에서 봐야할지에 대해 정리해본다.

소득 주도 성장

현 정부의 경제 정책 방향은 대기업과 중소기업이 상생 발전을 이루도록 하는 공정 경제가 기반이 되면서 그 위에서 소득 주도 성장과

혁신 성장이 양 날개를 이루는 것이다. 과거 성장 방식에 젖어 있는 사람들은 혁신 성장은 좋은데 소득 주도 성장은 안 된다고 하지만 그렇지 않은 것이다. 생산성 상승과 소득 상승이 함께 이루어져야 생산과 소비, 수요와 공급의 선순환이 이루어져 경제가 장기적으로 지속가능한 발전을 할 수 있게 된다. 이렇게 임금이 결정되는 것을 경제학에서는 생산성 임금론이라 한다.

그런데 우리나라는 1997년 IMF 외환위기를 겪은 후 줄곧 생산성 상승에 현저히 미치지 못하는 임금 상승이 이루어졌고, 그 과정에 축적된 경제 잉여를 기업 부문이 전반적으로 공유하지도 못했고 대기업과 그 하청 관계에 있는 중소기업 간의 불공정한 협상력으로 납품가 조정을 통해 원청 기업인 대기업들이 독점해왔다. 그 결과 특히 하위 20%의 소득 점유율은 국내총생산의 상승률에 현저히 밑도는 성장률을 보여왔고, 반면 30대 재벌의 사내유보금은 2017년 말 현재 833조 원에 이르게 될 정도로 빈부 격차가 심화되었다. 이 지점에서 우리는 과연 경제성장의 목적이 어디에 있는가를 생각하지 않을 수 없다. 젊은이들이 '헬조선'을 외치며 한국을 떠나고 싶어 하고, 결혼해서 가정을 유지하기 어렵게 되어 결혼을 기피하고 따라서 출산율이 갈수록 하락해서 합계 출산율이 1.0 주변을 맴돌고 있다. 아무리 경제가 성장을 한들 지속가능한 성장이 될 수 없고, 장차 대한민국은 인구 소멸로 지구상에서 사라질 운명에 처하게 되었다.

우리는 자유 시장경제를 원칙으로 하는 경제체제에 살고 있다. 그러나 그 자유 시장경제를 이룬 자유주의에 대해서는 한자 단어를 자의적으로 해석하고, 실제 '자유주의자'들의 사상에 대해서는 의외로 무지한 상태이다. 그런데 수요 공급 이론을 구성해서 신고전학파 경제이

[그림 2-1] 국내총생산과 하위20% 소득점유율 추이

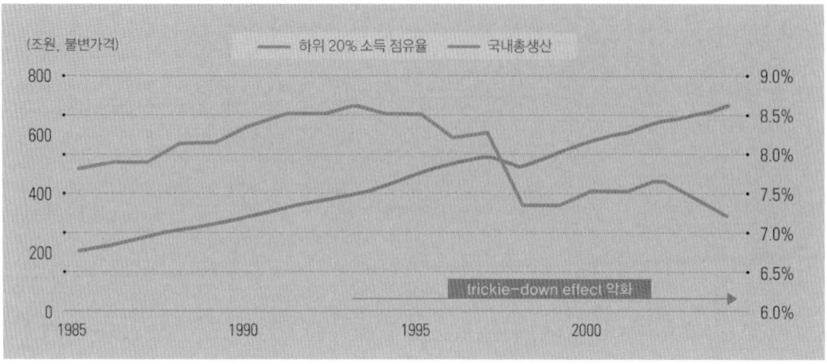

론의 창시자가 된 A. 마샬은 산업혁명 후 극심한 빈부 격차를 목격하면서 "영국이 산업혁명을 추구한 것은 영국 국민이 신사가 되게 하기 위해서였는데 반대로 저임금 장시간 노동에 시달리는 짐승이 되었다"고 개탄하면서 저임금 장시간 노동, 소년과 여성의 야간 노동은 폐지되어야 하며, 의료·교육·주거는 국가가 책임을 져야 한다고 역설한 바 있다. 또 J.S. 밀은 노동자와 여성의 선거권 부여를 역설하면서, 경제에서 생산에 관해서는 중력의 법칙과 같이 자연의 법칙에 따라야 하지만 분배에 관해서는 사회제도적으로 결정되어야 함을 주장하였다. A. 스미스조차도 〈국부론〉에서 사업자들은 조합을 결성해서 자신들의 이익을 위해 공동 노력을 기울이면서 노동자들이 노동조합을 결성하는 것은 부정적으로 바라본다고 그래선 안 된다고 일갈한 바 있다.

역사적 사례를 보자. 미국이 제2차대전 이후 안정적인 경제성장을 계속해서 이른바 전후 '황금시대(golden age)'를 누린 데는 포드주의의 정착이 큰 역할을 한 것으로 평가된다. 전후 세계에서 소련을 중심으로 하는 공산주의 진영이 동유럽, 중국, 북한 등으로 확대되고, 과거 식민지에서 독립한 아시아, 아프리카, 중남미에서 비동맹 중립 노선을

취함에 따라 자본주의 세계시장이 축소됨으로써 자본주의 진영은 붕괴될 수 있다는 '전반적 위기' 테제가 제기되었는데, 그러한 전망과는 전혀 반대로 황금시대라 부를 정도로 '고도 대중 소비사회'를 이룬 것은 포드자동차 회사에서 테일러주의에 컨베이어 시스템을 결합해서 생산성을 획기적으로 높이면서 동시에 임금을 타 기업의 2배로 인상시킨 데 따른 것이었다.

복지국가의 전형이라 평가받는 스웨덴에서도 노사가 합의하여 대기업과 중소기업, 산업별로 동일하게 적용되는 임금 수준에 합의하여 상승시켜가는 연대 임금 정책을 실시함으로써 생산성이 떨어지는 기업과 산업 부문들은 도태되도록 하는 상시적인 구조조정 기제가 작동하게 한 바 있다. 이와 유사하게 오늘날 세계에서 기업하기 좋은 국가 1위라 평가받는 싱가포르를 일군 리콴유 총리는 주기적으로 경제성장 수준에 맞게 기업들에 임금 인상을 요구하여 경제의 전반적인 생산성을 높이도록 압박하였고, 최근 일본에서도 아베 총리는 잃어버린 20년으로부터 벗어나면서 기업들에 임금 인상을 요구하곤 하였다.

소득 주도 성장에 관해 가장 오도되고 있는 것은 최저임금 인상만 추진하는 것처럼 강조되는 것이다. 소득 주도 성장은 국민이 당연히 받아야 하지만 부족하게 제공되고 있는 안전, 보육, 교육 등 공공서비스 부문의 확대를 포함하는 일자리 창출 사업, 소득 증대, 생활비 경감, 이전소득 보장을 통한 복지망 확충 등으로 구성된다. 시장에서 얻는 1차 소득 증대와 함께 복지망 확충을 통한 2차 소득 증대를 통해 국민의 삶을 안정화시키려는 것이다.

사회 정책 체계를 강화하는 것은 그 수혜 당사자에 대한 지원이란 의미뿐 아니라 대외 의존도가 높은 개방경제 국가가 대외 변수의 변동

성에 취약할 때 그 충격을 완충하는 '자동 안정장치(built-in stabilizer)'
로서의 기능까지 갖게 한다.

공정 경제와 혁신 성장

　과거 경제체제에 매몰된 사람들은 현 정부의 혁신 성장은 대기업을
배제하기 때문에 제대로 된 혁신 성장이 아니라고 한다. 하지만 '산업
정책'이란 방식으로 행해지는 국가의 대기업 지원은 불공정 경쟁이라
해서 WTO 체제 아래에서는 제재를 받게 됨을 모르고 이야기하고
있다.

　오늘날 지역 정책, 환경 정책, 연구개발 지원 정책, 중소기업 정책
등은 모두 과거 산업 정책의 부분으로 유럽과 미국이 행하는 범위에서
산업 정책의 의미를 갖는 것들이다. 또 대기업들은 연구개발 지원, 또
과거에 투자세액공제 제도, 요즘에는 고용 증진을 위한 세액공제 등
다양한 명목으로 세액 감면이 이루어져서 특히 대기업 영역에서 실효
세율과 명목세율의 차이가 클 정도로 혜택을 받고 있다. 현재 추진되
고 있는 혁신 성장은 기존 산업 고도화, 신산업 육성, 혁신 역량 강화,
창업 활성화의 4개 영역으로 구성되어 있는데, 특히 5대 주력 산업 고
도화는 대기업에 해당되는 것들이며, 신산업 육성에서의 8대 선도 프
로젝트 역시 대기업과 관련된 것들이다. 오히려 보수 정부 9년 동안 4
대강 사업에 26조 원, 해외 자원 개발에 70조 원을 쏟아붓고 미래 성
장동력 육성에 소홀하면서 건설 경기와 환율 저평가를 통한 수출 확
대, 국정 농단으로 일관한 그 참담한 결과에 대한 반성이 필요하다.

그들은 정부가 정책이라는 명목으로 대기업을 탄압하고 기업의 자유를 침해하고 있다고 주장한다. 그들은 공정 경제의 취지와 유래를 전혀 모르거나 외면하고 있다. 독점 규제와 공정거래를 위한 법 제도의 근원은 20세기 초반 미국에서의 자유주의 원칙으로부터 유래한 것이다. 19세기 급속한 산업혁명을 겪는 동안 록펠러, 카네기 등 우리나라에서도 어린 시절 위인전에서 보았던 기업가들이 산업별로 독점을 형성하여 경제 전반의 경제적 효율과 경제 정의가 땅에 떨어지는 것을 보고 시어도어 루스벨트 대통령이 독점금지법을 제정함으로써, 당시 미국 정유 능력의 95%를 장악한 록펠러의 스탠더드오일을 강제 분할한 데서 독점 규제의 역사가 시작된 것이다. 그 취지는 소수의 자유가 다수의 자유를 침해할 때 소수의 자유는 규제되어야 한다는 자유주의 원칙으로부터 출발한 것이었다.

문재인 정부에서 현재 진행하고 있는 대기업 정책도 정부가 자의적으로 대기업 억압을 위해 실시하는 것이 아니라 철저하게 미국에서의 이런 선행 사례의 테두리 내에서, 법령에 따라 이루어지는 것들이다. 실제 우리나라에서 「독점규제 및 공정거래에 관한 법률」이 제정된 것도 1970년대 중화학 공업화를 통해 형성된 재벌들이 대규모 복합기업의 면모를 갖추게 되자 경제력 집중에 대한 폭넓은 우려가 생겨나면서 전두환 대통령 집권기에 진행된 제4차 경제개발 5개년 계획에 따라 1980년 12월 31일 제정되고, 1981년 4월 1일부터 시행되고 있는 것이다.

미시경제 이론의 대가이며 노벨경제학상 수상자인 윌리엄 보몰은 로버트 E. 라이턴과 칼 J. 슈램과 공저한 〈좋은 자본주의 나쁜 자본주의〉에서 자본주의를 4개 유형으로 구분한다. 즉 공업화 초기의 국가

지도 자본주의로부터, 대기업과 정부의 공동지배 자본주의, 그리고 대기업형 자본주의와 기업가형 자본주의로 나누면서 혁신이 가능한 것은 기업가형 자본주의라 분석하였다. 문재인 정부에서 현재 진행하고 있는 공정 경제와 혁신 성장은 바로 이러한 혁신의 지속가능성이란 관점에서 그 취지에 좀 더 충실하고자 하는 정책일 따름이다.

지금 대한민국은 공시생(공무원 시험 준비생)이 70만 명에 이르러 대학수능시험 응시 인원 60만 명보다 10만 명이나 많은 실정이다. 국가직, 지방직, 민경채 등에 지원하는 이들이 이렇게 많은 것은 그만큼 안정적인 일자리가 공무원과 소수 대기업밖에 없기 때문이다. 중소기업도 안정적이며 인생을 함께할 만한 직장이라는 확신이 서지 않기 때문이다.

J.S. 밀은 〈자유론〉에서 한 나라의 우수한 능력이 정부기구에 집중되면 민간의 활력이 떨어지고, 반면 정부 부문은 나태에 빠진다고 경고한 바 있다. 누구나 예상할 수 있는 상황이다. 현재 우리나라의 상태가 딱 그 지경이다. 근본적인 전환이 필요한 시점이다.

혁신형 포용국가

공정 경제를 기반으로 하는 소득 주도 성장과 혁신 성장은 '혁신형 포용 성장'으로 포괄할 수 있다. 포용적 성장은 과거 경제학계에서 '친노동적인 성장(pro-poor growth)'에 관한 논의가 있다가 그것을 좀 더 강화하는 형태로, 특히 2008년 금융위기 이후 세계경제에서 불평등이 심화되자 세계은행(IBRD), IMF, OECD 등 주요 국제경제기구들이 모두 중요하게 제기한 것이다. 불평등 증가는 장기적으로 경제성장을 방해하므로 기회의 평등을 위한 사회 정책을 강조하였다. 이 포용 성장에 혁신 성장을 함께 강조하면서 추구하고자 하는 것이 혁신적 포용 성장이다. 국내에서는 2016년 성경륭, 김재훈 등 11인이 공저한 〈새로운 대한민국을 위한 구상 포용국가〉에서 이 혁신형 포용국가에 관해 충분히 검토하고 분석한 바 있다.

그렇다면 사회민주주의는 과연 좌파의 사상인가? 좌파를 무엇으로 규정하는가에 따라 논의는 전혀 달라질 수 있겠지만 현존하는 북유럽의 복지국가가 굳이 좌파 사상으로 잘못된 체제라 규정할 수는 없을 것이다. 근대 세계사에 가장 크게 영향을 미친 사건과 사상으로 프랑스대혁명의 자유·평등·연대의 3사상이라 할 때 영미형의 잔여적 복지국가는 자유가 강조되고 평등과 연대는 다소 소홀히 취급되고 반면 과거 소비에트형 사회주의가 자유의 중요성을 간과하고 평등과 연대를 지나치게 강조했다. 그에 반해 북유럽의 사회민주주의는 자유·평등·연대의 3정신을 가장 이상적으로 조화시킨 체제라 할 수 있다. 거기에서는 자본주의의 맹점인 사적 소유에 따른 빈부 격차에 대해 자산의 불평등은 거의 건드리지 않고 소유의 불평등을 누진세 구조와 복지 지출을 통한 소득재분배의 영역에서만 다룰 뿐이다.

미국을 이상적으로 보는 사람들은 잔여적 복지형의 영국과 미국의 길을 추구하자고 주장한다. 그러나 그 영국과 미국의 복지 체계도 우리나라보다 훨씬 높은 수준이며, 그 유형에 분류되는 캐나다, 오스트레일리아, 뉴질랜드 등은 더 말할 필요도 없다. 그런데 미국에서의 삶에 관해 핀란드 출신으로 미국인과 결혼해서 미국에서 살고 있는 여성 작가 아누 파르타넨은 〈우리는 미래에 조금 먼저 도착했습니다〉

에서 미국에서는 교육·보육·의료 면에서 전혀 사회적 지원이 제공되지 않아 취업자는 소속 기업에, 여성은 결혼한 남성에게, 대학을 다니는 자녀가 부모에게 독립적이지 못하고 철저히 의존적으로 종속될 수밖에 없음을 강조하고 있다. 프랑스 파리경제대 교수 토마 피케티와 영국 노팅엄대 명예교수 리처드 윌킨슨이 쓴 〈The Spirit Level: Why Equality is Better for Everyone〉에서도, 또 일본인 츠츠미 미카가 쓴 〈주식회사 빈곤대국 아메리카〉 연작에서도 미국 사회의 불평등이 극심해서 교도소에 범죄자가 늘어나는 지경에 있음을 분석하면서 경제의 지속가능성에 의문을 제기하고 있다.

미래에 먼저 도착한 나라들

당장 스웨덴 수준으로 가지는 못하더라도 스위스 수준은 가기를 원하는 것이 우리의 바람이다. 그런데 우리가 어떻게 스위스 수준으로 갈 수 있느냐고 반문한다. 꿈이 없는 개인이나 집단은 더 이상 발전 가능성이 없기 마련이다. 우리는 우리의 새로운 미래를 위한 비전을 그렇게 설정하는 것이다. 북극성을 보고 가면 북극성에 도달할 수는 없어도 가까이 갈 수는 있다는 말이 있다. 스위스를 향해 노력해 가면 우리는 우리의 후배, 후손들에게 그에 가까운 나라를 물려줄 수는 있을 것이다. 우리 학생들보다 절반의 공부 시간으로 우리와 같이 세계 최고 수준의 교육 성과를 보이고 있는 핀란드가 복지 체계를 확립한 1956년에 1인당 GDP가 4600달러(1985년 US달러 기준)였고, 스위스도 근대 초기까지는 유럽에서 가장 척박한 산악 지대여서 가장 못사는 지역이라 젊은 장정들이 유럽 주요 국가들에 용병으로 수출되던 나라였다. 스웨덴도 19세기 말에는 빈곤과 굶주림 때문에 인구의 3분의 1이 미국으로 이민을 떠나야 했던 나라였다.

반면 일본은 1960~1980년대 경제 상황이 좋을 때 '1억 중산층 국가', 'Japan is No.1'이라 하면서 양적 성장에 만족하고 있었지만 복지 체계를 갖추는 데는 소홀하여, "기업은 부유하지만 국민은 가난하다"는 자타의 평가를 들으면서 수출 증대에만 매진하는 '근린 궁핍 정책'을 계속했다. 결국 미국으로부터 수출 자율 규제 요구 등의 압박을 받은 끝에 1985년 플라자합의를 통해 엔화가 2배로 절상된 후 경제의 거품이 터져 '잃어버린 20년'을 겪어야 했다. 그 20년 동안에도 복지 체계를 강화하지 않고 건설족의 활약(?)으로 국토 전체에 온갖 토목 사업을 벌이면서 경기를 부양함으로써 현재 국가부채가 1085조 엔(약 1경 887조 원), 재정 적자가 GDP의 250%로 선진국 중 최고 수준이 되어, 이제는 중산층이 붕괴되고 양극화, 비정규직이 확대되고 있어도 복지국가로 갈 수 없는 지경이 되어버렸다.

복지국가는 파이를 나누면서 동시에 키우는 시스템이지 파이를 충분히 키운 다음 나눠 먹기만 하는 시스템이 아니다. 사회적 자원의 투자를 사람에 하여 지속가능한 성장을 하고자 하는 국가이다. 그 꿈을 향해 문재인 정부는 혼신의 노력을 기울여가길 기대한다.

경제 정책 전환의 성과가 나타나는 시기

문재인 정부의 경제 정책이 언제 효과를 드러낼 것인가, 오히려 경제 상황이 더 악화된 것 아닌가? 분명 현장의 상황도 소홀히 할 수는 없다. 그런데 미세한 통계 수치를 어떻게 해석할 것인가를 둘러싼 논쟁이 길게 이어졌다. 심지어 미·중 간 마찰로 양국 주식시장 급락의 영향을 받은 국내 주식시장 급락이 반등하기 전에는 "제2의 IMF 외환 위기가 온다"는 경제위기설을 저주에 가깝게 거론하는 사람들, 언론들이 많았다. 현재 일부 산업에서 구조조정이 진행되기도 하고, 국제 경쟁력이 약화되기도 하지만 산업도 생물과 같아서 성장과 쇠퇴의 주기를 겪게 된다는 것을 경제학에서는 '제품 수명 주기설'로 설명하고 있다. 무엇보다 경제체계의 변동은 그 과도기를 갖게 마련이고 체계의 변동을 거쳐 성과를 나타내기까지는 시간이 걸리기 마련이다. 과거 경제개발계획을 시작한 것이 1961년이었으나 효과를 보이기 시작한 것은 재정안정계획, 화폐개혁 등을 거친 뒤인 1965년부터였고, 중화학공업화를 1973년에 선언했으나 투자가 실제로 시작된 것은 1975년부터였다.

미국에서도 1990년부터 정보 고속도로 등 정보·통신 분야 투자가 시작되었으나 그것이 과연 생산성 상승으로 이어졌는가에 관한 '생산성 논쟁'이 뜨겁게 진행되었다. 그런데 1995년부터 인터넷을 통해 네트워크 경제가 나타나고 생산성의 상승, 경기 호황이 2000년까지 이어졌고 미국 경제의 화려한 부활이 지금까지 계속되고 있다. 그때에도 1990년대 초반 생산성 상승 등이 나타나지 않은 이유에 관해 '측정 오류 가설', '자본 스톡 가설', '시차 가설' 등의 논쟁이 있었다.

문재인 정부는 진작부터 경제 정책에 관해 2017~2018년을 혁신기로, 2019~2020년을 도약기로, 그리고 2021~2022년 5월까지를 안정기로 설정하고 있었다. 기업이 경영 전략으로 '블루오션 전략'을 취할 때 4가지 핵심 원칙 중의 하나가 "숫자가 아닌 큰 그림에 주목하라"
이다.

제12장

불확실과 저성장의 글로벌 경제: 진단과 정책 대응

박복영 정책기획위원회 국민성장분과위원, 경희대학교 국제대학원 교수

머리말

현재의 세계경제는 한마디로 불확실과 저성장의 시대다. 구조적으로 보면 반세기 이상 지속된 글로벌화 경향이 중지 혹은 역전되는 상황이다. 그리고 미·중 간 무역 갈등이 고조되면서 WTO 체제로 대변되는 다자주의 무역 질서 역시 실질적 뇌사 혹은 해체 위기에 직면해 있다. 다른 여러 국가에서는 내부적으로 글로벌화의 진전을 반대하거나 위협하는 움직임을 보이고 있다. 영국의 EU 탈퇴 선언, 즉 브렉시트(Brexit)가 가장 대표적이며, 극우 민족주의 정당의 득세 역시 그 징표 중 하나다.

경기순환 측면에서 보면 잠깐 회복세를 보였던 세계경제가 다시 빠르게 침체의 방향으로 향하고 있다. 길게 보면 2008년 글로벌 금융위기 이후 세계경제는 장기간 침체에서 빠져나오지 못하고 있다. EU와 일본은 만성적 불황에 빠진 지 오래고 세계경제를 이끌어 온 중국의 성장 엔진도 빠르게 식어갔다. 미국만이 홀로 비교적 높은 성장을 이어갔다. 2017년과 2018년 상반기에는 미국 외의 다른 나라에서도 경기가 호전되면서 글로벌 경제가 소위 뉴 노멀(new normal)이 된 저성장

에서 벗어나는 듯했지만, 2018년 하반기 이후 경기는 다시 하향 전환했으며 최근에는 침체가 가속화되는 양상이다.

이 글은 장기적 시각에서의 글로벌 경제구조의 변화와 중기적 시각에서의 경기순환 현황을 짚어보고, 이에 대응해 우리는 어떤 정책적인 준비를 해야 하는지 생각해보기 위함이다.

글로벌 경제구조의 균열과 불확실성

글로벌화의 후퇴

2008년 글로벌 위기 이후 가장 주목할 만한 세계경제의 변화는 글로벌화(globalization)의 둔화 혹은 후퇴다. 글로벌화 진전의 배경에는 교통과 통신의 발달이라는 기술적 요인도 있지만, 국가 간 교역 장벽을 낮추는 개방적 혹은 자유주의적 정책 역시 중요하게 작동했다. 글로벌화는 세계 전체의 보편적 글로벌화와 지역경제통합(regionalism) 두 차원에서 동시에 진행되었다. 지역주의가 폐쇄적이지 않고 개방적이었기 때문에 보편적 글로벌화와 병행할 수 있었다.

하지만 글로벌화는 EU에서 위기를 맞았다. 첫 번째 계기는, 남유럽 재정위기 과정에서 처방을 둘러싸고 독일을 비롯한 서유럽과 남유럽 사이에 갈등이 고조된 것이다. 이로 인해 그동안 진전되었던 EU의 경제 및 정치 통합 과정은 역전되었다. 위기에 빠진 남유럽은 EU 차원의 지원과 확장적 거시 정책을 요구했지만, 독일 등 서유럽 국가들은 남유럽의 자구 노력과 긴축 정책을 계속 요구했다. 유로존 회원국 사이에 갈등이 증폭되었고 그리스의 치프라스 같은 반EU 정권은 긴축 요구에 반발하며 유로존 탈퇴를 시도했다. 두 번째 계기는 유럽의 난민 위기였다. 소위 '아랍의 봄'을 계기로 한 북아프리카와 중동의 정치 불안, 이라크, 시리아, 예멘의 내전으로 발생한 난민이 유럽으로 대거 유입되었다. 더불어 유럽에서 수차례 테러가 발생하자 반난민 정서가 강해지고, 결국 EU 내 이동의 자유를 보장한 셍겐조약(Schengen Acquis) 마저 위협하는 상황이 초래되었다. 세 번째로는 국내 정치 지형에도 큰 변화가 나타났는데, 특히 극우 민족주의적 정당이 영향력을 확대한 것이다. 이는 EU의 통합을 가속화할 수 있는 내부 동력이 크게 약화되었음을 의미한다. 이런 배경에서 EU 혹은 유로존의 통합은 더 이상 진전되지 않았을 뿐만 아니라, 영국의 브렉시트 결정으로 귀결되었다.

2017년 미국 트럼프 정부의 출범은 세계적 차원의 보편적 글로벌화마저 역전시키는 계기가 되었다. 도널드 트럼프(Donald Trump) 대통령은 미국의 대규모 경상수지 적자라는 글로벌 불균형(global imbalance) 시정과 '미국 우선주의(America First)'를 표방하며 주요 교역 상대국에 대한 압박을 강화했다. NAFTA(북미자유무역협정)와 한미 FTA 와 같은 기존의 지역 무역협정 재협상에 나섰으며, 급기야 일방적 관세 부과 같은 보호주의 조치를 시작했다. 특히 '무역확장법'의 국가 안보 조항을 이용해 철강 수입을 제한한 조치는 단순한 경상수지 축소 노력이 아니라, WTO 체제를 기반으로 하는 기존 세계 무역 질서를 근본적으로 부정하는 것을 의미했다. 2018년 이후 미국의 보호주의 조치는 중국에 집중되면서 무역 전쟁 양상으로 변모되었다.

이러한 글로벌화의 후퇴와 보호주의는 세계 교역 둔화의 주요 원인이 되었다. 일반적으로 세계무역량은 경제성장률에 비해 1.5~3배 정

[그림 2-2] 세계 경제성장률과 무역 증가율

(단위: %)

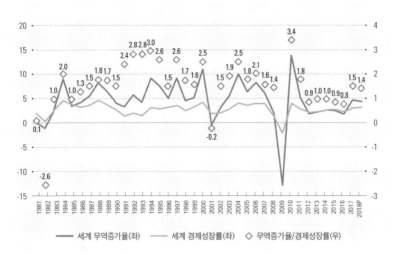

출처: WTO, "Trade Statistics and Outlook: Strong trade growth in2 018 rests on policy choices", 2018년 4월.

도 더 빠르게 증가한다. 하지만 [그림 2-2]처럼 2012년 이후 세계무역 증가율은 경제성장률에 미치지 못하거나 비슷한 수준에 그쳤다. 그런 점에서 최근 5~6년은 세계 무역 질서의 중요한 전환기라 할 수 있다.

미·중 무역 갈등과 헤게모니 경쟁

2017년 트럼프 정부는 출범과 동시에 환태평양동반자협정(TPP)에서 탈퇴하겠다고 선언하면서 보호주의로의 선회를 예고했다. 더욱 심각한 것은 2018년부터 시작된 소위 무역 전쟁이다. 처음에는 중국, EU, 한국, 일본 등 무역 대상국들의 철강 및 알루미늄 제품에 대한 관세 인상으로 시작되었다. 과거의 보호주의적 조치는 반덤핑을 WTO

에 제소하거나 세이프가드 조치를 취하는 형태였지만, 트럼프 정부는 국제적 규범과 기구를 이용하지 않고 일방적 보호조치를 실시하는 것이 특징이다. 미국은 2018년 3월 자국의 「무역확장법」 232조의 국가 안보 조항을 이용하여 철강과 알루미늄에 관세를 부과했다. 기존의 국제 규범을 따르지 않았으며, 국가 안보를 자의적으로 확대해석했다는 점에서 완전히 새로운 통상 환경이 시작된 것이다. 2018년 동안 양국 사이에 관세 전쟁이 격화되었다. 현재 양국은 타협을 위한 물밑 교섭을 계속하고 있지만 그 결과를 쉽게 예상하기 어렵다.

초기에는 무역 전쟁의 동인이 미국 중서부 러스트 벨트(rust belt) 백인 노동자의 지지 획득에 있는 것처럼 보였지만, 이제는 중국 억제에 있는 것이 분명해 보인다. 트럼프 행정부의 궁극적 목표는 글로벌 정치·경제 영역에서 중국의 영향력 확대를 억제하는 것이다. 미국이 중국에게 요구하는 핵심 내용이 미국 기술의 중국으로의 유출 억제, 지적재산권 강화, 하이테크 기업의 중국 내 투자 억제라는 사실에 주목할 필요가 있다. 그리고 무엇보다 중국의 '제조2025' 계획의 저지를 최종 목표로 하고 있음이 분명해지고 있다. 이런 사실은 작금의 갈등이 단순히 무역 분쟁이 아니라 헤게모니 경쟁의 성격을 띠고 있음을 시사한다. 중국의 대외 확장 정책인 일대일로(One Belt, One Road) 정책을 강하게 견제하고, 대만 문제를 언급하는 것 또한 그 증거라고 할 수 있다.

사실 미국이 중국에 요구하는 것은 무역자유화가 아니라 경제 시스템의 전환이다. 기업에 대한 국가의 강력한 지원과 보호라는 '비정상적' 방식을 통해 제조업 및 기술 경쟁력을 강화하려는 중국식 경제 시스템을 바꾸라고 요구하는 것이다. 하지만 시진핑 정부는 이 방향의 정책을 고수하겠다는 의지가 명확하다. 따라서 미국이 만족할 정도로 중국이 요구를 수용할 가능성은 매우 낮다. 전면적인 무역 전쟁으로 전개될 경우 양국 모두 경제적 피해를 입겠지만, 중국의 타격이 더 클 것이다. 중국의 일부 양보로 일시적 타협이 이루어질 수도 있겠지만, 적어도 프럼프 대통령의 집권 기간 동안에는 대중 압박이 계속될 가능성이 크다. 미·중 통상 문제는 과거와 같이 WTO라는 다자주의의 틀에서 해결되지 않을 것이다. 그리고 트럼프 대통령이 연임에 성공한다면 현재와 같은 글로벌 무역 갈등은 5년은 더 이어질 것이다.

글로벌 경기 둔화와 장기 저성장 위험

긴 침체, 짧은 회복

2008년 글로벌 금융위기 이후 세계경제는 그 전에 비해 성장세가 전반적으로 둔화되었으며, 회복 속도도 더뎠다. 그래서 이러한 장기 저성장(secular stagnation) 상태를 로런스 서머스(Lawrence Summers) 미국 전 재무장관 등은 뉴 노멀(new normal)이라 부르기도 했다. 다만 선진국 중에서는 미국 경제만 예외적으로 견조한 성장세를 유지했다. 미국은 글로벌 위기 이후 지속적으로 양호한 성장세를 유지했으며 실업률 또한 꾸준히 하락했다. 4차 산업혁명의 주요 혁신들이 미국에서 나타나고 있으며, 대규모 셰일가스 생산이나 이민 노동력 유입에 따른 임금 상승 압력의 완화 등도 미국의 성장을 촉진하고 있는 것으로 판단된다.

미국과 달리 EU와 일본 경제는 금융위기 이후 좀처럼 회복하지 못했다. 일본의 장기 불황은 이미 오래된 일이었지만, EU의 침체는 뉴노멀의 가장 큰 원인이 되었다. 2011년 그리스, 포르투갈, 이탈리아 등에서 나타난 재정위기가 침체의 촉매가 되었다. 위기에 대응하기 위해 유럽은 복지를 비롯한 재정지출 삭감이라는 대규모 긴축(austerity)에 나섰다. 그리고 위기에 직면한 금융기관을 구제하기 위해 완화적 통화정책을 실시했지만 이것이 긴축재정의 효과를 상쇄하지는 못했다. 그 결과 유럽 내부는 물론 세계 전체 교역이 위축되고 원자재 가격도 하락했다. 원자재 가격의 하락은 개발도상국과 신흥 시장의 침체를 초래했다. 인도, 베트남, 인도네시아 등 외국인 직접투자가 활발한 일부 아시아 국가들만이 예외였다.

[그림 2-3] 세계 경제성장률 추이 및 전망

(단위: %)

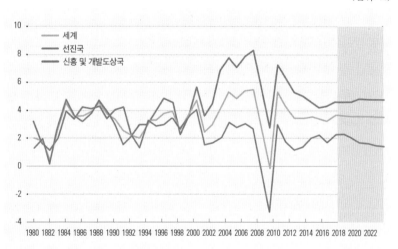

출처: IMF, World Economic Outlook, 2018년 10월.

2016년에 세계경제의 침체는 더 깊어졌지만, 2017년에는 경기가 반전되어 비교적 강한 회복세를 보였다. 회복세를 견인한 것은 미국이었다. 이런 경기 반등에 기대어 미국 연방준비이사회(FRB, 이하 연준)는 2018년 상반기까지 수차례에 걸쳐 기준금리를 인상했으며, 양적 완화 기간 동안에 증가한 유동성을 흡수했다. 하지만 미국을 제외한 다른 지역의 회복세는 미미했다. 이런 경기의 탈동조화는 국제금융 불안의 원인이 되었다. 미국은 지속적으로 금리를 인상했지만, 경기 둔화가 지속된 신흥 시장에서는 금리를 인상하기 어려웠기 때문에 신흥 시장으로부터 자본 이탈이 나타나면서 불안이 증폭된 것이다. 대규모 경상수지 적자가 누적된 터키와 아르헨티나가 이 불안정에 가장 취약했으며, 심지어 중국까지 위태로울 수 있다는 우려도 나타났다.

그런데 2017년 시작된 세계경제 회복세는 오래 지속되지 못하고 2018년 하반기부터 하락세로 반전되었다. 그 이유 중 첫째는 미·중 무역 분쟁이다. 무역 분쟁으로 교역이 둔화되고 무역 전쟁의 한가운데 있는 중국의 성장이 둔화된 것이다. 둘째는 미국의 이른바 통화정책의 정상화이다. 연준의 유동성 흡수와 잇따른 기준금리 인상으로 그동안 글로벌 경제의 회복을 견인해왔던 미국 경제의 성장세도 둔화되었다. 미국의 부동산 가격이 하락하기 시작하고 주식 등 금융시장 역시 약세로 반전되었다. 자산 가격의 하락은 부의 효과(wealth effect)를 통해 소비 심리에도 부정적 영향을 미쳤다. 물론 통상 마찰이 중국만큼은 아니지만 미국 경제에도 부정적 영향을 미치고 있다. 셋째, 국제경제 환경의 불확실성 고조가 투자 심리를 위축시키고 있다. 통상 환경이 불안정해졌을 뿐 아니라 미국과 여타 국가 간 금리 격차가 확대되고 일부 금리 역전 현상까지 나타나면서 국제 자본 흐름이 불안정해졌다.

경기 침체의 가속화

글로벌 경기의 침체 징후는 최근에 더욱 뚜렷해졌다. 경기의 하락 반전 징후는 2018년 하반기에 나타났지만 침체 강도가 지금만큼 강하지 않았다. 예를 들어 미국 연준은 경기 둔화에도 불구하고 2019년에 기준금리를 두세 차례 인상할 계획이었다. 하지만 2019년 1분기 경기 침체가 예상보다 깊어지자 연준은 연내 금리 인하가 없을 것임을 강하고 시사하고 있다. 그리고 금융시장에서는 장단기 금리의 역전 현상이 나타나면서 불황에 대한 두려움이 더욱 깊어지고 있다.

국제기구들이 2019년 경제성장률 전망치를 계속 하향 조정하고 있는 것이 이를 잘 반영한다. IMF는 2019년 세계 경제성장률 전망치를 1월에 0.2%p 낮춘 데 이어 4월 초에는 다시 0.2%p를 추가 인하하여 3.3%로 발표했다. 그리고 OECD도 3월에 성장률 전망치를 기존보다 낮추어 3.3%로 발표한 바 있다. 이처럼 국제기구들이 앞다투어 경제성장률을 하향 조정하는 가장 큰 이유는 유럽 경기가 예상보다 빠르게 악화되기 때문이다. OECD는 유로 지역 성장률을 당초 1.8%에서 1.0%로 대폭 하향 수정했다. 브렉시트 사태로 영국 경기도 악화되고 있지만 핵심 국가인 독일과 이탈리아 경기가 크게 둔화되고 있다. 이를 반영해 양적 완화를 중지하겠다던 유럽중앙은행이 재개로 정책을 선회했다.

침체가 심화되는 가장 큰 이유는 글로벌 경제에 드리워진 여러 불확실한 요인 때문이다. 3월 말을 목표로 했던 미국과 중국 간 무역 협상은 다시 시한이 연장되어 어떤 형태로 귀결될지 불투명하다. 영국 내 정치 혼란으로 브렉시트의 앞날 역시 점치기 어려워졌다.

[그림 2-4] 국제기구의 세계 경제성장률 전망

(단위: %)

		2018[1]	2019[2]	2020[3]
 세계 전체 (PPP 기준)	IMF	3.6	3.3	3.6
	OECD	3.6	3.3	3.4
 미국	IMF	2.9	2.3	1.9
	OECD	2.9	2.6	2.2
 유로 지역	IMF	1.8	1.3	1.5
	OECD	1.8	1.0	1.2
 중국	IMF	6.6	6.3	6.1
	OECD	6.6	6.2	6.1
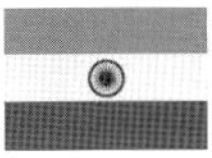 인도	IMF	7.1	7.3	7.5
	OECD	7.0	7.2	7.3

1)은 추정치, 2)와 3)은 전망치.
출처: IMF, World Economic Outlook Update, 2019년 4월; OECD, Interim Economic Outlook, 2019년 3월.

2017~2018년에 있었던 미국의 확장적 재정 정책의 효과는 소멸되는 반면 금리 인상의 효과는 가시화된 것도 경기 둔화의 한 원인이다. 이런 요인들이 결합되어 국제 교역을 위축시키고 투자 심리를 악화시키고 있다. OECD의 기업과 소비자의 심리지수가 올해 들어 급격히 하락한 것이 이를 잘 반영하고 있다. 이러한 경기 둔화는 적어도 2020년까지 계속될 것이며, 경기회복은 2021년이 되어서야 기대해볼 수 있다는 것이 대체적인 전망이다.

전망과 정책 대응

전망

앞으로 3~5년 정도의 중기적 시야에서 세계경제 환경은 매우 불확실 하고 불안정적일 것으로 예상된다. 그 과정에서 1997년의 아시아 금융위기나 2011년의 유럽 재정위기와 유사한 정도의 경제위기가 국지적으로 발생할 가능성도 배제할 수 없다. 세계경제 환경을 불안정하게 만드는 다양한 요인이 있다.

첫째, 미국과 중국 사이에 헤게모니 경쟁이 고조될 가능성이 높다. 지금까지 중국 경제의 성장에 대해 미국은 수용적이며 타협적인 방식으로 대응했지만, 중국의 경쟁력이 저임금이 아니라 기술력에서 나오는 단계에 접어들면서 미국의 인내와 수용적 태도는 더 이상 기대하기 어렵게 되었다. 갈등은 결국 헤게모니 경쟁의 성격을 띠게 된다. 그런데 이 경쟁은 과거 20세기 초 미국과 영국 사이, 그리고 1970~1980년대 미국과 유럽 및 일본 사이의 경쟁과는 성격이 다르다. 과거 경쟁국들은 서로 동질적인 경제 및 정치 체제를 가지고 있었지만, 중국은 사회주의 시장경제라는 매우 이질적 체제를 갖고 있으며 이를 계속 유지하고자 한다. 동질적 체제 간의 헤게모니 경쟁이 비교적 순조롭게 해소된 것과 달리, 이번에는 갈등적 과정으로 이어질 가능성이 높다.

둘째, 다자주의에 기반을 둔 국제무역 체제가 기능하지 못할 것이다. WTO 체제는 결코 효율적이지는 않지만 국가 간 갈등이 이 기구를 통해 완충되었다. 하지만 미국이 WTO 체제에 근본적 불신을 갖고 있는 한 다자주의 규범 기반(multilateral rule-based)의 무역 질서는 뇌사

상태에 빠진 것이나 마찬가지다. 이제 무역 분쟁은 국가 간 협상을 통해 해결될 수밖에 없고, 그 과정에서 나타날 공격적 혹은 보복적 조치가 무역을 위축시킬 가능성이 있다. 미국을 제외한 개방경제들이 대안적 질서를 모색하겠지만, 미국이 빠진 상황에서 쉽게 합의를 이루기는 어려울 것이다.

셋째, 세계화와 경제 불평등 심화의 부작용에 대한 반감이 고조되어 경제통합의 역전과 정치 불안정이 나타날 가능성이 높다. 유럽에서는 남부와 북부 사이에 불신의 골이 깊어져 통합의 진전은 당분간 기대하기 어렵다. 브렉시트 같은 역전도 얼마든지 가능하다. 따라서 적극적 경제통합에서 발생하는 경제적 이익도 기대하기 어렵다. 다만 FDI와 같은 국제투자 및 글로벌 가치사슬(global value chain)의 고도화에서 자연적으로 발생하는 이익은 지속될 것이다.

마지막으로, 전반적으로 높은 부채비율이 불안정의 원인으로 작용할 수 있다. 세계 전체 부채비율은 이미 글로벌 금융위기 이전 수준을 넘어섰다. 이것이 계속되어 버블 붕괴를 초래할 수 있다. 그리고 유동성의 축소 및 성장 둔화기에 기업과 가계는 부채비율 축소(de-leveraging)에 나설 것으로 예상된다. 이 과정에서 상환 능력이 취약한(insolvent) 주체들이 위기에 빠지면서 금융 불안이 초래될 수도 있다.

정책 대응

이러한 상황에서 우리는 어떤 대응을 해야 할까? 우선 다자주의를 기초로 한 개방적 무역 질서를 유지하기 위해 최대한 노력해야 한다. 물론 G2가 대립하는 상황에서 이것은 결코 쉬운 일이 아니다. 하지만 개방적 경제 질서를 유지하고자 하는 서유럽 국가들과의 협력을 통해 보호주의, 민족주의, 고립주의가 심화되는 것을 최대한 억제해야 한다. 그리고 적어도 그에 동조해서는 안 된다. 다른 선진국이나 신흥 경제와 공조해 미국의 일방주의를 경계해야 하며, 협소한 공간에서라도 다자주의의 틀을 유지하기 위해 노력해야 한다. 이와 더불어 중국은 경제성장에 걸맞은 지적재산권의 보호, 개방의 확대, 불공정한 보조금 축소에 나서도록 설득하고 압박할 필요가 있다. 최근 우리나라 내부에서도 반일 감정이나 난민 혐오 같은 폐쇄적 민족주의 정서가 고조되는 경향이 보인다. 앞으로도 포용적이고 개방적 국제관계 유지를 통해 성장동력을 유지하고, 평화의 기반을 마련해야 하는 우리의 정치·경제적 여건에 비춰볼 때 이는 결코 바람직하지 않은 현상이다. 정부는 이런 경향을 경계해 섬세한 정책적 대응을 할 필요가 있다.

그리고 미국과 유럽 등 선진국 경제의 성장 둔화가 뚜렷해지는 상황에서, 비교적 고성장의 지속이 예상되는 신흥 시장과의 관계 강화에 더욱 적극적으로 나서야 한다. 이 점에서 신남방 정책은 큰 의미를 갖는다. 인도를 비롯한 남아시아와 동남아시아는 앞으로 세계 어느 지역보다 지속적이고 높은 성장을 보일 가능성이 높다. 그 이유는 이 지역이 자원 기반 성장에서 벗어나 산업화 초기 혹은 중간 단계에 들어섰기 때문이다. 하지만 지금까지 신남방 정책은 창조적 접근을 통해 체계적으로 추진되었다고 평가하기 어렵다. 중기적으로 무엇을 목표로 하며, 어떤 정책 수단을 사용하려고 하는지 알기 어렵다. 각 부처의 국제 협력 정책을 단순히 모아놓은 것이 아니라, 범정부 차원에서 목표를 명확히 설정하고 활용 가능한 다양한 정책 수단을 유기적으로 결합시키는 전략적이고 통합적인 접근이 중요하다. 국제 협력은 그 성과를 측정하기가 매우 어렵다. 그럼에도 불구하고 외교적 신뢰 구축, 국가 브랜드 및 이미지 제고, 무역 및 투자 기반의 조성, 인력과 지식의 공유 중에서 어떤 것이 우선 목표이며 그 성과를 어떻게 측정할 것인지, 그리고 그 목표 달성을 위해 어떤 수단을 사용할 것인지를 명확히 해야 한다. 그렇지 않으면 구호와 행사만 남고 손에 쥔 결실은 없을 가능성이 크다.

마지막으로 글로벌 경기 침체에 대비한 적극적 경기 조절 정책이 필요하다. 세계경제의 둔화는 이미 명확해졌다. 소득 주도 성장과 적극적 복지 확대 정책 덕분에 다행히 국내 소비 심리는 비교적 양호한 상태를 유지하고 있다. 하지만 1분기에 수출은 이미 감소세를 보이고 있으며, 회복세를 보이는 조선업 등 일부 수출 제조업 경기도 다시 악화될 가능성이 크다. 따라서 추가경정예산 편성과 같은 과감한 확대 재정 정책을 통해 경기 둔화를 억제해야 한다. 지난 2년 간 예상하지 못한 초과 세수로 실질적으로는 재정 긴축이 이루어졌다는 평가가 설득력을 얻고 있다. 같은 동안 세계경제가 일시적 회복기에 있었기 때문에 긴축의 부작용이 크지 않았지만, 이러한 기조가 2019년에도 계속된다면 그것은 분명한 정책적 오류가 될 것이다. 우리나라같이 재정이 건전한 나라에서 경기 하강기에 재정 건전화나 재정 규율에 얽매이는 것만큼 어리석인 정책은 없을 것이다.

제13장

제조업 르네상스 전략[1]

조원희 정책기획위원회 국민성장분과위원, 국민대학교 경제학과 교수

왜 단순한 제조업 육성이 아니라 제조업 르네상스인가

2008년 글로벌 금융위기에서 양적 완화(QE)라는 나름 혁신적인 금융 정책은 적어도 거시경제적으로는 세계 금융시장의 붕괴, 실물경제의 침체를 막을 수 있었다. 그리스 등 몇몇 국가가 위기에 처하기도 했으나 대부분의 국가가 거시경제 안정화의 혜택을 누렸다. 그러나 산업적 차원으로 내려오면 이야기가 상당히 달라진다. 선진 자본주의 시장경제의 경우 초저금리하에서도 좀처럼 산업투자가 살아나지 않고 좋은 일자리가 증가하지 않아 그간 극도로 악화된 소득분배상의 양극화도 거의 개선되지 못했다. 이에 반해 이른바 '국가자본주의' 체제를 가진 중국은 고도성장을 지속하여 일자리와 소득이 증가하고 4차 산업혁명 기술 등 신기술, 신산업에서 선진국을 위협하는 정도로 약진했다.

1990년대 이른바 신자유주의에 의해 탄생한 금융 주도 경제(금융자

---

1 이 글은 필자가 단장으로 참여해 작성한 정책기획위원회의 〈제조업 르네상스 특별 TF(2018. 10.~2019. 01.) 보고서〉를 기초로 필자의 소견을 가감한 필자의 개인 의견임.

본주의)가 거시경제 불안정화, 소득 양극화를 야기한다는 점은 이제 상식이 되었지만 산업(특히 산업의 핵심인 제조업) 생태계의 파괴, 좋은 일자리 파괴를 초래한다는 점은 여전히 잘 알려지지 않고 있다. 금융자본주의란 금융 투자자(개인 투자자, 거대 은행, 증권사, 기관 투자자 등)의 이익과 관점이 지배하는 경제이다. 기업을 현금흐름과 이익흐름에 따라 마음대로 현금흐름의 관점에서 구조조정하고 사고팔 수 있는 한갓 금융 '상품'으로 인식하는 금융적 관점이 지배하는 경제를 말한다. 기업이란 하나의 추상적 상품으로 존재하는 것이 아니라 기업 내부에 축적된 지식, 헌신하는 노동자와 그들에게 체화된 지식 등이 집적된 하나의 사회적 실체이며, 분야별 전문인들의 결사체(전문가 단체), 협력업체, 기업들의 결사체(협회), 주변 연구기관과 인력을 공급하는 교육기관, 지방정부 등 수많은 생산 주체들의 집합체(산업 생태계)의 일원이다. 이러한 기업이 속한 산업 생태계란 하나가 흔들리면 전체가 부정적으로 영향을 받으며, 전체가 같이 번창하지 않고 한 기업만 나 홀로 성장할 수 없는 일종의 '생산 공동체'를 뜻한다. 그런데 앞서 언급한 기업의 속성을 조금도 인정하지 않는(할 수가 없는) 관점이 바로 금융자본주의이다.

산업 생태계는 매우 복잡하게 얽힌 네트워크이며 성장하는 데 시간이 걸리고 다치기 쉬운 유기체와 같아서 섬세한 관리가 필요하다. 그 때문에 금융적 이해가 과도하게 개입하여 거칠게 다루면 파괴되기 십상이다. 금융자본주의에 의한 산업 생태계의 파괴는 바로 나타나는 것이 아니라 일정 기간 후 금융의 과도한 간섭의 범위와 정도가 임계점을 지나야 비로소 눈에 보이기 시작한다. 미국만 보더라도 1990년대에 본격적으로 금융자본주의를 시작한 후 10년이 지난 2000년 이후부터 본격적으로 제조업 공동화가 진행되어 약 600만 개의 일자리가 급속히 사라지고 주요 공업 지역에서 러스트벨트(rust belt)화가 초래되었다. 이것이 최근 미국의 사회적, 정치적 혼란의 근본 원인이다.

이제 미국을 위시한 선진 제조 강국은 제조업 기반이 약화되면 신기술 혁신, 신산업 육성이 힘들어지고, R&D 같은 고부가가치 분야도 제조 활동이 없으면 활성화되는 데 어려움이 있다. 그로 인해 4차 산업혁명에서 주도권을 쥘 수 없음을 깨닫고 있다. 또한 벤처 창업에서조차 반드시 미국식 금융 시스템이 절대 우위가 아니라는 사실도 분명해지고 있다.

여기서 우리는 금융의 관점과 대비되는 산업의 관점을 재발견하게 된다. 산업적 관점이란 무국적성–이동성–휘발성–유동성을 특징으로 하는 금융적 관점에 대비하여 어떤 지역에 진득하게 뿌리내린 생산적 주체의 관점을 말한다. 쉽게 말해 생산적 주체로서의 사람을 중시하는 정신이며, 산업의 번영이 이들 주체에 달려 있음을 인정하는 태도이다. 이것은 결국 산업 정책, 제조업 육성 차원에서 신자유주의를 버리고 1980년대 이전의 번창한 이해관계자 자본주의를 21세기적 상황에 맞추어 재해석(부활)하자는 것으로 연결된다.

15세기 전후 이탈리아 르네상스는 단지 미술에서의 걸작으로 대변되지 않고 인본주의의 부활을 의미하는 역사적 전환이었다(당시 그림 시장이 넓어서, 즉 우연히 귀족들의 그림에 대한 수요가 많아서 위대한 과학자, 문학가 대신 화가가 많았던 것으로 그림에서의 걸작은 인본주의 부활의 결과이자 효과였다). 이와 같은 관점에서 보면 제조업 르네상스도 마찬가지다. 몇몇 전략산업, 신기술, 신산업 육성 정책에 머물지 않고 근본적으로 생산 주체에 대한 믿음과 인정 정신의 회복이다. 그래서 제조업 전략은 미국이건 한국이건 신자유주의가 압도적 영향력을 행사한 모든 나라에서 단순히 제조업 육성 전략을 넘어 관점의 전환, 다시금 생산의 주체들을 중심에 올려놓는 '제조업 르네상스' 전략이 되어야 한다고 생각한다.

선진 제조 강국이 되기 위한 필수 조건

사고 범위를 좁혀 연구 및 생산 현장을 중심으로 제조업 번창의 키는 무엇인지 생각해보자. 이 문제에 대해 이정동 교수의 생각(이정동, 《축적의 길》, 2017.)이 많은 것을 알려준다. 제조업은 뿌리로부터 끝단의 제조 공정까지 수많은 공급자 사슬로 엮여 있으며 그 전체 또는 각각의 부분(부품)은 일련의 개념 설계를 구현한 것이다. 예컨대 하나의 스마트폰 모델은 전체 개념 설계가 있고 그 밑에 각각의 부품, 기능에 대한 설계가 결합된 것으로 이해할 수 있다. 각각의 개념 설계는 밑그림이 있고 그것이 개선(upgrade; scale-up) 과정을 거쳐 점점 더 완성된 설계로 업그레이드되며 마침내 제품이 양산되는 것으로 끝난다. 이 과정이 계속 반복되면서 혁신성장을 이끈다. 모든 개별 과정은 가치사슬을 형성하여 중요한 부분일수록 더 많은 부가가치를 가져간다.

여기서 우리는 완성된 개념 설계, 특히 가치사슬에서 고부가가치를 구현하는 부분의 설계 역량을 갖춘 나라가 제조 강국이라는 사실, 개념 설계는 연구실에서 성취되는 것이 아니며 밑그림은 제조 공정과의 긴밀한 피드백 과정을 거치면서 차츰 완성되는 것으로 긴 시간이 필요하다는 것(스케일업의 중요성), 따라서 안내하는 자본의 공급이 필수적이라는 것, 또한 각각의 부분에서 개념 설계 역량을 갖춘 고수(professionals)들이 많아야 한다는 것, 실패를 용인하는 사회적 환경이 필요하다는 것을 알 수 있다. 결국 제조업이 번영하는 데는 연구자와 구체적인 생산 현장에서 활동하는 주체들에 대한 세심한 배려, 제조업을 둘러싼 사회적 환경이 인내하는 자본, 실패의 용인과 같이 제조업 혁신 과정에 적합한 환경 조성이 필수 조건이다.

한 사회의 산업적 개념 설계 역량은 지적(知的)인 것이지만 밑그림에서 출발하여 완성된 설계도까지의 긴 과정을 생각해보면 연구자만의 성과물이 아니라 연구자, 엔지니어, 생산 현장의 숙련공 등 모든 주체가 함께한 공동의 결과물이 된다. 그러므로 개념 설계 역량의 향상이란 산업의 과정이자 혁신의 과정이고, 학습을 통해 각 주체의 역량이 상승하는 과정이기도 하다(조지프 스티글리츠[Joseph E. Stiglitz] & 브루스 그린월드[Bruce C. Greenwald], Creating a Learning Society , 2016).그렇기 때문에 연구와 교육, 금융, 사회 안전망 등 복지제도가 산업의 혁신 과정과 긴밀히 연결되도록 구축되어 있어야 한다.

한국이 독일, 일본, 미국과 나란히 4대 제조 강국, 또는 제조업에서 선도 국가가 되기 위해서는 이러한 환경을 조성해야 하는 만큼 우리가 처한 구체적인 상황과 사정을 고려하여 보다 세밀한 전략을 수립하는 것이 우선이다. 그래야만 그 목표에 다가갈 수 있을 것이다.

사실 한국 경제는 2006년 1인당 국민소득 2만 달러를 달성한 시점에서 '실행 역량'이 아니라 개념 설계 역량에 의한 성장, 혁신성장체제로 전환하지 않으면 더 이상 성장이 어려운 이른바 '중진국 함정'에 빠질 위험에 처해 있었다. 그런데도 구조 전환 없이 12년 만인 2018년에 국민소득 3만 달러를 달성한 것은 무엇 때문인가? 2008년 이후 양적 완화 정책에 의한 경제 안정과 확장이 유리하게 작용했지만 무엇보다도 중국이 위기 타개책으로 신용 팽창, 재정 확대에 의한 내수 중심 성장을 추구하고 이때 가격과 품질에서 중국의 필요에 적합한 중간재를 공급한 한국이 중국 경제 성장의 최대 수혜국이었기 때문이다. 그러한 성장 요인은 이제 거의 사라졌으며 최근 다시금 침체 위기가 도래하자 금융, 재정 완화 기조로 세계가 이동하고 있다. 그러나 그로 인한 경기 회복 효과는 미약할 것이므로 한국이 지난 10년과 같은 혜택을 누리기는 힘들다. 더구나 중국은 그간 제조업 역량을 키워 우리에게는 기회 요인에서 최대 위협 요인으로 전환되고 있다. 미·중 갈등과 과잉 부채 등 내부 요인으로 중국이 주춤하고 있는 현재가 바로 강력한 제조업 르네상스 전략으로 한국이 4대 제조 강국으로 도약할 수 있는 절호의 기회이다. 상황은 어렵지만 위기를 기회로 전환시킬 수 있는 저력이 한국에는 있다고 생각한다.

한국 제조업이 처한 현실과
제조업 르네상스 전략의 4대 기본 원칙

한국 제조업의 현실은 다음 세 가지로 요약할 수 있다. 첫째, 한국 대기업 중 소수는 세계 최강 수준의 기술력과 품질 수준을 갖추었으나 다수의 대기업이 기술력과 품질에서 낮은 수준임에도 불확실성과 난이도가 높은 고기술-고품질 분야에 모험적 장기 투자를 주저하는 보수적 경영 전략에서 벗어나고 있지 않다. 둘째, 중소기업은 대기업 대비 생산성이 지속적으로 하락하여 30%(일본은 57%)에 불과하고 임금 역시 55%(일본은 79%)에 머물러 양극화가 심각하다. 셋째, 대기업은 1990년대 후반(특히 IMF 외환위기 이후)에 글로벌화하여 현지 생산, 글로벌 가치사슬에 편입된 반면 중소기업은 여전히 대기업 전속 거래에 묶여 있고 대기업의 원가·이익 압박을 당하며 투자할 여력도 인센티브도 없이 저임금, 외국인 노동자에 의존하는 단가 경쟁력으로 생존 중이다. 이러한 현실과 제조업 부흥과 관련하여 위에서 언급한 필수 조건을 함께 고려하면 아래와 같은 기본 원칙이 도출된다.

원칙 1. 종합적인 전략이 되어야 한다

특정 산업을 전략산업으로 선별하여 육성하는 것도 일부 포함하나 그것이 산업 정책의 전부일 수는 없다.[2] 즉 산업 정책과 (특정)산업 육성책을 동일시하면 안 된다. 또한 좁은 의미의 산업 육성 정책(투자 촉진을 위한 세제 혜택, R&D, 각종 산업 육성법)을 넘어 인력·숙련 양성을 포함한 교육제도, 고용·임금제도, 작업환경, 주거·문화 환경, 노사 관계, 금융 및 금융시장 제도, 산업단지를 포함한 물적 인프라 조성과 관리 등 산업의 번영과 관련된 모든 요소가 대상이 되어야 한다.

이러한 다양한 요소와 관련하여 모든 생산 주체들의 역량을 끌어내기 위해서는 그들의 자발적이고 능동적인 참여가 필수적이다. 그렇다면 추진 체계와 관련하여 국가 단위(제조업 르네상스 국가위원회), 그 산하에 산업 단위(산업별 위원회), 이슈별 위원회(이슈별 특별위원회), 지역 단위

---

2 제한된 재원을 고려할 때 전략산업을 선별해 집중 지원하는 정책을 일반 산업 정책과 병행할 수 있다. 예를 들어 한국 산업이 외부 경쟁에 흔들리지 않고 자신의 지위를 유지하기 위해 현 단계에서 장주기/융복합/ 암묵지가 강한 산업에서 우월한 지위를 확보하도록 정부가 육성 정책을 추진할 수 있을 것이다. 최근 정부가 미래 차/비메모리/바이오헬스 산업 육성을 천명한 것도 유사한 의의가 있다고 판단된다.

(지역별 제조업 르네상스 위원회)를 구성하여 이들을 참여시킬 필요가 있다. 특히 상공회의소, 업종별 협회, 전문가 협회 등이 자격증 부여, 품질 인정, 회원 교육 등과 관련하여 역할이 더욱 강화되어야 한다. 회원의 이익 증진을 위한 로비 창구 역할에 머물면 안 된다.

원칙 2. 금융적 이해와 산업적 이해의 균형 확보가 중요하다

수익성이 지속적으로 나쁜 기업은 산업적 이해의 관점에서도 나쁜 기업이라는 점에서 금융적 관점과 산업적 관점은 장기적으로 일치하지만 단기적으로는 불일치하는 것이 일반적이다. 만약 금융자본주의가 득세하여 일반 투자자들의 단기적인 이익이라는 관점이 지배하게 되면 기업의 성장 과정에서 수익률의 부침이 불가피한 산업은 필연적으로 망가질 수밖에 없다. 이 점에서 두 관점은 불일치하며 모순되기까지 하므로 정책적으로 균형을 잡아주지 않으면 산업은 번창할 수 없다.[3]

지역에 뿌리내린(embedded) 생산적 주체들의 관계망과 암묵지(tacit knowledge), 즉 인간(사람)에 체현된 지식과 지혜가 지역의 산업 경쟁력의 원천이다. 따라서 금융자본의 이동성-휘발성-유동성을 대신하여 지역에 진득하게(sticky) 뿌리내린 생산적 주체들 간의 포용과 제휴,

---

3 부동산 부문에서 부동산을 지대(임대료)의 현금 흐름, 또는 가격 변동성이 심한 한갓 투자자산으로 이해하는 투기자본이 부동산 시장을 압도하는가, 아니면 주택 실수요자(주거자)와 자영업자의 이해가 우세한가에 따라 완전히 다른 결과가 나오는 것과 유사한 이치이다. 여기서도 양자의 균형이 필요하다.

지역에 뿌리내린 공급망(supply chains), 관계 금융(relational banking), 교육-직업훈련 및 R&D, 그리고 그들이 서로 긴밀하게 연계된 관계망과 클러스터(산·학·연 연계) 육성에 힘써야 한다.

원칙 3. 산업 정책에서도 사람이 중시되어야 한다

개념 설계 역량의 강화, 이를 위한 혁신 경제·학습 경제에서는 싼 가격, 싼 임금이 아니라 일하는 사람의 스마트함이 결정적으로 중요하다. 독일 등 유럽의 제조 강국은 이름도 생소한 수많은 강소기업을 보유하고 있으며 그 경쟁력의 핵심은 그들이 양성, 보유한 인적자원이다. 새로운 산업 정책은 혁신의 주체로서 사람을 중시하는 정책이 되어야 한다.

원칙 4. 중소기업 육성에 대기업을 활용해야 한다

한국 경제의 가장 큰 문제가 중소기업과 대기업의 격차이지만 중소기업 육성은 반드시 대기업의 협조가 있어야 가능하다. 대기업은 기술-공정-디자인 역량과 기획-관리-마케팅-무역 역량에서 한국의 최정예 인적자원을 보유하고 있기 때문이다. 따라서 대기업의 퇴직 인력조차 소중한 자원이며 중소기업 혁신을 지원하는 컨설턴트, 기술 교육 자원으로 활용할 필요가 있다.

제조업 르네상스의 주요 정책

제조업 르네상스를 포함한 산업 정책은 국정 담당자의 교체와 무관하게 지속적으로 추진되는 것이 바람직하며 제도화된 틀을 통해 진행되는 것이 좋다. 이 경우 정책 과제의 내용은 상황에 따라 계속 변해갈 것이고 위에서 말한 모든 생산 주체가 평등하고 민주적으로 참여하는 추진 체계 내에서 결정되고 집행하면 된다. 그러나 항상 각 시기마다 정부가 정책 과제를 제시하고 방향성을 선도할 필요가 있다. 현재 시점에서 시급하게 다루어야 할 몇 가지 주요 정책 내용을 적시하면 다음과 같다.

장기 투자와 기업 경영의
장기적 시계를 강화하기 위한 기업 지배구조 개혁

통상 신자유주의(→ 주주자본주의)가 소득 양극화, 거시경제 불안정을 초래한다고 하는데 산업적 관점에서 보면 일국의 산업 융성에 가장 큰 부정적 요인인 단기주의 경영을 만연시켰다. 한국의 경우 총수자본주의와 주주자본주의의 공존은 단기주의와 보수적 경영을 초래한 주범이다. 그래서 일반 투자자와 장기적인 기업의 성장에 관심이 있는 장기 투자자를 구분하는 지배구조 개선이 필요하다. 제조업을 포함한 모든 산업에서 휘발성이 강하고 특정 산업에 관심이 약한 금융자본의 관점과 이익이 지배하게 되면 산업이 번창할 수가 없다.

이러한 측면에서 2015년부터 프랑스에서 도입하고 유럽연합(EU)이 권고하고 노벨상 수상자인 경제학자 조지프 스티글리츠(Joseph E.

Stiglitz), 미국 민주당 상원의원인 엘리자베스 워런(Elizabeth Warren) 의원도 지지하는 '가중의결권' 제도 도입을 심각하게 고려할 필요가 있다. 예를 들어 3년 이상 주식을 보유한 주주에게 1표가 아니라 3표의 의결권을 부여하여 기업의 장기 성장에 관심을 가진 주주의 권한을 강화하는 식이다. 또한 중소벤처기업의 경우에 한정하여 벤처기업 창업과 성장(scale-up)에서 핵심적인 역할을 하는 창업자에게 특별 의결권을 부여하는 '차등의결권' 제도를 도입할 필요가 있다. 그래야 창업 기업의 혁신과 성장이 촉진될 것이다.

장기 투자자를 우대하여 발언권을 강화하는 대신 비주주 이해관계자를 사외이사로 이사회에 참여하게 해야 한다. 기업의 장기적인 번영에 이해를 가진 당사자는 주식 장기보유자에 한정된 것이 아니며 노동자, 협력업체, 지역사회도 해당될 수 있다. 더구나 전문 경영인이 경영자인 경우에는 그가 과연 기업의 장기 번영에 관심이 있는지 자신의 재직 기간 중 단기 성과에만 집착할지 알 수 없다.

따라서 이해관계자 모델로 기업 지배구조를 개혁하는 것이 산업 정책의 출발점이 되어야 할 것이다. 요컨대 신자유주의 정책과 주주 이익 우선주의에 의해 파괴된 금융적 이해와 산업적 이해의 균형이 회복되어야 제조업도 번창할 것이다.

일터와 노동의 인간화, 스마트화

대다수 중소기업은 현장의 작업환경이 비인간적이며 성과가 높은 작업 관행과는 거리가 멀어서(한국은 OECD 회원국 중 최하위) 생산성 향상에 걸림돌이 되고 있다. 결국 젊은 인재들이 기피하는 곳이 되면서 외국인 노동자들에 의존하고 있다. 현장에서는 노동자들이 고령화하는데 젊은 신규 인력이 없으니 숙련을 전수하기도 어렵다.

20년 이상 근무한 생산 현장 관리자, 엔지니어 및 기능공 출신 은퇴자들을 자문단으로 조직하여 일터 혁신을 도모할 필요가 있다. 또한 공단의 경우는 교통 환경 개선(출퇴근이 공단의 주요 애로 사항의 하나), 편의 시설 확충, 근린 주택 및 휴식 공간 확충 등도 필요하다.

그 외에 생산 현장에서 산업재해 위험 요인 제거, 기본 질서 확보, 인력 노무 관리의 합리화 등이 선행되어야 우수 인력 확보가 용이하고 스마트 공장도 도입될 수 있을 것이다.

숙련직무급 및 전문직능직 위주의 인사 승진 관행 및 임금제도로의 전환

숙련을 존중하고 현재의 임금과 승진 등을 통해 미래 보상의 기대가 있어야 숙련이 쌓이며 기업 경쟁력이 생긴다. 또한 숙련이 인정되어야 기업 간 이직도 용이해져 기업 입장에서도 노무관리를 단순화, 합리화할 수 있다. 피라미드 형태의 계급제도 대신 숙련과 전문성에 따른 인사 승진 제도를 도입하면 기업이 필요로 하는 고수급 인재가 기업에 오래, 그리고 많이 남아 있을 것이므로 기업 경쟁력 향상에 도움이 된다. 이를 위해 우선 숙련 기술·기능, 직무 간의 차이를 과학적·합리적으로 등급화하기 위한 산업별, 업종별 대규모 조사·분석(skill map을 그리는 작업)이 필요하다.

이렇게 하면 동일노동-동일임금 실현도 가능해진다. 공무원의 경우에도 순환 보직 인사제도를 축소하고 전문직무직 채용·승진 제도를 활성화할 필요가 있다. 부처 간 벽을 허물어 일정 전문 분야에서는 부처 간 수평 이동이 활발하게 이루어지면 공무원의 전문성도 증대하여 정책 역량이 제고될 것이다. 일하는 사람에 대한 배려, 승진을 위한 로비나 현재의 자리를 지키기 위해 에너지를 투입하는 것이 아니라 자신의 전문성을 심화시키는 데 집중하게 하는 것이 생산적이다. 이러한 전환을 위해 직종별, 업종별로 조직된 협회의 역할을 확대할 필요가 있다.

공공 R&D 체계의 개선

대학과 정부 출연 연구기관은 1) 기초과학, 2) 국책 과제 등 핵심 원천 기술 연구, 3) 산업(응용) 기술 연구, 4) 중소기업 제품 개발과 공정 개발 지원 등 다양한 기능을 수행하고 있다. 핵심 원천 기술 연구와 관련해서 독일의 프라운호퍼 연구회 방식처럼 산업분야에 필요한 기술이 개발될 수 있도록 지자체에 권한을 이양하여 지방 소재 기업의 수요에 부응한 연구가 수행되게 하고, 국책 연구기관은 핵심 원천 기술 연구에 집중하게 할 필요가 있다. 중소기업 육성과 관련해서는 지방의 기존 테크노파크가 신기술·신산업에 치중해온 것에서 탈피해 전통 제조업의 제품 기술공정, 기술 과제를 수행하게 할 필요가 있다.

대학 산학 협력 사업의 개선 필요

공과대학의 승진에는 SCI 등 순수 학술 논문이 주로 고려되고 있으나 앞으로는 산학 협력의 실적을 중시하는 방향으로 전환해야 한다.

제조업이 밀집한 비수도권, 인천 소재 대학부터 실시하면 좋을 것이다. 시화공단에 설립된 한국산업기술대학 모델을 전국적으로 확산하여 산업체 재직자 직무 교육, 학생 교육, 기술 개발 등을 담당할 필요가 있다. 학령인구 감소로 어려움을 겪고 있는 지방 전문대, 일반대를 공립대로 전환하여 산업기술대학으로 육성하는 것도 생각할 수 있다.

대기업 출신 인적 역량으로 지역-산업-대학 업그레이드

우리나라의 글로벌 대기업들에서 수십 년 간 근무한 기술-공정- 디자인과 기획-관리-마케팅-무역 등 분야의 우수 인력은 한국이 보유한 최정예 인적자원이다. 따라서 그 퇴직자들에게 소정의 적합성 훈련을 받게 해 그들이 '지역-산업-대학'의 혁신을 지원하는 컨설턴트로서, 그리고 신(新)교수 자원으로서 맹활약할 수 있다면, 지역과 산업과 대학 모두 비약적인 업그레이드가 가능할 것으로 기대된다.

그 외 중소기업 구조 고도화, 구조조정, 해외 진출 등에서 금융의 역할 제고도 주요 정책 과제이나 지면 관계상 생략한다. 다만, 4대 기본 원칙에서 강조한 것이 구현되도록 제도적인 틀을 마련하여 지속적으로 추진하는 것이 긴요하고, 또한 좁은 의미의 산업 진흥책을 넘어 노동, 교육, R&D 체계 등 전반적인 영역을 포괄하는 정책이 되어야 함을 강조한다.

몇 가지 추가 사항

보수적인 학자나 언론은 산업 정책과 관련하여 신자유주의 정책의 결과인 2008년 글로벌 금융위기 이후 약화되기는 했지만 변함없이 노동 유연성(사실상 기업의 해고의 자유)과 규제 완화를 핵심적인 정책으로 내세워왔다. 그러나 이 문제와 관련해서는 우리의 현실을 고려해야 한다.

노동 유연성 증대는, 직무직능급 임금제도가 아닌 연공서열형 임금 제도가 여전히 지배적이고, 대기업과 중소기업 임금격차가 지나치게 높으며, 실업에 대한 안전망과 재교육 시스템이 부실한 전반적인 현실을 고려할 때 노사 갈등 격화에 따른 사회적 비용만 증가할 뿐 효율성 증대 효과는 기대할 수 없기 때문에 지금으로서는 어렵다. 이들 세 가지 제약 요인을 하나씩 제거하는 가운데 조건의 성숙에 맞추어 노동 유연성을 제고 하는 정책도 고려할 수 있을 것이다.

규제를 기본권, 안전 관련 기본 사항 이외에는 특별법에 의해 일반 규제가 아닌 특정 행위만을 대상으로 엄격히 한정하고, 방식도 네거티브 규제로 하면 획기적으로 규제 완화 효과가 나타날 것이다. 이렇게 되면 행위는 허용하되(자율 원칙), 그 결과에 대한 책임을 물으면 된다(자기 책임 원칙). 그러나 이는 자유주의 정신이 사회에 확고하게 뿌리내리고 그것이 입법 정신으로 채택된 미국 같은 사회에서는 가능하나 아직 한국에서는 논란의 여지가 있을 것이다. 자식의 잘못은 가장의 잘못이 되는 전통적 가치관이 여전히 남아 있는 한국에서 자율과 자기 책임 원칙을 강하게 적용하는 일은 쉽지 않다. 입법 정신으로의 전환에는 사회의 성숙과 사회적 공론화, 합의 과정이 필요하다. 다만, 규제

대상을 명확히 특정 행위에 한정하는 방향의 특별법을 활용하면 과잉 규제를 피하는 데 큰 도움이 될 것이다

제14장

산업 혁신과 인력 정책의 방향

이장원 정책기획위원회 국민성장분과 위원, 한국노동연구원 선임연구위원

디지털 전환과 산업 혁신

4차 산업혁명이라 부르기도 하지만 혹자는 3차 산업혁명의 진화라고 한다. 바로 디지털 기술의 급격한 발전과 적용 확산으로 산업 생태계와 경쟁력을 결정하는 방식이 근본적으로 바뀌고 있기 때문이다. 4차 산업혁명이라 하든 아니든 지금이 디지털 전환의 시대라는 점에 동의하지 않는 경우는 거의 없다.

우리는 디지털 전환에 얼마나 잘 대처하고 있을까? 최근 이에 대한 국제적인 평가가 나왔다. 스위스 IMD(국제경영개발원)에서 발표한 '2019 World Digital Competitiveness Ranking'에서 대한민국은 전체 10위를 차지했다. 인구 2,000만 명이 넘는 나라들 중에서는 미국에 이어 2위였는데 전체 순위가 내려간 것은 우리나라보다 상위에 있는 나라들 중 북유럽의 강소국이 많기 때문이다.

반가운 뉴스가 나왔지만 사실 내용적으로 세부 항목을 보면 불균형적 요인이 존재한다. 평가 요소가 지식(knowledge), 기술(technology), 미래 준비(future readiness) 세 가지인데 우리는 지식 분야에서 고등교육 인구가 3위인 데 비해 직업훈련은 33위에 그치고 있고 R&D는 1위인

데 과학기술 분야 고용은 30위이다. 즉 재능을 가진 인재가 많은 데 비해 양질의 인력을 노동시장에서 활용하고 또 재활용하는 노력은 약한 것이다. 또 과학기술 혁신이 산업 혁신으로 이어지는 연계성이 약하고 산업 혁신이 인력 혁신으로 연계되는 고리도 약하다는 것을 유추할 수 있다. 이번 조사에서 독일은 디지털 경쟁력 부문에서 우리보다 하위인 17위로 평가되었는데 직업훈련은 3위, 과학 분야 졸업생은 1위로 나타났다. 4차 산업혁명 관련해 전 세계가 주목하고 있는 인더스트리 4.0(Industrie 4.0)을 주도하고 있는 독일의 강점이 어디에서 나오는지 짐작할 수 있다.

역량 증진 국가로의 전환이 중요

4차 산업혁명에 대한 두려움은 앞으로 기술 혁신이 경제와 산업의 경쟁력을 어떻게 바꿀지 그 속도와 파급력을 예측하기 어렵다는 데 있다. 더욱이 북유럽 등의 강소국들과 달리 인구 및 산업 규모가 큰 우리와 같은 경우는 방향 전환과 위기로부터의 회복 탄력성에 어려움이 있기에 제대로 준비하고 미래를 대비한 사전적 혁신을 해나가야 한다. 예컨대 핀란드와 같이 노키아 의존형 경제가 위기를 맞더라도 몇 년만에 다시 스타트업 기업을 키워 산업 경쟁력을 회복하기보다는 독일과 같이 노사정 주체들 간의 대화와 협력을 통해 혁신을 추진할 필요가 있다.

사전적, 예방적, 투자적 차원에서 산업 혁신을 준비해가는 과정에서 가장 중요한 것은 사람이다. 특정 기술과 로봇을 동원해 산업 혁신을 추진하는 것은 가능하지만 사람은 단시간에 그렇게 변할 수 없다. 인력 혁신에 대한 인프라를 미리 구축하지 않은 상태에서 산업 혁신을 추진하면, 사람은 혁신의 주체가 아니라 대상으로 전락하게 된다. 최근 우리의 스마트 공장화가 확산되면서 로봇을 활용한 자동화 속도가 세계적 수준으로 성장했다. 하지만 그에 비해 인력을 재훈련시키는 노력은 여전히 과거 수준에서 크게 벗어나지 못하고 있다는 점에서 우려가 있다. 특히 자동차 산업에서 대규모 고용 조정이 불가피하다는 진단이 나오는 등 산업 혁신과 인력 혁신 간의 부정합적, 불균형적 발전 과정이 문제가 되고 있다.

그렇다면 인력 혁신은 무엇을 어떻게 하자는 것인가? 특정 기능을 가진 졸업생을 늘리고 특정 자격증을 취득하게 하는 방법으로는 현재의 디지털 경제가 주는 융·복합적 발전 과정을 감당하기 어렵다. 디지털 지식을 포함하면서 보다 넓은 의미에서 문제 해결 능력을 키워야 한다. 이를 압축해서 역량 개발이라 할 수 있다. 역량을 중시하는 역량접근법은 노벨 경제학상을 수상한 아마르티아 쿠마르 센(Amartya Kumar Sen) 교수의 설명이 가장 대표적이다. 이에 따르면 역량은 "이 사람은 무엇을 할 수 있고 무엇이 될 수 있는가"에 관련된다. 역량은 선택 가능한 기능의 조합을 이루어낼 수 있는 자유다.

서양에서 역량접근법의 뿌리는 아리스토텔레스의 정치사상이다. 아리스토텔레스는 "정치는 사람이 바람직한 행동을 하도록 이끄는 것이 아니라 사람에게 선택할 역량과 선택할 기회를 만들어주는 것이 최우선 임무"라고 보았다. 역량이라고 할 때 이는 성취를 목적으로 한 능력을 지칭하는 'competency'와도 다르고 경제학의 인적 자본 이론이 전개하는 개인의 역량 외에 이를 실질적으로 발현하게 해주는 기회와 선택의 자유를 보장하는 제도적 역량까지를 포괄한다.

현대 산업사회에서 인간의 역량은 주로 일을 통해 발휘된다. 사회가 일을 할 수 있는 기회를 보장하는 것은 그럼 점에서 매우 중요한 국가와 정치의 책임이다. 실업이나 경제활동을 포기하는 것이 자발적으로 이루어질 가능성은 매우 낮다. 공식적인 실업으로 간주되지 못하는 경우에도 대부분은 일할 기회를 충분히 얻지 못한 데서 오는 실망과 낙담으로 인한 결과이기도 하다.

결국 역량이 고용 기회로 연결되는 것은 매우 자연스럽고도 중요한 연결 고리이다. 복지국가는 전후 세계경제의 발전과 더불어 자연스럽게 선진국들의 제도적 지향점이 되었다. 그러나 재정 적자, 세계화, 고령화 등의 영향으로 시장에서 일자리를 만들어내고 이를 통해 기본적인 소득을 창출하는 기능이 점점 더 중요해졌다. 기본적인 사회보장 기능의 강화를 통한 가계의 시장 지출 축소와 공적인 이전 소득 확대를 통한 빈곤 예방이 필요하다. 이와 더불어 소득 불평등을 줄일 시장 참여 기회와 임금의 형평성 강화가 조화롭게 균형을 이루어야 한다.

고용을 통해 소득을 증진하는 데에서 국가의 역할은 역량 개발과 증진으로 모두에게 시장 참여의 기회를 확대하고, 일자리를 통한 역량의 성취와 그 성과의 공정한 배분 기회를 확충하는 데 초점을 두는 것이다. 그런 면에서 최근 OECD가 전통적인 복지국가 모델이 아닌 역량 증진 국가(enabling state)로의 전환이 포용 성장의 기본적인 출발점이라고 보는 것은 이와 유사한 맥락이다. OECD는 역량을 발휘하려면 일자리를 만들어내는 기업 활동을 역동적으로 보장하고 사람들의 인적 역량과 숙련을 제고하는 것 모두가 중요하다고 본다.

산업 혁신 역량의 진단

상대적으로 고학력 인구를 가진 우리가 왜 인력의 혁신 역량을 우려하는가? 먼저 기존 인력 정책 시스템의 문제를 진단할 필요가 있다. 기존 시스템의 주요 특징은 교육 훈련과 노동 방식으로 나누어 말할 수 있다. 먼저 교육 훈련에서는 정형화된 지식 전달, 반복 학습과 지필 평가, 대학과 산업의 연계 단절을 지적할 수 있다. 그리고 노동 방식에서는 고강도 장시간 근로, 노동 배제·기술 중심 혁신, 중년 이후 고용 불안, 일·생활 불균형을 들 수 있다. 아울러 정부의 인력 정책도 질적인 개선보다는 양적으로 중소기업 인력 지원에 치중해왔다.

이러한 기존 시스템이 야기한 파생적 문제로 기업 차원에서 공공 부문·대기업 선호와 만성적 중소기업 기피로 혁신 성장에 필요한 우수 인재를 확보하는 것이 불가능해졌다. 또한 중소기업의 청년층 구인난과 대기 실업 만성화·유휴화, 중장년의 낮은 환경 적응력과 과도한 자영업 진출을 초래했다. 따라서 향후에는 이런 기존 인력 양성 시스템의 혁신을 통해 새로운 산업 인력을 육성할 필요가 있다. 글로벌 시장 및 기술 환경에서 변화의 속도는 가속화되고 변화 방향에서의 불가측성은 높아질 전망이다. 이 때문에 산업 구조의 전환을 원활히 하는 노동자의 역량 개발에 집중할 필요가 있다. 시장 및 기술 환경의 빠른 변화로 구조조정이 상시화되는 환경에서, 불가피한 구조조정의 충격을 완화하고 중장기적으로 전체 산업의 경쟁력 제고를 이루기 위한 인적 역량 강화 방안이 필요하다.

산업의 구조조정에 따른 급격한 충격을 완화하기 위한 교육 훈련 정책 추진과 관련해서는 '명시적' 구조조정의 경우 고용이 일단 유지된다면 고용 유지 훈련을, 이후 고용 관계가 단절되거나 '은폐된' 구조 조정(예: 온라인 거래 확산으로 오프라인 유통의 위축, 전통 제조업이 중국과의 경쟁으로 인해 점진적으로 위축)으로 인한 실업자에 대해서는 훈련 연장 급여를 활용한 적극적 훈련을 실시해야 한다.

근본적으로는 우리나라 재직자의 고용 전환을 위한 획기적 교육 훈련 제도의 도입이 필요하다. 우리나라는 선진국과 비교했을 때 재직자의 교육 훈련 참여가 매우 미흡한 실정이다. 여기에는 많은 원인이 있으나 무엇보다도 교육 훈련을 위한 시간과 양질의 프로그램이 부족하다는 게 가장 큰 이유다. 경제활동 상태에 따라 평생교육에 참여하지 않는 이유는 다소 상이한 모습을 보이나 취업자의 경우 시간 부족이 주된 이유라는 응답이 압도적으로 높게 나타난 반면(주로 직장 업무로 인한 시간 부족), 실업자의 경우 프로그램의 실효성 문제가 평생 학습에 참여하지 않는 가장 큰 이유로 나타났다.

산업의 혁신 역량을 제고하기 위해서는 우선 일하는 사업장이나 직장에서 일터 혁신이 일어나야 한다. 일터 혁신은 단지 기술이나 설비 개선에 의한 일면적인 혁신이 아니라 일하는 사람들이 같이 결합한 노사 참여적 방식으로 전개되어야 한다. 노동 참여적 일터 혁신은 '고숙련·고참여 → 혁신과 생산성 향상 → 고임금'의 선순환 메커니즘을 통해 기업의 혁신과 성장을 촉진하고, 노동 생활의 질 개선과 소득 향상을 도모할 수 있다는 점에서 혁신 주도 성장과 소득 주도 성장을 현장에서 매개하는 방안이기도 하다.

최근 고용 노동 정책과 제도 변화가 많았는데 일터 혁신은 이러한 변화를 현장에 착근시키는 수단이다. 예컨대 근로시간 단축이 현장에 정착되기 위해서는 교대제 개편, 임금 보전, 생산성 향상, 유연 근로 문제 등이 함께 논의·변화되어야 하는데, 이것은 일터 혁신(지원 컨설팅)을 통해 해결할 필요가 있다.

일터 혁신과 인력 혁신 결합의 필요성

4차 산업혁명에 대응하기 위한 산업 현장의 움직임이 분주해지는 가운데 스마트 공장을 만들기 위한 국가 정책의 강화가 두드러진다. 그러나 다른 한편으로 지금도 인력 대비 로봇을 활용하는 수가 전 세계에서 압도적 1위인 우리나라 현실에서 스마트 공장의 확산이 자칫 일자리와 사람을 배제하는 방향으로 혁신이 일어나는 것이 아닌가 하는 우려도 커지고 있다. 즉 보다 포용적인 관점에서 일터 혁신을 추진해야 한다는 대안적 목소리가 높아지고 있는 것이다.

일터 혁신은 조직의 사람, 과정 그리고 관계라는 자원으로부터 최상의 자원을 동원해 조직 목표와 근로자의 삶의 질을 동시에 제고하는 데 목적이 있고, 이를 달성하기 위해서는 포용적(inclusive) 일터 환경을 조성하는 것이 중요하다. 포용적 일터 혁신이란 직원들의 동기 부여와 근로 조건을 향상시키는 것은 물론 외부 협력 업체, 고객, 이해 당사자들과의 관계까지도 혁신시키는 것을 의미한다.

포용적 일터 혁신은 기술 혁신을 초월하여 사회 및 조직 혁신 등 비기술적 혁신을 포함해야 하고 혁신 주체들 간의 협력과 균형적 성장을 추구하는 것이다. 특히 산업적으로 소외되었던 중소기업들이 혁신의 민주화 관점에서 폭넓은 혁신 기회를 보장받을 수 있어야 한다.

우리의 일터 혁신은 개별 사업장 안에서 일하는 방식을 개선하는 것에 치우쳤다. 그 결과 노동자의 동기 부여와 사회적 자본인 노사 협력의 자원을 끌어내는 데 미약하고, 대기업 중심의 수월한 혁신 모델을 중소기업이 따라가도록 정부 정책상 지원 및 독려만 했지 네트워크 경제 및 산업 구조에서 중소기업의 혁신을 적극적으로 지원할 수 있도록 공정하게 성장할 수 있는 생태계나 시스템을 구축하는 데는 한계가 있었다.

노사가 서로 상생하고 지속가능한 시스템을 구축하기 위해서는 지속적이고 상시적 혁신을 위한 일 기반(work-based) 학습이나 현장 (workplace-level) 학습이 매우 중요해졌다. 이는 학습과 일의 병행을 의미하며 근무와 학습이 동떨어지기보다는 유기적으로 연계되어 생산성을 높이는 방식을 구현하는 것이다.

학습과 일의 병행을 위해서는 우선 장시간 근로를 줄이고 근로시간의 연장선상에서 현장 학습이 이루어져야 한다. 아울러 조직 내에 다양한 수준과 요구별로 잘 짜인 학습 메뉴가 조성되어 일회적이지 않고 지속적인 현장 학습이 이루어질 수 있어야 한다. 또한 일과 학습 간의 교차와 혼합을 위한 시간 관리상의 기술이나 소프트웨어 프로그램이 뒷받침되어야 한다. 많은 경우 학습의 시공간상의 제약을 넘기 위한 IT 기반 지원 체계를 구축하고 있다.

혁신에 있어서 인적자원은 매우 중요하다. 혁신은 조직에 의해 이루어지기 때문이다. 기술은 산업 혁신과 경제발전의 중요한 원동력 이지만 현대 사회에서 기술 혁신보다 더 중요한 것은 인적자원에 의한 경제적 혁신과 사회적 혁신이다. 그러나 그 중요성에도 불구하고 제대로 평가받지 못하고 있다. 기계와 기술의 활용은 인적자원에 의해 구체적으로 실행되고 생산성으로 효과가 나타난다. 그런 면에서 아무리 좋은 기계나 설비가 있다고 하더라도 인적자원이라는 무형적 자산이 부족하다면 좋은 기업은 물론 경쟁력 있는 기업이 될 수 없다.

오늘날 좋은 기업, 공유 가치를 추구하는 기업은 대부분 인적자원을 중시하는 기업이다. 빠른 기술 변화에도 불구하고 이에 대응하여 차별화된 부가가치를 창조하고 변화된 환경에 적응해낼 수 있는 역량의 원천은 인적자원이다.

아울러 근로시간은 유연하게 적용되어 노동자와 기업이 노동력 투입 시간을 최소한으로 하더라도 생산성을 최대한으로 올릴 수 있도록 짧으면서도 유연하고 탄력적으로 설계되고 운영되어야 한다. 일과 가정생활의 양립을 위해 장시간 근로를 줄이고 법이 허용하는 범위를 넘어선 초과 근로를 하지 않음은 물론이고 조직 내에서 평생 학습을 할 수 있도록 학습 시간을 고려해서 조정해야 한다.

일터 혁신의 추진, 평생 학습의 강화, 근로시간의 효율화를 서로 밀접하게 연계해 추진한다면 생산성 향상과 근로 생활의 향상이 동시에 나타나는 선순환을 기대할 수 있다. 하지만 현실에서는 그렇게 단순하게 추진되기 어려운 법적, 제도적, 문화적 난관이 존재한다. 그리고 그런 난제는 사업장마다 상이한 특징을 가지는 경우가 많다. 따라서 정부의 적절한 정책자금 지원은 물론이고 제도 혁신을 위한 컨설팅을 보다 현장중심으로 개별화시켜야 한다.

일터 혁신이 발전하려면 인프라를 구축하기 위한 정부의 노력은 이중적 사명을 취해야 한다. 하나는 일터 혁신을 산업 혁신, 기술 혁신과 통합적으로 연계 추진하는 국가적인 정책적 노력과 함께 현장에서 종업원들의 참여를 이끌어내기 위한 현장 기반 인프라로서 기업별 노사관계의 교섭 의제를 전환시키고 노사협의회 제도를 대폭 개선하고 대표성을 강화하는 것이다.

아울러 일터 혁신의 결과로 얻어지는 성과와 이익을 공정하게 배분하는 기업 내 성과 배분 제도를 더 정교하고 다양하게 개발하도록 지원할 필요가 있다. 일자리를 유지하고 창출하는 데 들어가는 각종 정부 지원금이나 세제의 혜택을 확장해서 인력의 질을 높이는 데 기여하는 기업의 프로그램이나 투자분에 대해서도 지원할 필요가 있다. 인건비가 아니라 인력 투자라고 생각하는 인식의 전환을 도모해야 한다.

선진국 사례와 시사점

직업훈련, 재훈련, 인적자원 개발을 강화하자는 주장을 포괄하는 차원에서 광의의 평생 학습 강화 전략은 최근 들어 유럽 일터 혁신의 중요한 지향점이 되고 있다. 독일과 핀란드 사례에서 나타난 과거의 일터 혁신 개념이 생산성 또는 경쟁력 향상을 위한 사용자의 경영관리 혁신 방안에 노조나 종업원들의 참여와 근로 조건의 향상 또는 보호를 교환관계로 삼았다면 최근에는 디지털 경제의 확산에 대응한 변화와 전략적 방점이 결국 인적자원의 혁신 및 평생 학습으로 모아지고 있다.

독일의 경우 인더스트리 4.0으로 대표되는 디지털 전환기에서 제조업을 중심으로 한 일터의 모습은 혁명적이라기보다는 린(Lean) 생산방식에서 디지털화가 강화된 진화의 모습으로 전개되고 있다. 현장에서 직접 생산 공정에 투입되는 인력은 다소 줄어들었지만 생산 서비스의 확대와 경영관리에 투입되는 인력이 늘어서 고용의 양적 측면에서 위협적인 결과는 발견되지 않는다. 그러나 디지털 환경에 적응하기 위한 역량 개발과 재훈련의 필요성이 강조되고 있다. 업무가 고도로 집중화되고 상호 연계되면서 구상과 실행이 분리된 과거의 대량생산 방식과는 다른 차별화된 현장에서의 문제 해결 지식과 기능이 요구되기 때문이다.

핀란드의 경우는 과거 일터 혁신의 추진 과정에서 학습의 중요성이 상대적으로 매우 강했다. 핀란드는 교육을 통한 국가 경쟁력 확보를 매우 중요한 국가 발전 전략으로 추진했다. 하지만 그와 더불어 대량생산에 의존한 제조업 전통이 약했기에 보다 차별화된 상품이나 서비스의 개발이 기업의 경쟁력 확보에 중요한 요소였고 종업원들의 학습 참여가 이 전략에서 중요했기 때문이다. 이런 과정에서 노동 생활의 질을 종합적으로 제고하기 위한 정책적 노력이 기술 혁신과는 괴리된 상황이 전개되자 최근까지 점진적으로 이를 통합해서 진행하기 위해 일터 혁신을 국가적 혁신 전략으로 추진하고 있다.

일터 혁신 정책은 그 자체가 기업의 경쟁력과 생산성 향상에 직접적으로 연관되어 있다는 점은 분명하다. 그러나 산업 경쟁력과 생산성이 중요해진 상황에서도 고용 안정과 노동 생활의 질을 동시에 고려해야 한다는 것은 단지 당위론적인 주장은 아니다. 독일이나 핀란드도 그렇지만 선진국들이 일터 혁신에서 노동력이 차지하는 질적인 기여와 동기 요인이 매우 중요하다는 점을 강조하는 이유는 바로 인력 구조 때문이다. 독일의 경우는 이미 선진국 중 일본 다음으로 고령화가 심각한 상태다. 인더스트리 4.0이 태동한 배경도 사실 인력의 고령화에 대응한 생산성 유지가 중요했기 때문이다. 핀란드의 경우도 한정된 인구를 가진 작은 나라이기 때문에 산업 경쟁력을 유지하기 위해서는 노동력 투입 위주의 양적 경쟁을 할 수가 없는 조건이다. 따라서 인력의 개발과 보존이 매우 중요한 실정이다. 우리의 경우도 디지털화와 고령화 상황에 모두 대응하기 위해서는 인력을 중심에 놓고 일터 혁신을 추진해야 한다.

제15장

미래를 위한 과학기술 R&D 혁신

소준노 정책기획위원회 국민성장분과위원, 우석대 제약공학과 교수

머리말

현대사회에서 과학과 기술은 자연을 이해하는 영역을 넘어서서 인간의 일상생활에 크고 깊은 영향을 준다. 역사적으로 영역을 달리하며 독자적으로 발전해오던 기술과 과학이 근대 이후로는 상보적으로 영향을 주고받으며 서로의 발전을 가속하였고, 결과적으로 현재의 과학과 기술은 그 경계를 구분해서 정의하기가 어려울 정도로 중첩적인 양상을 보인다. 그 때문에 흔히 '과학기술'로 통합하여 표현하기도 한다.

오늘날 우리가 사용하는 문명의 이기라고 하는 것은 거의가 과학기술의 결과물이거나 그 응용물이다. 새로운 지식과 기술의 축적이라는 과학기술의 발달은 산업 기술을 혁신시켜 경제성장을 견인하는 힘을 제공할 뿐 아니라 때로는 사회·문화적 변동을 일으켜왔다. 역으로 기술혁신과 경제성장이라는 결과가 원래 과학기술의 범위를 크게 확장시키거나 새로운 영역의 과학기술을 탄생시키는 토대로서 역할하기도 한다. 이러한 선순환은 과학기술이 실제로 경제 시스템의 변화를 만들어냈던 몇 차례의 산업혁명과 그 이후의 결과에서 쉽게 볼 수 있다. 과정에서 차이가 있긴 했지만 이 선순환을 잘 활용하는 국가는 예외 없

이 경제적인 부를 축적하는 데 성공했으며 국제적으로 지도적인 영향력을 행사하는 위치를 차지해왔다.

과학기술R&D 경쟁력

국가의 힘과 위상은 보유하고 있는 과학기술의 종류와 수준에 의해 결정되기 때문에 지금도 경쟁 관계인 많은 국가가 새로운 과학기술에 관심을 가지며 투자에 집중하고 있다. 18세기 후반에 시작된 대규모 경제성장을 이끈 요인은 여러 가지가 있지만, 경제학자들이 가장 중요하게 여기는 성장동력은 기술 발전을 도모하기 위해 '과학 이용법'을 배워서 활용했다는 사실이다.[4]

대한민국은 1차, 2차 산업혁명의 출발은 뒤졌으나, 이후 어려운 환경에서도 추격해가며 선진 산업 기술을 습득하여 기대를 초월한 경제성장과 인적자원 확보라는 성과를 모두 얻었다. 이 과정을 통해 과학기술의 기반을 마련하고 새로운 분야의 과학기술에 도전하는 위상을 확보한 결과, 각 산업 영역에서 정보 기술이 신성장동력으로 도입되는 3차 산업혁명 시대를 선도적으로 이끌었으며 디지털 시대의 값진 결실을 얻어내고 있다.

우리가 가진 디지털 과학기술의 경쟁 우위는 진행 중인 4차 산업혁명의 결실을 우리의 것으로 만드는 데에도 매우 소중한 토대다. 이는

---

4 폴라 스테판, 《경제학은 어떻게 과학을 움직이는가》, 인윤희 옮김, 글항아리, 2013, 제9장 과학은 경제성장에 어떻게 기여했는가.

이 분야에 대한 선행 연구개발(R&D) 투자가 있었기에 가능했던 것이며 결코 우연히 이룬 것이 아니다. 이러한 경험의 각인은 미래의 먹거리를 찾기에 앞서 그에 합당한 R&D 투자를 당연한 것으로 받아들이는 사회적 합의의 교훈이 되었다고 본다. 그 덕분에 여건이 어려운 지금도 성장동력을 구하는 데 필요한 R&D 투자에 있어서만큼은 지원의 폭을 늘리며 세계적으로 최고 수준을 유지하고 있는 것이다.

우리 사회 일각에서는 그 효율성이 낮다며 R&D 투자에 대해 부정적 입장을 취하기도 한다. 이는 지식 가치사슬의 복잡한 특성으로 인해 나타나는 R&D 영역 간의 차이와 수준의 다양성을 단순화시켜 판단하기 때문일 것이다. 무엇을 목표로 하는 R&D인지, 그리고 그 투자가 이루어지는 영역과 특성은 어떠한지 등을 고려하면서 효율성을 따져본다면 결과는 달라질 게 분명하다. 잘 알려져 있듯이 사실에 대한 지식을 목표로 하는 기초연구 분야 R&D의 경제적 효율성은 단시간에 측정되거나 계산되는 것이 아니다. 공학 분야에서 많이 볼 수 있는 응용연구 R&D조차도 주제와 목표로 하는 제품이 어떤 것인지에 따라 그 성과가 나오는 데 걸리는 기간이 크게 다를 수 있다. 또 연구 분야에 따라 기초연구와 응용연구가 병행되어 상대적으로 짧은 기간 안에 제품이나 서비스가 실생활로 제공되는 경우도 있다. 예를 들면 질병 연구의 일부 분야가 그렇다. 특정 미생물에 대한 기초연구는 그 유기체가 질병의 원인인 경우 곧바로 질병 치료를 목표로 하는 응용연구와 함께 진행될 수밖에 없다.

하지만 모든 연구 분야에서 기초와 응용이 기다렸다는 듯이 연결되지는 않는다. 이렇게 복잡한 상황을 이해한다면 R&D 투자의 효율성을 획일적으로 평가하거나 R&D 투자에 인색하지 않을 것이며, 단기적으로 성과를 재촉하는 일도 없을 것이다. 그럼에도 무작정 기다리는 것이 능사는 아니다. 현재의 R&D 시스템에 대한 총체적인 점검이 필요하다는 주장과 방안이 다양하게 제기되고 있다. 정말이지 R&D 투자 대비 혁신 경쟁력을 높일 방안은 없는가.

우리나라의 과학기술 R&D 투자 비중은 R&D 단계별로 보면 기초연구비의 비중이 낮고(14.5%), 경제사회 목적별로는 산업 생산과 기술 분야에 편중되어 있다(60.3%). 수행 주체별로는 대기업 중심의 기업 부분이 대부분의 연구비를 사용하고 있으며(79.4%), 대학과 출연연을 포함한 공공 부문 연구비는 낮다(20.6%). 기초연구는 시간이 오래 걸리기는 하지만 다양하게 응용할 수 있는 잠재력이 크다는 점을 감안한다면, 그리고 앞선 선진국의 경우 경제성장에 기여하는 많은 연구가 공공 부문에서 이루어지고 있는 기초연구인 점을 생각하면 현재 우리의 R&D 구조 자체가 연구개발 투자 대비 산출 부족이라는 '코리아 패러독스' 논란을 야기하는 하나의 원인이라는 사실 또한 분명해진다. 따라서 과학기술 R&D 자체 품질의 고도화는 물론 혁신 성장과 새로운 시대의 요구에 부응하는 신성장동력을 구축하기 위해서는 과학기술 R&D 시스템의 개혁이 절실히 필요하다.

과학기술 지식의 본성과 R&D

체계적인 탐구에 기반하고 있는 과학 지식이 전반적으로 사실에 대한 설명과 기술적 응용의 기초를 제공한다는 데는 의심의 여지가 없다. 그렇다고 해서 과학 지식이 모든 문제를 해결하는 것은 아니다. 특정 상황에 대한 현실적인 대응에는 그 시간과 장소 등에 관련된 '지역 지식'이 가치를 발휘하기도 하는데 이는 과학적인 연구로 결코 알아낼 수 없는 유형의 지식이 존재하기 때문이다. 우리가 직관적으로 알고 있는 것처럼, 과학 논문을 읽는 것만으로 기술 습득이 쉽게 이루어지진 않는다. 그런데 이 점을 간과했기에 임무 중심 R&D의 성공적인 진행에 반드시 필요한 지역 지식을 소홀히 했고 경험 환경, 즉 산업 현장의 가치를 제대로 챙기지 못한 것은 아닌가 여겨진다.

오스트레일리아 국립대학교 명예교수 프랭크 잭슨(Frank Cameron Jackson)의 철학적 사고 실험에 의하면, 과학자가 한 주제에 대한 과학 연구(예를 들어 색깔과 색 감각)를 아무리 광범위하고 완벽하게 완료한다고 해도 특정 환경에 맞닥뜨리기 전에는 그것을 경험하는 것(색깔을 실제로 보는 것)이 어떤 것인지 알 수 없다. 즉 자전거의 구조와 움직임에 대한 물리학을 다 꿰고 있으며 자전거에 대한 모든 책을 섭렵하고 심지어 자전거를 타는 방법과 자전거 경주에서 어떤 책략을 쓰는지까지 자료를 통해 완벽히 알고 있는 어떤 사람이 처음으로 자전거 타기를 시도하면서 경험하는 상황과도 같은 것이다. 그 사람이 자전거 타는 방법에 대해 많이 읽은 것(사실에 대한 지식을 가진 것)과 실제로 자전거 타는 방법을 배운 것(기술 습득 능력 지식)은 다르다. 실수가 실력으로 쌓일 수 있도록 하는 환경, 즉 자전거를 실제로 접할 수 있는 상황에서 자전거 타는 방법을 배울 수 있기 때문이다.[5] 잭슨 교수의 논증이 시사하는 바는 과학만으로 알 수 없는 중요한 능력 지식(기술)이 있으며, 따라서 그것을 획득하고 고도화하는 방법은 달리 찾아야 한다는 점이다.

---

5 팀 르윈스, 《과학한다, 고로 철학한다》, 김경숙 옮김, MID, 2016, 339-350쪽.

과학기술 R&D 투자 성과가 제대로 나오지 않는 이유가 연구자의 책임 부족이나 지식 가치 사슬의 구조 부실만이 아니라 지식의 본성과도 연관이 있다면, 문제 해결을 위해 과학기술혁신 생태계 조성에 필요한 조치와 함께 능력 지식을 갖는 데 필요한 환경을 어떻게 마련할 것인지에 대한 노력이 있어야 한다. 능력 지식은 새로운 관점에서 사태를 파악하는 경험을 기초로 한다. 어떤 환경이 무엇을 수단으로 하여 제공되느냐에 따라 그 경험-환경 속에서 다양한 조합에 의해 개인이 얻게 되는 지식의 질과 양이 결정될 것이다.

경제성장의 저하 추세를 막고 한국의 산업 부분 위기를 극복하는데 필요한 방안을 모색하는 과정에서 공통적으로 도출된 견해가 설득력을 얻고 있다. 질 좋은 고용을 창출하고 지식 기반 생산 지원 서비스업의 성장을 기대하려면 생산 현장이 경험 축적의 공간으로 제공되어야 하며, 여기에서 경험 축적의 긴 과정을 통해 확보되는 경험 지식이 있어야만 개념 설계 역량을 보유할 수 있다. 그리고 이를 토대로 실용화 단계의 스케일 향상도 수월해진다는 것이다. 개념 설계 역량은 문제의 속성 자체를 새롭게 정의하고 창의적으로 해법의 방향을 제시하는 역량이다. 우리에게 부족한 '개념 설계' 역량을 갖추기 위해서는 경험 축적이 절실하다는 점을 누누이 강조하며, '창의적이고 근본적으로 새로운 개념을 제시할 수 있는 역량'을 갖추는 것만이 경쟁력 있는 게임 체인저가 되는 길이라고 한다. 동시에 개념 설계 역량은 논문이나 책으로는 배울 수 없는 지식, 즉 축적된 경험 지식에 의해서 얻어진다는 주장이다.[6]

---

6 서울대학교 공과대학, 《축적의 시간》, 지식노마드, 2018, 창조적 축적 지향의 패러다

그동안은 선진국이 만든 개념 설계를 뒤쫓는 추격형 모방 전략을 성공적으로 실행해왔으나 이제는 창의적 개념 설계 역량을 확보해야만 한계에 도달한 추격형 성장 모델을 과감히 탈피하고 가치 사슬의 첨단을 점유할 수 있다는 것이다. 현장에서 시행착오를 통해 얻어지는 축적된 경험 지식이 창의적 개념 설계 역량을 만드는 기초라고 보는 이 견해는 앞서 과학 지식과 범주를 달리하는 중요한 능력 지식(기술)의 존재를 보여준 잭슨 교수의 논증이 시사하는 바와 그 맥락이 같다.

통상적인 절차대로 수행되는 현행의 R&D 시스템이 경험 지식의 축적 또는 능력 지식의 고도화라는 목표를 이루어내지 못한다면, 과학 기술이 주도하는 혁신 성장과 미래 도전은 지금과는 다른 혁신적인 과학기술 R&D 체제의 도입을 전제해야 가능할 것이다. 우리에게 필요한 혁신적인 R&D 시스템은 용도가 불분명한 작은 기술, 글로벌 수준에 미치지 못하는 완성도 부족, 현장과 절연된 절편화된 연구 결과 등을 지양하는 것이다. 수요자인 국민의 필요에 부합하는 문제를 도출하고 제안된 문제를 해결하는 것이 우선의 목표라야 한다.

임으로 바꾸어야 한다(이정동). 이정동 교수는 다음과 같이 요약되는 주장을 펼친다. "우리 사회 전체의 틀을 바꾸어 국가적으로 축적해가는 체제를 갖추어야 한다. 기초 개념이 강한 창의적 교육을 강화하여야 한다. 패러다임을 바꿀 수 있는 진정한 첨단 연구를 해야 한다. 실수가 용인되고 시행착오가 축적될 수 있도록 관리 체제를 축적 지향으로 바꾸어야 한다. 기업 지원 정책도 직접 지원을 지양하고 개념 설계에 도전하는 데나 시행착오를 축적하는 데에 지원하는 방향으로 전환해야 한다. 제조업 생산 현장이 유지되고 활발해야 시행착오를 거칠 수 있는 공간이 마련되는 것이다. 경험 지식의 축적을 방해하는 규제를 찾아내서 바꾸어야 한다."

임무 중심 R&D 시스템

임무 중심 R&D는 과학 지식의 밖에 존재하는 능력 지식을 확보하도록 견인하는 관리 시스템이 핵심이다. 임무 완수를 목적으로 하는 R&D는 미소 경쟁 시대에 미국이 세계 기술을 주도하겠다는 목표로 시작한 것이 그 역사적 배경이다. 국가 안보를 위해 중장기적인 기술적 임무를 도출하고 기초연구와 상용화(실전 사용)를 강력하게 연결하는 도전적 R&D 수행이라고 할 수 있다. 임무 전문성을 가진 연구관리자(PM)에게 강력한 기획·평가 권한과 운용 독립성 등을 부여하고 개방 경쟁형으로 추진하는 것이 특징이다. 미국의 나사(NASA)와 방위고등연구계획국(DARPA)에서 진행하는 방식이 잘 알려져 있으며 기초연구-새로운 발견-개념 설계가 중첩적으로 진행된다.

현장에서 기능을 해야 R&D의 임무가 완료되기 때문에 논문과 보고서에 있는 지식 이외에 현장에서 축적되는 경험 지식(또는 능력 지식)과 지역 지식이 중요하게 취급될 수밖에 없다. 사람과 현장에 대한 투자가 병행되는 구조인 셈이다. 임무 중심 R&D의 대표적인 사례로 인터넷과 GPS를 들 수 있다.[7] 실행 과정에서 개념 설계 역량이 발현되어야 하는 임무 중심 R&D 시스템은 미국의 성공에서 자극을 받은 유럽, 일본 등으로 확산되고 있다.

---

7 인터넷을 만든 R&D의 임무는 새로운 통신 기술의 연구개발과 같은 용도 불분명한 중립적인 것이 아니었다. '핵전쟁으로 통신이 손상되었을 때, 어떻게 분산적으로 통신망을 유지할 수 있는가'라는 문제를 해결하는 것이었다. 광범위한 지역에 피해를 줄 핵전쟁 상황에서 통신망을 유지해야 한다는 명확한 주문을 만족시키기 위해 통신망의 개념부터 재정의하고 그에 맞는 다양한 수단과 방법을 궁리해서 만들어진 것이 인터넷이다.

우리의 경우 추격형 R&D 시스템의 선도형 전환이 지체되고 있는데 그 원인을 살펴보면 먼저 연구자와 연구기관의 평가가 개별 성과 중심으로 이루어지고 있다는 것이다. 그리고 정부 부처별로 그것도 세부 단위가 R&D의 기획과 운영을 주도하고 있어 처음부터 해당 R&D의 임무가 무엇인지 명확하게 주어지지 못하고 있다. 개별 연구 수행자와 정부 관리가 R&D를 기획하고 과제의 성과보다는 과제 선정 경쟁 위주로 진행되고 있는 것이 현실이다. 정부 R&D의 수요자가 국민이라는 사실을 다시 분명히 하고[8] 미래를 준비하기 위해 미국, 유럽, 일본 등이 도입하고 있는 임무 중심 R&D를 목표로 해야 하는 것은 당연하다. 하지만 우선은 당면 과제로 국가적 임무 개념부터 재정의하고 R&D를 주도적으로 진행시킬 전문 인력의 준비를 서둘러야 한다.

선도형 R&D 시스템 구축의 기반 조성을 위해 축적 성장에 필요한 연구개발 관리 제도의 도입, 현안 해결형 융합 연구단의 시범적 운영, 여러 팀의 경쟁적인 프로젝트 수행, R&D 관리 전문 기관의 역할 재편 등이 체계적으로 진행되어야 한다. 물론 이런 작업도 경제 역량 강화에 필요한 산업 기술형 또는 기업 현안 지원형 R&D라는 현실적 요구를 담아내면서 정밀하게 추진되어야 한다. 동일한 임무 중심 R&D에 여러 팀이 도전하며 경쟁하도록 유도하는 프로그램을 장·단기적으로 점차 확대해가는 방안과 함께 청년 과학자와 대학원생에 대한 지원을 획기적으로 늘리는 제도 혁신을 이루어내면 과학기술혁신 생태계의

---

8 국가의 임무(국방, 국민 안전, 보건 의료)를 우선 목표로 하는 임무 중심 R&D와 출연연의 임무 중심 운영(PBS 기반 R&D)을 혼용하는 경우가 있다. 둘은 분명한 차이가 있으므로 주의가 필요하다.

지속가능성도 그만큼 높아질 것이다.

국가 R&D 시스템의 효율성과 수월성을 제고하는 방향으로 혁신하는 일은 국가 지식 가치 사슬의 구성 요소를 전반적으로 재설계하는 작업을 수반한다. 부실한 구성 요소를 강화시킬 방안을 찾아야 하고, 재설계 작업 전반이 제도적으로 뒷받침될 수 있어야 한다. 다양한 이해 당사자들의 요구를 수용하고 조정하는 과학기술 정책 컨트롤타워의 기능 강화와 조직 개선도 필요하다. 기후변화와 인구구조 변화, 자원 부족 등이 미래의 위험 요인으로 예고된다. 이로 인해 발생하는 재해는 이미 그 시작을 알리고 있다. 글로벌 확산이 염려되는 각종 신종 감염병의 출현은 남이 아닌 우리 자신의 문제다. 미래 사회가 당면할 이런 문제의 해결에도 임무 중심 R&D가 주된 역할을 할 것이다.

성장과 미래를 위한 과학기술 정책

문재인 정부는 성장의 과실이 국민 모두에게 고르게 돌아가도록 경제의 중심을 국민 개인과 가계로 하는 더불어 잘사는 경제를 지향한다. 이를 현실화하기 위한 소득 주도 성장, 공정 경제, 혁신 성장을 포괄하는 혁신적 포용 성장이 다양한 실행 과제로 진행되고 있다. 이를 통해 취약점인 대기업에 편중된 산업 구조를 바로잡고, 심각한 부의 불평등을 개선해야만 한다. 자원의 활용을 왜곡하는 비효율을 제거하기 위한 노력은 현재는 물론 지속가능한 미래의 경쟁력을 보장받기 위해서도 반드시 필요하다. 또한 기존 제조업을 업그레이드하고 수출 경쟁력을 높여야 하며 이와 병행하여 4차 산업혁명 시대의 미래형 신산업 육성 기반을 마련해야 하는 과제도 있다. 이러한 과제를 해결하기 위해서는 다양한 수단과 역량이 갖추어져야 하지만, 무엇보다 기술혁신의 토대가 되는 과학기술 역량 강화가 우선되어야 한다.

"성장 관련 이슈가 등장하면 다른 주제는 빛을 잃게 된다"는 말이 설득력을 갖는 것처럼 경제성장은 중요하다. 경쟁 관계에 있는 많은 국가가 저성장 추세를 꺾고 안정적인 경제성장을 담보하기 위해 새로운 과학기술에 의한 자원 개발과 산업 구조 재편을 시도하고 있으며 이에 필요한 R&D에 집중적으로 투자하고 있다. 문재인 정부도 초기에 산업, 과학기술, 사람, 사회제도의 4대 부문에서 혁신을 꾀하고 8대 선도 사업을 강조하며 출발했다. 이후 관련 부처 간 그리고 각 분야의 상보적인 정책 소통을 거치면서 데이터, AI, 수소경제라는 새로운 전략적 투자 대상을 중요하게 부각시켜 새로운 경제 환경을 주도하기 위한 혁신적 산업 생태계 조성에 노력하고 있다. 새로운 미래 먹거리 창출을 위해 바이오 헬스, 미래 차, 시스템 반도체 분야를 3대 신산업으로 정하고 이에 맞는 정책 과제를 도출하고 있다. 대기업 중심의 기업 생태계를 혁신 창업과 강한 중소기업 중심의 산업 생태계로 바꾸자는 것이다. 그러려면 앞에서 언급한 바와 같이 과학기술혁신과 경제성장의 선순환에서 얻은 경험을 살려내야 한다.

2021년이면 정부 예산과 민간투자를 합쳐 국가 R&D 비용 100조 시대가 된다. 이에 대비한 국가 혁신 시스템의 재설계가 필요한 시점이다. 규모와는 달리 R&D 법제를 보면 주요 부처의 과학기술 법령이 451개에 이르는 관료 주도의 후진성을 보이고 있다. R&D 100조 시대에 맞는 과학기술 법제의 혁신 시스템화는 임무 중심형 혁신 정책으로 전환할 수 있는 방향으로 전개되어야 한다. 특히 핵심 임무를 정의하기 위한 분야별 임무위원회를 구성해 광범위한 의견 수렴에 근거를 둔 연구 제도 혁신의 원칙과 절차를 마련해야 한다. 이를 통해 연구 조직의 상시적인 자체 혁신이 가동되면 연구 제도 혁신이 지속성을 가지게 될 것이다.[9]

4차 산업혁명의 진행은 인류가 경험하지 못한 새로운 산업사회를 만들어낼 것이다. 역설적이지만 '탈산업사회'다. 공장과 기업이 없어져 더 이상 산업이 존재하지 않는다는 것이 아니라 기존의 산업에 종사하는 사람의 수가 크게 줄어드는 사회이기 때문이다. 또한 4차 산업혁명의 신기술은 강력한 인간의 시대를 예고한다. 인류는 자신의 생물학적 한계를 극복하기 위해 과학기술을 활용해 왔는데 앞으로 그 흐름은 더욱 커질 것으로 보인다. 인공지능과 로봇의 발달은 인간의 지능적 한계와 신체적 한계를 극복하는 데 기여할 것이다. 생명공학의 급속한 발전으로 기대 수명 증가, 노화 극복, 인간 능력 확대, 네트워크 강화, 인구구조 변화 등이 예상된다. 예측하기 어려울 정도로 급속하게 진행되는 디지털 전환의 확산으로 산업의 기존 경쟁 법칙을 바꾸는 성장은 이미 실현되고 있다. 전통적인 기업의 경계가 파괴되고 가치 사슬이 다변화되며 다양한 시장 참여자가 가치 창출과 혁신 활동에 참여해 기술혁신과 신제품 출현도 더 빨라지고 있다.[10] 기후변화로 인

---

9 양승우, 〈국가 연구개발 100조 시대 대비 혁신 시스템(NIS)의 재설계〉, 제431회 과학기술정책포럼(2020. 01. 29), 과학기술정책연구원. 국민과 전문가의 수요 진단에서 얻은 자료를 정리하여 과학기술 발전을 통해 희망하는 나라상, 과학기술의 기여에 대한 기대, 과학기술에 투자해야 하는 이유, 과학기술 발전을 위해 집중해야 할 정책 분야, 해결해야 할 국가적 과제 등을 제시하고 있다.

10 이주량, 〈과학기술이 견인하는 혁신 성장 정책 전망〉, 제431회 과학기술정책포럼 (2020. 01. 29), 과학기술정책연구원. 국민과 함께 하는 과학기술 정책 준비 전략을

한 지구 환경 변화와 생물종의 변화도 심각해질 것이다. 우리는 어떻게 대응해야 하는가. 일시에 모든 문제를 해소할 수는 없을 것이다. 하지만 미래 과학기술의 발전은 생명공학의 급속한 발전, 극한 연구의 중요성 부각, 사회문제 해결 요구 등이 반영되는 방향으로 나아갈 것이다. 우리의 과학기술 정책과 R&D 시스템도 그에 맞추어 혁신적으로 재설계되어야 하며 사회 전반에 걸친 개념 설계 역량 강화도 필요하다. 모두 거버넌스 혁신과 교육 시스템의 총체적인 변화를 이루어야 하는 일이다.

제안하며 함께 만드는 미래 전망을 위한 지향점을 소개하고 있다.

제16장

대전환의 공간, 지역의 과학기술 R&D 체계 강화 필요성

소준노 정책기획위원회 국민성장분과위원, 우석대 제약공학과 교수

들어가며

코로나19 극복 방안으로 제안된 한국형 뉴딜이 디지털 뉴딜, 그린 뉴딜, 안전망 강화라는 3가지 가치 영역을 갖춘 형태의 한국판 뉴딜로 진화하고 있다. 이어 국가 대전환을 위한 지역균형 뉴딜로 확산·진화하며, 전략의 실체가 지역이라는 물리적·문화적 공간에 자리를 잡았다. 지역 주도의 틀이 마련되었다. 이제 대전환은 '2050 대한민국 탄소 중립'을 위한 그린에너지 기반 탈탄소 경제 사회 구축으로 이어지며 그 폭과 크기를 더해간다. 격동적인 산업 구조 개편이라는 도전을 수용할 수 있는 역량이 강화되어야 하는 시점이다.

역대 정부들은 국토의 불균형 발전을 해결하고 성장을 지속하고자 다양한 성장정책과 지역정책을 개발하여 실행해 왔다. 글로벌 가치사슬을 재편하며 고속으로 진행되던 선진국 중심 세계화의 여건하에서, 궁극적으로 우리 나름대로 균형적인 국가 발전을 추구하고 있었던 셈이다. 연속선상에서, 국가균형발전의 기본 구조를 재구축한 문재인 정부는 2020년 초까지만 해도 기존의 국정과제를 중심으로 제반 사업

들을 밀도 있게 추진하고 그 성과를 얻는 데 역점을 두었으나, 예상외로 강력한 팬데믹이 되어버린 코로나19의 파급력을 분석하며 모든 계획을 다시 설정하였다. 현실적으로 실행 중인 과제들이 지닌 관성력과 성과의 추수를 충분히 고려하면서, 그 과정 중에 코로나19 이후 세상의 새로운 기반 조성에 필요한 미래 전략을 짜야 하므로 이 시점의 전환 과정이 쉽지만은 않다. 하지만 인수위원회 없이 출발한 한계 때문에 놓칠 수밖에 없었던 큰 틀의 국가 개조 방향을 다시 숙고하고 필요한 전략을 준비할 기회가 되기도 한다.

혁신의 기회를 어떻게 수용하는가에 따라 공동체의 미래가 결정된다. 이제 우리가 선택한 대전환의 공간이 중앙정부가 아닌 지자체의 공간인 지역이기에 지자체의 다양한 이해 당사자가 서로 연대하고 협력하는 데 필요한 소통 구조가 지역에서 작동해야 한다. 지역과 사회적 대화에 기반한 전략들이 미래를 위하여 설계되어야 한다. 진정한 혁신을 위한 대전환이 우리 사회의 진로를 가로막고 있는 양극화, 불평등, 불균형 등의 갈등 요인을 해결하는 데에는 지역 기반과 역량의 강화라는 전제가 필요하다.

지역의 과제: 인구 변화, 지역 혁신 그리고 일자리

인구문제는 어느 사회든지 해결 방안을 찾지 않으면 안 되는 절체절명의 과제다. 특히 지역이 합리적인 대응책을 완비하지 못한 현실에서는 지속적인 인구 감소와 인구 구조 변화가 사회 기반을 해체하는 수준의 지역 소멸이라는 결과를 초래할 수 있다. 이러한 인구 변화는

[그림 2-5] 세종시 로컬푸드 직매장

출처: 세종특별자치시 홈페이지.

자연적인 원인보다는 지역 문제에 대한 미숙한 사회적 대응과 정책적 안이함에서 기인한다. 여전히 지역에 적용하고 있는 인구 규모 기준의 단기 성과 몰입 정책은 지역의 인적자원과 취약한 인프라를 더 약화시키고 있다. 인재 유출이 가속되고 산업생태계가 부실해지며 일자리가 줄어드는 좋지 않은 순환고리가 형성되어 더욱 사태를 악화시킨다. 단순한 변화의 누적만으로는 이런 고리를 끊을 수 없다. 충격적인 지역 혁신이 필요한 이유다.

지금도 진행 중인 국가균형발전은 지역에 혁신도시라는 공간을 만들고 새로운 생각과 방법을 도입하여 지역을 혁신하려는 시도다. 지역 혁신에 필요한 역량을 단기간에 확충하는 방법으로 경험과 역량이 축적된 공공기관의 분산 배치를 선택한 것이다. 선순환을 촉진할 이 충격을 지역이 긍정적으로 수용하고 지속해서 지역 혁신으로 이어가려면 지역의 근본적인 구조 변화가 전제되어야 한다. 주민 스스로 역량을 강화하여 혁신을 수용하고 운용할 수 있도록 다양한 경험 축적의 기회를 제공해야 한다. 일의 크기와 관계없이 역동성을 갖춘 일자리가 만들어져야 가능한 일이다. 우리가 잘 아는 사례가 있다.

'로컬푸드'는 그 지역의 일자리를 역동적으로 변화시킨다. 이를 통해 경제활동을 직접 경험함으로써 노령의 농촌 주민들은 보다 넓은 소통 구조를 가지게 된다. 다양한 소비자들의 요구와 생활방식에 대한 학습이 이루어지며, 동시에 사회공동체에 기여하는 일에서 얻은 존엄성과 자신감을 스스로 경험한다. 구성원들의 요구와 자신의 입장을 조정하여 소통하고 협력할 수 있는 경험이 지역공동체에 축적되는 것이다. 작지만 사회적 합의에 기반을 둔 지역 혁신에 필요한 주민의 역량 축적이 일을 매개로 하여 이루어지는 것이다. 구성원의 이해가 서로 부딪쳐서 복잡하고 풀기 어려운 지역 이슈들에 대한 합의를 이루어 내려면 다양하고 고도화된 혁신역량 축적이 있어야 할 것이다. 이를 위해 역동성을 수반한 지역 일자리를 새롭게 마련하는 데에 역점을 두어야 함은 물론 보다 적극적인 역량 축적을 위한 과감한 정책적 수단들이 지역의 여건에 맞추어 실행되어야 한다.

과학기술 R&D 현황과 지역 R&D의 중요성

세계 2위 수준의 GDP 대비 총 R&D 비용을 투자해가며 과학기술에서 미래 성장동력을 찾아가는 대한민국으로서는 당연한 일이지만, 정부의 2021년 R&D 예산이 SOC 예산을 넘어섰으며 2020년보다

13.1% 증가된 27조 4,000여억 원 규모다. 이와 같은 R&D 규모의 양적 성장에도 불구하고 투자 대비 과학기술 R&D의 낮은 효율성이 논란거리로 등장하는 경우가 많았다. 국가 R&D 경쟁력의 근본인 기초연구의 특성과 괴리된 연구비 지원 구조, 불필요한 경쟁 유발 PBS 제도, R&D 생태계의 부실 등을 고려하지 않고 성과에만 관심을 두었기 때문에 생긴 문제다. 더욱이 과학기술 R&D 투자는 단기간에 과실을 거두기보다는 상당한 시간이 지난 뒤에 그 파급효과가 나타나는 경우가 많다. 국민적 단합과 적극적 참여가 있었기 때문에 가능한 일이었지만, 지난해 일본의 무역 도발에 적절하게 대응할 수 있었던 상황이나 올해의 팬데믹에 대응한 성공적인 K-방역 성과의 저변에서 제 역할을 한 혁신적인 과학기술 역시 그동안 국가적으로 꾸준하게 늘려온 R&D 투자의 결과인 것은 분명하다.

정부는 국가 R&D 혁신 방안을 수립하고 연구자 중심의 창의적, 도전적 R&D 지원체계 강화, 혁신 주체의 역량 강화, 국민 체감형 과학기술 성과 확산이라는 전략을 추진하고 있다. 지속적인 국가적 관심과 투자에 기반하여 자원 투입 부문과 혁신 활동 부문은 매우 우수한 수준에 도달해 있으나, R&D 지원제도와 문화 저변 등을 포함하는 혁신환경 부문은 하위권이라는 저조한 상황으로 엇갈려 있다. 전반적인 과학기술혁신역량지수(COSTII) 기준으로 보면, 한국의 과학기술혁신역량은 OECD 7위권으로 양호한 편이지만, 지식 창출이 혁신적 시장 가치로 연결되는 국가 지식 가치사슬의 구성요소가 부실한 점이 취약 부분이기도 하다. 범국가적 R&D 컨트롤타워 기능을 조정하고 지역 공간의 혁신역량이 강화될 수 있도록 R&D 혁신 생태계를 구축함으로써 해결할 수 있는 과제다.

여러 가지 정책적인 요인과 지역의 미흡한 역량을 이유로 지역의 과학기술 R&D에 대한 이해와 투자가 소홀하게 취급되어온 게 현실이다. 과학기술 R&D의 성과가 시장 가치로 연결되지 않은 이유가 시간과 장소에 관련된 '지역 지식'을 제대로 결합시키지 못한 데에 있다면, 소홀했던 지역 R&D 체계를 정비하고 강화하는 일이 중요하게 다뤄져야 한다. 최근까지 대부분의 지역은 R&D 기획·관리 전담기관이 없거나, 테크노파크 또는 연구개발지원단 등의 중앙정부 관련 조직에 의존하는 상황이다. 지방의 지역과학기술위원회의 운영도 미흡하기는 마찬가지다. 실질적인 지역 R&D 조정에 필요한 제도적 기반조차 부족한 경우가 대부분이다.

국가과학기술심의회는 2018년에 「과학기술기본법」에 따른 '제5차 지방 과학기술진흥종합계획('18~'22)'을 마련하여 지역 주도 혁신성장을 위한 과학기술 혁신 전략으로 삼고 있다. 나아가 매년 준비된 시행계획에 따라 관련 사업을 수행하고 있다. 그동안은 지역에 대한 R&D 투자가 중앙정부 주도로 진행되었기 때문에 지방정부는 기획 경험을 가질 수 없었고 그에 따른 역량 축적도 저조하였다. 큰 방향은 지역의 R&D 투자 결정권을 강화하는 것이다. 지역에서 지역 단위의 R&D 투자 총괄계획을 수립하고, 중앙정부는 지역이 기획한 R&D 과제를 계속 지원함으로써 지역 주도적 지역 혁신 시스템이 확립되도록 하는 것을 목표로 하고 있다.

민간 참여를 확대하기 위하여 지역에서 진행할 R&D 사업의 기준을 지금과 같은 방식으로 설정하고 추진한다고 해서 진정한 의미의 지역 주도가 되는 것은 아니다. 더구나 지역 주도는 목표가 아니다. 다른 영역과 마찬가지로 지역 R&D 영역에서도 강화된 주민의 혁신역량으

[그림 2-6] 전라북도는 R&D 컨트롤타워로서 위상 강화를 위해
2019년 전북과학기술위원회 위원장을 도지사로 격상하였다.

출처: 전라북도 홈페이지.

로 스스로 과제를 발굴하고 지역 문제를 해결하는 데에 이르는 것을
목표로 삼아야 한다. 이 과정을 통해 지역주민은 높은 수준의 의사 결
정과 다양한 정보를 경험하게 되며 혁신역량은 더욱 고도화될 것이다.
당분간은 해오던 것처럼 지방자치단체와 지역 공공기관이 그 역할을
대신하는 것은 현실적으로 어쩔 수 없겠지만, 이제는 부분적으로라도
과제를 발굴하는 첫 단계부터 주민이 직접 참여하면서 의사결정을 해
야 한다. 그 범위와 정도가 점점 확장되고 심화되어야 지역 혁신이 지
속성을 가지게 되며 지역의 과제를 해결할 현장 적합성이 높은 지역주
민 주도 R&D 정책도 마련될 수 있다.

지역 R&D는 지역 주도 혁신성장만을 위해 필요한 것이 아니다. 과
학기술은 그 본성상 상당한 정도로 가치중립적이고 그 R&D의 결과
또한 분명하기 때문에, R&D 진행 과정에서 생기는 이견이나 갈등을
용이하게 조정하면서 합의에 도달하는 강렬한 경험을 하도록 해준다.
지역 R&D는 참여하는 지역주민에게 바로 이러한 긍정적 경험의 기
회를 제공하여 사회적 합의 기술이 축적되도록 도와주는 것이다. 혁신

은 공동체의 다양성에서 나온다. 획일화된 사고가 지배하는 사회에서는 진정으로 새로운 생각이 나올 수 없다. 다양성은 갈등이 생기는 여지를 주기도 하지만, 다양성을 포용하는 사회적 여건이 마련되어 있으면 갈등 대신 혁신을 만든다. 이렇듯 주민이 직접 참여하도록 만들어진 개방적인 지역 R&D 체계는 국가 경쟁력의 씨앗을 담은 소중한 자산이다.

지역은 한국판 뉴딜의 '정의로운 전환'이 실현되는 공간

지역 혁신을 견인하고자 지난 시기에 실행한 다양한 정책과 전략은 그 시점의 사회적·경제적 요구와 추세에 대응하면서 지역 발전에 영향을 미쳐 왔다. 어떤 정책은 다른 것에 비해 훨씬 오래도록 파급력이 지속되고 사회 전반에 걸쳐서 문화적 기초가 되기도 한다. 그 효과가 단기간에 그치는 것도 있고 부정적 결과를 초래하여 지역사회의 짐이 되는 경우도 있다. 주민 스스로 요구와 결정에 따라 시작되는 경우나 출발은 관료 주도지만 적극적인 주민의 참여가 이루어진 경우에는 지역 혁신의 전통으로 이어진다. 지난 시대의 농촌정책, 노동운동, 시민 활동 등의 사례들에서 찾아볼 수 있다. 부정적인 사례는 주민 참여가 낮은 편협한 목표를 가졌거나 회복이 이루어지기 힘든 자연 훼손을 내재한 경우에서 흔히 보게 된다. 다른 영역에서도 마찬가지지만, 특히 지역 혁신과 지역 발전 관련 영역의 정책은 주민의 자발성, 즉 지역정책을 주민 스스로 결정하는 촘촘한 주민자치가 진정한 성공 여부의 결정 요인이다.

그동안 지역에서도 각 영역의 관련 공공기관과 기업 등을 중심으로, 인공지능과 데이터 과학기술이 동력인 4차 산업혁명이라는 기술혁명과 기후변화 대응 에너지 전환 트렌드에 나름대로 대응을 해오고 있었다. 하지만 코로나19 팬데믹은 지역은 말할 것도 없고 국가 수준에서 진행된 지금까지의 대응과 노력마저 소극적이고 느린 대응처럼 여겨지도록 만들었다. 지금의 위중한 사태를 해결하는 데에도, 코로나19 이후의 전개될 상황에 대해서도 선제적이고 능동적으로 준비하지 않으면 안 되는 절체절명의 시간이 바로 지금이다.

한국판 뉴딜은 특정 정부를 넘어 향후의 포스트 코로나 시대의 당면 과제들을 해결하고 문제 해결의 표준을 제시하는 국가혁신 전략으로 인식 되어야 한다. 개별 사업 수준에서 머무는 것이 아니라 '사회혁신을 포함하는 대전환의 미래 비전'으로 연결되도록 전반적인 구조를 다시 만드는 것이 목표라야 한다. '공간·지리적 정의'가 실현되는 관점에서 현재와 미래 세대 모두를 위해 설계되고, 전 국토 영역으로 확장된 변화를 가속할 수 있는 구조가 의미 있다. 이 경우도 주민이 직접 참여하는 지역의 역할이 구조화해야 정책 성공의 새로운 모델을 얻을 수 있다. 한국판 뉴딜의 성공이 '지역화'에 달렸다. 지역에서 뿌리를 내리느냐에 그 여부가 걸려 있는 셈이다.

기후변화 대응의 핵심은 탄소 중립(넷제로)을 실현하는 일이다. 이제 출발했지만 그린 뉴딜이 확장되고 진화하면서 가야 할 절대 목표다. 더 늦으면 안 된다는 절박함에서 선언한 '2050 대한민국 탄소 중립'은 전 지구적인 동참이 요구되는 인류의 과제다. 혁신적인 그린에너지 생산체계 구축과 과감한 산업 구조 재편이 계획되고 실천되어야만 비로소 가능하다. 그러려면 이제까지 견지해온 성장과 효율성 패러다임을 먼저 탄소 중립에 부합하는 기준으로 바꾸는 인식의 전환이 필요하다. 주민 주도와 적극적 참여를 좌우할 전제 조건이다.

탈탄소 경제 사회로의 전환은 경쟁력을 갖춘 재생에너지의 확보에 달려 있다. 지리적 여건은 다양하지만, 우리 국토 환경에서 얻을 수 있는 주요 재생에너지원은 태양광과 풍력이다. 여기에서 생산된 전력을 기반으로 해서 산업 구조가 새롭게 만들어지는 탈탄소 신산업으로 개편되어야 탄소 중립의 친환경 사회에 도달할 수 있다. 태양광과 풍력은 자연 환경 조건에 따라 변동이 크기 때문에 연속적인 전력 생산을 보장할 수 없다. 이런 간헐적 생산 특성 때문에 잉여 생산된 재생에너지 전력은 저장하거나 수소 같은 형태로 변환시켜 사용해야 한다. 재생에너지원이 존재하는 지역마다 지리적 여건이 다르고 전력 생산과 소비 패턴도 다를 수 있어서, 이 영역도 현장에 적합한 경쟁력 있는 최적의 기술 개발을 위해서는 반드시 지역 지식이 결합된 에너지산업 R&D가 지역 주도로 수행되어야 한다. 생태계 존중의 정의로운 전환을 제대로 진행하는 데에도 혁신적인 지역 R&D의 역할이 필요하다.

코로나19 팬데믹은 인류의 경험과 지식의 한계를 여지없이 드러냈으며 이전에는 생각하지도 못했던 확연히 다른 세계를 탐구하도록 추동하고 있다. 이 과정에서 중요한 것과 중요하지 않은 것의 구분이 절대적이지 않다는 간단명료한 진리도 다시금 되새겼다. 대응 과정에서 인정받은 대한민국의 선도적 역할은 축적된 정보통신과 바이오 영역의 과학기술이 공동체 우선의 시민 참여 행동과 결합한 K-방역으로 각인되었다. 초유의 사태에 대응하는 과정에서 시행착오를 겪기도 했지만 현장 경험이 결합한 드라이브스루 검사와 생활치료센터 등과 같은 새로운 기준과 모범을 만들기도 하였다. 현장 지식(지역 지식)의 중요함을 보여주는 사례다. 밀집은 전염병의 확산에 유리한 환경이기 때문에, 앞으로는 분산된 지역 공간을 활용하는 효율적인 방안이 다양하게 마련될 것이다. 전염병 대응 역시 지역의 조건에 맞는 과제들이 도출되고 관련된 지역 R&D가 갖춰져야 현장에 적용되는 실용적인 결과를 얻을 수 있다.

지역에서도 K-방역의 성과를 이해하면서 다시금 집단 학습의 기회를 얻었다. 과학기술 R&D의 한 부분을 경험을 통해 습득하고 있는 것이다. 이를 바탕으로 지역을 대전환의 역동적인 공간으로 삼는 착상들이 다양한 분야에서 제안될 수 있다. 전염병의 확산은 막으면서 통행은 더 수월할 수 있는 교통시스템, 팬데믹에 강한 실내구조를 만드는 건축 기술, 살균된 공기를 순환시키는 경제적인 공기조절시스템 등도 공간·지리적 지역 지식이 중요하게 취급되어야 하는 생태적 기술이다. 생태적 기술은 원래 지역 지식의 가치를 인정하고 소중하게 다룰 때 적용 영역이 분명해진다.

지역 R&D 혁신 자원 강화 방안

경쟁력 강화를 위해 선제적으로 산업 구조를 개편하거나 신산업 육성이 필요한 경우, 통상적으로 정부가 선택할 수 있는 주요 전략은 혁신에 필요한 관련 R&D 지원과 인력 양성을 위한 교육 지원이다. 다양한 종류의 정부 주도 지원 사업이 여기에 포함된다. 이러한 지원들은 소외되는 산업부문의 피해를 막아줄 안전망이 구축된 기반 위에서 가능한 일이다.

혁신 자원과 역량은 지역마다 차이가 있다. 역사·지리적, 문화적, 사회 경제적 여건이 다 같을 수는 없지만, 상대적으로 나은 여건을 가진 지역이나 그렇지 못한 지역이나 공통적으로 자기 지역의 낙후도가 줄곧 심해지고 있다는 인식에서 문제를 제기한다. 지역 주도 혁신 성장을 위해 지역의 자율성과 지역 과학기술 역량의 강화에 역점을 두었던 중앙정부 주도의 전략은 일정 부분의 성과도 있었다. 하지만 기술혁명과 인구문제를 비롯한 거시환경 변화에 대한 대응으로는 부족하였으며, 자치분권의 기반이 되어야 할 지역 혁신역량 축적에 기여할 수 없는 구조였다. 이를 보완하고 극복하기 위한 정책 마련과 지원이 실효성을 가지도록 중앙정부의 설득과 지역의 과감한 사고 전환이 필요하다.

먼저 지역의 R&D를 통합적으로 전담 관리할 책임 있는 컨트롤타워가 구축되어야 한다는 점을 인식하고 실행해야 한다. 스스로 지역의 R&D를 기획하고 평가할 수 있는 역량을 갖춰야 한다. 여기에 지역 전문가와 주민이 참여할 수 있도록 개방형 혁신체제로 운영되는 구조를 만드는 일은 주민자치 영역의 확대라는 점에서도 매우 중요하다.

지역과학기술위원회가 명목상의 기구에 머무르지 않고 실질적 임무를 수행할 수 있는 법적 기반이 강화되도록 중앙정부가 지방정부와 소통하며 지속해서 설득하고 요구해야 한다. 지역 과학기술의 투자와 사업을 정하는 데에도 지역의 혁신 주체들인 과학기술 전문가와 주민이 연대하고 협력하는 구조가 되어야 한다. 주민과 지역 과학기술계가 지역의 문제를 선정·기획하고 해결하는 주체가 되는 일은 후세대에게 과학기술이 지역 혁신에 어떻게 기여하는지를 현장에서 보여준다. 주민 스스로 과학기술 정책을 다룰 수 있다는 그 자체가 지역 주체들의 역량을 강화시킨다.

지역 혁신을 위한 기존의 지역 거점대학 지원 방안은 개방-혁신 시스템으로 전면적인 수정이 필요하다. 지역 국립대학별로 대학 특성과 여건에 맞는 지원을 통해 지역의 혁신역량을 강화한다는 현재의 사업은 단순한 지역 국립대 지원 사업 이상의 성과를 거둘 수 없다. 현재는 지역 혁신에 대한 별 파급효과 없이 결국 대학 내부 사업으로 머무는 경우가 많다. 지역혁신 주체의 역량을 극대화시키려고 연구와 교육 거점을 대학에 둔다는 착상은 옳다. 일반적인 연구 및 교육 지원사업과는 구분하여, 지역 혁신 주체 역량 제고를 위한 사업의 운영과 관리는 그 지역에 속한 모든 대학과 R&D 관련 공공기관이 공동으로 참여하고 관리·운영하는 체제가 되어야 한다. 그 사업의 거점이 어느 대학으로 정해지든지 소재만 그곳에 있는 것으로 하고, 그 대학의 일부처럼 그 대학이 관리·운영하는 일은 없어야 한다. 지역이 필요로 하고 지역이 결정하는 그런 종류의 사업은 지역주민과 지자체가 관리하는 독립된 운영시스템을 갖도록 조직화해야 지역 혁신역량 축적에 더 크게 기여할 수 있다.

혁신도시 소재 공공기관이 보유한 역량을 소재 지역의 혁신역량 강화에 기여하도록 하는 제도적 지원이 필요하다. 공공기관이 지역의 관심 과제나 주민의 요구에 맞는 연구 영역을 설정하는 경우, 제반 비용을 과감하게 사용할 수 있도록 지역 혁신 강화 관점에서 전략적인 협력연구 지원이 있어야 한다.

청년을 위한 공간과 지원 방안이 다양한 형태로 마련되어야 한다. 미래 세대가 대전환의 시대를 경험하고 참여할 수 있도록 지역이 시스템을 만들어야 한다. 거의 모든 영역에서 재구조화를 거치게 될 포스

[그림 2-7]

[그림 2-8] 프랑스의 에꼴 42 교육 프로그램을 도입해 소프트웨어 인재를 양성하는
이노베이션 아카데미 개소식이 2019년 12월 20일 서울 개포 디지털혁신파크에서 열렸다.

출처: 과학기술정보통신부.

트 코로나 시대와 탄소 중립 사회의 격동적 변혁에 대응하고 혁신을 만들어낼 수 있도록 청년 활동 영역을 반드시 만들어 주어야 한다. 청년 세대가 주도하는 지역 R&D를 통해 상호 존중과 연대, 협력의 혁신 역량을 축적할 수 있는 공간이 필요하다. 지역이 '에꼴 42(école 42)'[11]를 만들면 안 될 이유가 있는가. 미래를 위한 준비다.

맺음말

지역에서 혁신역량을 키우는 데에는 중앙정부의 지원이나 기업 투자와 같은 외부의 역할이 큰 것은 분명한 사실이다. 하지만 지역 역량 강화에 필요한 근본적인 힘은 주민 참여와 학습 기회에 달려 있다. 스스로 고유한 핵심가치를 세우고 지역에 필요한 일을 결정하는 주민자율성이 진정한 역량이다. 대전환의 사회적 대화를 위한 기본 동력이다. 규모가 큰 지역사회는 물론이고 마을 단위까지 촘촘하게 심화되는 주민자치를 전제하는 자치분권이 필요한 이유다.

익숙해지면 급격한 변화도 자연스러운 것이라고 여길 테지만, 흔히 급격한 변화는 사회적으로 불안을 야기한다. 변화의 격동기에는 일자리를 둘러싼 환경의 지형이 크게 바뀐다. 혁신과 포용이 교차하는 지점이다. 재난 상황과 기술혁명이 촉발시킬 지형 변화를 포용의 장치인 사회적 대화로 풀어내야 한다. 확정되어 있지 않은 것이 미래의 속성

---

11 2013년 프랑스 파리에 민간 주도로 설립된 대안적 소프트웨어 교육기관으로 교수, 교재, 학비가 없는(3無) 학생 주도적 학습 등 혁신적 교육방식으로 주목받고 있다.

이다. 예기치 않은 문제와 어려움이 돌발적일 수 있다. 주민 스스로 상황을 주도하는 경우 돌발의 충격이 완화될 수 있다. 다양한 지역 R&D를 경험하면서 학습 기회를 가져야 하고 그런 경험의 축적을 통해 만족스러운 수준까지 역량을 강화해야 주도할 수 있는 자신감도 생긴다.

지역 발전과 관련한 지금까지의 다양한 지역정책에 이어 최근에는 메가시티 논의까지 있다. 지역 발전과 지역 혁신이 그만큼 절실하기 때문일 것이다. 지역 발전 정책이나 제안 또는 진행 중인 사업들을 표현한 지도가 많다. 그런 공간분석 자료용 지도와 지역별 인구소멸 위험지역을 표시한 지도를 겹쳐 보면, 흥미롭게도 대부분의 인구 감소를 겪고 있는 소멸 위험지역들이 지역 발전 정책이나 핵심 사업들의 영역에서 벗어나 있다. 무엇을 의미하는가. 한국판 뉴딜과 탄소 중립 사회로 가는 노정에서는 그런 일이 없어야 한다. 지역의 혁신역량과 자원 미흡을 이유로 낙후지역은 습관적으로 제외하는 인식이 가장 먼저 혁신되어야 정의로운 전환이 가능하다.

제17장

메타버스와 서드라이프
: 콘텐츠와 테크놀로지가 융합하는 새로운 세계

이동연 정책기획위원회 지속가능사회분과위원. 한국예술종합학교 한국예술학과 교수

'메타버스'라는 세계

2020년 10월 비주얼 컴퓨팅 분야의 선도기업인 엔비디아(NVIDIA)의 창립자 젠슨 황(Jensen Huang)은 "우리 세계를 탐험하기, 새로운 세계를 창조하기"라는 주제의 GPU 테크놀로지 컨퍼런스 기조발제에서 "메타버스 시대가 오고 있다"고 말했다. 그는 미국 SF 소설가 닐 스티븐슨(Neal Stephenson)이 1992년에 쓴 소설 『스노우 크래쉬(Snow Crash)』를 예로 들면서 메타버스는 "인간 아바타와 소프트웨어 에이전트가 상호작용하는 3D 공간"이라고 정의했다. 젠슨 황은 "인터넷의 뒤를 잇는 가상현실 공간"으로 마인크래프트(Minecraft)나 포트나이트(Fortnite)와 같은 가상현실 게임들이 메타버스의 초기 단계를 보여준다고 언급했다. "초기 메타버스 거주자인 게이머들이 도시를 건설하고 이벤트를 위해 모이고 친구와 교류"하는 가상현실에서의 상황이 조만간 현실이 될 것이라고 예고했다. 인간 아바타와 인공지능이 실제 현실에서 공존하는 세상이 바로 메타버스의 세계인 것이다. 젠슨 황의 발표 후에 메타버스에 대한 관심이 증폭되어 국내외에서 관련된 보도

기사와 저서들이 현재 잇따르고 있다.

메타버스는 초월 혹은 추상을 의미하는 '메타(Meta)'와 우주, 혹은 세계를 의미하는 '유니버스(Universe)'의 합성어이다. 그것은 첨단 기술 혁신을 통해 무한한 확장이 가능한 가상현실의 세계를 지칭한다. 메타버스는 "스마트폰, 컴퓨터, 인터넷 등 디지털 미디어에 담긴 새로운 세상, 디지털화된 지구를 뜻"하며, "인간이 디지털 기술로 현실세계를 초월해서 만들어낸 여러 세계"를 의미한다(김상균, 〈메타버스〉, 플랜비디자인, 2020, 11쪽). 앞서 언급했듯이 소설 『스노우 크래쉬』에서 메타버스는 인간의 시각과 청각의 한계를 넘어서는 3차원 감각의 세계로 그려진다. 메타버스로 불리는 컴퓨터 속 세상에서 주인공이 사용하는 최첨단 고글과 이어폰은 실제보다 더 실제적인 시각적, 청각적 감각의 세계를 제공해준다. 가상세계에서 구현되는 세상이 실제보다 더 실감나게 보이고 그 안에 사는 나의 존재를 대신하는 아바타는 물리적 공간에서는 체험할 수 없는 다양한 감각들을 경험한다. 소설 속 메타버스의 세계는 VR, AR, AI 등 첨단 기술혁신으로 이제 친근한 일상으로 현실화하기 시작한 것이다.

2020년부터 본격화된 코로나19 팬데믹은 이러한 메타버스의 세계가 우리 일상 안으로 들어오는 시계를 앞당겼다. 특히 대면 활동이 불가능해진 엔터테인먼트 시장은 이러한 메타버스 시스템을 적극 활용했다. 2020년 10월 미국의 케이블 채널인 HBO는 VR을 활용한 자넬 모네(Janelle Monáe) 콘서트를 본 케이블 채널과 유튜브로 방영했고 미국 최고의 아이돌 팝가수인 빌리 아일리시(Billie Eilish)는 VR 장비의 대표적인 회사인 오큘러스가 서비스하는 앱으로 버추얼 공연을 진행했다. 또한 미국의 랩퍼 트래비스 스콧(Travis Scott)은 온라인 게임 〈포트나이트〉 사이트 안에서 VR 콘서트를 진행하여 1,000만 명의 접속자와 216억 원의 매출을 올렸다(「VR은 음악산업을 어떻게 변화시키고 있나」, ECHOAR, 2020년 10월 15일자 참고).

국내 K팝을 주도하는 대표적인 연예기획사도 코로나 팬데믹 이후 아이돌 그룹과 가상세계를 연계하는 새로운 비즈니스 모델을 본격화했다. YG엔터테인먼트는 대표적인 걸그룹 '블랙핑크'의 사이버 팬 미팅을 열어 그룹 멤버의 아바타와 5천만 명의 팬 아바타가 사이버 공간에서 만나는 행사를 열었다. 세계에서 가장 많은 팬을 보유한 BTS도 앞서 언급한 〈포트나이트〉 게임 사이트에 신곡 '다이나마이트'의 안무 버전 뮤직비디오를 최초로 공개해서 게임 속 아바타로 변신한 아미와 함께 춤을 추는 장면을 연출했다. SM엔터엔먼트는 신인 걸그룹 '에스파(Aespa)'의 멤버 4명에게 각각의 아바타를 만들어 실제 인물과 함께 활동하게 만들었다. 가상세계에서 행해지는 이러한 엔터테인먼트 콘텐츠들은 미래 연예산업에서 IP(지적재산) 시장의 증가를 예측한 것이다. 메타버스와 관련된 업계에서는 2025년경에는 시장 규모가 지금보다 6배인 314조 원이 될 것으로 예상하고 있다(「BTS가 달려간 가상현실, '메타버스' 세상」, KBS뉴스, 2020년 12월 1일자 참고).

젊은 세대들은 기성세대가 모르거나 관심이 없는 다양한 가상세계를 자신의 실제 일상으로 여기며 살고 있다. 3차원 가상공간 세상을 건설하는 〈마인크래프트〉 게임, 얼굴인식과 증강현실, 3D 기술을 이용해 AR 아바타를 만들어 소통하는 디지털 놀이 플랫폼 제페토(Zepeto), 현실에 존재하지 않지만 끊임없는 상호작용이 가능한 '사이버 아이돌'이 요즘 10대들이 즐기는 놀이의 대상이다. VR, AR, AI, 홀로그램 등 첨단 기술로 소통의 공간을 넓혀나가는 새로운 가상 플랫폼이 10대들의 주요한 놀이터가 된 것이다. 디지털 커뮤니케이션 플랫폼은 머지않아 '페이스북'이나 '인스타그램'과 같은 SNS에서 '마인크래프트'나 '제페토'와 같은 메타버스로 이행할 것이다.

메타버스는 어떤 점에서 자신의 가상 캐릭터, 즉 아바타가 주도하는 〈세컨드라이프〉 게임이 진일보한 세계이다. 메타버스의 미래는 가상공간의 아바타 세계만으로 끝나지 않을 것이다. 메타버스는 현재 주로 온라인 게임이나 SNS 플랫폼에서 구현되지만 앞으로는 먹고 자고 일하고 노는 모든 일상에 적용될 것이다. 가상현실로서 메타버스의 세계는 세컨드라이프의 세계이다. 그러나 메타버스가 일상화되고 가상현실이 실제 현실과 교차하게 되면 새로운 라이프스타일이 생겨난다. 베타버스 세계가 가상현실만이 아닌 실제 현실의 삶이 되는 순간, 우리 일상의 라이프스타일은 '세컨드라이프'에서 '서드라이프(Third Life)'로 안내해 줄 것이다.

서드라이프
: 메타버스 시대가 추구하는 미래의 라이프스타일

2016년에 큰 인기를 얻었던 닌텐도의 〈포켓몬 고〉 게임은 가상현실과 실제 현실이 융합하는 새로운 라이프스타일의 본격 도래를 예고했다. 알다시피 〈포켓몬 고〉는 증강현실 기술과 '구글맵'으로 대변되는 위치 추적 장치를 이용해서 인기 애니메이션 〈포켓몬〉의 캐릭터들을 포획하는 게임이다. 기술적으로 높은 수준은 아니지만 미디어 안에 갇힌 기존 게임 포맷을 뛰어넘는 발상의 전환을 이루어냈다. 말하자면 디지털 기기에 갇혀있던 온라인 게임 지형을 현실공간으로 뛰쳐나오게 만든 것이다.

〈포켓몬 고〉의 특성은 게임을 즐기는 라이프스타일에서 찾을 수 있다. 기존 게임들은 주로 가상공간에서 특이한 체험을 극대화하는 전략을 꾀했다. 〈서든어텍〉 같은 1인칭 슈팅게임, 〈리니지〉, 〈와우〉 같은 온라인 게임 등은 컴퓨터 스크린이라는 가상공간 안에서 생생한 플레이를 제공하지만 그 자체가 현실공간은 아니다. 그런데 최근 인공지능과 유비쿼터스 기술이 급속도로 발전하면서 현실공간과 가상공간이 융합하는, 더 정확하게 말하자면 가상공간이 실제 현실과 유기적으로 연결되어 개인의 감각을 활성화시키고 놀이의 체험을 극대화하는 현상이 두드러졌다. 최근 이러한 현상을 '서드라이프'라고 말할 수 있다.

'서드라이프'는 말 그대로 제3의 삶의 시대가 왔다는 뜻이다. 현실공간에서 물리적인 삶이 '퍼스트라이프'라고 한다면 가상공간에서 허구적 삶은 '세컨드라이프'로 명명할 수 있다. 미국에서 한때 큰 인기를 얻었던 '세컨드라이프'라는 게임이 이에 해당된다. 실제 현실과 구분되어 인터넷 가상공간에서 집을 짓고, 가상의 애인과 결혼하고, 가상의 직장을 다니는 게임에 심취한 사람들은 대체로 현실공간에서 만족하지 못한 삶을 가상공간에서 보상받고 싶어 한다. 메타버스는 이러한 세컨드라이프 게임의 확장판이다. 그런데 서드라이프는 세컨드라이프의 세계를 현실공간으로 확장한다는 점에서 메타버스의 미래의 모습을 상상케 해준다. 메타버스 역시 가상공간에서의 아바타 세상이 현실화하는 것을 꿈꾸기 때문이다. 서드라이프는 실제공간과 가상공간이 연결되어 상호작용하는 삶, 말하자면 메타버스의 체계가 일부 문화현상에 그치지 않고 우리의 일상 전체에 개입하는 삶을 의미한다. 말하자면 메타버스가 우리의 일상에서 완전히 구현되는 삶이 바로 서드라이프인 것이다.

서드라이프는 현실공간과 가상공간이 유기적으로 연결이 가능한 초현실사회의 라이프스타일을 창출한다. 최근 유행하는 '3D프린터', '홀로그램', '증강현실'을 활용한 놀이 콘텐츠들은 우리 라이프스타일을 둘러싼 문화 환경이 서드라이프로 이동 중에 있음을 보여주는 사례이다. 서드라이프는 놀이콘텐츠만이 아니라 새로운 삶의 환경 자체가 변화하고 있음을 지시하는 말이다. 새로운 기술혁신이 개인 삶의 물리적 한계를 뛰어넘는다. 그런 점에서 서드라이프는 4차 산업혁명의 담론과 깊은 연관성을 가진다. 2016년 다보스 포럼에서 4차 산업혁명이 화두로 떠오르면서 다양한 정보통신 기술 혁신과 그에 따른 시민들의 일상의 변화에 대해 많은 보고서가 쏟아지고 있다. 4차 산업혁명의 시대에는 '생명안전, 인공지능, 산업자동화, 메이커운동, 사물인터넷, 빅데이터, 딥러닝, 스몰비즈니스, 원격의료서비스' 등이 각광받을 예정이다. 이른바 4차 산업혁명은 인류 문명이 새로운 시대로 진입한다는 점을 강조한다.

현재 우리가 맞닥뜨린 흥미로운 여러 과제 가운데 가장 강력하고 중요한 문제는 새로 등장한 과학기술 혁명을 어떻게 이해하고 만들어 나갈지에 관한 것이다. 이는 인류의 변화를 수반한다. 오늘날 우리는 삶과 일, 인간관계의 방식을 근본적으로 변화시키는 혁명의 문 앞에 서 있다. 그 규모, 범위 그리고 복잡성을 미루어 볼 때 '제4차 산업혁명'은 과거 인류가 겪었던 그 무엇과도 다르다. 우리는 이 새로운 혁명의 속도와 깊이를 아직 완전히 이해하지 못하고 있다. 수십억 인구가 모바일 기기로 연결되어 유례없는 저장 및 처리능력과 지식에 접근성을 가지게 될 때 발생할 무한한 가능성을 상상해보라. 인공지능, 로봇공학, 사물 인터넷, 자율주행 자동차, 3D 프린팅, 나노기술, 생명공학 등 폭넓은 분야에서 새롭게 부상하는 과학기술의 약진을 통해 이루어질, 믿기 어려울 정도의 엄청난 융합은 또 어떠한가? (중략) 제4차 산업혁명이 분열적이고 비인간화되기보다는, 인간에게 힘을 불어넣어주고 인간이 중심이 되게 하는 것은 비단 특정 이해관계자나 부문, 지역, 산업, 문화가 할 수 있는 일이 아니다. 이 혁명의 근본적이고 글로벌한 특성은 모든 국가와 경제, 개인이 서로 영향을 주고 또 영향을 받는다는 것을 의미한다(클라우스 슈밥,『클라우스 슈밥의 제4차 산업혁명』, 새로운 현재, 송경진 역, 2016, 10~14쪽).

서드라이프의 시대는 유비쿼터스 정보기술과 생명공학 혁명에 따라 개인의 신체를 완전히 새로운 수준으로 끌어올릴 수 있는 환경이 조성된다. 그래서 '초감각지능산업', 이른바 가상현실 엔터테인먼트 산업과 창의적인 이야기가 가미된 유비쿼터스 헬스케어 산업이 발전할 것이다. 따라서 개인의 라이프스타일을 혁신적으로 바꿀 수 있는 개인의 인지 역량과 일상적 놀이에 어떤 효과가 있는지 미래 예측이 필요하다.

서드라이프 시대는 또한 '예술과 문화, 기술과 과학'이 융합하여 새로운 초감각적 문화콘텐츠를 만들어 낼 수 있기 때문에 이러한 융합 기술이 가능하게 만드는 감각의 새로운 지평들을 고려해야 한다. 새로운 기술문화 혁신이 기존 문화콘텐츠를 어떻게 바꿀 것이며 어떠한 새로운 문화콘텐츠 산업이 부상할 것인지, 이러한 문화콘텐츠 산업의 전환이 이용자들의 문화적 감각에 어떤 영향을 줄 것인지에 대한 연구가 필요하다. 개인의 감각을 극대화시키는 서드라이프 시대에는 책, 영화, 음악, 게임, 모바일, 메신저커뮤니티와 같은 미디어콘텐츠들을 전혀 다른 방식으로 경험하게 될 것이며 그 체험이 그 자체로 가상이 아닌 현실이 될 것이다.

'서드라이프'는 어떻게 가능할까?

『제2의 기계시대』의 저자로 유명한 MIT 에릭 브린욜프슨 교수에 따르면 우리는 "디지털기술에 힘입어 경이로운 발전을 거듭하는 시대에 살고 있다"고 말한다. 그래서 유비쿼터스 컴퓨팅의 기술혁신이 인간에게 대단히 유익하고 다양성이 증가하여 삶이 더 나아질 것으로 전망할 수 있다. 그러나 다른 한편으로 '디지털화로 인한 기술자동화로 인해 기술격차, 노동자의 감소'를 경험할 수 있다(에릭 브린욜프슨, 앤드류 맥아피, 『제2의 기계시대』, 이한음 역, 청림출판, 2014, 15~17쪽). 서드라이프가 긍정적이든 부정적이든 과거보다 훨씬 스마트한 환경을 제공하게 될 것임은 분명한 사실이다. 그렇다면 우리는 어떤 일상의 환경을 맞이할까? 『4차 산업혁명-세상을 바꾸는 14가지 미래기술』이란 책(한국경제 TV산업팀, 지식노마드, 2016)은 이러한 인간의 일상의 급격한 변화에 대해 자세하게 설명하고 있다. 이 책에서 제시한 14가지 미래기술들은 서드라이프가 가능한 기술문화 환경을 잘 설명해주고 있다. 이 책의 내용을 기반으로 몇 가지 중요한 환경을 설명하면 다음과 같다.

[그림 2-9] 2020년 12월 10일에 열린 2020 한국전자전(KES)에 참관한
박진규 산업통상자원부 차관

출처: 산업통상자원부.

첫째, 정보통신의 더 놀라운 혁신의 결과로 우리 사회가 초연결 사회(hyper-connected society)로 진입할 것이라는 예상이다. 이미 우리는 5G의 시대를 경험하고 있다. 한국의 유력 통신사들도 5G의 시장을 선점하고자 기술전쟁, 홍보전쟁을 벌이고 있다. 1세대 통신이 음성 중심의 통신이고 2세대 통신이 문자와 데이터전송 중심이라면 3세대 통신은 영상통화가 가능하고 모바일 콘텐츠를 단시간에 다운로드할 수 있는 기술 역량을 보유했다. 지금 우리가 범용화하고 있는 4세대 통신은 무선 인터넷 접속, 빠른 전송 속도를 기반으로 하는 스마트폰 시대이다. 앞으로 주류가 될 5세대 통신은 LTE 시스템보다 전송 속도가 100배 이상 빠르고 1000배 이상 많은 데이터를 전송할 수 있어 모바일 통신에 3D입체 영상과 VR의 도입이 가능해질 것이다.

둘째, 사물 인터넷(Physical Internet)의 일상화이다. 사물 인터넷은 사

람과 사람을 연결했던 기존 인터넷 망을 사물과 사물로 연결해주는 것을 말한다. 사람의 개입 없이 정보의 상황을 실시간 온라인으로 서로 공유하기 때문에 사물 인터넷은 일상의 큰 변화를 가지고 올 것이다. 사물 인터넷은 지구상의 모든 사물을 대상으로 한다. 사람들이 주머니에 넣고 다니는 스마트폰에서부터 신체에 착용하는 안경과 시계, 가정 및 사무실에 존재하는 각종 사물들, 자동차 그리고 나아가서는 거리에 존재하는 사물들까지 모두 포함될 수 있다. 사물 인터넷 시스템을 활용한 모바일 통신사들도 변화가 생겨날 것으로 예상할 수 있다. 과거에 통신은 사람과 사람의 통신을 기본 전제로 했지만 사물 인터넷이 상용화 되면서 사물과 사물, 사람과 사물의 통신이 가능해졌다. 사물 인터넷 시스템을 활용하여 배송 서비스 기술도 급격하게 변모할 수 있다. 예컨대 대표적인 글로벌 배송기업인 페덱스는 '센스어웨어(Sense Aware)'라는 프로그램을 개발하여 센서를 통해 배송의 전 과정을 연속적으로 관리할 수 있다. 배송함에 스타트 센서를 부착해서 배송과정을 사람의 개입 없이 관리할 수 있게 된다. 앞으로 모든 물건의 배송은 인간의 개입 없이 이루어지게 된다.

셋째, 일상의 스마트화이다. 유비쿼터스 헬스케어(Ubiquitous Healthcare)와 스마트 홈 시스템(Smart-home System)이 대표적이라 할 수 있다. '위딩스(Withings)'라는 디지털 헬스케어 기업은 와이파이를 내장한 스마트 체중계를 통해 사용자의 체지방량, 근육량 지수들을 자동적으로 저장해 스마트폰 웹을 통해 서비스한다. 우리 몸의 건강 상태, 생체리듬, 심리적 상태를 정보화해서 개인들에 가장 적합한 맞춤형 서비스를 하는 것이다. 가령 어떤 사람의 바이오리듬을 실시간으로 체크할 수 있는 데이터 기계들을 몸에 장착하고 그 사람의 심리적 상태에 따라 가장 적합한 음악을 제공하거나, 그림이나 영상을 제공할 수 있다. 육체적 건강뿐 아니라 정신적인 건강을 자동적으로 체크하는 것이다. 가령 유비쿼터스 무선 환경을 활용해 날씨, 환경, 생태 정보를 일상적으로 제공해준다. 집과 일상의 기기들이 정보에 맞게 자동으로 셋업되고 사회적 관계망을 통해 날씨와 교통정보가 개개인에게 지금보다 훨씬 정확하게 전달된다. 우리 몸이 데이터화된 신체로, 스마트한 정보의 대상으로 변환되는 것이다.

마지막으로 가상현실이 지배하는 커뮤니케이션이다. 특히 사회관계망(SNS)의 정보 커뮤니케이션 환경에 가상현실이 본격 도입될 예정이다. 페이스북의 VR 시스템이 대표적이다. 페이스북은 대표적인 VR 업체인 오큘러스(Oculus)를 인수했는데 이는 SNS 커뮤니케이션에 가상현실의 기술을 본격적으로 도입하기 위해서였다. 페이스북의 이러한 시도로 인해 가상현실의 구현은 VR 헤드셋에서 VR 플랫폼으로 이행하고 있다고 볼 수 있다. VR 헤드셋에서 VR 플랫폼으로의 이행은 커뮤니케이션 플랫폼 자체가 가상현실로 진화한다는 것을 의미한다. 나아가 커뮤니케이션 자체가 가상현실의 공간으로 이행하면서 더 입체적이고 오감을 자극할 수 있는 소통이 가능해질 것이다. 이것은 가상현실이라는 플랫폼을 거치지 않는 가상현실, 즉 일상에서 자연스럽게 가상현실의 실감을 느낄 수 있다는 점에서 허구나 거짓의 공간이 아니라 감각이 활성화되는 새로운 현실, 즉 제3의 현실이 도래하는 것으로 볼 수 있다. 개인이 영화의 스크린 안으로 들어가고 게임의 캐릭터가 되어 온라인 공간을 실제의 공간처럼 휘젓고 다니는 것은 가상의 현실을 체험하는 일시적인 순간으로 볼 게 아니라 그냥 새로운 현실의 일부로 보아야 할 것이다.

그것이 우리가 일상적으로 사용하는 커뮤니케이션 시스템 안으로 상용화될 경우에는 특별히 가상현실은 실재현실과 구별되지 않고 새로운 현실의 구성요소가 되는 것이다. 단지 인간의 감각이 그동안 느끼지 못했던 새로운 차원으로 이동하는 것뿐이다.

서드라이프의 세계, 디지털 뉴딜의 운명

코로나19 팬데믹 시대는 서드라이프 시대를 앞당겼다. 방역과 안전을 위해 공연장이 폐쇄되고 대신 온라인을 통해 감상할 수밖에 없지만 코로나19 국면이 해소된 후에도 온라인 공연 플랫폼은 유지될 것으로 예상한다. 가령 BTS가 2025년에 건립될 예정인 서울아레나에서 공연할 때쯤 되면 현장에서 2만여 명이 공연을 관람하면서 동시에 온라인으로 접속한 수백만 명의 아미가 함께 공연을 즐길 날이 곧 올 것이다. 공연장에 수백 개의 카메라가 장착되어 입체적으로 생중계하고 카메라 선택을 관객들이 할 수 있는 시스템이 가능하다면 BTS의 라이브 공연은 수백만 개의 동영상으로 동시에 송출될 수 있을 것이다.

영화관도 마찬가지이다. 코로나19로 인해 갈 수 없었던 물리적 공간으로서 영화관이 코로나19 이후 정상화되더라도 VR과 홀로그램, 인공지능 기술로 극장의 스크린과 관객의 경계를 허물어 관객들이 스크린 안으로 들어가 몰입하는 가상체험의 시대도 멀지 않았다. 한국예술종합학교 '아트 앤 테크놀로지(Arts & Technology) 연구소'가 만들고 있는 'VR 시네마'도 관객이 직접 스크린 안으로 들어가 등장인물들과 상호 교감하는 콘텐츠들을 상용화하는 작업을 준비하고 있다. 한국이

낳은 세계적인 피아니스트 조성진과 함께 연주할 인공지능 피아니스트도 등장할 것이다. 오랜 역사 속에서 수많은 피아니스트가 연주했던 쇼팽의 곡들을 데이터베이스화하고 인공지능이 학습하게 만들어 조성진과 협연하는 날도 멀지 않았다. 우리 몸의 에너지와 감각의 리듬 패턴을 디지털화하여 개인의 정서가 필요로 하는 음악, 춤, 영화들이 자동으로 서비스될 수 있을 것이다. 자율주행이 보편화되고, 도시 안에서 필요로 하는 정보들이 스마트 제어 시스템에 의해 자동으로 제공되며, 다양한 놀이 콘텐츠 소비의 선택이 인공지능화하면 인간과 기계의 경계, 감각과 데이터 정보의 경계는 점차로 사라질 것이다.

서드라이프의 시대는 일상의 라이프스타일의 디지털화, 자동화, 유

[그림 2-10] 2020년 3월 30일 '과학기술계 기관장 간담회' 영상회의에 참석한
최기영 과학기술정보통신부 장관

출처: 과학기술정보통신부.

비쿼터스화를 추구한다. 물론 이러한 삶이 분명 좋은 것만은 아닐 것이다. 기술의 디지털화, 자동화가 인간의 사유를 수동적으로 만들 수 있고 인공지능이 우리의 감각을 사물화시킬 수도 있다. 서드라이프를 주도하는 첨단 기술자본이 독점화되면 인간은 기술자본의 마리오네트가 될 수도 있다. 서드라이프의 환경을 만들기 위해 보이지 않는 수많은 플랫폼 기술 노동자들의 희생이 심화될 수도 있다. 정보의 표준화, 기술의 수직계열화, 미디어 플랫폼의 독점화로 인해 인간의 라이프스타일이 획일화되고 그러한 기술을 사용하는 사람들과 그렇지 못한 사람들 사이의 양극화 현상도 발생할 수 있다.

이러한 우려에도 서드라이프는 우리 앞에 좀 더 가까이 다가오고 있다. 서드라이프가 추구하는 새로운 라이프스타일을 국가가 앞장서서 통제하고 결정할 수는 없겠지만 적어도 디지털 뉴딜의 미래가 예견할 수 있는 불평등, 불공정의 불행한 사태는 막아야 할 것이다. 서드라이프의 세계를 먼저 주도하기 위한 기술혁신과 그 부작용을 동시에 최소화하는 제도적 장치마련이 디지털 뉴딜 사회의 미래가 안고 있는 딜레마가 아닐까?

제18장

성장과 분배의 선순환을 위한 정책 방향[12]

전병유 정책기획위원회 국민성장분과 위원, 한신대학교 교수

성장과 분배의 선순환의 해체와 복원

국민 경제의 안정적 지속가능성은 성장과 분배의 선순환을 기본조건으로 한다. 소비 없이는 생산의 지속성을 담보할 수 없고, 분배 없는 소비 또한 존재할 수 없기 때문이다. 그러나 역설적이게도 역사적으로 보면 성장과 분배의 선순환은 보편적이기보다는 특수한 조건에서 가능했다. 한국에서도 성장과 분배의 선순환은 1970년대 말부터 1990년대 초까지 짧게는 15년, 길게 잡아도 20년이라는 예외적인 시기의 특성이었다. 이 기간 중 공적 복지의 유의미한 확대 없이도 소득불평등은 감소하였다. 성장이 일자리를 만들고 일자리가 빈곤과 불평등을 완화했던 개발국가 복지체제가 실현된 기간이었다.

성장과 분배의 선순환은 국가의 적극적 개입 없이는 성취되기 어려운 과제다. 1970년대 말부터 1990년대 초까지 한국이 성장과 분배의 선순환을 이룰 수 있었던 이유는 국가의 적극적인 산업정책의 결과였다. 국가가 주도한 산업화에 의한 성장이 국내의 산업연관을 높이는

---

12 이 글은 정책기획위원회의 '공정과 평등 TF'의 내부 논의를 중간 정리한 것이다.

방식으로 이루어짐으로써 대기업과 중소기업, 내수와 수출이 동반 성장할 수 있는 조건을 만들었기 때문이다.

그러나 이러한 발전국가형 성장분배선순환 구조는 이후 한국경제의 전개 과정에서 새로운 형태로 계승·발전되지 못하였다. 결정적인 시기는 1990년대 초중반이라 판단된다. 1987년 노동자 대투쟁 이후 변화하는 노동체제의 지형 하에서 국내 대기업들은 노동자들의 숙련 형성에 기초한 대내적 산업 순환 구조를 만들어내는 것을 포기하였다. 1990년대 초반 이래 한국경제의 전면적인 개방화와 중국의 세계 경제로의 편입 등을 배경으로 하여, 한국의 주요 기업들이 노동 숙련을 우회하는 방식으로 전환하면서 성장과 분배의 탈동조화가 시작되었다. 이는 성장과 분배의 연계 고리의 해체와 불평등 심화를 야기하면서 한국 사회의 지속가능성을 위협하고 있다.

현재 한국 사회의 시대적 과제는 구조적 저성장과 불평등을 완화할 수 있는 새로운 성장과 분배의 선순환 전략을 만들어가는 것이다, 이를 위한 핵심적인 과제는 한국 복지체제의 재구조화와 노동시장의 이중구조 개혁으로 볼 수 있고, 이를 기반으로 하여 지역 산업 생태계와 숙련 형성 시스템을 재구축하는 혁신적인 산업 전략이 추진될 필요가 있다.

문재인 정부의 정책 대응

문재인 정부는 성장과 분배 고리의 단절이라는 문제에 대응하기 위해 소득주도성장 정책부터 시작하여, 소재부품장비 산업의 육성과 스마트공장 추진 등 제조업 경쟁력 강화 정책을 추진하였고, 디지털전환과 탄소중립이라는 새로운 시대적 환경에 대응하기 위해 한국판 뉴딜을 추진하였다.

소득주도성장 정책은 노동존중사회 실현과 공정경제 확립이라는 기치 하에 최저임금 인상, 비정규직의 정규직화, 근로기준과 사회보장 강화, 일감몰아주기 규제 정책을 추진하여 노동시장 내 격차를 크게 완화하였다. OECD 1~2위를 차지했던 저임금노동자 비중은 OECD 평균 수준으로 줄어들었고, 대기업과 중소기업 간 임금격차도 크게 완화되었다. 다만 코로나19 등 대내외 환경의 불확실성이 증폭되면서 소득주도성장 정책이 내수 확대를 통한 대내적인 선순환 구조 구축으로까지는 가지 못했으며, 임금노동자 내 격차는 줄였지만, 특수형태근로종사자나 파트타임 등 사각지대의 노동과 비임금노동자들과의 격차에 대응하는 데에는 한계가 있었다.

산업정책으로는 제조업 경쟁력 강화정책이라 할 수 있는 소재부품장비 산업 육성 정책과 한국판 뉴딜을 들 수 있다. 변화된 산업과 국제 경제 환경에 대응하기 위해 이 두 정책의 방향 설정은 적절했다. 다만 정책 집행이 여전히 단기적인 예산 투입 방식에 의존함으로써 산학연계 등 지역생태계 구축과 숙련에 기반한 중소-중견기업 역량 강화라는 장기적인 과제에서는 주목할 만한 성과를 내지 못하였다. 한국판 뉴딜에서도 휴먼 뉴딜과 지역 뉴딜은 약하게 그리고 뒤늦게 반영되었고, 여전히 대기업 주도성이 강하다.

복지정책에서는 만 7세 미만 아동수당 도입, 기초연금의 인상, 기초수급 부양의무제 폐지, 온종일돌봄체계 도입과 치매국가책임제 실시, 전국민고용보험제도 추진 등 복지 관련 예산과 정책을 꾸준히 확대하였다. 전체 공적 이전지출에서 최하위 20% 소득계층이 차지하는 비중은 2017년 30%대 초반에서 2020년 30% 후반 수준으로 증가하였다.

그러나 공적 복지가 상대적으로 안정적 고용과 임금을 보장받는 정규직 노동자에 집중되는 역진적 선별성의 문제는 크게 완화되지 못하였다. 노동시장에서 안정적 일자리가 감소하고 불안정한 일자리가 증가하는 상황에서 안정적 고용에 기초한 사회보험 중심의 공적 복지 확대는 성장-분배 고리 단절(노동시장 이중구조)이 초래하는 문제를 구조적으로 해결하기에는 여전히 한계가 있었다.

성장과 분배의 선순환 구축을 위해서는 산업정책과 노동정책, 복지정책들 사이의 상호 보완성과 연계성을 고려했어야 했는데 이를 큰 틀에서 통합조정하는 전략적 고려도 충분하지 않았다.

성장과 분배의 선순환 구축을 위한 정책 방향

코로나19로 인한 디지털전환과 탄소중립의 강화, 미·중간 갈등에 따른 글로벌 가치사슬의 변화 등 글로벌한 경제 환경의 변화 속에서 한국 경제가 새로운 형태의 성장분배 선순환 구조를 형성하기 위해서는 보편적 복지를 토대로 하는 혁신산업정책으로 양질의 일자리를 만들어내는 전략 그리고 노동시장의 이중구조와 일자리 불평등에 대응하여 숙련 체제와 직무형 노동시장 체제를 만들어냄으로써 격차를 줄이면서도 생산성을 높이는 전략이 필요하다.

즉 성장과 분배의 선순환 구축을 통한 양질의 일자리 기회 창출과 불평등 완화를 위해서는 직무 중심의 숙련형성 체제에 기초한 제조업 전략과 보편적 복지를 기반을 토대로 하는 사회연대적 혁신산업정책이 요구된다. 이는 한국이 가지는 제조업에서의 강점을 극대화하고, 디지털 전환과 그린 뉴딜이 급속하게 진행되고 있는 세계적 흐름 속에서 지역의 주력(성장)산업과 일자리가 내생적으로 연계되는 지역주도의 고용창출형 산업전략이기도 하다. 이는 한편으로는 기존의 제조업-수출 주도 산업 구조가 가지는 이중화된 노동시장을 완화하기 위해 한국의 노동시장을 숙련형성체제와 직무형 노동시장을 구축하고, 다른 한편으로는 보편적인 고용안전망을 구축하여 혁신산업들이 창출될 수 있도록 하는 복선형 정책이기도 하다.

성장과 분배의 선순환을 위한 복지정책에서의 전략적 방향은 두 가지를 생각해볼 수 있다. 하나는 현재 성장체제를 그대로 두고 이것이 양산하는 사회적 위험에 대응하는 복지를 강화하는 전략이고, 다른 하나는 복지를 보편적 복지체제로 전면적으로 재구조화하여 성장 체제 자체가 고도화될 수 있도록 하는 사회연대형 산업고도화 전략이다.

첫 번째 선택지인 기존 생산 체제에 대한 대응으로서의 복지전략하에서 최선의 대응 방향은 취약계층을 위한 공공부조를 강화해 사회보험의 대상이 되지 못하는 취약계층에게 최소한의 생계를 보장하는 방식이다. 물론 전국민고용보험과 같은 소득기반 사회보험의 제도화는 가능하겠지만, 그럼에도 첫 번째 전략은 역진적 선별성이 지속되는 체제로, 최소보장 중심의 선별적 복지체제를 강화하는 전략이다. 문제는 이러한 전략이 취약계층의 생존 문제를 어느 정도 완화하고, 사회적 비용을 최소화할 수 있지만 성장방식을 전환시키지 못함으로써 심화되는 불평등, 즉 노동시장 이중구조를 완화할 수 없다는 문제가 있다.

두 번째 선택지는 복지를 통한 생산의 전환 전략이다. 이는 복지확대(소득보장과 사회서비스의 확대)를 통해 사회적 비용을 높여, 기업이 부가가치가 높은 산업으로 전환해야 하는 동기를 제도화하고, 정부의 산업정책은 이러한 혁신 기업을 적극적으로 지원함으로써 산업 구조 전체를 고도화하는 전략이다. 이를 통해 노동시장에서는 상대적으로 나쁜 일자리를 퇴출시키고 좋은 일자리를 확대하면서 사회보장제도의 보편성과 수준을 높이는 방안이다. 공공부조는 최소한의 생계를 보장하는 수준에서 기본생활을 보장하는 최소소득보장제도로 확대하고, 사회보험은 중산층이 사적 자산에 의존하지 않고도 생활수준을 유지할 수 있을 정도의 높은 수준의 급여를 제공하도록 하는 것이다. 더불어 양질의 보편적 사회서비스를 제공하기 위해 공공부문의 고용의 질을 높이는 정책을 포함하는 전략이다. 관대한 공공부조, 소득에 기반을 둔 보편적 사회보험, 양질의 공적 사회서비스의 제공으로 구성된 보편적 복지체제를 구성하는 것이다. 이러한 보편적 복지체제는 인적자본과 산업 구조를 고도화하는 인센티브로 작동하게 한다. 여기에는 산업정책과 복지정책이 결합되면서 복지확대가 성장방식을 바꾸는 전략이다.

한편 성장과 분배의 연결고리는 일자리이다. 성장분배 선순환 단절의 결과가 대기업과 중소기업 간 격차를 특징으로 하는 노동시장 이중구조이며, 이러한 노동시장 내 격차는 새로운 일자리 기회의 창출과 성장동력 확보에 저해 요인으로 작용한다. 따라서 노동정책은 한국의 생산체제의 두 축인 제조업과 신산업이 초래는 불평등 유발 고리를 차단해야 한다.

그동안 노동시장 이중구조 해소를 위한 노동개혁은 이념적으로 접근해왔다. 보수정부에서는 노동시장의 유연화를 추진하였다면, 진보

정부에서는 1차 노동시장(대기업 정규직 노동시장)의 확대를 추진했다. 그러나 노동시장의 유연화는 더 좋은 일자리 창출이라는 경제적 효과를 장담할 수 없으며 정치사회적 비용을 크게 유발할 수 있다. 비정규직의 정규직화도 노동시장의 이중구조를 해결하는 데에는 한계를 가진다.

향후 노동시장의 이중구조 해소를 위해서는 장기적인 관점에서 직무와 숙련 중심의 기업 횡단적인 노동시장으로 발전시켜 나가는 전략을 추진할 필요가 있다. 이는 정부 주도의 톱다운 방식으로 추진하기 어려운 과제다. 업종단체와 노동단체가 노동시장 개혁을 함께 추진할 파트너가 되어야 한다. 업종단체가 형성되지 못한 영역에서는 정부가 비정규직이나 특수고용, 간접고용이 밀집한 업종을 선별하여 교육훈련 사업을 업종단체 또는 노동단체에 맡기는 방안도 생각해볼 수 있다. 연간 2조 원에 가까운 직업능력개발사업의 거버넌스를 지역 업종단위로 분권화하여 업종별 노동시장 인프라를 구축함으로써 불안정 저임 비공식 노동을 직무형 노동시장 체계 안으로 끌어들이는 방안도 있다.

이러한 숙련 형성에 기초한 직무형 노동시장을 구축함으로써 고용형태 및 기업규모 사이의 간격을 줄일 수 있다. 이를 통해 일자리의 질과 생산성을 높여 성장과 분배의 선순환 구조를 구축하는 데 중요한 역할을 할 수 있을 것이다.

제3부

포용적 복지 국가

제19장

문재인 정부의 복지 정책

석재은 정책기획위원회 포용사회분과위원, 한림대 사회복지학부 교수

'사람이 먼저'라는 국정 철학, 포용적 성장과 삶의 질

문재인 정부의 국정 철학을 한마디로 요약한다면, '사람이 먼저다'이다. 산업화와 발전국가 패러다임으로부터 거리를 두고, 성장 논리만 앞세우는 과정에서 뒷전으로 밀리고 배제된 '사람들'을 우선하고, '삶의 질'을 보장하는 것이 국가 운영의 궁극적 목적임을 분명히 했다. 성장이 중요하다는 것을 간과하지 않지만, 성장 과실의 공정한 배분과 최종적인 자원 배분의 공평한 귀착에도 동등한 수준의 관심을 두고자 한다. 사람이 배제된 성장이 아니라 사람을 포용하는 성장을 지향한다. 이를 위해 문재인 정부는 "사람 중심 경제로 공정한 기회와 경쟁을 보장하는 공정 경제를 기반으로 경제 역동성을 살리는 혁신 성장을 추구하며, 가계소득을 높여 내수를 진작하려는 소득 주도 성장을 추진"하고 있다. "사람 중심 경제가 뿌리내리면 성장 혜택을 골고루 나누는 포용적 성장이 가능해진다"고 본다.

포용적 성장(Inclusive Growth)은 World Bank, IMF, OECD, EU, UN 등 이념적 스펙트럼을 넘어 세계적 트렌드이다. 표현하는 용어는 약간씩 상이하더라도 성장 일변도의 신자유주의 패러다임이 소득의 양극

화, 자산의 양극화와 심각한 경제적 불평등을 초래함에 따라 성장 과실의 공평한 배분이 담보되지 않은 채 성장만을 추동할 수 있는 동력은 한계에 직면했다는 데 인식을 같이하고 있다. 사람들의 삶의 질을 견인하지 못하는 성장은 더 이상 정당화되기 어렵다는 것을 의미한다.

2018년 11월 27~29일 인천에서 '미래의 웰빙'을 주제로 개최된 OECD 세계 포럼은 '국민 개개인의 삶의 질 향상이 경제의 지속가능한 선순환 구조를 만드는 핵심 요소'라는 것에 공감대를 형성하고, 〈국민 삶의 질 증진을 위한 인천선언〉을 채택했다. 인천선언에는 "사회적 약자를 포용하는 복지사회, 차별 없는 기회 보장, 공평한 분배 체계 확립 등 공정 사회를 만들기 위해 노력한다"는 내용이 포함되었다. 문재인 대통령도 OECD 사무총장과의 대화에서 "경제성장과 GDP를 넘어서서 삶의 질이 더욱 중요한 시대가 됐다"고 강조하였다.

사람을 우선하고 국민의 삶의 질을 최우선으로 고려하는 국정 철학의 맥락에서 사회 정책, 특히 복지 정책은 그 무게감이 커질 수밖에 없다. 2018년 9월 대통령이 참석한 사회 정책전략회의가 '국민의 삶을 바꾸는 포용과 혁신의 사회 정책'을 내용으로 개최하고, 사회 정책전략회의 정례화를 강조한 것은 사회 정책의 중요성을 경제 정책 이상으로 인정하고 힘을 싣겠다는 정책 의지의 표현이라 할 수 있다. 사회 정책과 경제 정책의 통합적 접근, 균형적 접근에 대한 강조는 일관된 국정 운영 목표로 이해된다. 사회 정책에 포함된 복지 정책, 교육 및 인적자원정책, 노동정책, 환경 정책, 그리고 젠더정책 간에도 상호 연결되며 시너지 효과를 도모할 뿐 아니라 경제 정책과도 긴밀히 연계하여 궁극적으로 사람들의 '삶의 질'을 다각적으로 높이는 국정 운영을 해나가겠다는 것이다.

복지 정책에서 '사람 우선' 철학은
어떻게 관철되는가?

복지 부문은 사람을 중시하는 국정 철학을 실현하는 주요 축 중의 핵심이다. 문재인 정부가 도덕적이고 정의로운 정부에 대한 기대를 안고 출발한 만큼 복지 정책에 대한 기대는 어느 때보다 높았다. 그러나 복지 정책을 펼쳐나가야 하는 정책 환경이 썩 좋지는 않다. 경제 세계화와 4차 산업혁명, 조선업, 철강업 등 한국 경제 기반 사업의 약화, 영세 자영업의 높은 점유율과 낮은 생존율, 저성장 경제로 인한 일자리 감소로 복지 정책의 물적 토대로서의 경제적 조건이 좋지 않다. 또한 노동시장의 양극화, 소득의 양극화, 그리고 급속한 인구 고령화와 1인 가구의 급격한 증가는 소득 불평등과 양극화를 심화시키고 있어 분배 및 재분배 정책 필요성은 더욱 높아지고 있다. 고용 악화, 불안정한 삶, 불확실한 미래는 사람들을 좌절시키고 희망을 앗아간다. 그 총체적 결과의 단면이 청년 세대의 결혼 포기와 저출산으로 표출되고 있다. 2018년 합계 출산율은 채 1.0이 되지 않는 역대 최저 출산율로 전망되고 있다. 우리 사회를 살 만한 사회로 체감시키지 않는다면 저출산의 덫(trap)에서 빠져나오기 어려울 것이다.

문재인 정부는 '사람 중시', '사람 우선', '사람 중심'의 국정 철학을 반영하여 복지 부문 정책을 설계하고 집행, 실천하고자 한다. 사람을 중시하고 우선하고 중심에 놓는다는 것은 복지 정책에서 무엇을 의미하는가? 첫째, 정책 내용 측면에서 표면에 드러나는 문제와 증상을 즉자적으로 완화하려는 접근보다는 사람들의 삶의 질을 훼손하는 근본적(fundamental) 원인을 제거하는 정책 방향을 추구한다는 것을 의미한다. 둘째, 정책 집행 측면에서 기설계된 제도·규칙에 지나치게 얽매이거나 행정 편의를 우선하기보다는 사람들이 놓인 구체적인 삶의 맥락을 살펴서 사람 중심(person-centered)의 유연하고 통합적인(flexible and integrated) 대응을 통해 사람들의 어려움을 적극적으로 해결한다는 것을 의미한다. 영국의 관료화되고 탈인간화된 복지 행정의 민낯을 고발한 영화 〈나, 다니엘 블레이크〉에서의 전철을 반복하지 않겠다는 것이다. 셋째, 정책 철학 측면에서 정책 대상인 사람을 수동적 객체로 대상화하는 것이 아니라 자신의 삶의 주인으로서 삶에 대한 통제권을 가지고 있는 자발적이고 자율적인 존재로 인정하고 최대한 존중함으로써 존엄성(dignity)을 보장하는 역동적 정책 실천을 추구한다는 것이다.

이러한 맥락에서 계획된 문재인 정부의 복지 부문 국정과제는 크게 세 가지 과제 묶음으로 구분할 수 있다. 첫째, 양극화와 소득 격차 개선을 위하여 사회보장을 대폭 강화하는 과제이다. 사람들의 기본 생활을 실질적으로 보장하고자 한다. 빈곤 사각지대의 주요 요인으로 파악되는 국민기초생활보장제도 수급 조건 중 부양 의무자 기준 적용을 단계적으로 폐지하는 작업을 포함한다. 저소득 근로자 가구를 위한 근로장려세제(EITC)의 대폭 확대를 계획하고 있으며, 현금과 취업 지원을 결합한 한국형 실업 부조 도입을 검토하는 등 사회 안전망 사각지대의 근본적인 개선을 도모하고 있다. 또한 노인 빈곤 개선을 위해 기초연금 급여 수준을 대폭 인상하고, 아동의 건전한 발전과 양육 부담을 덜어주기 위해 보편적 아동수당을 도입하며, 건강보험 비급여의 급여화를 통한 보장성 강화 등 사회보장을 대폭 강화하는 과제가 포함된다. 그리고 가구 지출의 큰 부분을 차지하는 주거비 지출과 주거 마련 부담을 지원하는 서민 주거 안정 대책, 교육비와 통신비 부담을 완화하는 과제들도 포함된다.

둘째, 저출산과 초고령 사회에 대비하여 사회적 지속가능성과 재정적 지속가능성을 담보할 수 있는 사회 시스템으로 개혁하는 과제이다. 아동을 안심하고 양육할 수 있는 '살 만한 사회'에 대한 비전을 제공하기 위해 일·가정 양립과 양성평등을 강화하고, 고용 불안정, 주거 불안정 등 청년의 희망을 앗아가는 요소들을 다시 희망으로 전환하기 위해 총체적으로 삶의 질을 개선하는 종합적 정책 패키지를 담은 저출산 종합계획을 마련하는 과제이다. 또한 노후 빈곤을 해소하는 안정적 노후 보장을 도모함과 동시에 세대별로 공평한 자원 배분을 통해 지속가능성 확보를 위한 연금개혁, 그리고 지역사회에서 오래도록 건강하게 나이 들어갈 수 있도록(Healthy Aging in Place) 건강 예방을 강화하고 자기 주도적 건강관리를 촉진하며, 서비스 주거 등 연속적이고 촘촘한 케어 서비스 구축을 통해 의료 비용은 줄이고 삶의 질은 높이는 지속가능한 건강돌봄서비스 체계를 구축하는 것이 중요한 과제이다.

셋째, 사회서비스를 단순히 소비적인 복지로 보기보다는 사회서비스 수급자의 인적자원을 강화하고 삶의 질을 제고할 뿐 아니라 사회서비스 일자리 확충 및 일자리 질 제고를 통해 소득 주도 성장에도 기여하는 사회서비스 투자로 접근하는 정책 과제이다. 지역사회에서의 삶의 질을 제고하는 사회서비스 부문을 크게 확충하고, 사회서비스 공공성을 강화하여 안심하고 신뢰할 수 있는 사회서비스 이용을 보장하기 위해 사회서비스 공급 체계를 정비하며, 분절적인 제도 중심에서 벗어나 사람 중심의 통합적 사회서비스 보장을 위해 전달 체계를 재편하고, 사회서비스 일자리 질과 서비스 질을 함께 높이는 선순환 구조를 마련하는 것이 필요하다.

소득 불평등 개선과 소득 주도 성장을 지원하는 사회보장 강화

 기초연금 급여 수준을 기존 20만 원에서 25만 원으로 인상하였다. 2019년 저소득층부터 기초연금 급여 수준을 단계적으로 30만 원으로 인상할 계획이다. 소득 기준 90% 가구에 속한 6세 미만 아동에게 월 10만 원이 지급되는 보편적인 아동수당을 도입하였다. 2019년부터는 소득 기준 상관없이 9세 미만 모든 아동에게 지급되는 완전 보편적인 아동수당이 도입된다. 국민기초생활보장제도의 수급 자격 조건인 부양 의무자 기준이 단계적으로 폐지되고 있다. 교육 급여, 주거 급여의 부양 의무자 기준이 폐지되었으며, 수급자 및 부양 의무자 가구 모두에 노인 또는 중증 장애인이 포함된 경우, 부양 의무자 기준 적용이 폐지되었다. 또한 부양 의무자가 있더라도 부양 의무자 가구에 소득 하위 70% 중증 장애인이나 노인이 포함된 경우 생계급여를 지급한다.

 근로장려세제(EITC) 지원 대상 기준을 대폭 완화했다. 연령 기준을 폐지하였으며, 재산 요건은 가구당 2억 원 미만으로 확대했다. 단독가구 150만 원, 홑벌이가구 260만 원, 맞벌이가구 300만 원으로 최대 지원액도 늘렸다. 노인 일자리도 늘려 2019년까지 60만 개로 증가할 계획이다. 사회에 처음 진출하는 청년은 6개월 간 구직활동지원금을 지급할 예정이다. 한부모 아동 양육비 지원 대상을 확대하고 지원액을 증가한다. 대상 아동 연령을 14세 미만에서 18세 미만으로 늘리고, 지원액을 14만 원에서 17만 원으로 인상한다.

 건강 보장성 강화, 주거 마련 및 주거비 지원, 교육비 지원 등 가계 지출의 커다란 비중을 차지하는 3대 지출 부담을 완화하기 위한 정책도 추진되고 있다. 건강보험 비급여 항목의 급여화, 대표적으로 선택 진료비(특진비) 완전 폐지, 상급 병실료(2~3인) 건강보험 적용 확대, 간호·간병 통합 서비스 점차적 확대 등이 이루어졌다. 15세 이하 아동의 입원 진료비 본인 부담률을 5%로 낮추었으며, 치매 어르신에 대한 건강보험 혜택과 임플란트의 건강보험 혜택을 확대했다. 저소득층에 대한 본인 부담 상한액을 낮추었으며, 재난적 의료비에 대한 지원이 희소 난치성 질환에 국한되던 것에서 전체 질환으로 확대되었다.

저출산과 초고령 사회 대비
사회적·재정적 지속가능한 사회 시스템 재편

저출산 정책 패러다임을 대전환하였다. 출산율 제고를 직접적 정책 목표로 삼던 것에서 사람 중심으로 삶의 방식에 대한 개인의 선택권을 존중하고 총체적인 삶의 질을 제고하는 방향으로 패러다임의 대전환이 이루어졌다. '일하며 아이 키우기 행복한 나라'라는 정책 슬로건을 걸고, 건강한 출산을 지원하고 아동에게 공백 없는 돌봄을 제공하며, 일·가정 양립(워라밸)을 위한 근로시간 단축, 배우자 출산휴가 및 남성 육아휴가 확대, 한부모 아동 양육 지원 확대와 비혼 출산 양육에 대한 동등한 지원을 하며, 청년의 평등한 출발을 지원하기 위해 신혼부부 주거 지원과 청년 주거 지원을 실시한다.

초고령 사회를 대비하여 양극화가 가장 극심한 노년 불평등을 결과하는 누적된 생애 불평등을 완화하기 위해 근본적으로 일자리 정책과 연금정책의 개혁 방안을 모색하고 있다. 국민연금과 기초연금, 퇴직연금, 개인연금, 주택연금 등 소득 계층에 따라 다양한 다층적 노후 소득 보장 전략을 통한 안정적인 노후 소득 보장 방안을 마련하고 있다. 국민연금 사각지대 축소, 급여 수준 내실화와 지속가능성을 위해 국민연금개혁을 준비하고 있으며, 노동시장 실적과 연계되지 않는 무각출 기초연금 급여 수준을 50% 대폭 인상하여 30만 원을 지급할 것이다. 퇴직연금, 주택연금이 노후 소득 보장에 실질적으로 기여할 수 있는 방안도 모색 중이다. 또한 초고령 사회에 급속히 증가하는 노인 의료비 부담에 대응하여 1차 의료 내실화를 통한 예방적 접근을 강화하여 건강 수명을 연장하고, 생활 지원 확대를 통해 노인의 자율적인 삶을 최대한 지원하는 지속가능한 건강 돌봄 체계를 마련하는 정책 청사진을 만들고 있다.

2018년 11월 복지부 등 관계 부처 합동으로 발표한 지역사회 통합 돌봄 기본 계획(1단계: 노인 커뮤니티케어 중심)은 이러한 맥락에서 준비된 정책 청사진이다. 또한 이에 앞서 대통령 공약인 치매국가책임제를 실천하는 정책 패키지들이 실시되고 있다. 치매안심센터가 254개 시군구에 설치되어 치매 진단, 등록, 사례 관리를 제공하고 있으며, 노인장기요양보험 수급 자격에 인지 지원 등급을 추가로 도입하여 경증 인지 장애부터 주야간보호서비스 등 장기요양서비스를 이용할 수 있도록 지원하고 있다.

사회서비스 공공성 강화를 통한
서비스 질 보장과 일자리 질 선순환 구조 마련

사회서비스 수요의 증가에 대응하여 사회서비스 확충은 계속될 것이다. 아동 보육, 교육서비스에 대한 사회적 투자도 계속 확대되고 있고, 노인의 요양 및 돌봄 서비스에 대한 사회적 투자도 계속 확대되고 있다. 사회서비스에 대한 증가하는 사회적 투자가 효과적으로 이루어지고, 이용자가 안심하고 신뢰하며 서비스를 선택할 수 있도록 서비스 기관의 공공성을 강화하는 정책 방안이 마련되었다. 이러한 맥락에서 국정과제에 아동·노인·장애인 대상 생애주기별 사회서비스 확대 및 공공인프라 확충을 통해 양질의 일자리 창출이 포함되었다. 구체적인 정책 전략으로 사회서비스 공단 설립이 제안되었다. 보건복지부에서 사회서비스 공단을 준비하며 의견을 수렴하는 과정에서 '사회서비스원'으로 명칭이 변경되어 의원 법안으로 발의된 상황이며, 2019년 서울, 경기, 대구, 경남 4개 지역에서 사회서비스원을 설치하기 위해 추진하고 있다. 민간 서비스 제공 기관 중심으로 서비스 공급이 이루어지는 과정에서 공공성이 담보되지 못했던 부분들이 공공 서비스 제공 기관 확충과 사회서비스원 도입으로 공공성 담보를 위한 정책적 노력이 이루어질 것으로 기대된다. 사회서비스 공공성은 공공 운영 주체만으로 자동적으로 확보되는 것은 아니지만, 사회서비스원 설치를 계기로 사회서비스 공공성에 대한 의식적 노력이 경주됨으로써 서비스 인력에게는 양질의 안정적인 일자리가 보장되고, 이용자에게는 더 나은 서비스 질이 보장되는 선순환이 이루어지길 기대하고 있다.

또한 2018년 11월 복지부 주도하에 관계 부처 합동으로 발표된 지역사회 통합 돌봄 기본 계획은 의료-요양-복지 등 영역 간, 시설과 재가 간, 사회보험과 사회서비스 간 분절화된 서비스 체계로 제도 중심, 공급자 중심으로 이루어지던 돌봄 서비스에서 제도의 분절을 넘어 사람 중심으로 통합하여 돌봄을 제공하는 청사진을 담고 있다.

성숙한 시민사회와 복지 정치

정부는 서로 멀어지는 양극화 속에서도 서로를 필요로 할 수밖에 없는 상호 의존적인 공동 운명체(共同運命體)라는 공감대를 만들어내야 한다. 국가적 위기를 타개하고 더 나은 사회의 변화를 이끄는 힘을 사회적 회복 탄력성(social resilience)으로 설명할 수 있다. 단순히 위기를 처리하고 변화에 적응하는 데 그치지 않고, 미래적이고 전향적으로 체계를 새롭게 변용(transformation)하는 수준의 사회적 회복 탄력성을 이끄는 핵심적인 사회 체계의 역량은 정치적 역량을 기반으로 하는 거버넌스(governance), 특히 시민의 정치 역량이다(석재은, 2017). 복지 정책은 때로는 선제적이고 예방적으로, 때로는 사후적이고 최종적으로 사람들의 삶을 지원한다. '사람이 먼저다'라는 국정 철학을 가장 일선에서, 그리고 마지막으로 실천하는 정책 영역이다. 복지 정책은 그 어떤 영역보다 국가의 책임과 역할이 절대적으로 중요하다. 그러나 국가의 책임과 역할이 제대로 이루어질 수 있으려면 성숙한 시민사회의 든든한 지지가 있을 때만 가능하다. 따라서 우리 사회에 살고 있는 한 사람 한 사람의 삶의 질을 놓치지 않으면서도 지속가능한 복지 정책 실현은 독립적이고 자율적인 삶의 주인이면서도 삶의 터전인 공동체를 함께

가꾸고 연대하는 '따로 또 같이' 시민 의식의 성숙이 가장 중요한 자원이라 할 수 있다. 사회 공동체의 이익을 먼저 또는 함께 고려하기보다, 각자도생(各自圖生)의 이기적이고 자기중심적인 개인을 조장하고 양산하는 사회에서는 불확실성이 높은 시대의 변칙적인 파고를 넘기 어렵다. 근시안적이고 협소한 자기 이해를 넘어 지속가능한 공동체 이해에 대해 관심을 갖는 성숙한 풀뿌리 시민 정치가 튼튼해질 때 국가는 더욱 힘 있게 포용적 복지국가 비전을 향해 달려나갈 수 있을 것이다.

제20장

국민의 삶을 지원하는 사회서비스, 어떻게 전달할 것인가?

홍선미 정책기획위원회 포용사회분과위원, 한신대학교 사회복지학과 교수

복지 사각지대에 놓인 사람들

국가는 국민의 삶을 어디까지 얼마나 책임질 수 있을까? 2014년 생활고에 시달리다 '정말 죄송합니다'라는 유서를 남기고 동반 자살한 송파 세 모녀 사건이 우리 사회에 충격을 준 바 있다. 비극은 어머니가 퇴근하다 빙판길에서 넘어지면서 시작되었다. 어머니는 넘어지면서 팔을 다쳐 식당 일을 할 수 없게 되었다. 살다 보면 팔이나 다리를 다쳐 병원 치료를 받는 사람은 흔히 볼 수 있지만, 이것 때문에 목숨을 포기하는 경우는 흔치 않다. 오래전 개봉한 〈슬라이딩 도어즈〉라는 영화가 있다. 지하철 문이 닫히는 순간 타느냐 마느냐에 따라 주인공의 운명이 달라진다는 내용이다. 이 영화에서처럼 어머니도 그날 빙판길에서 넘어지지 않았더라면, 넘어졌다 해도 일하지 못하는 동안 산재나 고용보험 급여를 받으며 치료를 하고 일터로 돌아갈 수 있었다면 어땠을까. 어머니에겐 성인인 두 딸이 있었지만 큰딸은 고혈압과 당뇨 등의 만성질환으로, 작은딸은 우울증으로 집안 생계에 도움을 주지 못했다. 그런 상황은 결국 어머니를 막다른 선택으로 내몰았다. 이들처럼

번 돈의 대부분을 집세로 내고 한 달을 고달프게 버텨야 하는 이들에게 일상의 행복은 사치로 여겨진다. '무덤에서 요람까지'로 대표되던 영국에서도 가난과 질병에 대한 국가의 책임 수준에 대한 논쟁과 신자유주의 복지 개혁 속에서 보편적인 사회보장제도들이 유실되고 있다. 수급권을 신청하거나 거절당하는 과정에서 자살하거나 사망한 사람들을 추모하는 인터넷 사이트 'Welfare Reform Deaths(calumslist.org)'까지 생겨나 사회적 관심을 촉구하고 있다.

경직되고 충분하지 않은 제도 앞에는 복지 사각지대에 놓이는 이들이 생길 수밖에 없다. 잊힐 만하면 전해지는 우리 이웃의 극단적인 선택이 반복되는 이유다. 복지 소외 계층[1]이란 사회보장의 사각지대라는 제도적 결함에 놓여 있는 계층으로, 명백한 사회복지 욕구가 존재함에도 여러 가지 여건상 사회보장서비스의 혜택을 받지 못해 여전히 복지 욕구가 미해결된 이들을 말한다. 가난하고 아픈 취약 계층을 찾아내는 복지 사각지대 발굴은 정부의 최대 난제다. 근본적으로는 제도 개선을 통해 비수급 빈곤층을 줄이고 적정 수준의 급여를 제공하며, 일자리로의 연계를 통해 사회안전망을 강화하는 방안을 마련하는 것이 우선이다. 그러나 공공부조나 사회보험의 제도적 보편성을 확보하는 데 따르는 재정 투입의 한계로, 각 제도의 틈새를 메우면서 복지 취약 계층을 지원하고 나아가 다양한 생활 지원을 통해 국민 삶의 질을 높일 수 있는 사회서비스의 역할이 점차 중요해지고 있다. 현대사회는 인구구성 및 가족 구조의 변화, 경제위기와 고용 불안 속에서 절대적인 소득 수

---

1 최균 외, 복지 소외 계층 상시 발굴·지원 및 민간 자원 연계 방안 연구, 한국사회복지협의회, 2011.

[그림 3-1]

Welfare Reform Deaths(calumslist.org)

준을 떠나 가족 내에서 해결하지 못하는 다양한 복지 욕구가 증가하고 있다. 이러한 신사회 위험은 중앙정부에서 일률적 기준으로 집행하는 현금 이전 정책으로 단순히 대응하기는 어렵다.

대한민국의 국민행복지표

2016년 한국보건사회연구원[2]이 OECD 회원국 간 비교 연구 방법을 통해 세계 주요 34개국의 종합복지지수를 분석한 결과, 복지 수요

2 김상호 외, OECD 국가의 복지 수준 비교 연구, 한국보건사회연구원, 2016.

를 어느 정도 만족시키는가를 반영하는 복지충족지표(28위)와 국민이 복지에 어느 정도 행복감을 느끼는가를 보는 국민행복지표(33위) 등의 부문별 지표에서 한국은 매우 낮은 순위를 보였다. 2011년 조사[3] 보다 국민행복도는 오히려 크게 하락한 것으로 나와 복지 지출과 단순 상관관계에 있지 않음을 알 수 있다. 최근 몇 년간 주민들의 복지 접근성을 높이며 맞춤형 복지서비스를 통해 체감도를 향상시키기 위해 다양한 전달 체계의 변화가 이어졌던 상황이라 실망감은 더욱 크다. 주민생활지원서비스와 희망복지지원단, 읍면동 복지허브화와 찾아가는 보건복지서비스를 거쳐 주민자치형 공공서비스에 이르기까지 공공 사례 관리 인력이 투입되고 읍면동 중심의 근거리 생활 지원 기반이 확충되고 있음에도 불구하고, 이용자의 복지 체감도나 실질적인 삶의 질 개선에 큰 변화가 없는 이유는 무엇일까?

최근 발표된 2차 사회보장기본계획에는 지역사회 중심의 통합적 서비스 이용 체계 구축이 핵심 영역으로 들어가 있다. 그간의 임의적이며 분절적인 서비스 공급 방식을 탈피하고 지역 책임성과 공공성을 강화하며 주민 욕구 기반의 보편적 인프라 확충과 서비스 이용 체계를 통합적으로 마련하는 것이 주요 방향이다. 첫째, 지역 책임성이란 지방정부가 지역 주민의 삶의 질 개선을 위해 주도적 책임성을 갖고 생활 지역을 단위로 지역 상황과 필요에 따라 종합적으로 지원하는 체계를 갖추는 것이다. 둘째, 공공성이란 급증하는 사회서비스 욕구를 민간 공급자에 대한 재정 지원을 통해 해결하는 방식에서 벗어나, 일정 수준 이상의 공공서비스 공급자 비중 확대나 민간의 공공 대리인 기능

---

3 김용하 외, OECD 국가의 복지지표 비교 연구, 한국보건사회연구원, 2011.

강화를 통해 공공과 민간이 균형 있게 서비스를 제공하고 품질을 향상시키는 공급 패러다임의 전환을 의미한다. 셋째, 통합성이란 지방정부가 다부처로부터 내려오는 사회서비스를 총괄 조정하는 컨트롤타워역할을 하며 지역 관리 기능을 강화하고 욕구에 맞는 서비스를 종합적으로 제공하는 것이다.

지역 책임성과 관련해서는 중앙정부 주도의 기획·개발과 지방정부의 집행·실행으로 이원화된 공급 방식을 탈피하는 것이 선행되어야한다. 지역 중심의 복지 전달 체계 개편 논의에 맞춰, 중앙정부는 지자체에 책임과 권한을 포괄적으로 위임하고, 이를 위한 인력·조직·재원에 대한 지방 이양 전략을 수립하는 것이 필요하다. 중앙정부는 전국단위의 사업을 하달하기보다는 주요 사업에 대한 지방정부의 관리 기능을 중요하게 고려해야 한다. 사회서비스의 전달자 역할을 하는 지방정부는 사회복지서비스 공급 체계를 지역 단위로 운영하며 수요에 맞게 지원하는 역할에 충실해야 한다. 이 과정에서 지방정부는 중앙정부의 정책 방향과 상생할 수 있는 지역 모델을 개발함으로써 중앙정부와지방정부 간 파트너십을 맺는 것이 바람직하다. 특히 지방분권형 재정지원 모델 개발을 통해, 기초생활보장제도나 영·유아 보육료 및 아동수당, 기초연금 등 국고보조사업에 대한 기준보조율을 조정해 지방정부의 과도한 지출 부담을 줄이고, 기존의 부담금 일부를 지방 사무의자율 수행을 위한 시군구 지역 재량 포괄보조금으로 전환하는 것을 고려할 수 있다.

지방정부의 주요 역할

한편 지방정부의 주요 역할은 상대적으로 넓은 권역을 담당하는 광역지자체와 지역사회에 밀착되어 생활 지원을 하는 기초지자체로 구분하여 살펴볼 수 있다. 광역의 역할에는 기초자치단체별 지역 특성을 파악하고 지역 간 격차 해소를 위해 자원을 배분·조정하면서 중앙정부 정책을 전달하는 중간 지원 기능 등이 포함된다. 공공성과 관련해 문재인 정부에서는 사회서비스 제공 인력에게 양질의 일자리를 제공하고 이용자의 수요에 대응하는 질 높은 서비스 제공을 위해 사회 서비스원을 광역자치단체에 설립·운영하는 정책을 적극 추진 중에 있다. 광역자치단체는 보건-의료-요양·돌봄-주거-복지 등을 포괄하는 시군구 지역 사회서비스 플랫폼 구축 과정에서 정책 효과를 높이는 사회서비스원의 공공 고용 분야를 파악하고, 공적 전달 체계 부족으로 민간에 위탁한 사업들 가운데 공공성 강화를 위해 국가와 지자체가 직접 추진할 사업을 우선적으로 고려하도록 한다. 현재 시군구별로 양적·질적으로 불균등하게 설치 운영되고 있는 아동보호전문기관, 노인보호전문기관, 정신건강복지센터, 자살예방센터, 중독관리통합지원센터 등의 전문 센터는 커뮤니티케어의 주 대상자들이 갖는 욕구의 우선순위와 매칭해 그 기능을 강화하는 것이 시급하다.

공공성 강화와 관련해 시군구 차원에서는 주민 생활에 대한 책임을 갖고 공공서비스 전달망을 체계적으로 구축하고 운영하는 역할이 강조되어야 하겠다. 그간 문제점으로 지적되었던 영역별·대상별로 분산된 서비스 제공 체계의 행정적 누수 및 파편화를 개선해나가기 위해서는 사회서비스 공급 체계 전반을 기획·조정·관리하는 시군구의 컨트롤타워 기능을 강화한다. 최근에 이어져온 동복지허브화 중심의 전달 체계 개편 과정에서 공공서비스 전달의 중심축이 읍면동으로 이전되면서 시군구의 서비스 관리 역량이 길러지지 못했다. 주민센터를 중심으로 하는 동 단위의 보호 체계는 독자적인 방식보다는 시군구 차원에서 통합적으로 조정하고 관리하면서 생활 권역별 지역 관리가 이루어지는 것이 바람직하다. 이를 위해 시군구는 지역 사회서비스의 수요-공급 관리 주체로서 지역 내 서비스 공급 계획을 수립하고 지역 주도형 서비스를 발굴·기획하며 공급자(제공 기관 및 제공 인력 포함)에 대한 관리 및 사업성과에 대한 책임을 지도록 한다. 지방정부는 사회서비스 예산에 대한 통합 재정 체계 운영을 통해 지역 특성을 반영하는 지역 중심 사회서비스 공급 방식을 개발하고 사회서비스 예산을 종합적으로 계획함으로써 유사 기능의 사업을 패키지화하고 조정하는 기능을 강화한다. 사회서비스의 관리 혁신을 위해 포괄보조금은 성과 기반의 계약 방식을 도입하고 '집행률' 중심의 재정 관리에서 '결과' 중심의 성과관리로 전환하도록 한다. 시군구의 통합 지원 및 연계 조정 시스템 강화를 위해 사회서비스 업무를 담당하는 조직을 국 단위로 확대하고 대상별 복지 사업 부서들과 유기적으로 연계하며 업무를 조정하는 총괄 부서를 신설할 필요가 있다. 서비스 이용을 보장하는 공식적인 조치로서 표준화된 욕구 사정과 서비스 이용 자격에 대한 심사 및 수급 자격 판정, 급여 내용 및 수준을 종합적으로 결정하는 기능을 수행하도록 한다.

통합성을 높이기 위해서는, 범부처 차원에서 중앙기관의 주요 정책 간 연계성 및 효율성을 높이는 노력이 우선시된다. 지역 사회보장의 범주는 복지뿐 아니라 주거 및 돌봄, 고용, 교육, 안전, 문화, 환경에 이르기까지 확대되고 있다. 다양하고 포괄적인 서비스 영역은 복지 담당 부처의 노력만으로 접근하기 어렵기 때문에 통합 지원을 위한 부처 간 정책 협의가 중요하다. 범부처 사회서비스 관리 및 이용 체계 개선 방안을 마련하고, 국무조정실 산하 사회조정실의 정책 조정 기능을 강화하도록 한다. 생애주기별 정책 대상 간 분절성을 극복하기 위해서는 보건복지부와 여성가족부 간에 보다 긴밀한 협의와 조정 기제도 마련되어야 하겠다. 보건복지부 내 신설 정책에 대해서는 기존 정책 및 전달 방식과 연계하는 것을 검토하고, 정책 대상별 편차 해소를 위해 노인·아동·장애인 등 인구 특성별 배타성을 줄이고 배제된 인구 집단을 포함하는 보편적인 서비스로 접근성을 향상시켜나가도록 한다. 지역사회로부터 분리되어 차별받는 삶을 사는 시설생활인들도 지역사회로 복귀할 수 있도록 사회 통합의 비전과 커뮤니티케어의 방향을 설정하고, 제도적 장애물을 해소해나가는 역할을 담당하도록 한다. 중앙의 칸막이가 해소되지 않는 여건에서는 각 부처의 사회서비스 관련 사업을 시군구에서 파악하고 조정하는 기능이 더욱 중요하다. 지역 주민 대상의 서비스나 자원을 전달하는 각 부처별 산하 기관이나 중앙 전문센터의 지역 내 일선 사무소와의 협력 체계를 마련할 뿐 아니라 별도의 수급 판정 절차를 통해 각각의 이용 자격을 확인하고 서비스를 제공하는 방식을 통합적으로 연계할 필요가 있다. 이용 자격 판정 후에는 서비스 이용 계획을 세우고 지역 내 서비스 제공 기관과의 연계·조정을 위한 지역케어회의(사례 및 서비스 조정 협의체) 등을 운영함으로써 민관 거버넌스를 활성화하도록 한다. 그간 공공 주도로 톱다운 방식으로 추진되고 있는 사업을 복지 거버넌스 차원에서 민관 협력 방식으로 재구성하고 지역의 복지 환경을 고려해 지역 내 주요 복지 주체들의 역할을 재정립하고 역량을 강화해나가는 노력이 요구된다.

국민의 삶의 질 향상을 위해

한편 지난 정부에서 복지 사각지대 발굴과 복지 체감도 향상을 위해 시군구-읍면동 단위까지 공공서비스 지원 체계를 강화해나갔으나, 역으로 민간서비스 기관을 비롯한 다양한 지역 내 복지 주체들의 참여를 위축시키는 결과를 가져왔다. 민관 간 상호 책임성에 기반을 둔 복지 거버넌스가 자리 잡기 위해서는, 공공은 공급 주체로서 서비스와 자원에 대한 배분 기능과 제공 절차를 총괄적으로 관리하고, 민간 기관은 서비스 제공자로서 지역 욕구에 맞는 서비스를 전달하며 협력하는 것이 바람직하다. 이를 위해 운영비 보조금을 지원받는 민간 위탁기관이 자체적으로 서비스 내용과 제공 여부를 판단하는 방식에서 지역 수요에 따른 서비스 유형과 양에 따라 포괄보조금을 지원받으며 사업 성과관리가 이루어지는 서비스 구매 계약 방식으로 변화하는 것도 고려할 수 있다. 해외에서는 민간비영리 기관들의 자체 사업 및 활동에 대해서는 자율성을 최대한 보장받는 반면, 파트너십 기관으로 구매 계약을 하는 경우에는 공공에서 의뢰하는 서비스 대상자에 대해 기준에 따른 지원을 하고 품질 관리를 받는 사례가 다수다. 그러나 민간 기관과의 서비스 구매 계약 및 관리를 위해서는 국민 기본 생활 기준에 따른 최저 및 적정 기준을 설정하고, 이에 알맞은 서비스 보장 대상과 범위, 제공 기준 등을 공식화하며, 민간서비스 제공 기관에 의뢰하는 생활 지원 및 재가서비스를 표준화하는 등의 선결 조건이 있다.

주민 접근성이 좋은 읍면동 주민센터는 최일선 창구로, 모든 서비스의 초기 진입이 이루어지는 게이트웨이 기능과 주민 생활에 대한 상시적인 관리 기능을 담당한다. 지역 주민에 대한 복지 상담과 통합 사례 관리, 방문 건강관리 등의 찾아가는 보건복지서비스가 지속적으로 확대되고 있으며, 문재인 정부에서 적극적으로 추진하고 있는 커뮤니티케어를 위한 지역사회통합돌봄 안내 창구가 읍면동 주민센터에 신설되어 사례 접수 및 정보 안내 기능을 강화할 예정이다. 읍면동 주민센터의 복지 행정이나 공공 사례 관리를 통해 지역사회 거주에 필요한 기본적인 재가서비스를 바로 제공받을 수 있도록 생활 지원 인프라를 함께 설치하면 읍면동 창구의 안내와 연계가 보다 원활해질 수 있다. 특히 사회서비스 인프라가 부족하고 접근성이 떨어지는 농산어촌은 서비스 사각지대가 많으므로 주민 수요가 큰 노인 돌봄 및 건강 생활 지원 인프라를 우선 설치하는 것을 고려할 수 있다. 그러나 읍면동 주민센터의 공공 사례 관리 인력이 초기 상담이나 안내 수준을 넘어 맞춤형 상담을 내실 있게 수행하는 데는 한계가 있기 때문에 단순 서비스 연계를 넘어서는 경우에는 민간서비스 기관의 탄력적이며 전문적인 사례 관리 역량을 활용하는 것이 중요하다.

읍면동 주민센터의 경우에는 지역 접근성이 보장되는 공간에서 주민 중심의 생활 터 자치활동이 활발히 이루어질 수 있다는 장점이 있다. 지역사회 내 공공과 민간 서비스 공급자 간의 협력뿐 아니라 주민을 비롯한 다양한 주체들의 협력을 통해 지역사회의 자치 역량을 발전시키는 방향이 바람직하다. 이러한 관점에서 그간 전달 체계와 관련한 변화들이 공공 인프라 확충과 공식적인 서비스 연계 중심이었다면, 이제는 주민들의 참여와 소통을 기반으로 마을 복지를 활성화하는 변화도 필요하다. 그간 지역사회 내에는 주민들을 위한 많은 기반 시설들이 생겨났지만, 사적 비용을 들일 수 없는 취약 계층 주민들은 정작 지역 주민을 위한 도서관이나 평생학습관, 여성회관, 문화예술회관, 체육 시설 등의 공공 인프라에 대한 접근성이 떨어지고 있다. 복지기관이나 기타 지원 시설도 노인, 장애인, 정신장애인 등 이용 대상자별로 분리되어 설치·운영됨에 따라 자원 및 서비스의 총량이 효과적으로 배분 또는 활용되지 못하는 상황이다. 중복적인 자원 투입이 우려되며, 무엇보다 지역사회 인프라 및 자원을 공유하는 시대의 흐름과도 맞지 않는다. 우리 사회의 소외와 배제 문제를 극복하기 위해서는 보편적 사회보장 체계를 갖추어가는 노력과 함께 지역 주민의 공동체 문화가 정착되는 노력이 필요하다. 이러한 차원에서 동 주민센터에 일상적인 교류와 소통이 가능한 공유 공간을 조성하고 지역의 마을 공동체 활동을 지원할 수 있다. 그러나 방향성과 사업 방식에서 큰 차이가 있는 공공 사회보장서비스 플랫폼과 주민 참여 플랫폼이 읍면동 주민센터를 중심으로 동시에 제시되면서 발생하는 혼란을 줄이기 위해서는 세심한 설계가 요구된다. 지역풀뿌리 활동을 통해 지역공동체로서의 역량을 축적하지 못한 곳에서는 주민자치형 마을 사업들이 자발성과 연대성을 갖지 못하고 공공 지원을 받는 시책 사업이 되며 심지어는 주민 네트워크를 해체하는 결과를 가져올 수 있기 때문이다.

문재인 정부 들어 국민의 삶의 질 향상을 위해 국가 및 지방정부의 책임성과 공공성을 강화하고 커뮤니티케어를 중심으로 지역 중심의 통합적인 서비스 이용 체계가 만들어질 것이라는 기대감을 갖는다. 2019년 2월 열린 '포용국가 사회 정책 대국민 보고회'에서는 생애 전 주기에 걸쳐 모든 국민의 기본 생활을 보장하는 '포용국가 사회 정책 추진 계획'이 발표되었다. 포용국가 추진 계획에 따르면 돌봄·배움·일·쉼·노후 등 국민 생애 주기에 따라 삶의 모든 영역에서 기초 생활을 넘어 기본 생활을 보장함으로써 국민이 더 높은 삶의 질을 누릴 수 있도록 한다는 계획이다. 또한 '함께 잘 사는 혁신적 포용국가'라는 국가 비전 속에 복지·보건·보육·안전 등 사회의 전반적인 영역에서 국가의 책임성을 강화하기 위한 국정과제들도 추진 중에 있다. 정책 목표에 포함된 질 높은 사회서비스를 제공하기 위해서는 공식적인 사회안전망을 촘촘히 채워 넣는 일과 함께, 정책과 제도를 전달하는 방식의 변화가 필요하다.

위에서 살펴본 공공 전달 체계의 개편 방향에는 중앙과 지방정부 간 역할, 행정 체계와 실행 조직의 유기적 관계, 공공과 민관 간 협업을 위한 전달 체계의 혁신, 공급자와 이용자 간의 탄력적 서비스 제공 방식 등 많은 과제가 담겨 있다. 하나하나 쉽지 않은 변화가 필요하지만, 벼랑 끝에서 문을 두드리는 이들이 희망을 갖고 평범한 일상으로 돌아갈 수 있는 포용사회를 향해 모두가 노력을 기울여야 할 때다.

제21장

차별 없는 삶을 위한 일·생활의 균형

오유석 정책기획위원회 포용사회분과위원, 상지대학교 교양대학 교수

좋은 일자리

2017년 취업 포털 잡코리아에서 직장인 585명을 상대로 온라인 설문조사를 실시했다. '좋은 직장의 조건'(복수 응답)을 물었는데, 고용 안정성 보장이 15.2%, 높은 연봉이 24.1%라는 결과가 나왔다. 반면 근무시간 보장이 50.6%, 우수한 복지제도가 34.2%, 일과 사생활의 양립은 27.5%로 나타났다. 응답자 10명 중 7명(69.4%)은 현재 근무하는 회사가 좋은 직장이 아니라고 응답했다. 그 이유는 복지제도가 미흡해서(40.1%), 잦은 야근과 주말 근무 때문에(29.8%), 수직적이고 권위적인 조직문화 때문에(25.6%), 고용이 불안정해서(22.9%)였다.[4] 조사 대상자의 연령대를 밝히지 않았기 때문에 정확히 말할 수는 없지만 대개 2030 직장인을 대상으로 한 조사였을 것으로 짐작된다.

좋은 직장의 조건으로 소득과 고용 안정성보다 '근무시간=노동시

---

4 잡코리아가 2018년 성인 남녀 2,927명을 대상으로 한 조사 결과에서도 좋은 일자리 기준으로는 '워라밸(일과 삶의 균형)이 가능한 곳'이 58.9%(복수 응답)로 1위를 차지했다. 〈매일경제〉, 2017. 09. 15.

간 보장'을 원하는 이들 2030은 어떤 세대인가? 현재 2030세대는 1987년 전후부터 1997년 이전에 출생하고 성장한 세대이다. 이 시기는 한국 역사상 생활수준이 가장 향상된 풍요의 시대였고 1987년 민주화의 세례를 받은 시대였으며, 세계화와 정보화가 동시에 글로벌 수준에 다가서는 시대이기도 했다.

[그림 3-2]에서 보는 것처럼 1990년대 초반까지 한국의 기업소득과 가계소득은 비슷하게 움직였다. 국민소득 전체가 늘어나면 기업소득과 가계소득이 비슷하게 늘어나서 경제성장은 곧 국민 가계의 성장과 거의 격차가 없었다. 한국 사회의 가시적인 경제 변화는 국민 가계의 가시적인 경제 변화였던 것이다. 가계소득, 즉 국민의 노동소득과 기업소득의 격차가 벌어지기 시작한 것은 1990년대 중반이었고 2000년대 들어서는 가파르게 상승했다. 풍요 가운데 개인 빈곤 시대로 접어들기 시작한 것이다.

[그림 3-2] GDP와 가계소득 증가 추이 비교[5]

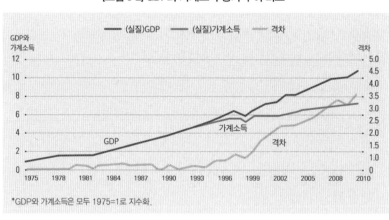

5 이원재,《아버지의 나라, 아들의 나라》, 어크로스, 2016, 〈표 3〉 인용.

그럼에도 1996년 이후 가시적인 가계경제 변화의 잣대 중 하나로 볼 수 있는 '마이카'는 수직적으로 상승하기 시작해서 2007년에는 100가구당 94가구가 자가용을 갖고 있는 나라가 되었다.

또한 이 기간 동안 1인당 국민소득 추이는 [그림 3-3]에서 보는 것처럼 가계소득이 부진한 중에도 꾸준히 증가했다. 그리고 지금 국가적 문제가 된 저출산은 이미 심각한 경고음을 울리고 있었다. 그러나 아니러니하게도 지금 20~30대가 출생하고 성장했던 1980~1990년대의 꾸준한 저출산 덕분에 이 시기야말로 한국 사회가 경제뿐 아니라 사회·문화적으로 최고의 호황을 누렸다. 1990년의 총인구는 4,287만 명으로 10년 전에 비하여 470만 명(12.4%)으로 완만하게 증가하는 반면 출생아 수는 지속적으로 감소하여 합계 출산율이 1.57%로 떨어졌다.

[그림 3-3] 한국의 1인당 국민소득 추이

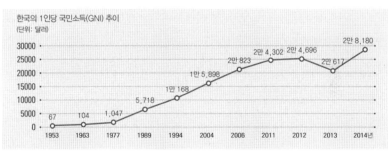

출처: 한국은행.

또한 [그림 3-4]에서 알 수 있듯이 생산 인구는 지속적으로 증가하지만 부양비는 빠르게 감소하여 1990년 44.3%로 낮아졌다. 즉 가처분소득이 가장 높아진 시기였고 앞서 말했듯이 이른바 마이카 시대,

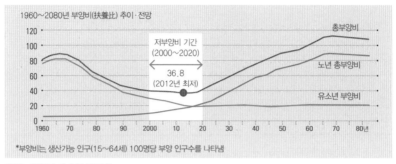

[그림 3-4] 총부양비 추이

1960~2080년 부양비(扶養比) 추이·전망

저부양비 기간
(2000~2020)
36.8
(2012년 최저)

총부양비

노년 총부양비

유소년 부양비

*부양비는 생산가능 인구(15~64세) 100명당 부양 인구수를 나타냄

출처: 한국보건사회연구원.

1993년 서태지와 아이들의 등장으로 시작된 신세대[6], X세대 논쟁, 대중 소비문화 사회의 출현이 현실로 나타난 시대였다.

또 한 가지 주목할 만한 중요한 변화가 있었다. 여성의 고등교육 수준 향상과 경제활동 참여율이다.[7] 1990년에서 1999년 사이에 이루어진 남녀의 대학 진학률을 나타내는 [그림 3-5]를 보면 놀라운 변화를 알 수 있다. 남녀, 즉 아들딸 구별 없이 대학 진학률이 2배 가까이 급격히 증가했으며 특히 남녀 간 진학률 격차가 거의 사라졌다. 2005년 이후 한국 사회는 고등학교 졸업생 중 70% 이상이 대학에 진학하는 초고학력 사회가 되었다.

---

6 '신세대' 하면 통상 개성이 강하고 화려한 스타일을 선호하고 소비력이 왕성한 세대를 명명하지만 1990년대 초반 '서태지와 아이들'이 등장할 때만 해도 이들의 사회·문화적 정체성을 규정할 만한 문화적 토대가 안정적으로 보장되었다고 보기는 어렵다. 이후로도 소위 신세대들은 다양한 진화 단계를 거쳤으며 2002년 촛불 집회 이후 비로소 신세대를 새로운 세대로 구분할 수 있는 세대담론 논쟁이 가능해졌다고 본다(이동연, 〈세대문화의 힘과 참여 정치의 전망〉, 기억과 전망, 2003, 79~82쪽).

7 2013년 한국 경제연구소가 학력과 경제활동 참가율 간 상관관계를 분석한 결과 남성보다는 여성에게 양(+)의 효과가 크게 나왔다. 즉 여성은 고학력일수록 경제활동 참가율이 높아진다는 의미이다.

[그림 3-5] 남녀 고등학교 졸업자의 대학 진학률 추이

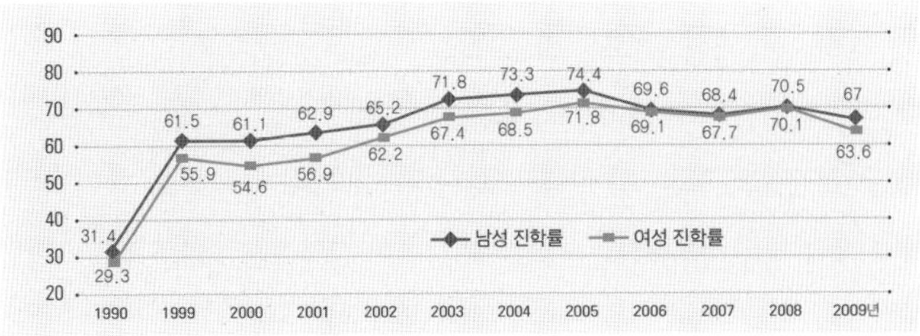

출처: 교육과학기술부, 한국교육개발원 교육통계 서비스.

그렇다고 2000년 이후 여성의 경제활동 참가율이 크게 상승하지는 않아 여전히 50%대에 머물렀다. 남성과 비교하여 20% 이상 뒤처지는 수치였다. 그런데 20대만 본다면 2012년을 기점으로 여성이 남성의 경제활동 참가율을 앞질렀다.[8]

문제는 70% 이상의 높은 수준으로 경제활동에 참가하고 있는 여성들이 30대에 진입하면 50%대로 참가율이 떨어진다는 것이었다. 이는 여성들이 결혼 및 육아와 자녀 교육으로 인해 일자리를 포기하는 데서 비롯된 심각한 경력 단절 때문이었다.

20대 남성의 경제활동 참가율이 계속 떨어지는 것은 현재 심각한 청년 실업률의 증가로 실감할 수 있다. 결혼 적령기의 남성들이 혼인을 준비(직업, 집, 부양비 등)해야 할 20대에 경제력이 떨어지기 때문에 20대에 일자리를 획득한 여성들의 입장에서 보면 신혼을 늦추거나 신혼부부가 되더라도 경제력이 취약할 수밖에 없다. 그러다 보니 결혼과

---

8 20대 여성의 경제활동 참가율이 2012년 2분기 20대 남성을 처음 추월한 이후 격차가 더욱 커졌다. 〈KBS 뉴스〉, 2014. 09. 23.

육아를 '선택' 사항으로 고려할 수밖에 없게 되었다. 즉 20~30대 남녀, 특히 여성에게 일자리-결혼-출산-양육은 이제 개인의 삶의 경로에서 선택 사항이 되었다.

종합하면, 현재 2030세대는 한국 역사상 가장 풍요로운 시대에 태어나 민주화의 세례를 받고 1996년 OECD 가입국으로서 최고의 고등교육과 세계화라는 수준 높은 사회·문화 아래서 성장했다. 그러나 그들은 지금 1997년 IMF 외환 위기 이후 가속화되는 양극화와 일자리 없는 성장 시대, 즉 개인 빈곤 시대를 살아가고 있는 세대가 되었다. 이들은 이제 일자리, 결혼과 출산을 삶의 스타일 중 선택 가능한 것으로 생각하고 있다. 이런 부분이 개인의 선택이 되었다는 것은 개인의 관점에서는 문제될 것이 없을지 모르지만 국가와 사회 전체적으로 보면 이야기가 달라진다. 이른바 장기 실업-저출산-고령화 문제로 이어지기 때문이다.

휴식 있는 삶을 위한 일·생활 균형

한국은 세계적으로 '과로 사회(overwork society)'라 불릴 만큼 오래 일하는 사회이다. 실제 한국인의 연간 근로시간은 2,071시간(주당 68시간, 2015년 기준)으로 OECD 회원국 가운데 멕시코(연간 2,348시간) 다음으로 오래 일한다. 노동생산성은 OECD 국가 중 바닥권이다. 왜 우리는 이렇게 과로하며 살아야 하는가? 2030세대는 더 이상 일하기 위해 살기를 원하지 않는다. 살기 위해 일하고자 한다. 자신이 원하는 삶을 위해 필요한 만큼만 일하기를 원한다. 그런데 2019년 5월 현재 청년(15~29세) 실업률은 2000년 통계가 작성된 이래 가장 높은 수치인 11.5%를 보였다(체감 실업율 25.2%). 이는 살기 위해 필요한 만큼의 일자리도 찾기 어렵다는 것인가? 그렇다면 노동시간 단축을 통한 일자리 나누기가 답이 될 수도 있다.

다행히 문재인 정부는 국회에서 개정안 논의를 시작한 지 5년 만에 드디어 근로시간을 한 번에 16시간 단축하는 파격적인 근로기준법 개정안을 마련했고[9] 2018년 7월부터 주 68시간에서 주 52시간(연장 근로 12시간 포함)으로 노동시간 단축이 시행되었다. 문재인 정부는 근로시간 단축을 통해 근로자들의 '휴식이 있는 삶', '저녁이 있는 삶', 이른바 워라밸(work and life balance)이 가능할 것으로, 또 일자리 창출 효과[10]가 있을 것으로 내다보았다. 그리고 갑작스러운 노동시간 단축으로 인한 산업 현장의 문제도 고려하여 노동시간 단축 현장 안착 지원 대책도 마련했다(노동시간 단축 기업 재정 지원, 생산성 향상 지원, 공공낙찰 우대 등). 아울러 가족친화인증기업 및 기관 확대(2017년 2,802개에서 2018년 3,324개), 육아휴직 급여 및 '아빠육아휴직보너스제'를 단계적으로 인상하여 육아로 인한 경력 단절 여성이 발생하지 않도록 지원하고 가족 돌봄 노동에 아빠들이 더 많이 참여할 수 있도록 유도하는 정책도 확대 실시하고 있다.[11]

---

9   휴일 포함 1주 최대 노동시간을 52시간으로 규정, 특례 업종 축소 등의 내용을 담은 근로기준법 개정 국회 통과(02. 28) 및 공포(03. 20). 기업 규모별로 단계적 시행, 특례 업종 대폭 축소, 관공서 공휴일의 유급 휴일화 및 민간 기업 2022년까지 단계적 적용, 휴일 근로 할증률 명시, 30인 미만 사업장은 2022년까지 노사 합의를 통한 특별 연장 근로 허용, 18세 미만 연소 근로자 최대 근로시간 단축 등 포함.

10   한국노동사회연구소는 13만~16만 명의 추가 고용이 있을 것으로 예상했다.

11   육아휴직 급여 인상, 배우자 출산휴가 확대, 임금 삭감 없는 1시간 근로시간 단축 등.

이대로 정책이 순조롭게 진행된다면 2030세대부터는 모두 장시간 고용 노동에서 벗어나 휴식이 있는 삶을 위한 일·생활의 균형, 이른바 워라밸 사회에서 살 수 있을까?

일·생활 균형은 일터 혁신과 함께

다시 2018년 취업 포털 잡코리아에서 실시한 성인 남녀 2,927명을 대상으로 한 '좋은 청년 일자리 현황' 설문조사 결과로 돌아가보자. 조사 결과 응답자 중 55.7%가 현재 '좋은 청년 일자리가 부족하다'고 생각하는 것으로 나타났다. 세부적으로 보면, 좋은 일자리가 없는 편이라고 답한 응답자가 44.0%로 가장 많았으며, 다음으로 보통이다(33.2%), 좋은 일자리가 거의 없다(11.7%), 좋은 일자리가 많은 편이다(9.4%), 좋은 일자리가 매우 많다(1.7%) 순이었다. 이들이 생각하는 좋은 일자리의 판단 기준(복수 응답)은 '일과 삶의 균형을 맞출 수 있는 일터(워라밸)'가 응답률 58.9%로 1위를 차지했다. 30대는 61.2%, 20대는 59.1%, 40대는 52.4%가 워라밸을 좋은 일자리 요건 1위로 꼽았다.[12]

문재인 정부 들어 청년층의 고용률은 42.1%로 2008년(42.4%) 이래 가장 높은 수준을 유지했다. 문재인 정부가 공무원 등 공공 부문 일자리 확충 등 좋은 일자리를 늘리기 위한 정책을 펼쳐왔기 때문이다. 그러다 보니 2030세대가 좋은 일자리로 꼽는 주 52시간 노동시간과 휴

12 〈http://www.veritas-a.com/news/articleView.html?idxno=119069〉(검색일: 2019. 06. 10).

식 있는 저녁 시간 보장, 여기에 유급 휴직까지 눈치 보지 않고 누릴 수 있는 워라밸이 가능한 공기업이나 공공 부문, 300인 이상의 대기업으로 청년층이 몰려들고 있다. 해마다 국가직 9급 공무원 시험에 20만여 명의 수험생(취준생)이 도전한다. 2019년 9급 공채 시험에도 채용 인원은 4,987명이지만 응시자는 19만 5,322명으로 평균 39.2 대 1의 경쟁률을 기록했다. 그러나 경쟁률은 의미가 없다. 해마다 무려 19만 명의 공시생[13]이라는 미취업 청년들이 생겨나고 그것이 해소되지 않은 채 장기화되고 있기 때문이다. 2017년 기준 300인 이상 대기업 경쟁률 또한 대졸자 채용에 100명이 지원하면 이 중 2.6명 정도만 뽑힌다. 취업 경쟁이 바늘구멍 수준으로 심각한 것이다. 반면 300인 미만 중소기업 취업 경쟁률은 계속 낮아졌다. 우리나라 노동시장에서 대기업이 차지하는 비중은 정규직의 경우 10.7%(2017년)[14]에 불과하고 중소기업이 정규직의 56.5%를 차지하고 있다. 그럼에도 중소기업의 일자리가 외국인 노동자로 채워지고 국내 2030 청년층은 외면하고 있다. 2030세대들은 일자리의 양보다 질이 우선이고, 가족보다 개인이 우선이다. 거기에다 과도한 자영업 비중을 고려한다면 2030 청년층이 원하는 좋은 일자리(일·생활 균형) 확대를 위한 문재인 정부의 '휴식 있는 삶'을 보장하는 일·생활 균형 정책의 중점이 어디에 두어져야 하는지가 분명해진다.

2022년까지 단계적으로 민간 기업 전체로 확대 예정인 주 52시간

---

13 전국적으로 공시생이 44만 명이라는 보도도 있다(〈매일경제〉, 2019. 07. 10). 서울시 공무원의 경우 1990년 경쟁률은 7.5:1이었다. 그러나 2018년 51.87:1이 되었다(9급/7급 기준). 1994년 대기업 중 LG, 현대, 삼성의 경쟁률은 6~7:1이었다.

14 경제활동인구 조사 근로 형태별 부가 조사, 통계청, 2017. 08.

노동은 노동시간 단축이 원활하지 않은 업종·기업에 대한 지원과 제도 개선이 뒷받침되지 않으면 오히려 대기업 및 공공 부문과 중소기업 간 격차를 지금보다 더 벌릴 가능성이 높다. 일·생활 균형과 육아 돌봄을 동시에 지원받는 일자리는 정부 및 공공기관, 공기업과 소수 대기업 위주로 나타나고 있어 기업 간 격차가 점점 더 심화되고 있기 때문이다. 국가의 정책적 지원에도 300인 이하 중소기업의 경우를 볼 때 대체 인력 확보의 어려움으로 인한 눈치 보기 등으로 출산·육아휴직 등 상징적인 워라밸 정책조차도 여전히 사각지대[15]에 놓여 있다. 이것이 공적·사적 일자리 양극화를 심화시키는 악순환으로 작용하기 때문에 지속적인 청년 고용률 개선을 기대하기란 쉽지 않을 전망이다. 이러한 상황에서 결혼과 출산, 그리고 양육은 점점 더 개인의 선택 사항이 될 것이므로 지금과 같은 저출산, 인구 고령화 극복을 위한 국가 정책 또한 그 효과를 기대하기 어렵다. 왜냐하면 일·생활 균형의 문제는 전통적으로 '어머니, 아내, 며느리, 딸'로서 당연히 맡아야 했던 가사와 육아를 포함한 돌봄의 문제와 연동되기 때문이다

차별 없는 '일·생활 균형' 실현

일찍이 유럽연합은 일과 생활의 균형(work-life balance)을 장시간 노

---

15 예를 들어 육아휴직의 경우 일·가족 양립 지원을 상징하는 대표적인 정책으로 2001년 도입되었지만 아직도 공공 부문과 민간 부문, 대기업과 중소기업 간의 휴직 활용도 격차가 큰 상황이다. 2017년 조사에 의하면 육아휴직 도입률은 300인 이상 대기업이 93.1%인 반면 10~29인 사업체는 46.1%, 9인 이하는 33.8%에 불과하다.

동을 줄임으로써 휴식 있는 삶, 가족과 함께 하는 삶으로만 보는 것이 아니라 노동시간, 돌봄시간, 개인시간의 균형 잡힌 삶의 개념으로 보고 정책을 실시하고 있다. 즉 일·생활 양립 혹은 균형 개념 속에 내포되어 있는 여성 경도성을 극복하고 '노동시장에 대한 접근에서 여성이 직면한 불리함을 제거함으로써 가족 영역에 치우친 여성의 삶을 개선하는 동시에, 가족생활 영역에서 남성이 갖고 있는 장애 요소들을 해체하여 일 중심적인 생활을 해왔던 남성들이 가족 영역에 더 많은 시간과 관심을 쏟을 수 있도록 하는 것'으로 바라보고 있다.

그러므로 노동시간 단축을 통한 양적인 일자리 창출이 2030 청년층의 고용률을 실질적으로 높이는, 이들이 원하는 '좋은 일자리'로 이어지려면 '휴식 있는 삶'을 위한 일·생활 균형 정책의 프레임을 보다 정교하게, 보다 젠더 관점에서 재설정해야 한다. 우선, 육아휴직을 노동문제로 접근할 필요가 있다. 전 일터에서 여성 정규 고용률 증대, 경력 단절 방지 및 퇴직률 저하, 육아휴직자 직장 복직률 제고 등의 방안과 연동하고 남/여, 정규/비정규, 대기업/중소기업 구별하지 않고 모두가 차별 없이 누릴 수 있는 다양한 돌봄 지원 제도 도입 및 확대, 또한 육아휴직 접근의 사각지대를 줄이고 접근성 격차를 해소할 수 있는 실천 전략을 담은 로드맵이 필요하다. 아울러 아빠가 자녀와 보내는 시간이 하루 겨우 6분(2015년)[16]밖에 안 된다는 한국 실정을 고려한 남성의 육아휴직 및 양육 참여 확대 유인책, 휴직자에 대한 직장 내 낙인

---

16 2015년 삶의 질 보고서, 〈http://www.hani.co.kr/arti/society/society_general/713488.
   html〉.

(flexibility stigma)[17] 완화 등 종합적이고 체계적인 접근도 시도해야 한다. 특히 아버지의 육아휴직 활용 및 양육 참여 확대를 위한 급여 감소 없는 다양한 유연근로제 도입, 육아휴직 급여 인상, 가족 돌봄 휴가 확대 등 '가족 친화 중소기업'이 실질적으로 정착될 수 있도록 중소기업의 워라밸 정착 및 확대를 위한 적극적인 재정 지원 및 인센티브 개발이 필요하다. 즉 공공 부문, 대기업 등 소수에게만 혜택이 집중되어 삶의 질 양극화가 커질 우려가 높은 만큼 중소기업, 자영업 부문 근로자들에게도 제도의 혜택이 돌아갈 수 있는 실질적이고 구체적인 정책이 마련되어야 한다. 이때 국가 재정 부담을 완화하는 방안에 대한 다면적인 접근과 연계도 동반되어야 할 것이다. 예를 들어 점차 그 위상과 역할이 커지고 있는 지역사회와 함께 하는 통합적 돌봄 시스템 발굴과 지원, 기업들의 적극적이고 자발적인 참여 독려, 사회서비스와 돌봄을 위한 전달 체계의 정비가 필요하다. 분권과 자치, 즉 지방자치 차원에서 기업의 가족 친화 경영 확산을 위한 조례 제정, 양육 친화적 환경 조성 등 지역의 지원, 감독 권한 강화를 통한 내실화도 절실히 요구된다. 그리하여 중앙정부와 지방정부가 함께 만드는 '포용국가'에서 모든 사람이 차별이나 배제당하는 일 없이 일·생활의 균형이 맞는 휴식이 있는 삶을 보장받으며 함께 잘 살 수 있기를 고대한다.

---

17 육아휴직 또는 육아기 단축 근무 등을 선택하는 직장인은 회사에 부담을 주는 사람이자 회사의 중심 인력이 될 수 없다는 고정관념. 이를 기반으로 '일·가족 양립'을 실천하는 사람을 조직 내에서 차별하거나 배제하는 문화(승진 누락, 불리한 배치, 암묵적인 퇴직 압박 등).

제22장

재난 안전 취약 계층 지원과 대응 역량 강화

윤동근 정책기획위원회 지속가능분과위원, 연세대학교 도시공학과 교수

재난 안전 취약 계층의 증가

전 세계적으로 재난 피해가 점차 증가하고 있다. 한국의 경우 전통적으로 홍수, 태풍 등의 풍수해로부터 가장 많은 피해를 받고 있다. 그런데 최근에는 지진, 폭염 및 한파 등으로 인한 피해가 심각하게 발생하면서 피해를 주는 자연 재난의 유형이 다양해지고 있는 추세이다. 이와 더불어 화재 사고, 붕괴 사고 등 사회 재난으로 인한 피해 역시 증가세를 보이고 있다.

재난의 유형과 규모가 다양화되면서 재난으로부터 피해를 입는 사람들 역시 증가하고 있다. 그중에서도 취약 계층의 피해가 점점 심각해지고 있다. 재난 안전 취약 계층이란 "재난 취약성을 지닌 개인이나 집단"을 의미하는 것으로, 재난 취약성은 "개인이나 집단의 특성 또는 그들이 처한 상황이 재해 영향의 예측, 대응, 저항 및 복구 역량을 제약하는 것"으로 정의할 수 있다.[18] 즉 재난 안전 취약 계층은 고령자,

---

18 Wisner, B., Blaikie, P., Cannon T., and Davis I, At Risk: Natural Hazards, people's vulnerability and disasters. 2nd Edition. NY: Routledge, 2014.

영·유아, 장애인, 임산부, 기초생활수급자, 외국인 등과 같이 재난 발생전 과정에서 사회·경제적, 신체적, 정신적, 언어적으로 재난에 대응하는 데 제약이 있는 개인 또는 집단으로 정의할 수 있다. 국내외에서는 재난 안전 취약 계층을 '재난약자', '재해약자', '재난 취약 계층', '재난 위험군' 등으로 다양하게 사용하고 있다. 일본은 재난 안전 약자에 노인, 유아, 환자, 신체장애자, 외국인 등을 포함하고 있으며, 미국은 일반적인 취약 계층뿐 아니라 자가 교통수단이 없는 개인 혹은 가정, 다문화 가정, 노숙자, 만성질환자 등 광범위한 대상을 재난 취약 계층으로 정의하고 있다. 우리나라는 「재난 및 안전관리 기본법」을 통하여 재난 안전 취약 계층을 "어린이, 노인, 장애인 등 재난에 취약한 사람"으로 정의했고, 최근 '안전관리헌장'에 임산부를 취약 계층으로 추가적으로 포함시키면서 재난 안전 취약 계층의 대상을 확대했다.

재난은 동일한 크기로 발생하더라도 거주하는 공간의 물리적·구조적 환경이 취약한 집단, 사회경제적으로 고립되거나 열악한 집단에 더 큰 피해를 입힌다. 재난으로부터의 피해는 개인의 신체적 특성뿐 아니라 사회구조적 요인에 의해 가중되는 것이기 때문에 국가 차원의 사회 안전망을 구축함으로써 피해를 저감할 필요가 있다. 정부는 2018년 대통령개헌안을 통해 '생명권', '안전권'을 국민의 기본권으로 신설하고, 재난으로부터 모든 국민의 생명을 지키기 위한 헌법적 근거를 마련했다. 특히 그동안 보호 대상으로 규정되었던 아동, 청소년, 노인, 장애인 등 사회적 약자의 권리를 강화하기 위한 조항을 포함하여, 사회적 약자를 복지의 대상이 아닌 기본권의 주체로서 인지하고 적극적으로 권리를 보호할 필요가 있음을 분명히 했다. 이에 이 글에서는 현행 재난 안전 취약 계층 관련 법·제도상의 문제점을 사례를 통해 살펴보고, 실질적으로 재난 안전 취약 계층을 보호하고 재난 대응 역량을 강화하기 위한 정책적 개선점을 제시하고자 한다.

재해 유형별 취약 계층 피해 - 화재

지난 2018년 11월 9일 서울 종로구 관수동 고시원에서 불이 나 7명이 숨지고 11명이 다치는 인명 피해가 발생했다. 전열기 과열이 사고 원인으로 추정되는 가운데 사망자 대부분이 50대에서 70대 사이의 일용직 노동자였던 것으로 확인되었다. 2009년 고시원 건물의 간이 스프링클러 설치가 의무화되었으나 소급 적용을 하지 않아 해당 고시원은 설치 의무가 없었던 것으로 밝혀졌다.

현재 정부 및 지자체는 기초생활수급자, 장애인, 독거노인, 한 부모 가족, 외국인 등을 화재 취약 계층으로 구분하고 있다. 특히 고령인, 장애인, 외국인, 영·유아는 화재 상황을 인지하거나 자력으로 대피하기가 어렵기 때문에 심각한 부상이나 사망 등의 피해를 입기 쉽다. 2019년 3월 소방청에서 발표한 주택 화재 통계의 최근 7년간(2012~2018) 연령별 주택 화재 사망자 발생 현황을 살펴보면, 사망자 총 1,037명 중 70세 이상이 356명(34.3%)으로 가장 많은 것으로 나타났다.

또한 우리나라 인구 10만 명당 화재로 인한 사망자 수(2014년 기준)는 장애인(2.8명)이 비장애인(0.6명)에 비해 약 4.7배 높은 것으로 나타났으며(관계 부처 합동, 2017.), 화재로 인한 사상자 중 사망자 비율도 장애인(43.6%)이 비장애인(13.7%)에 비해 현저히 높은 것을 볼 수 있다.([그림 3-6] 참고).

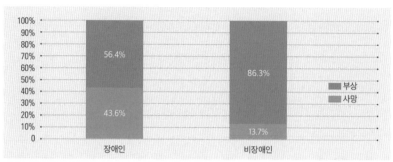

[그림 3-6] 화재 사상사 중 사망자 비율

출처: 국가화재통계, 2016.

이에 정부와 지자체는 화재 취약 계층에 대한 소화기, 화재 감지기 등의 주택용 소방용품 무상 지원을 확대하고 있다. 올해 약 70만 가구를 지원하며 2022년까지 108만여 가구에 대해 소방용품 설치를 확대해나갈 예정이다. 일부 지역에서는 화재 안전 방문 서비스, 응급 상황 자동 신고 시스템 등을 활용하여 취약 계층 가구를 관리하고, 시민 안전 체험관을 운영하여 취약 계층 맞춤형 체험 교육을 시행하고 있다. 그러나 다방면의 노력에도 불구하고 현재 운영되고 있는 화재 관련 제도 및 법률은 안전 취약 계층의 행동 특성에 대한 고려가 부족하며, 대부분 비장애인을 대상으로 규정하고 있어 취약 계층에 대한 제도적 보호가 미흡하다. 예를 들어 2019년 4월에 발생한 강원도 산불 사고 때도 그 문제가 여실히 드러났다. 당시 재난 방송 및 안전 대피 문자가 지속적으로 발령되었으나 수어 통역이나 화면 해설 등은 전혀 제공되지 않았고, 이로 인해 청각 장애, 시각 장애를 가진 사람들은 재난 발생을 인지하거나 진행 상황을 가늠하기가 어려웠다.[19] 또한 안전 취약

19 "장애인은 그저 가만히 있으라", 〈한겨레21〉 제1262호, 2019.

계층의 경우 신체적, 사회적 이유로 인해 대피 시 제약 사항이 많음에도 대피소의 위치가 멀어 접근성이 떨어졌으며, 대피소로 지정된 시설도 입구나 화장실 등에 휠체어 진입이 아예 불가능한 곳이 많았다. 이는 취약 계층의 안전을 확보하기 위한 방안이 단순히 재난 상황에 대응하기 위한 제도적 조치를 마련하는 것이 아니라 대피 과정과 대피 후의 단계에 따른 취약 계층의 행동 특성을 면밀히 파악하고 이를 고려한 대피 및 구조 체계를 마련하는 것이 중요하다는 것을 의미한다.

재해 유형별 취약 계층 피해 - 지진

지진은 전조 현상 없이 갑작스럽게 일어나기 때문에 대피 시간을 확보하기 어렵고, 지반의 흔들림으로 인해 건물이나 주변 구조물이 무너져 고립되기 쉬워 거동이 불편한 노인이나 장애인에게 매우 위험하다. 2016년 9월 12일에 발생한 규모 5.8의 경주 지진과 2017년 11월 15일에 발생한 규모 5.4의 포항 지진은 재난 안전 취약 계층을 위한 재난 안전 시스템의 부재를 보여주는 사례였다. 당시 재난 방송에서는 수어 통역이 제공되지 않아 음성언어가 아닌 시각으로 정보를 습득하는 농인들은 재난 상황을 파악할 수 없어 주변 사람들의 움직임을 보고 판단해야 했다. 또한 몸이 불편한 장애인들은 누구에게 어떻게 도움을 청해야 하는지에 대한 정보가 없어 건물 안에 갇히거나 대피하지 못한 경우가 많이 발생했다.

장애인과 비장애인은 같은 조건이더라도 처하게 되는 상황이 매우 다르지만 정부에서 제공하는 재난 대응 매뉴얼이나 정보 체계는 많은 부분에서 취약 계층을 배제하고 있다. 예를 들어 현행 지진 대피 매뉴얼에는 엘리베이터 대신 계단을 이용하라고 되어 있을 뿐 계단을 이용할 수 없는 대상에 대한 안내가 부재하다. 또한 다양한 장애 유형을 고려한 점자로 된 매뉴얼이나 수어 방송, 음성 지원 등의 정보시스템이 실제 상황에서는 활용되지 못하고 있으며, 국내에 거주하는 외국인들을 위한 재난 정보 전달 체계 역시 부재하다. 일부 장애인 재난 관리 매뉴얼에서는 대피 시 활동 보조인이나 보호자와의 동행을 제시하고 있으나, 대피 지원을 위한 연락망이나 장애인 대피 시설 정보 등 보다 구체적인 대피 방법에 대한 안내는 미흡한 실정이다.

재해 유형별 취약 계층 피해 - 폭염

폭염으로 인한 영향은 주로 고령자, 저소득층, 일용직 노동자, 노숙자 등 사회경제적 취약 계층들이 받는다. 질병을 갖고 있거나 사회적으로 고립된 사람들은 그렇지 않은 사람들에 비해 사망률이 높은 것으로 연구되었으며, 지역적으로는 공동체가 와해된 지역, 낙후된 주거 환경과 낮은 소득 수준 등 지역박탈지수가 높은 지역에 사는 주민이 폭염으로 인해 숨질 위험이 18% 이상 높은 것으로 나타났다.[20]

2018년 우리나라에서는 사상 최악의 폭염으로 인해 사망자 48명, 온열 질환자 4,526명이 발생했다. 사망자 48명 중 34명(71%)은 60세

---

20 Klinenberg E, Heat wave: A social autopsy of disaster in Chicago, University of Chicago Press, 2003.

이상이었으며, 70대가 10명, 80세 이상이 22명으로 고령자의 사망이 많았다. 일반적으로 고령자는 일반인에 비해 대체로 면역력 및 저항력이 약하기 때문에 외부 환경의 변화에 더 민감하게 반응하게 되어 취약한 집단으로 분류된다.[21] 이 때문에 고온 환경에 더 쉽게 영향을 받을 수 있다. 그러나 중요한 것은 폭염으로 인한 피해가 개인의 신체적 특성뿐만 아니라 사회구조적 요인으로 인해 발생하며, 많은 부분 생활 환경 개선이나 제도를 통해 감소될 수 있다는 것이다. 예를 들어 고령자의 경우 농사 등 생계유지를 위한 야외 활동이 많고, 냉방 시설 등이 적절히 갖춰지지 않은 낙후된 주거 환경에서 생활하는 비율이 높으며, 정보 접근성이 낮아 폭염 자체를 제대로 인식하지 못하고 있는 경우가 많다. 또한 홀몸 노인의 경우 주변에 도움을 청할 가족이나 이웃이 없어 온열 질환이 사망으로 이어지는 경우가 많다.

30~50대 청장년층의 경우에도 개인의 건강 상태보다는 무더위 속에서도 야외 활동을 해야 하는 사회구조적 상황이 피해의 원인이 되는 경우가 많다. 고용노동부는 건설 현장 노동자들의 온열 질환을 예방하기 위하여 2012년 '무더위 휴식제'를 도입했고, 2017년에는 '산업안전보건기준에 관한 규칙 개정안'을 적용해 폭염 발생 시 휴식 시간 및 그늘막 설치를 의무화하고 있다. 그러나 2017년에는 3명, 2018년에는 4명 등 매년 실외 작업장에서 사망하는 사고가 발생하여 일부 건설 현장은 여전히 열악한 환경에서 근무가 이루어지고 있는 것으로 보인다.

---

21 이나영, 조용성, 임재영, 〈폭염으로 인한 기후변화 취약 계층의 사망률 변화 분석: 서울을 중심으로〉, 보건사회연구 34(1), 2014, 456~484쪽.

재난 안전 취약 계층 관련 법·제도 개선

　법령에서 정의하는 안전 취약 계층은 「재난 및 안전 관리 기본법」 제3조 9의3에 제시되어 있다. 이 법령은 안전 취약 계층을 규정하고 취약 계층에 대한 안전 관리 대책 마련(제22조), 특성을 반영한 연구·개발 수행(제34조의 5), 안전 관리 강화 방안 마련(제66조의 4) 등을 명시하고 있다. 하지만 일반적인 수준의 내용을 규정하고 있을 뿐, 취약 계층 안전 관리에 대한 구체적인 수행 주체, 지원 방안, 계획 수립 등에 관해서는 명시하고 있지 않다. 재난 상황 시 이재민을 위한 구호 활동, 기금 마련, 임시 주거 시설 마련 등을 규정하는 「재해구호법」의 경우에도, 구호 대상을 이재민, 일시 대피자 등으로만 규정하고 있을 뿐 재난 안전 취약 계층에 대한 응급 지원 및 대응 활동에 대한 내용은 부재하다. 고령자, 장애인, 임산부 등의 취약 계층은 같은 조건이더라도 처하게 되는 상황이 매우 다르며, 구호나 복구 과정에서 안전을 확보하기까지 고려되어야 하는 사항에서 일반인과 차이가 있다. 지자체가 상위법에 근거하여 관련 조례를 제정하고 정책을 계획한다는 점에서, 재난 안전 취약 계층에 대한 고려가 미흡한 현행 국가 법령 및 제도는 지역 기반의 효과적인 재난 안전 취약 계층의 보호와 재난 대응 시스템을 유도하기 어렵다. 따라서 정부는 재난·안전 관련 상위법에서 재난 안전 취약 계층의 보호를 위한 계획 수립, 수행 주체, 의무 사항, 안전 관리 방안 마련 등을 구체적으로 명시하거나 관련 시행령 등을 활용하여 시행 계획 및 방안을 명확하게 제시하여야 한다. 추가적으로 정부는 각 지자체별로 마련된 조례, 정책 등을 정기적으로 점검함으로써 정책의 실효성이 향상되도록 유도하여야 한다.

재난 안전 취약 계층 통합정보 관리시스템 구축

현재 각 지자체는 지역에 거주하는 취약 계층 현황을 장애인, 기초생활수급자, 독거노인, 만성질환자 등으로 구분하여 파악하고, 이를 동 단위 형태의 공공 데이터로 제공하고 있다. 그러나 정보를 통합적으로 관리할 수 있는 시스템이 마련되지 않아 지자체별로 상이한 기준으로 취약 계층을 조사하고 있으며, 취약 계층의 주거 형태나 건강 상태 등에 대한 구체적인 정보 구축 및 모니터링이 이뤄지지 않고 있다. 실례로, 성남시는 취약 계층을 독거노인, 장애인으로 구분하여 파악하고 있지만, 부산 금정구는 기초생활수급자를 기준으로 취약 계층 현황을 파악하고 있다. 반면, 일본은 배리어 프리(barrier free: 장애물이 없는 건축 설계) 실태, 취약 계층 특성별 피난처의 접근 가능 여부, 피난 교육 및 훈련 수여 여부, 개별적 특이 사항 등의 정보를 지속적으로 모니터링하고, 이를 근거로 취약 계층 현황 정보를 구축하고 있다.

지역별로 수집된 정보는 통합정보관리시스템에 탑재함으로써 실시간으로 취약 계층을 관리하고, 요구 사항을 반영한 지원 정책을 제공하고 있다. 취약 계층을 대상으로 하는 통합정보관리시스템은 지역별 상이한 정보로 인한 혼선을 예방하고, 표준화된 대응 체계를 마련, 시행하기 위해 중요하다. 또한 재난 발생 시 제3자의 도움이 필요한 취약 계층의 수, 위치 정보, 신체적 특성 등에 대한 구체적인 정보 구축은 재난 훈련 및 교육 정책을 지원하는 데 효과적으로 활용될 수 있을 뿐 아니라 재난 대응 및 복구 과정에서 자원 및 구조 인력 투입 시기를 결정하는 데서도 효율성을 높일 수 있다. 이로 인해 중앙정부는 각 지역별 취약 계층 현황을 실시간으로 파악하여 위험성 및 취약성을 지역별로 고지할 수 있으며, 이는 정책적·재정적 지원을 계획하고 관리하는 데에도 활용할 수 있을 것이다.

재난 안전 취약 계층 대상 훈련, 교육 정책 개선

국가 주도의 안전 훈련은 재난대응안전한국훈련, 어린이재난안전 훈련 등이 운영되고 있으며, 지자체나 관계 기관별로는 매년 1회 이상 정기적으로 지역 주민 및 학생들을 대상으로 재난 안전 교육 및 훈련을 시행하고 있다. 그러나 현행 재난 관련 교육 및 훈련은 그 내용이 비장애인을 대상으로 구성되어 있어 고령자, 장애인 등이 교육 및 훈련에 참여하기에는 한계가 존재한다. 또한 취약 계층을 단지 '도움이 필요한 사람'으로 교육하고 있어, 이들을 참여 주체로 인지하지 않는 경향을 보인다. 일부 지자체에서는 취약 계층을 대상으로 지진, 화재와 같은 재난에 대하여 대피 교육 및 훈련을 시행하고 있다. 그러나 예산·인력 등의 이유로 이론 교육 위주로 진행되고 있으며, 취약 계층의 경우 위기 대처 능력이 낮아 반복적인 교육이 필요함에도 일시적인 교육 지원 수준에 머물고 있다.

소방청은 2019년부터 장애인 맞춤형 소방 안전 교육을 전국 219개 소방서, 7개 소방안전체험관, 42대의 이동안전체험차량을 이용하여 운영한다. 이로써 그동안 화재 대피 훈련에 참여하지 못했던 전국 176개 특수학교 장애 학생들은 화재 대피 훈련 및 교육을 이수할 수 있게 되었다. 중요한 점은 재난 안전 취약 계층을 도움의 대상이 아닌 참여 주체로 인식하고, 취약 계층이 활동하는 공간의 구성원들과 함께 재난 발생에 대비해야 한다는 것이다. 독일에서는 휠체어를 사용하는 장애인이 있는 시설의 관계자 및 선생님, 학생들을 대상으로 매년 1회 이상 화재 시 장애인 지원 교육을 이수하여 인증서를 받도록 의무화하고 있다. 또한 장애인이 잠시 머무는 시설의 관계자들도 2년마다 매 1회 이상 장애인 화재 대피 훈련을 시행하도록 의무화하고 있다.

이처럼 정부 및 지자체는 취약 계층의 행동 특성 및 활동 공간의 특성을 고려한 재난 대응 교육 및 훈련 프로그램을 개발하고, 반복적인 교육 및 훈련을 의무화할 필요가 있다. 더불어 점진적으로 대상 취약 계층을 확대하면서, 실제 재난 발생의 대응 역량을 높이고 피해를 저감할 수 있도록 정책을 보완해야 할 것이다.

재난 안전 취약 계층 특성을 고려한 재난 대응 매뉴얼 마련

정부는 2018년 10월 재난 분야 위기관리 표준 매뉴얼을 전면 개정하여 어린이, 노인, 장애인 등 안전 취약 계층 특성을 고려한 재난 현장 대피 절차를 마련할 것을 발표했다. 경주·포항 지진 사례를 통해 재난 안전 취약 계층에 대한 현행 매뉴얼의 문제점이 제기되었기 때문이다. 특히 이미 개발된 장애인 매뉴얼의 경우 대피 행동 요령이 구체적이지 않고, 일부 장애 유형만을 다루고 있어 실제 상황에서 도움이 되지 않는다는 것이 문제로 대두되었다. 또한 대부분 장애인 복지시설에 초점을 맞추고 있어 시설을 이용하지 않는 일반 장애인을 배제하고 있다는 점도 문제로 나타났다. 일본은 〈장애인, 고령자 난치병 환자 방재 매뉴얼〉을 개발하여 취약 유형별로 지진, 풍수해 등에 대한 대응 요령을 파악할 수 있도록 제시하고 있다. 또한 요코하마시의 〈맹인 등 장애인 학교 방재 매뉴얼〉에서는 특수 교육기관에서의 재난 대응 요령을 제시하고 있는데, 장애 학생들을 포함한 학교 구성원, 지역 주민 등 다양한 구성원의 행동 요령을 포함함으로써 마을 단위의 대응을 유도하고 있다. 위기 상황에 대한 대응 매뉴얼은 실제 상황에서 활용될 수 있어야 가치가 있다. 그러기 위해서는 구체적인 상황이 가정되어야 하며, 매뉴얼을 활용하는 대상의 눈높이에서 대응 과정에 나타날 장애물들이 무엇인지 고려하여 정보를 구성하는 것이 중요하다. 그리고 취약 계층의 특성을 고려하여 글자 크기가 조정된 매뉴얼, 점자 매뉴얼, 수화 영상 매뉴얼 등을 개발하여 재난 매뉴얼에 대한 접근성을 높이는 것도 필요하다.

재난 안전 취약 계층 대상 재난 정보 전달 체계 개선

경주 지진(2016), 포항 지진(2017), 강원도 산불 사고(2019) 사례에서 공통적으로 제시된 문제는 재난 상황에서 취약 계층이 수집할 수 있는 정보가 제한적이라는 것이다. 「방송법」 시행령 제52조(장애인의 시청 지원)에 따르면 재난 방송, 민방위 경보 방송을 제공하는 방송 사업자는 의무적으로 수어 통역이나 폐쇄 자막, 화면 해설을 제공해야 한다. 그러나 실제 재난 상황에서 보도된 재난 방송은 수어 통역이나 화면 해설 등이 제공되지 않았고, 이에 재난 지역에 거주하던 청각장애인들은 재난 발생을 인지하거나 진행 상황을 파악하기 어려웠다. 또한 위기 상황 시 지원을 요청할 수 있는 비상 연락망에 대한 정보가 없었고, 밀려드는 전화로 구청·시청의 담당 부서는 연락이 닿지 않아 대피소의 위치, 장애인 편의시설 정보 등을 제공받지 못하는 경우가 많았다. 재난 상황에서 정확하고 신속한 정보 전달은 대피 시간을 확보할 수 있는 중요한 문제이다. 실제 사례의 재난 방송 보도 형태에서 나타나는 정보 소외뿐 아니라 현재 정부가 제공하고 있는 정보들은 스마트폰 앱과 같은 디지털 기기를 이용하는 것이 많아 고령자나 장애인의 정보 접근성이 떨어진다. 따라서 정보를 제공받는 취약 계층의 상황을 반영하여 일반인과 구분된 방식으로 정보 전달 체계를 개선할 필요가 있다. 더불어 자력으로 대피가 어려운 취약 계층의 경우 재난 발생 시 도움을 청할 수 있도록 담당 공무원이나 시민단체, 자원 봉사 활동가, 이웃 주민 등에 대한 비상 연락망·인적 관계망을 구축·제공하고 지속적으로 관리해야 한다.

재난 안전 취약 계층을 지원할 수 있는 재난 대피소 마련

정부는 재난 상황 시 이재민 등을 보호하기 위하여 동별로 재난 대피소를 지정하여 운영하고 있다. 재난 대피소는 주로 학교·관공서 등의 공공시설, 종교 시설·병원 등의 민간 시설, 컨테이너, 천막 등의 임시 시설을 활용한다. 비상 시 대피소는 누구나 접근 및 이용이 가능해야 하지만, 현재 지정된 재난 대피소는 재난 안전 취약 계층의 시설 이용을 제한하고 있다. 예를 들어, 경남 창원시의 재난 대피소 실태 조사 결과 대피소로 지정된 315곳 중 휠체어가 들어갈 수 있는 대피소는 약 40%(129곳)밖에 되지 않았고, 점자블록, 시각 경보기 등 장애인 편의 시설이 갖춰진 대피소는 약 3%(8곳) 정도였다. 일본은 고령자, 장애인 등 안전 취약 계층을 위한 지원 설비, 인력 등이 구비된 '복지피난소'를 마련하고 있다. 각 시정촌은 지역별 취약 계층 현황을 고려하여 해당 대피소를 자치적으로 마련하고, 특별 요양 노인 시설, 숙박 시설, 장애인 편의 시설 등을 제공하고 있다. 재난으로 인한 이재민은 비장애인뿐 아니라 장애인도 포함하여야 한다는 점을 고려했을 때 장애인, 고령자 등 안전 취약 계층이 편리하게 사용할 수 있는 재난 대피소를 마련하는 것은 중요한 문제이다. 이를 위하여 정부 및 지자체는 휠체어 경사로, 점자블록, 시각 경보기 등 장애인 편의시설을 재난 대피소 내에 설치하여야 한다. 또한 지역별로 해당 계층의 대피소 안에 생활을 지원할 수 있는 인력풀을 구성하여 재난 상황 시에 운영할 필요가 있다.

재난 안전 취약 계층의 대응 역량 강화 필요

정부는 '생명권', '안전권'을 국민의 기본권으로 신설하고, 아동, 청소년, 노인, 장애인 등 사회적 약자를 복지의 대상이 아닌 기본권의 주체로서 인지하고 적극적으로 권리를 보호해야 한다는 것을 명시했다. 고령화, 노후화, 빈부격차 등의 사회구조적 문제로 인해 심화되고 있는 재난 안전 취약 계층의 재난 취약성을 저감하기 위해서는 국가 차원의 정책을 마련하고, 제도 개선을 통해 취약 계층의 대응 역량을 강화할 필요가 있다. 현재 국가 및 지자체에서 시행하고 있는 취약 계층 지원 정책들은 재난 안전 취약 계층을 보호하고 효과적으로 지원하기에는 많은 한계점을 지니고 있다. 특히 법·제도 상의 한계, 통합 관리 시스템의 부재, 교육·훈련 및 매뉴얼 미흡 등의 문제가 발생하고 있으며, 이는 고령화로 취약 계층이 증가함에 따라 더욱 심화될 것으로 예상된다. 따라서 정부는 현행 안전 취약 계층 관련 법·제도 등의 내용을 개정하여 안전 사각지대를 제거하고, 취약 계층을 통합적으로 관리할 수 있는 시스템을 개발하여야 한다. 또한 취약 계층의 개별 특성을 고려한 재난 대응 매뉴얼을 개발하고, 이를 바탕으로 취약 계층이 참여의 주체가 되는 교육 및 훈련을 시행하여야 할 것이다.

제23장

문화와 예술 사이, 사람의 자리에 대하여

곽병창 정책기획위원회 지속가능분과 위원, 우석대 문예창작학과 부교수

들어가며

　예술은 미적 작품을 형성시키는 인간의 창조 활동으로, 인간에 내재된 심미적 욕구를 충족시키는 지적 활동의 산물이다. 동시에 예술은 인간의 창의성, 선함, 아름다움 등 정서적이고 감상적인 내면을 추구하고 이를 표현하려는 원초적 자아실현의 욕구로서 그 자체로 중요한 가치를 갖는다. 개인적 영역에서의 문화예술은 창의력을 배양하고 정서를 순화하며 총체적인 건강을 증진하는 데 기여하고, 공동체의 미래를 위해서는 인종, 종교, 나이 등 경계를 넘어서 사회를 통합하는 데 일조하기도 한다. 공동체 구성원의 의식을 결속하고 유지하면서 국가의 위상을 드높이는 기능을 수행한다는 고전적 정의 외에도 오늘날 문화예술의 영역은 거의 무한대로 넓어지고 있다. 학자들은 문화예술이 이제 예술 본연의 범주는 말할 것도 없고 경제, 사회 그리고 교육과 보건의 영역에 이르기까지 동시대인들의 일상에 다양하고 큰 영향을 주고 있음을 강조한다. 또 다른 차원에서 문화예술은 새로운 산업적 가치를 지닌 재원으로서 한 국가 단위를 넘어서서 막대한 부를 창출해내는 원천이 되어가고 있다.

문재인 정부는 그 출범과 함께 '자유와 창의가 넘치는 문화국가'라는 국정 전략 아래 문화 분야의 5대 국정과제를 제시한 바 있다. 1) 지역과 일상에서 문화를 누리는 생활 문화 시대, 2) 창작 환경 개선과 복지 강화로 예술인의 창작권 보장, 3) 공정한 문화 산업 생태계 조성 및 세계 속 한류 확산, 4) 모든 국민이 스포츠를 즐기는 활기찬 나라, 5) 관광 복지 확대와 관광산업 활성화가 바로 그것이다. 이어 2018년 5월에 발표한 중장기 비전인 '문화비전 2030'에서는 '사람이 있는 문화, 예술이 있는 삶'을 천명한 바 있다. 그리고 이와 같은 비전을 실현하기 위하여 자율성, 다양성, 창의성의 3대 가치를 설정한다. 이는 바로, 사람과 생명이 먼저라는 철학적 바탕 위에 협력과 다양성, 쉼이 있는 문화를 위한 9대 의제, 186개 추진 과제를 마련하는 것으로 이어졌다. 이는 문화예술이 지닌 공동체성과 국가적 위상을 강조하거나, 경제적 가치에 주목하여 새로운 산업으로의 발전에 방점을 두는 태도와는 근본적으로 다른 접근이다. 문화를 통해 국격을 끌어올리려 하거나 관련 산업을 부흥시키겠다는 태도를 강조하는 순간 문화예술의 본원적 가치는 소멸될 위험에 처하게 된다. 그런 점에서 문재인 정부 문화 정책의 바탕에 '사람'이 놓여 있다는 것은 문화예술이 지닌 본질적 가치에 주목하겠다는 선언인 셈이다.

한편 문화예술이라는 개념을 문화와 예술로 나누고, 이를 다시 문화 정책과 예술 정책이라는 용어로 양분해서 살펴보면 그 정책적 범주와 기능에서 차이점이 드러난다. 문화 정책은 국민 전반이 일상적으로 영위하는 삶의 모습을 어떻게 문화적으로 가꿀 수 있는가를 총체적으로 다룬다. 예술 정책은 예술가와 그들의 창작 행위를 어떻게 보호하고 지원할 것인가를 다루는 영역이다. 이 둘 사이를 오가며 '사람의 자리'를 최우선으로 고민하는 것이 바로 문재인 정부 문화예술 정책의 요체인 셈이다.

'혁신적 포용'을 위한 문화 정책

혁신적 포용국가는 "국민 누구나 성별, 지역, 계층, 연령에 상관없이 차별이나 배제를 받지 않고 인간다운 삶을 보장받으며 함께 잘 살 수 있도록 국가가 국민의 전 생애 주기에 걸쳐 삶을 책임지며, 공정한 기회와 정의로운 결과가 보장될 수 있도록 하며, 이를 뒷받침하는 미래를 위해 혁신하는 나라"[22]이다. 이를 위한 문재인 정부 문화 정책의 방향은《문화비전 2030: 사람이 있는 문화》에 잘 나타난다. 이것의 의미는 두 가지로 나눠볼 수 있다. 첫째, 「창의한국」(2004) 이후 문화 정책의 비전과 사업을 체계적으로 제시한 것이다. 둘째, 「문화비전 2030」을 만들어가는 과정에 많은 사람이 참여하여, 정책 형성의 거버넌스를 구축했다는 점이다.

'혁신적 포용국가'와 관련된 문재인 정부의 문화 정책은 다음 몇 가지로 요약할 수 있다.

첫째, 배제를 배제하는, 누구나 문화를 즐길 수 있는 여건을 조성하는 것이다. 차상위 계층의 문화 향유 증진을 위한 통합 문화 이용권(문화누리카드)의 점진적 증액(2017년 6만 원, 2018년 7만 원, 2019년 8만 원, 2021년 10만 원), 소외 지역(계층)을 찾아가는 '소외계층 문화순회사업'과 지

---

22 "정책위키", 대한민국 정책브리핑, 2019. 2. 19.

역 주민과 소외 계층을 위한 '방방곡곡 문화공감사업' 등이 그 핵심이다. 이는 소외 계층의 문화 향유를 위한 포용 정책으로, 노무현 정부부터 시작된 사업들(통합 문화 이용권 2005년, 방방곡곡 및 문화순회 2004년)을 이어받아 확대, 발전시킨 것이다.

〈표 3-1〉 2016~2019년 문화 향수 실태 조사

구분	2016	2017	2018	2019.9.2
지원금	연 5만 원	연 6만 원	연 7만 원	연 8만 원
발급률	94.8%	94.6%	96.7%	99.4%
이용률	88.8%	90.7%	90.8%	66.3%
지원 인원 (발급 매수)	1,450,801매	1,523,506매	1,591,777매	1,590,809매

출처: 문화체육관광부.

둘째, 지역과 지역 주민의 문화 정책 참여를 확대하는 일이다. 그중 두드러지는 것은 '지역 문화예술 교육 추진 체계' 구축이다. 2018년에 문화체육관광부-한국문화예술교육진흥원-지역문화 예술교육지원센터(17개 광역 단위)가 지역협력위원회를 구성하여 정기적으로 회의를 진행했다. 예산 수립과 집행에서 지역 자율형 사업 체계를 마련한 것이 그 구체적 성과이다.

셋째, 다양한 협력 체계와 거버넌스 구축이다. 민관 협력은 앞서 살펴본 「문화비전 2030」 형성 과정, 문화 도시 및 문화적 도시 재생 사업의 주민 참여에서 두드러진다. 부처 간 협력도 점점 원활해지고 있다. 2018년 문화체육관광부와 국토교통부가 업무 협약을 맺고 국토교통부의 '도시재생 뉴딜사업'을 대상으로 문화 영향 평가를 실시한 것이 좋은 사례이다.

넷째, 공급자 중심에서 참여자 중심으로 지원 정책을 전환하는 일이다. 2019년 4월 발표한 「생활 SOC 3개년 계획」에 따르면 공공 도서관, 작은 도서관, 생활문화센터, 꿈꾸는 예술터 등이 확충된다. 2022년에는 2018년 대비 공공 도서관은 4%, 작은 도서관은 11%, 생활문화센터는 112%가 증가할 예정이다. 생활 SOC 확충이, 문화 향유를 활성화하기 위한 인프라, 곧 참여형 문화시설 확충 사업으로 자리 잡

[그림 3-7] 문화예술 행사 관람률 변화 추이

(단위: %)

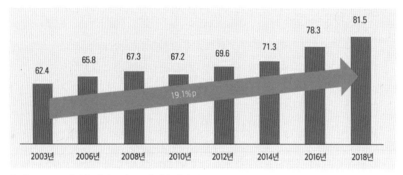

출처: 2018 문화향수실태조사, 문화체육관광부.

[그림 3-8] 문화예술 행사 관람 횟수 추이

(단위: %)

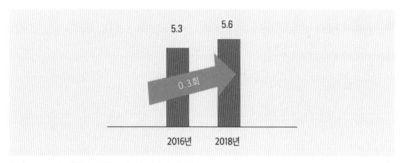

출처: 2018 문화향수실태조사, 문화체육관광부.

게 된 셈이다.

문재인 정부 문화 정책의 성과는 무엇보다도 문화예술 행사 관람률 변화를 통해 가시적으로 확인할 수 있다.

물론 확인된 통계 수치보다 더 중요한 것은 가치와 철학의 변화이다. 무엇보다도 지금까지 문화 정책에서 하향식 그리고 중앙 중심의 정책, 경쟁과 효율 중심, 불공정, 젠더 불평등 같은 문제가 있었다. 이 것을 상향식 그리고 지방분권의 정책, 사람을 중시하는 정책, 공정과 상생의 문화, 젠더 평등의 문화로 만드는 것, 그리고 이를 위한 문화적 실천이 '혁신적 포용국가'를 위한 문화 정책의 핵심이다.[23]

예술인 지위를 강화하는 예술 정책

예술가들이 공동체 안에서 그들의 작업을 통하여 최소한의 생계를 유지하며 살아갈 수 있게 하자는 것이 예술인 복지 제도의 출발이다. 이 문제에 대하여 1972년 유네스코에서는 '현대 사회에서 예술인의 위치와 역할에 대한 논의'를 시작으로 예술인의 임금, 고용, 교육, 노동조건, 사회보장 상황 등을 조사하였다. 그리고 1981년 10월 27일 유네스코 제21차 총회에서 '예술인의 지위에 관한 권고(Recommendation concerning the Status of Artist)'를 채택하여 국제사회에서 예술인의 사회적 지위를 인정하고 보호할 필요성에 대해 강조하였다. 이러한 권고를

---

23 조현성, "혁신적 포용국가와 문화 정책", 웹진 문화관광 2019년 6월 호, 한국문화관광연구원.

바탕으로 프랑스, 독일, 캐나다 등의 서방 국가들은 예술인 사회보장 제도를 국가 복지 정책의 하나로서 정착시키고 예술가들의 사회적 권리 및 삶의 질, 창작 여건 등을 개선하고 지원해주는 다양한 국가사업을 시행 중이다.

우리나라에서 예술인들의 끊임없는 요구와 사회 구성원들의 관심에 힘입어 「예술인복지법」이 제정된 것은 2011년의 일이다. 「예술인복지법」은 법안이 통과되기까지 오랜 기간 다양한 사회계층의 의견이 존재하였음에도 실질적인 진전 없이 제도화되지 못한 채 머물러 있다가 2011년 한 시나리오 작가와 인디밴드 소속 가수의 비극적인 죽음을 계기로 본격적인 법안 결정을 위한 움직임이 매우 빠르게 이루어졌다.[24]

예술인의 지위와 권리 보장을 위해 문재인 정부 출범 이후 중점적으로 추진한 사업은 막연한 구호와 슬로건 단계에 머물러 있던 사업에 법적, 제도적 장치를 갖춘 일이다. (가칭)'예술인의 지위 및 권리 보장에 관한 법률'(안) 최종 법안을 마련하였으며(2019. 4. 18 국회토론회), 현장 예술계(여성문화예술연합, 문화예술노동연대 등) 및 법률 전문가, 문화체육관광부 소속 관련자 등 12명의 집중적인 논의를 통해 예술인 고용보험 도입(안)을 확정(2018. 11. 고용보험위원회 의결)하여 입법안으로 발의하였다. 서면계약 조사권 및 시정 조치권 신설을 위한 예술인복지법 개정안 발의도 완료하였다. 또한 프리랜서 예술인의 용역 계약 체결 시 고용보험 가입을 의무화하여 안정된 생계와 창작 활동의 기반을 구축하

---

24 김윤경·김선형, 「예술인 복지법 제정과 정책적 효과성」, 정부학연구 24권 2호, 2018. 334~346쪽.

고 공정한 계약, 정당한 보상 지급 등을 위한 법과 제도를 정비하였다. 이와 같은 기조에서 문재인 정부는 구체적으로, 서면계약 체결 의무화의 실효성 제고를 위한 「예술인복지법」 개정, 표준계약서의 지속적 개발·보급, 음악 재생 시, 사용료(보상금) 납부 대상 확대, 음원 전송사용료 창작자 배분 비율 상향으로 권익 강화 등의 사업을 추진하고 있다. 또한 각종 지원금을 확대하는 데에도 지속적인 노력을 기울인 결과, 창작준비금 지원의 지속적인 확대(2017년 4,000명 → 2019년 5,500명), 예술인 생활안정자금(융자) 신규 도입(85억 원, 2019. 6.~시범 운영) 등의 실질적 성과로 이어졌다.

문재인 정부의 정책 입안, 실행 과정에서 가장 두드러지는 특징은 이전 정부와는 확연히 다른 실사구시적 태도를 견지하고 전문가와 정책 담당자 중심의 논의를 탈피하려 노력해왔다는 점이다. 무엇보다도 이해 당사자들의 의견을 충분히 지속적으로 경청, 수렴하기 위하여 입법 추진 TF를 꾸준히 운영(2018. 10~11/매주)하고, 예민하고 논쟁적인 사안의 경우 절충안을 찾기 위하여 여러 차례에 걸쳐 국회와의 협의를 거쳤다. 이런 입법 추진 과정 모두가 소통과 협치를 내세워온 문재인 정부의 이미지에 잘 부합하는 것이라 할 수 있다.

현장 예술가들의 입장에서 보면 정부의 이와 같은 노력은 국가의 책임 아래 공정하고 정당한 권익을 보장하는 일이라 여겨질 수 있다. 실제로 예술 활동과 관련해서 예전에는 경험해보지 못한 계약을 체결하는 사례가 눈에 띄게 증가하고 있다(2015년 30.7% → 2018년 42.1%). 또한 음원 전송 사용료 문제나 저작권 법령을 정비하는 데서도 창작자 중심의 원칙을 유지해 현장에서 긍정적 반응을 얻고 있다.

문재인 정부 예술 정책은 예술인의 직업적 특성을 고려한 예술인

복지 강화를 통해 예술인의 문화적·사회적·경제적·정치적 지위를 보장하기 위한 기반을 마련했다는 점에서 그 의미가 크다.[25]

무엇보다도 청년 예술가들의 창작 기반을 확대하고 일자리를 창출하기 위한 지속적 노력이 가시적 성과로 이어지고 있음에 주목할 필요가 있다. 대표적 사례인 '지역 기반형 콘텐츠 코리아 랩' 신규 조성 사업은 수도권 집중을 억제하고 균형발전을 도모한다는 차원에서도 더욱 장려할 만한 사업이라 할 수 있다.

〈표 3-2〉 지역 콘텐츠 코리아랩 운영 성과

구분	2019년		
	교육 지원(명)	창작 지원(건)	입주 지원(건)
경기	1,440	266	10
경북	174	7	26
광주	219	49	2
대구	38	19	12
부산	1,075	242	16
인천	1,534	107	37
전북	269	51	11
충남	594	34	6
전남	109	46	4
충북	1,021	87	7
총계	6,473명	908건	131건

출처: 문화체육관광부(2019년 9월 말 기준).
대전, 울산, 강원, 경남, 제주는 2019년도 조성 중.

---

25 양혜원, "예술과 예술인의 가치를 존중하는 예술 정책", 웹진 문화관광 2019년 6월호, 한국문화관광연구원.

한편, 2019년 10월 22일 한국문화예술위원회(이하 예술위)가 발표한 「아르코 비전 2030」은 「문화비전 2030」의 '사람이 있는 문화'와 새 예술 정책 '예술이 있는 삶'의 후속 실행 전략이다. 예술위는 블랙리스트 파동 이후 신뢰 회복을 위해 지난해 발족시킨 '아르코 혁신 태스크포스(TF)' 활동을 통해 조직 혁신 10가지, 사업 혁신 13가지의 총 23대 혁신 의제를 도출했다. 「아르코 비전 2030」의 핵심은 무엇보다도 창작 표현의 자유를 지키고, 창작 과정과 결과의 즐거움을 모두와 함께 나눠 '예술로 아름다운 세상'을 만들겠다는 약속과 다짐이다. 이와 같은 비전을 달성하기 위해 '도전과 변화', '공감과 협력', '공공책무성'을 핵심 가치로 내세웠다. 3대 전략 목표로는 '예술의 창의성과 다양성 존중', '문화예술 가치의 사회적 환기', '자율과 협력 기반의 기관 운영'을 수립했다. 이를 구체화한 6대 전략 과제, 15개 세부 과제도 구성했다. 그 가운데 최우선적으로 '지속가능한 예술가의 창작 터전 공고화'에 힘쓴다. 예를 들면, 단기 프로젝트 위주의 사업 구조를 다년간 지원 사업 체계로 전환, 이종 분야 교류 지원·융복합 기술 매칭·공유 창작 플랫폼 신설 등 새로운 창작 환경 반영 지원, 예술 활동 및 경력에 따른 '예술가 맞춤형 지원 사업 추진', 예술 단체 중장기 집중 지원 사업 대폭 확대 등이다.

결과적으로 문재인 정부의 예술인 지위 향상을 위한 정책들은, 그동안 예술가들이 감내해온 낮고 불규칙한 소득, 불공정한 관행 등을 벗어나 열악한 창작 여건을 개선하고 창작 활동에 전념할 수 있는 인간적 삶의 조건을 마련하였다는 점에서 큰 의의를 갖는다.

나가며: 사람의 자리를 위한 고민

앞으로도 문재인 정부는 "우리 사회는 과연 문화적인가, 이 시대의 예술 행위는 과연 충분히 자유로운가? 지원과 보호망은 두껍고 촘촘한가?" 등의 핵심적 질문 위에서 문화 정책을 궁리하고 실현해나가야 한다. 그런 점에서 그동안 견지해온 문재인 정부 문화예술 정책의 바탕과 정책적 기조는 한마디로 옳다. 하지만 짧지 않은 시간 동안 축적되어온 배타와 경쟁, 승자독식주의의 문화적 병폐가 하루아침에 사라질 리는 없다. 블랙리스트 사태와 같은 국가의 부당한 간섭이 재현될 소지도 여전히 남아 있다. 법과 제도를 촘촘하게 정비하여 사회 구석구석에 자리 잡고 있는 비문화적 요소를 제거하는 일이 반드시 뒤따라야 하는 이유이다. 다음의 몇 가지를 시급한 과제로 제시하면서 글을 맺는다.

첫째, 문화예술 지원 기구의 진정한 독립성 확보이다. 예술 정책의 자율성과 독립성을 위해서는 문화부의 예술정책과와 분리하여 독립적으로 존재하는 국가예술위원회가 필요하다는 제언[26] 등을 수렴하면서, 지금 무엇을 서둘러야 하는지 다시 궁리해볼 일이다.

둘째, 급격한 자본화의 물결 속에서 위축되어가는 순수예술의 생명력을 되찾는 일이다. 지속적인 지원 정책의 결과 양적·질적 성장을 이룬 예술계가 한편으로는 점점 더 상업화하면서 공공성을 잃어가고 있다는 비판에 응답해야 한다.

셋째, 예술인의 존재 의의와 그 삶의 방식에 대한 근본적 성찰과 대

---

26 김상철, "예술기구의 협치는 어떻게 가능할까", 문화 정책리뷰, 2019. 10. 1.

안을 마련해야 한다. 그런 점에서 예술 지원 제도가 '작품' 중심으로 편중되어 있고, 그 토대가 되는 예술가의 삶에 대한 이해는 상상적 수준에 머물러 있다는 지적[27] 또한 아프게 새길 일이다. 넷째, 성인을 대상으로 한 문화예술 활동 증진 정책과 함께 초·중·고교 시절의 내실 있는 예술교육 또한 매우 중요하다. 동시에 대학과 문화재 제도 등 예술 전공자의 육성 과정에 대해서도 날카로운 점검을 통해 바람직한 대안을 마련해야 할 것이다.

문화 정책과 예술 정책의 성과는 늘 유보적이고 논쟁적이어서 반드시 긴 호흡과 연속성이 필요하다. 또한 이 둘은 늘 상보적인 동시에 그 범주와 파장 면에서는 때로 철저히 독립적인 특성을 보이기도 한다. 급격하게 변화하는 삶의 토대 위에서 구성원 모두가 서로 존중하고 배려하며 공존할 수 있게 하는 일이 문화 정책의 영역이라면, 새로운 세계에 누구보다 민감하게 반응하여 참신한 표현으로 아름다움을 창출해내는 예술가를 뒷받침하는 일은 예술 정책의 영역일 것이다. 이 둘의 자리를 서로 연결하는 지점에 사람이 있다. 그런 의미에서 사람에 대한 존중과 경의에 바탕을 둔 문재인 정부의 문화예술 정책은 결코 흔들리지 않아야 한다. 그것만이 숱하게 남아 있는 과제를 묵묵히 해결하면서 다가올 미래를 준비할 최후의 동력이기 때문이다.

---

27 설동준, "상담을 통해 들여다본 예술인의 삶", 웹진 예술경영 vol. 432, 2019. 9. 26.

제24장

절박한 대학 개혁과 대학 구조조정

김명환 정책기획위원회 포용사회분과위원, 서울대 영문학과 교수

지지부진한 사립대학의 개혁

'촛불 정부'를 자임하는 문재인 정부가 막 반환점을 돌았다. 국정 성과를 내는 일에 더 속도를 올려야 할 시점이다. 하지만 뜻하지 않게 요동친 최근 몇 달의 정국 탓에 안정적인 국정 운영에 어려움을 겪고 있다.

더구나 북·미 비핵화 협상, 과거사 문제로 인한 한일 무역 갈등, 국내 경제 문제, 검찰 개혁, 선거법 개정을 포함한 정치 개혁 등 풀어야 할 문제가 산적해 있다. 이러한 상황에서 대학 개혁과 대학 구조조정에 대한 논의는 한가한 일로 받아들여질 수도 있다. 정말 그럴까?

최근의 사립 유치원 파동에서도 적나라하게 드러났지만, 한국의 사립대를 포함한 일부 사학은 비리와 불법의 온상이다. 멀리 역사를 거슬러 올라가면 20세기 초 애국 계몽기에 수많은 이들의 노력으로 전국 각지에 생겨났던 사학들이 식민지 시대를 거치며 살아남은 경우도 있고, 분단과 전쟁 가운데서도 뜻을 세운 지역 주민과 유지들의 성금과 기부로 생겨난 사학도 많았다. 그러나 이들 사학은 이승만 독재와 군사 정권 시절에 우여곡절을 겪는 동안 정말 교육에 뜻을 두고 자신

의 재산을 희사하며 노력해온 운영진들은 도태되고 사익 추구에 급급한 수구 세력이 다수를 차지하게 된 것이다.

그러므로 사학, 특히 사립대학의 개혁은 민주주의의 안정적인 정착에 매우 큰 의미를 지닌다. 비민주적 학교에서 교육받은 젊은이들이 민주 시민으로 성장하기는 어렵다. 더구나 한국은 일본과 더불어 전 세계에서 사립대의 비중이 가장 높은 예외적인 나라이며, 전체 대학의 무려 80%가량이 사립이다. 따라서 한국의 대학 개혁과 구조조정은 사실상 사립대에 대한 올바른 정책이 좌우하게 되어 있다.

대학 개혁이 절실한 이유는 또 있다. 우리 국민 누구나 여전히 매우 높은 교육열을 가지고 있으며, 심한 경쟁 속에 대학 입시는 말 그대로 성장기의 청소년들에게 지옥이다. 게다가 그 격심한 경쟁은 21세기에 젊은 인재들이 가져야 할 능력을 키우는 의미 있는 과정과는 거리가 멀다는 점 또한 문제이다. 점점 더 고착화되어가는 대학 서열구조를 타파하고 합리적이고 공정한 대학 선발 제도를 만들어냄으로써 중등 교육을 정상화하는 것은 국민의 삶의 질을 개선하고 행복 지수를 높이는 데 으뜸으로 중요한 과제이다.

그러나 대학 개혁의 주요 과제들이 100대 국정과제에 올라 있음에도 실천은 지지부진하다. 사회적 논란이 되어 정치적 부담이 커질 우려가 큰 사안을 자꾸만 뒤로 미루기만 하는 문재인 정부의 약점이 교육 분야에서 더욱 두드러지는 듯하여 안타깝다.

대학 위기에 대한 정부의 대책 부족

2019년 8월 6일 교육부는 '인구구조 변화와 4차 산업혁명 대응을 위한 대학 혁신 지원 방안'(이하 '대학 혁신 방안')을 내놓았다. 이 발표에서 현행 입학 정원 49만 7,000명을 유지하면 2024년에는 약 12만 4,000명의 입학생 부족이 예상된다고 밝혔는데, 이는 이제까지 교육부가 밝힌 수치 중 가장 암울한 전망이었다. 그러나 '대학 혁신 방안'을 들여다보면, 과거 정권에서 반강제적인 정원 감축 위주의 구조조정 정책을 펴던 교육부는 학령인구 감소세가 너무 가팔라 힘이 부친 나머지 급기야 '자율'의 명분 아래 국가의 고등교육에 대한 책임을 내팽개치는 쪽으로 나아가고 있다.

「고등교육법」에 따른 4년제 일반대학, 교육대학, 전문대학, 사이버대학 등은 현재 총 357개교이며 한국과학기술원(카이스트) 등 다른 법률에 따른 대학도 15개교가 있다. 단순하게 계산해도 전체 대학의 20% 안팎에 이르는 대학이 4, 5년 후부터 차례로 사라질 참이다. 이미 많은 대학이 입학생 충원 실패, 정원 감축 등으로 고통받고 있지만, 이 예상이 현실화한다면 실로 어마어마한 사태라고 아니할 수 없다.

이 사태를 시장 논리에 맡기고 대학과 학과가 학생을 못 채우면 문을 닫는 게 순리라고 하면 그만일까? 2019년 7월 3일 교육부 사학혁신위원회가 1년 5개월의 활동을 마무리하며 낸 백서는 사학에 만연한 비리와 부정을 다시 확인해주었다. 모 대학이 신입생 충원율을 높이기 위해 교직원을 동원해 입학 정원 절반을 가짜 학생으로 채웠듯이, 대학 운영권을 쥔 비리 집단은 온갖 편법을 이용해 교직원과 학생 등 구성원과 지역사회에 피해를 끼치며 버틸 것이다. 비리 사학이 있는 한

시장의 정상적 작동은 기대할 수 없으며, 고등교육에 대한 확고하고 정교한 정부 정책이 있어야만 현재의 심각한 위기를 넘어설 수 있다.

정말 '대학 혁신 방안'대로 가면 4, 5년 후부터는 지방대와 전문대부터 문 닫을 학교가 속출할 것이다. 지역 주민들의 성난 표심을 의식하여 폐교 대상 대학이 생긴 지역 국회의원들은 뒤늦게 서로 힘을 합쳐 정부를 상대로 대책을 내놓으라고 법석을 떨 것이다. 한계 사학 '소유주'의 다수는 '대학 혁신 방안'에서 교육부가 도입을 검토한다고 밝힌 '해산 장려금' 제도의 득실을 저울질하며 실질적 자구책 없이 버틸 가능성이 크다.

서울과 수도권 일부, 지방 국공립대를 제외하면 대학이 황폐화될 것이다. 그리고 이 과정에서 결국 가장 큰 피해를 보는 것은 사회적 약자이다. 지난 정권들의 구조조정 정책도 수도권보다는 지방대, 4년제 대학보다 전문대에 일방적으로 불리했다. 앞으로는 지방대, 전문대 학생들이 운영난에 시달리는 학교에서 제대로 배우지도 못하고 심지어 학교가 없어지는 꼴을 더 자주 겪게 될 것이다. 여기서 비롯되는 사회적 갈등은 적어도 차기 정권에 심각한 정치적 부담이 될 것이다. 늦었다고 생각되는 지금이 대책을 마련할 때이다. 지금은 호미로 막을 수 있는 일인데 이 시기를 놓치면 나중에는 가래로도 막지 못할지 모른다.

고등교육 투자의 부실

2020년 고등교육 정부 예산안이 올해의 본예산 대비 7,251억 원 증가한 10조 8,057억 원으로 편성됐다. 역대 최대 규모의 증액이라지만, 이 정도로는 턱없이 부족하다. 우선 지난 10여 년간 지속된 등록금 동결 정책을 문재인 정부도 그대로 유지하고 있으며, 대학 입학금 제도마저 폐지하고 있다. 등록금 인상을 허용하기 어렵다는 것에 많은 이가 동의할 것이고, (타당한 근거가 부족한) 대학 입학금이 폐지되는 방향도 기본적으로 옳다.

그러나 지난 정권들에서 대학 재정 지원 정책이 복마전과 다름없었고, 물가 인상률마저 반영하지 않은 등록금 동결 정책으로 말미암아 고등교육의 질은 급락하고 있다. 인공지능 시대에 대비하기 위해 다른 OECD 국가들이 최근 10여 년간 꾸준히 고등교육 예산을 늘려온 것과도 대비된다. 결국 '반값등록금'이라는 다분히 포퓰리즘적 정책 탓에 우리는 고등교육을 희생시키고 있는 것이다.

내년 고등교육 예산에서 문재인 정부 대선 공약의 양대 축이라고 할 '국공립대 네트워크'와 '공영형 사립대'를 제대로 밀고 나갈 예산은 보이지 않는다. 특히 공영형 사립대 예산은 아예 전액이 사라졌다. 교육부가 기획재정부에 요청한 시범 사업을 위한 예산은 예비 타당성 조사 기준에도 미치지 않는 87억 원이었지만 속절없이 삭감된 것이다. 현 정부 대학 정책의 심각한 허점을 보여주는 일이 아닐 수 없다.

고등교육 투자와 관련하여 국회도 무대책이기는 매일반이다. 이미 국회에는 세 가지의 고등교육재정교부금법(대표 발의는 각각 서영교, 윤소하, 안민석 의원)이 상정되어 있다. 안민석 의원의 법안에는 비용 추계서가 없지만, 서영교 의원의 법안(2016. 12. 26)에 첨부된 비용 추계서에 따르면, 추가 재정 소요는 2018년 1조 61억 원부터 2022년 8조 8,450억 원까지 5년간 총 22조 4,333억 원(연평균 4조 4,867억 원)이다. 또 윤소하 의원의 법안(2017. 3. 20)에 따른 비용 추계서에 의하면, 추가

재정 소요는 2018년 9조 6,509억 원부터 2022년 13조 91억 원까지 5년간 총 56조 4,735억 원(연평균 11조 2,947억 원)이다. 당장 이렇게 큰 규모의 국가 재정을 어디서 마련하느냐는 반박이 나오게 마련이다. 이 때문에 정부와 국회, 정부와 집권 여당의 정책에 대한 논의와 조율이 부재하다는 아쉬움을 말하지 않을 수 없다.

투 트랙의 대학 개혁
: '국공립대 네트워크'와 '공영형 사립대'

문재인 정부의 대선 공약에도 대학 개혁의 과제는 '국공립대 네트워크'와 '공영형 사립대'의 투 트랙으로 제기되어 있다. 전자의 방향은 대체로 대학 공동 학위제 내지 공동 입학제에 초점을 둠으로써 입시 지옥을 해결하고 대학 서열 구조를 완화하는 쪽에 초점을 맞추고 있다. 그러나 이것은 잘못된 방향이다. 세계적으로 유일무이한 대학 서열 구조를 깨고 대학입시를 정상화하는 것은 전 국민적 요청이지만 난마처럼 얽힌 요인들 때문에 선불리 해결하려고 하다가는 오히려 더 꼬이고 말 것이다.

국공립대 네트워크는 학부 교육과 연관된 공동 학위제나 공동 입학제에 중점을 둘 것이 아니라, 대학원 교육의 내실화와 네트워크화를 앞세워야 한다. 이것이 고등교육에 주어진 객관적 요구에 부응할 뿐 아니라 노력과 비용도 덜 드는 방법이다. 다시 말해, 국립대학법인 서울대를 포함한 국공립 대학은 기초 학문 연구나 국가적 전략 과제에 해당하는 연구에 집중할 수 있도록 구조조정을 해나가면서 투자를 강화해야 한다. 기초 분야의 사립대 교수나 연구원들이 국공립 대학으로 옮겨올 수 있게 하는 등, 사립대가 감당하기 힘든 기초 학문 분야를 정리할 수 있도록 도와야 한다. 당연히 국공립 대학에 존재하는 응용 학문 중에도 축소하거나 없애야 할 분야가 많다. 대학 개혁의 일환으로 국가 차원의 학술 정책과 학문 연구자 양성 정책이 꼭 있어야 하는 것이다. 사실 우리의 대학 개혁 담론에 가장 부족한 것이 바로 이 학술 정책이라 할 수 있으며, 이는 시간강사법 논란에서 극명하게 드러났다.

그러나 역시 대학 개혁의 핵심은 '공영형 사립대' 사업이다. 공영형 사립대 사업의 최우선 정책 목표는 한국 대학의 대부분을 차지하는 사립대의 책무성과 투명성을 강화함으로써 한국 대학의 체질을 선진화하는 것이다.

대학 구조조정의 외길 해법, 공영형 사립대

공영형 사립대 사업은 대학 구조조정을 원만하게 해낼 외길 해법이다. 문재인 정부에 들어와 실행된 2주기 대학 평가(2017-2019)의 구분에 따른 소위 '자율 개선 대학'에 끼지 못한 '역량 강화 대학'도 그 책임은 대학 경영진에게 있지 교직원은 별로 죄가 없다. 그리고 학생은 그야말로 억울한 피해자이다. 아무리 대학 평가 결과가 나빠도 촛불 혁명의 과정에서 비리 집단을 몰아내고 학교를 새롭게 바꿔내고 있다면 발전 가능성이 높은 사학이다. 이런 학교들을 지원하여 연구와 교육의 질을 높이고 지역사회, 지역 산업과의 역동적인 연계 또한 강화해야 한다. 입학 정원을 줄이더라도 교원 규모를 줄이거나 교육과정과

학생 서비스를 축소하지 않고 오히려 내실을 기하도록 도와줘야 한다. 한계 사학들은 규모도 크지 않아 시범 사업 예산도 많이 들지 않는다. 학교당 20억 원씩 30개교를 시범 대학으로 선정해도 연 600억 원에 불과하다.

특히 직업 고등교육을 담당하는 전문대학은 국공립대가 거의 없다. 따라서 전문대학을 4년제 일반대학보다 우선하여 지원하는 것이 옳다. 어떤 지원 사업이든 일반대와 전문대를 2:1로 배정하는 것이 과거의 일반적 관행이었는데, 이제는 1:1로 하는 것이 현재의 실정에도 맞고 문재인 정부의 공약과 정체성에도 더 어울린다.

공영형 사립대 시범 사업을 2, 3년만 안정적으로 지속해도 효과가 나올 것이다. 우선 전문대든 일반대든 사학의 비리 세력은 발붙일 곳이 점점 없어질 것이다. 한계 사학의 구성원들은 공영형 사립대 시범 대학의 가능성에 큰 영향을 받게 되어 위기 상황에서도 대학 민주화가 탄력을 얻을 것이다. 시범 대학들이 약진하는 모습을 보여주며 시범 사업이 확대 되면 전국 각지의 한계 사학 구성원들은 대학 운영자에게 변화와 개혁을 요구하게 되며 스스로도 혁신을 위해 노력하게 될 것이다. 대학 내의 민주적 소통과 의사 결정 절차가 확보되어야만 학과 신설과 폐지, 입학 정원 축소, 인근 대학들의 통폐합 같은 난제를 감당할 수 있으니, 구조조정의 유일한 해법이 아닐 수 없다.

이러한 효과를 제대로 거두기 위해서는 교육부만이 아니라 기획재정부를 포함해 정부 전체가 발상의 전환을 해야 한다. 기존의 법규와 관행에 얽매여 임시 이사 체제하에 있는 대학이나 '자율 개선 대학'이 되지 못한 대학을 공영형 사립대의 선정 대상에서 제외한다면 사업은 실패로 돌아갈 것이다. 사실 현재의 비리 집단을 몰아내고 정상화의 길로 들어선 대학이라 해도 대부분 임시 이사 체제이며 '자율 개선 대학' 밑의 '역량 강화 대학'이라 불안정한 상태에 처한 경우도 많다. 그 틈을 노린 사학 비리 세력은 학교 안팎에서 복귀를 위해 종종 말썽을 일으킨다. 또 노골적인 비리 가담자는 아니어도 대학의 앞날을 확신하지 못해 몸을 사리는 대학 구성원도 많다. 하지만 정부가 확고한 의지를 가지고 공영형 사립대 사업을 통해 대학 발전을 지원한다면, 학내의 민주적인 구성원들이 적폐 집단을 더는 발붙이지 못하게 하는 일이 한결 쉬워진다. 이는 한국 고등교육기관의 민주화뿐 아니라 사회 민주화의 진전에도 크게 기여하게 된다.

연구와 교육의 질 향상을 책임져야 할 교수진

공영형 사립대 사업에 따라 적절한 정부 지원이 따르더라도 연구와 교육의 질은 상당한 기간이 지나야 달라진다. 심지어 대학 민주화를 위해 열심히 노력한 교수와 직원들이 공영형 사립대 지원을 받더라도 학생들을 교양 있는 민주 시민이자 유능한 사회인, 직업인으로 잘 길러낼지는 냉정히 말해 별개의 문제이다.

이는 국공립대 교직원들이 국공립대 네트워크 사업의 지원을 받을 때도 마찬가지로 부딪히게 되는 문제이다. 공영형 사립대 사업은 치열하고 피할 수 없는 경쟁 속에서 탁월한 성과와 경쟁력을 성취하는 일에도 성과를 거둬야 한다. 이를 위해 대학의 구체적인 교과과정 개편과 교육 방법 혁신 등 많은 과제가 산적해 있다. 이는 일단 공영형 사립대 사업을 출범시킨 뒤 교수 사회의 활발한 논의와 실천을 통해 하나하나 해결해나가야 한다. 쉽지 않은 문제이지만, 수영을 하려면 물에 떠야 하고 물에 뜨려면 일단 물에 뛰어들어야 하는 것과 다르지 않다.

공영형 사립대 사업은 곧장 전면적으로 실행하기 어렵다. 정부 예산의 제약도 있지만, 비리와 불법에 물든 사학이 많은 현실에서 사학의 내부 혁신 없이 국민 세금을 무작정 투입할 수 없기 때문이다. 시범 사업으로 시작하되 가급적 빠른 속도로 확대해나가는 것이 불가피하다.

공영형 사립대 사업의 부작용에 대한 보완책

시범 사업에 선정되지 못한 대학과 지역의 반발로 인한 갈등이 만만찮을 것이다. 그러나 이에 대한 우려가 공영형 사립대 사업의 출범을 막아서는 곤란하며, 사실 그러한 갈등은 어느 면에서는 바람직하기조차 하다. 이는 시범 사업에 선정되지 못한 대학들의 내부 논의와 자구 노력이 활발해지는 긍정적 효과를 불러올 수 있기 때문이다.

선정에 탈락한 대학의 곤경을 해결하기 위해 선정 대학이 할 일 중에 지역 네트워크 구축을 필수 요건으로 함으로써 미선정 대학의 반발과 부작용을 최소화해야 한다. 권역 내 미선정 대학과의 교육과정 공유, 공동 연구 사업 추진 등의 대학 네트워크 사업에 일정 예산을 배정하는 등 보완 프로그램을 적극적으로 개발해야 한다.

공영형 사립대 사업의 세 가지 선결 과제

끝으로 공영형 사립대 사업을 실시하기 위한 세 가지 선결 과제를 언급해야 한다.

첫째, 독립적인 상설 감사단을 설치해야 한다. 2020년 시행된 16개 사립대학에 대한 교육부 종합 감사에 대해서도 사학 측을 두둔하는 입장에서 상당한 반발이 나왔을 정도로, 교육부 인력만으로는 전국의 일반대학과 전문대학에 대한 실질적이고 상시적인 감독이 불가능하다. '민주화를 위한 변호사 모임' 등이 이미 제안한 대로 외부 인력, 즉 변호사와 회계사를 포함하는 독립적인 상설 감사단을 교육부에 설치하여 운영해야 한다. 아직 사립대의 책무성과 책임성이 개선되지 않은 상황에서 정부 재정 지원을 부실하게 활용하는 대학들이 나오지 않으리라는 보장이 없기 때문이다. 구체적 방안으로 첫 3년간의 사업 지원을 받은 후에는 상설 감사단의 종합 감사를 의무화하고 그 결과를 향후의 지원 여부에 반영할 수 있게 하는 것이다.

둘째, 실효성 있는 평가 체제를 마련해야 한다. 공영형 사립대 시범 사업의 선정 절차를 투명하게 할 방안에 대한 창의적인 고민이 필요하다. 가령, 지원 대학이 작성한 사업 계획서를 일반에 공개하는 방안도 검토할 필요가 있으며, 사업 계획서 평가를 타 대학 교수, 직원, 시간강사, 대학원생, 학부생이 적절한 비율로 포함된 평가단에 맡기는 방안도 짜볼 만하다. 또한 사업 성과에 대한 질적 평가 체제를 어느 정도 마련해야 한다. 이는 최근에 사회적 이슈가 된 가짜 학회, 약탈적 학술지 등을 근절할 수 있는 방안을 마련하는 길로 이어질 수 있다.

마지막으로, 일관된 재정 투입이 필요하다. 매년 상당한 규모의 예산 증액을 일관성 있게 실행해야 하며, 최종적으로는 건실하게 발전하고 있는 공영형 사립대에 대해 교비의 일정 비율을 경상비 지원으로 전환해야 한다. 이를 통해 정부의 고등교육에 대한 책무성을 다하는 동시에 사립대의 공공성을 강화할 기반을 만들어야 한다.

결론을 맺자면, 대학 개혁과 대학 구조조정을 원만하게 이루려면 과감하고 일관성 있는 재정 투입 확대가 필수적이다. 연 1,800조 원에 달하는 대한민국의 총국민생산액에서 OECD 기준인 1%를 고등교육 예산에 쓴다면 18조 원이 된다. 우리의 고등교육 예산은 현재 10조 원 남짓에 머물고 있으니, 아직도 연 8조 원을 더 늘려야 한다. 물론 국방비 부담이나 급증하는 사회복지 비용이라는 어려움이 존재하지만, 고등교육의 경쟁력이 더 사람다운 삶을 누릴 수 있는 사회를 건설하는 첩경임을 명심해야 한다.

제25장

'N개의 정체성'에 부합하는 세분화된
청년 정책이 필요하다

한귀영 정책기획위원회 포용사회분과위원, 한겨레경제사회연구원 사회정책센터장

청년 정책은 넘쳐나지만…

청년은 우리 시대의 화두이자 아픔이다. 혹자는 "1980년대 이후 한국에서 태어난 것 자체가 일종의 핸디캡이 되어버렸다"라고 말한다. 고용이 신분이 된 세대, 열심히 일해도 가난을 벗어나기 힘든 세대, 평생 월세로 살 가능성이 높은 세대에 대한 관심과 정책도 쏟아진다.

2020년 12월 9일에는 청년의 고용·창업·주거·복지·문화 활동 등을 정부가 지원하도록 한 「청년기본법」이 국회를 통과했다. 이 법에서 청년은 "인간으로서의 존엄과 가치를 실현하고 행복한 삶을 영위할 수 있는 권리를 보장"받는 존재로 규정되어 있다. 청년이 겪는 사회문제를 국가의 책무로 규정하고 있는 셈이다.

청년 정책에 관한 한 서울시를 포함한 지방정부의 움직임은 훨씬 신속하다. 이미 2015년 1월 서울시에서 시작한 '청년기본조례'는 2018년 17개 광역 지방정부 모든 곳에서 제정되었다. 일자리와 고용 정책 중심의 청년 정책은 주거, 기본소득 보장 등 여러 갈래로 뻗어나갔다.

쏟아지는 청년 정책과 별개로 청년 문제는 여러 형태로 변이해왔다. 오늘날 청년 문제는 계급 문제이자 젠더 문제와 분리하기 어렵다. 불평등이 세습되면서 청년 세대는 살 만한 청년들과 그렇지 않은 청년들로 양극화되고 있다. 20대 남성의 보수화를 지칭하는 '이대남 현상'에서 드러나듯이 남성과 여성 간 젠더 갈등도 극심하다. 게다가 모두 각자의 방식으로 이 사회가 '공정하지 않다'고 부르짖고 있다.

청년 정책은 넘쳐나고 있지만 '제대로 된' 정책은 보이지 않는다는 비판도 높다. 정책이 효과를 거두려면 정책 대상에 대한 정확한 진단이 필요하다. 청년은 어떤 집단이며 이들이 지향하는 가치, 욕구는 무엇인가. 확실한 점은 청년들은 분열되어 있어 단일한 집단으로 보기 어렵다는 점이다. 이른바 'N개의 정체성'이야말로 이 시대 청년 집단의 특징이다. 이 글에서는 청년 세대 분절화의 양상 및 원인, 그리고 정책에 미치는 함의를 계급, 세습, 젠더, 공정성이라는 네 가지 키워드로 살펴보고 이에 대한 정책적 대안을 모색해보고자 한다.

계급 간, 세대 간 격차에서 세대 내 격차로

청년 정책은 진보 정부의 전유물이 아니다. 박근혜 정부도 '청년'을 명분으로 여러 정책을 내놓았는데 대표적인 것이 '노동 개혁'이다. 청년 일자리 창출을 위해서는 고임금 정규직 기성세대가 기득권을 내려놓아야 한다는 것이 요지다. 여기에는 '먹고살 만한' 기성세대와 힘겨운 청년 세대 간 대립이, 그리고 청년 세대를 착취하는 기성세대라는 전제가 깔려 있다. 청년을 명분으로 86세대를 '욕받이'로 내세워 세대 갈등을 조장했다.《세대 게임》의 저자 전상진 서강대 교수는 이를 '비난의 세대 게임'으로 설명한 바 있다. 이 게임에 빠져들수록 정작 책임져야 할 자들의 잘못은 은폐되고, 시급한 구조 개혁은 무산된다. 이 게임의 설계자는 '세대 착취론'을 내세워 세대 간 갈등을 부추기고 자신들은 교묘히 빠져나간다.

세대 착취론은 세대 간 격차에서 출발하는데 근래 여러 데이터와 연구는 세대 간 격차보다 세대 내 격차가 훨씬 심각하다고 말한다. 부유한 청년과 가난한 청년 간 격차로 인해 과연 청년 세대가 동일한 집단으로 묶일 수 있을지도 의심스럽다.

2015년 8월 한겨레경제사회연구원의 기획 조사는 이 문제를 본격적으로 제기한 첫 조사다. '이 땅에 청년으로 산다는 것'이라는 주제로 만 19~34세 청년 2,000명을 대상으로 한 조사였는데, 일자리와 출산, 미래 자신감과 꿈을 실현하는 기회, 불안과 희망 같은 감정 등 거의 대부분의 영역에서 부모의 경제적 지위에 좌우되는 불평등한 청년 세대의 현실이 드러났다. 부모의 경제적 지위는 청년 세대의 삶의 기회를 결정하기에 새롭게 사회에 진출해야 하는 청년 세대에게 공정한 출발, 기회의 평등이란 사실상 불가능하다는 점을 함축한 조사였다.[28] 심지어 한번 실패하더라도 다시 기회를 잡을 수 있는지 여부와 같은 패자부활의 기회, 자신의 노력에 따라 공정하게 보상받을 수 있는 기회는 물론 결혼, 출산 등 생애 주기에서 자연스럽게 경험해야 하는 기본적

---

28 "청년 OTL…열 명 중 일곱 '한번 실패하면 다시 일어서기 어렵다'", 〈한겨레〉, 2015. 08. 18., 〈http://www.hani.co.kr/arti/society/society_general/704979.html〉(접속일: 2020. 02. 18).

기회조차 부모의 경제적 지위에 따라 제한되고 있음이 드러났다.

　세대 간 격차는 그 사이에 좀 나아졌을까? 오히려 수많은 데이터는 이 같은 추세가 더 공고화되면서 2010년대 이후 우리 사회가 '구조화된 계급사회'로 접어들고 있음을 보여준다. 이제 청년들은 어떤 부모를 만나느냐에 따라 다른 세계에서 살 뿐만 아니라 다른 세계를 지향하기도 한다. 2019년 11월 서울시 청년청이 한겨레경제사회연구원과 글로벌리서치에 의뢰해 19~39세 청년 1만 명을 대상으로 실시한 온라인 조사는, 기회라는 측면에서도 계층 간 격차가 크다는 사실을 보여준다. 부유한 청년은 가난한 청년보다 초·중·고 시기에 어학연수나 유학 경험(상층 26%, 15.2%, 하층 10.6%, 4.1%)은 물론, 기업·공공기관 등에서의 인턴 경험(상층 36.4%, 하층 24.9%), 공무원 시험 준비 경험(상층 22.7%, 하층 15.9%) 등이 더 많았다. 이러한 경험의 차이는 인적 자본의 차이로 이어지면서 취업에 더 유리하게 작용할 가능성이 높다. 여기서 부유한 청년은 부모의 경제적 지위를 상·중상·중하·하 이렇게 4개 구간으로 나누었을 때 중상층 이상이라고 응답한 이들을 의미하고, 가난한 20대는 하층이라고 응답한 이들을 의미한다. 이 조사에서 중상층 이상은 1만 명 중 2,101명으로 상위 20%를 조금 넘는다. 반면 하층이라고 응답한 이들은 2,573명이다.

　또한 이 조사에서는 삶에 대한 자신감은 물론 이슈와 정치에 대한 태도, 사회에 대한 인식, 그리고 지향하는 가치 등 여러 측면에서 청년 내부의 격차가 뚜렷하게 나타난다. 어떤 사회에서 살고 싶은지 질문했을 때 중상층 부모를 둔 부유한 청년과 가난한 청년이 원하는 사회상은 확연히 달랐다. 조사 결과를 보면 부유한 청년은 분배보다 성장, 개인 간의 능력 차이를 보완한 평등 사회보다 개인 간의 능력 차이를

[그림 3-9] 청년들이 지향하는 사회상: 경제적 지위별[29]

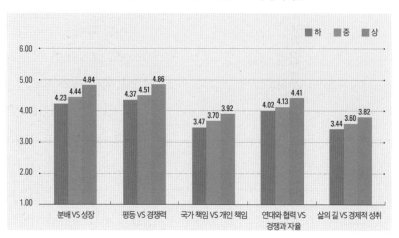

인정하고 경쟁력을 중시하는 사회, 세금을 많이 내더라도 위험에 대해 사회보장 등 국가의 책임이 높은 사회보다 세금을 적게 내는 대신 위험에 대해 개인의 책임이 높은 사회가 더 중요하다고 응답했다. 또한 연대와 협력보다 경쟁과 자율, 삶의 질보다 사회·경제적 성취가 더 중시되는 사회를 선호했다. 미국의 사회학자 로널드 잉글하트(Ronald Inglehart)가 지적한 대로 경제적으로 풍요로워질수록 성장, 소득, 경쟁 등과 같은 세속적 성취보다는 인권, 참여, 복지, 삶의 질 등과 같은 탈물질주의를 선호하는 경향이 높아진다. 하지만 한국의 부유한 20대는 어떤 집단보다 '먹고사니즘'에 기반한 물질주의적 가치가 강력하다.

---

29 '개인 간의 능력 차이를 보완한 평등 사회'를 1점, '개인 간의 능력 차이를 인정하고 경쟁력을 중시하는 사회'를 7점으로 놓는 등 탈물질적 가치 중시를 1점으로, 물질적 가치를 7점으로 놓고 선택하도록 했다. '세금을 많이 내더라도 위험에 대해 사회보장 등 국가의 책임이 높은 사회' 1점, '세금을 적게 내는 대신 위험에 대해 개인의 책임이 높은 사회' 7점, '연대와 협력보다 경쟁과 자율을 중시하는 사회' 1점, '삶의 질보다 사회·경제적 성취가 더 중시되는 사회' 7점 등이다.

반면 가난한 청년들은 정반대 편에 서 있다. 분배를 지지하고 위험에 대해 국가의 책임이 높은 사회, 연대와 협력 등을 선호했다. 강력한 경쟁력을 지닌 부유한 청년들과 달리 가난한 청년들의 탈물질주의적 선택은 경쟁해봐야 밀려날 가능성이 높은 이들의 떠밀린 선택처럼 보인다. 이러한 경제적 지위, 즉 계급에 따른 차이는 이전보다 더 공고화되는 경향도 나타난다. 청년 정책의 목표가 청년 일반이 아니라 가난한 청년을 목표로 좀 더 정교해져야 함을 시사하는 결과다.

세습: 자산을 넘어 학력, 능력의 세습으로

불평등 현상은 소득, 자산 등 경제적 영역에 그치지 않고 교육, 건강 등 삶의 전 영역을 강타하면서 계급사회를 공고화한다. 그중에서도 자산은 한국 사회의 불평등 확대의 핵심 열쇠다. 《21세기 자본》의 저자 토마 피케티(Thomas Piketty)는 새로 벌어들인 몫(소득)보다 이미 축적된 몫(자산)의 비중이 커지는 이른바 '피케티 비율'을 통해 전 세계적으로 자산 불평등이 심화되고 있음을 보여준 바 있다.

자산 불평등은 부의 대물림으로 이어지면서 핏줄과 태생이 운명을 결정하는 '세습 사회'를 불러온다. 상층 자산계급이 자산의 대부분을 독점하고 상속·증여를 통해 불평등을 확대, 재생산하는 흐름은 이미 우리 사회에도 확연하다. 2010년대 들어 이러한 경향은 더욱 심화되어 우리나라의 국민소득 대비 상속·증여 비중이 4~5% 수준으로 과거보다 높아졌다. 연령별 사망률 등을 고려하면 우리나라 국민소득 대비 상속·증여 규모가 이미 8~9%대에 이를 것이라는 추정도 나온다(김낙

[그림 3-10]

토마 피케티 (Thomas Piketty)　　　　이철승
《21세기 자본》　　　　　《불평등의 시대》

출처: 글항아리.　　　　　출처: 문학과지성사.

년 동국대 교수).《불평등의 세대》의 저자 이철승 서강대 교수는 우리나라에서 자산 형성의 기회를 집중적으로 누린 세대는 1930~40년 출생 세대인데, 이들이 자산을 자녀 세대인 1970~80년대생에게 상속하면서 이 세대 내부에서 자산 격차가 심화되고 있다고 말한다.

　주목할 것은 세습은 부의 대물림에 그치지 않고 학력, 능력의 대물림으로 이어진다는 점이다. 자녀의 학력이 부모의 학력이나 소득을 따라간다는 사실은 이미 여러 연구에서 입증된 바 있다. 주병기 서울대 교수(경제학)는 아버지의 학력에 따른 기회 불평등이 소득에 따른 기회 불평등보다 크다는 연구를 여러 차례 발표한 바 있다.[30] 더 나아가 자녀의 노력 수준도 아버지의 학력과 밀접하게 연관되는데, 지능지수 같

30　주병기, 〈소득과 교육의 공정한 기회평등: 우리 사회의 현실과 개선안〉, 서울대 분배정의연구센터 워킹페이퍼 DP201813(2018), 서울대 분배정의연구센터.

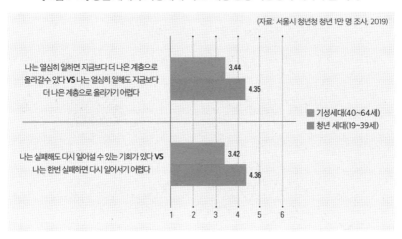

[그림 3-11] 청년 세대와 기성세대 비교: 계층 상승 가능성과 패자 부활 기회

(자료: 서울시 청년청 청년 1만 명 조사, 2019)

나는 열심히 일하면 지금보다 더 나은 계층으로
올라갈수 있다 VS 나는 열심히 일해도 지금보다
더 나은 계층으로 올라가기 어렵다

3.44
4.35

■ 기성세대(40~64세)
■ 청년 세대(19~39세)

나는 실패해도 다시 일어설 수 있는 기회가 있다 VS
나는 한번 실패하면 다시 일어서기 어렵다

3.42
4.36

1 2 3 4 5 6

은 인지적 능력뿐 아니라 성실성, 성취 동기 등 비인지적 능력도 영향
을 받는다. 그리고 이러한 능력은 학업 성취에 영향을 준다. 이렇게 자
산 등 물적 자본은 물론 학력, 능력 등 인적 자본도 세습된다. 부모의
사회·경제적 지위, 학력에 따라 교육투자가 달라지고 자녀의 대학, 일
자리도 영향을 받는다.

대학 진학률이 70%가 넘고 경제는 구조적 저성장에 처한 시대에
들어서면서 고용과 소득이 안정된 '좋은 일자리'는 점점 줄어들고 있
다. 좋은 일자리 중 상당수를 차지하던 중숙련 일자리, 대졸자들이 가
던 화이트칼라 일자리는 자동화로 인해 감소하고 있다. 제조업 일자리
도 줄어들고 있다. 하지만 전문직, 연구직 등 고숙련 일자리는 별 영향
을 받지 않고 있으며 좋은 일자리와 거리가 먼 음식 서비스와 고령자
대상 보건 의료 서비스가 늘어나면서 일자리 양극화가 심화되고 있다.
좋은 일자리가 줄어들수록 여기서 차지하는 명문대 출신 비중은 늘어
나고 있다. 중소기업이나 비정규직으로 출발해 대기업, 정규직으로 상

향 이동하기는 매우 어렵다. 일자리가 평생을 좌우하는 사회, 이른바 고용 신분 사회에서 학력 자본은 절대적이다.[31]

이렇게 교육은 계층 이동의 통로가 아니라 계급 고착화의 기제가 되고 있다. 《20 vs 80의 사회》의 저자 리처드 리브스(Richard Reeves)는 "시장에서 인정되는 능력이 계급에 따라 불평등하게 육성되고 있으며, 학력과 경제력을 갖춘 상위 20%가 '기회를 사재기'한다"고 말한다. 자산은 물론 능력도 세습되는 사회에서 노력을 통한 계층 상승 가능성은 극히 낮아진다. 사회이동성이 낮은 사회에서는 청년들이 열심히 일할 동기가 사라져 사회적 활력을 찾아보기 힘들다. 더욱이 한번 실패하면 다시 일어서기 어렵다는 불안감은 창의성을 거세한다.

이러한 위험 징후는 앞서 언급한 2019년 서울시 만 19~39세 청년 1만 명 조사에서도 확인된다. '나는 열심히 일하면 지금보다 더 나은 계층으로 올라갈 수 있다'(1점), '나는 열심히 일해도 지금보다 더 나은 계층으로 올라가기 어렵다'(7점)를 놓고 질문한 결과 청년 세대는 4.35점으로 나타났다. 흥미로운 것은 동일한 질문을 만 40~64세의 기성세대(1,500명, 온라인)에서도 동일한 방식으로(기성세대가 청년이었을 때를 회고하여 응답하도록 함) 조사했는데, 기성세대는 3.44점으로 나타났다. 이는 청년 세대와 비교해 자신이 청년이었을 때는 그래도 노력을 통한 계층 상승 가능성이 낮지 않다고 보았다는 것이다. 동일한 방식으로 패자 부활 기회도 살펴보았는데, '나는 실패해도 다시 일어설 수 있는 기회가 있다'(1점), '나는 한번 실패하면 다시 일어서기 어렵다'(7점)를 놓고 질문했을 때 청년 세대(4.36점)가 기성세대(3.42점)보다 훨씬 부정적

31 조귀동, 《세습 중산층 사회》, 생각의 힘, 2020.

으로 응답했다. 이처럼 우리 사회가 점점 폐쇄적으로 변하면서 가난한 청년들이 자신의 노력을 통해 계층 상승을 할 수 있는 기회가 닫힌 사회가 되어가고 있다.

젠더 갈등
: 일자리를 둘러싼 청년 남성과 여성의 경쟁 격화

20대 남성이 문재인 정부에 등을 돌리는 등 보수화되고 있다는 것을 의미하는 '이대남 현상'은 지난해 우리 사회의 가장 핵심적인 이슈였다. 이들은 여성 정책에 대한 태도는 물론 외국인 노동자, 탈북자 등 약자에 대한 태도에서도 동년배 여성에 견줘 배려심이 낮은 것으로 나타났다.

구체적으로 살펴보자. 2018년 한겨레경제사회연구원과 글로벌리서치가 19~59세 남녀 2,000명을 대상으로 수행한 조사(1월 23~27일, 온라인)는 20대 남성과 여성의 차이에 본격적으로 주목한 첫 조사라 할 수 있다. 이 조사에서는 여성 정책에 대한 태도를 여러 각도에서 질문했다. 먼저, '정부는 여성 친화적인 정책을 강화해야 한다'는 주장에 20대 남성은 37%만이 동의해 20대 여성 76.9%와 차이가 컸다. 여성 친화적인 문재인 정부의 여성 정책에 대해서도 20대 남성은 38.6%만이 지지해 전체 지지도 평균인 52.4%와 차이가 컸다. 약자에 대한 태도에서도 분명한 차이가 나타났다. '외국인 노동자에 대한 차별이 있거나 크다'에 대해 20대 남성은 81.3%만이 동의해, 연령을 통틀어 모든 집단 중 가장 동의 정도가 낮은 반면 20대 여성은 92.3%에 이르렀

다. 탈북자에 대해서도 20대 남성은 66.6%만이 '차별이 있거나 크다'
고 응답해 모든 집단 중 가장 낮았다. 결혼 이주 여성, 장애인에 대한
응답에서도 동일한 결과가 나왔다. 이처럼 20대 남성은 사회적 약자
에 대한 배려심이 약한 집단으로 보인다. 그리고 주지하다시피 대통령
지지도나 지지 정당 등 정치적 선택에서도 20대 남성은 여성에 비해
보수적·무당파적 태도가 확연하다.[32]

정책기획위원회가 2019년 4월에 발표한 보고서(김경희 중앙대 사회
학과 교수·마경희 한국여성정책연구원 정책연구실장, 〈새로운 세대의 의식과 태도:
2030세대 젠더 및 사회의식 조사 결과〉)는 20대 남성의 이 같은 태도가 왜
생겨났는지를 보여준다. 이 보고서에서 조사에 응답한 여성의 90%는
'여성에게 불평등하다'고 답한 반면 남성은 40% 정도가 '남성에게 불
평등하다', 20%가량은 '이미 양성평등하다'고 답했다. 20대 남성 다수
가 보기에 한국은 이미 양성평등하거나 오히려 남성이 더 차별받는데,
사회적 쟁점은 '여성 차별'이고 정부 정책도 여기에 초점을 맞추는 듯
해 분노하고 있는 것으로 보인다.

이 조사에서 청년 남성들이 남성 차별 사례로 가장 많이 꼽은 것은
여성할당제, 지하철·주차장 등의 여성 전용 공간 같은 정책적·문화적
역차별(20%)이었고, 남성상 강요(18.1%)와 군 복무 문제(15%)가 그 뒤
를 이었다. 즉 '군대에 다녀와 시간과 기회에서 손해를 봤고 희생했지
만 보상도 충분하지 않다. 그런데 여성은 할당제 등으로 내 권리를 침
해하고 있다'는 '박탈감'과 '억울함'이 20대 남성의 정서라 할 수 있다.

---

32 "[한겨레 프리즘] 20대에 대한 예의", 〈한겨레〉, 2018. 03. 11., 〈http://www.hani.
co.kr/arti/opinion/column/835573.html〉(접속일: 2020. 02. 19).

20대 남성들은 자신의 어려움을 여성 우대 정책 탓으로 돌리고 있다. 남성 청년들은 취업, 직장 생활, 결혼 등 삶 전체가 불안하고 어려운데, 정부는 '여성 배려' 정책에 집중한다고 생각하기 때문에 이에 대한 불만이 폭발하면서 젠더 갈등으로 번지고 있는 것이다.

이 같은 젠더 갈등의 이면에는 일자리 문제가 있다. 2010년대 이후 청년들이 갈 수 있는 '좋은 일자리', 즉 소득과 고용이 안정된 일자리는 줄고 있는데, 그 자리에 청년 여성이 대거 진출하고 있다. 서울 4년제 대학 출신 취업자의 성별 비율을 보면 2010년 이후 9분위 이상에서는 남성이 여전히 견고한 위치를 차지하지만 그 아래층인 8분위부터 3분위까지는 급감하고 있다. 즉 대기업 일반 사무직으로 대표되는 좋은 일자리는 감소하고 있는데 고학력으로 무장한 여성이 '줄어든 자리'를 차지하는 등 노동시장에서 청년 남성의 지위가 약화된 탓이 크다. 2013년 이후 청년 미취업 기간 6개월 이상인 장기 미취업자의 증가를 보면 대부분 남성 미취업자의 증가에 기인한다.

또 하나 주목할 것은 노동시장에서 여성과의 경쟁으로 불안을 느끼는 것이 20대 중상층 남성의 문제라면, 가난한 20대 남성은 연애와 결혼 시장에서 약자라는 현실로 인해 분노하고 있다. 실제 여러 연구 자료에 의하면 청년 남성의 결혼 확률이 소득, 정규직 지위, 자산 등의 영향을 크게 받고 있다.

이처럼 젠더 갈등은 여성 우대 정책으로 인한 역차별에 대한 불만에서 비롯되기도 했지만 무엇보다 성별·계층, 직업 유무 등에 따라 세분화된 청년들의 욕구를 담아내지 못한 측면도 적잖다. 청년 정책의 패러다임이 청년들의 처지에 맞게 다양하고 입체적이야 함을 시사한다.

공정성
: 성, 연령, 직업 등 각자의 방식으로 표출된 공정성

공정성 중시는 청년 세대를 관통하는 중요한 특징이다. 청년들의 공정성 감각이 단적으로 드러나는 대목은 '비정규직의 정규직화'에 대한 태도다. 그리고 주지하다시피 이 정책은 문재인 정부가 노동 존중의 핵심 정책으로 추진한 것이다. 앞서 언급한 2019년 11월 서울시 청년청 1만 명 조사에서는 공정성에 대한 인식을 물었는데, 동일한 일을 할 경우 '시험이 아니더라도 일정한 자격 조건을 충족하기만 하면 비정규직을 정규직화하는 것이 공정하다'(31.8%)보다 '시험 등 엄격한 절차를 거치지 않고 비정규직을 정규직화하는 것은 공정하지 못하다'(43.4%)에 대한 동의가 더 높았다. 동일 노동에도 불구하고 시험이라는 경쟁 절차 통과 여부에 따라 차별이 필요하다는 것이다. 청년들은 시험 등 '일정한 자격'을 갖추지 못한 것은 공정하지 못하다고 보고있다. 이처럼 청년들이 중시하는 공정성은 '절차적 공정성'인데, 이러한 공정성 감각은 청년 중에서도 중상층 청년들의 가치 지향, 즉 '능력차를 보완한 평등 사회'보다는 '능력 차를 인정한 경쟁력 중시 사회'를선호하고 '연대와 협력'보다 '경쟁과 자율'을 중시하는 경향과 조응한다.

이러한 경향은 청년들이 경쟁의 격화 등 시대적 변화에 조응해 생존주의 가치를 내면화했기 때문으로 보인다. 청년 세대의 집합 심리를연구해온 김홍중 서울대 교수는 경쟁에서 도태되지 않기 위해 최선의노력을 다하는 마음 상태, 즉 '생존주의'를 청년 세대의 특징으로 설명한 바 있다. 이들이 '규칙'과 '절차' 등 절차적 공정성을 신봉하는 것은각자도생의 시대에서 작은 차이가 생존에 영향을 줄 수 있다고 믿기 때문이다. 같은 공정성이라도 진보가 중시해온 결과적 공정성, 분배적 공정성은 이들의 관심사에서 비껴나 있다.

한편 부유한 청년과 가난한 청년, 남성 청년과 여성 청년 등에서 어디에 위치하느냐에 대해 청년들은 각자의 방식으로 공정성을 중시하고 공정성에 대한 불만을 표출한다. 20대 중상층 남성은 제한된 좋은 일자리를 놓고 동년배 여성과의 경쟁이 격화되면서 공정성에 대한 불만을 표출한다. 20대 여성은 사회가 자신들의 노력을 제대로 인정해주지 못하고 있다며 비판한다. 또 20대 가난한 남성은 연애와 결혼에서 불리한 위치를 토로하며 공정하지 못한 이 사회를 탓한다.

공정과 평등은 진보의 핵심 가치이자 두 기둥이다. 경쟁 규칙과 절차의 공정함만을 강조하면 또 다른 진보의 가치인 평등을 침해하게 된다. 규칙과 절차가 공정하다 한들 그 이전에 사람들의 출발선이 같지 않기 때문이다. 지금처럼 불평등이 심한 사회에서는 더욱 그렇다. 결국 공정성 문제는 청년 정책을 넘어 출발선의 기회를 공평하게 하는 정책으로 귀결된다.

대안: 공정한 출발을 위해

줄어드는 좋은 일자리를 놓고 청년 세대 내부의 경쟁이 격화되고 있는 상황에서 세대 간 양보는 불가피하다. 이를 위해 사회적 합의를 통해 강력한 임금 피크제를 도입하자는 주장은 충분히 경청할 만하다. 전문직, 대기업, 공공 부문 등 상층 노동시장에 있는 정규직 노동자들이 임금 상승을 포기하고 임금의 일부분을 청년 고용을 위해 내는 방안이다. 하지만 지금과 같이 강력한 연공서열에 기반한 임금제도가 존속하는 한 임금 피크제는 기대한 효과를 거두기 어려울 것이다. 장기 근속자에게 유리한 연공제 대신 직무제로 임금제도를 바꾸는 것을 적극적으로 검토해야 하는 까닭이다.[33] 또한 적극적 노동시장 정책을 보다 강력히 추진해야 할 것이다. 불완전 고용 상태의 청년 노동자들이 노동시장에 지금보다 쉽게 재진입하고 직업을 변경할 수 있도록 재훈련 시스템을 도입하고 '국가가 관리하는 취업 및 창업 알선 기관 확장'을 통해 인력회사 등 민간 재훈련 기관들이 차지하는 비용을 사회화하는 정책을 고려할 수 있다. 일정 수준의 유연화가 불가피하다면 '안전망을 갖춘 유연화'를 통해 개인의 위험을 최소화하는 방향으로 가야 할 것이다. 개인의 실업과 취업 과정에서 발생하는 리스크를 국가가 책임지고 관리해줄 때 청년들은 자유롭게 취업, 창업을 할 수 있고 새로운 실험도 가능할 것이다. 즉 패자 부활이 가능할 때 창의성도 높아지고 혁신적 창업도 할 수 있다.

더 나아가 세습이라는 보다 핵심적인 문제를 해결하기 위해 기회의 평등을 위한 근본적 정책이 필요하다. 영·유아기부터 공공 보육 및 공교육을 강화하고 이에 대한 국가적 투자를 더 강화해야 할 것이다. 이를 위해서는 세원 확보가 필요하고, 결국 증세에 대한 사회적 논의와 합의로 이어져야 할 것이다.

---

33 이철승, 《불평등의 세대》, 문학과지성사, 2019.

제26장

'낙태죄' 개정의 쟁점과 포용적 재생산 정책

김경희 정책기획위원회 지속가능분과 부위원장, 중앙대 사회학과 교수

'낙태죄' 헌법불합치 판결과 그 이후

2020년, 코로나19 감염병 확산으로 모든 국민이 어려움을 겪고 있다. 또한 산적한 정치·경제적 현안으로 인해 우리 사회는 진통하고 있다. 필자는 이 와중에 다른 이슈들에 밀려 입법시한이 목전에 있지만 별다른 전망이 어려운 '낙태죄' 개정의 쟁점과 재생산 정책의 과제를 논의하고자 한다.

헌법재판소는 2019년 4월 11일, 형법의 낙태죄에 대해 헌법불합치 판결을 내렸다. 임신부가 낙태할 때 1년 이하 징역이나 200만 원 이하 벌금에 처하도록 한 형법 제269조 제1항과 임부의 동의를 받아 낙태하게 한 의사·한의사·조산사·약제사 등을 2년 이하 징역에 처하도록 규정한 형법 제270조 제1항이 헌법의 취지에 부합하지 않는다는 판단을 내렸다. 낙태죄는 1953년 형법에 규정된 이후, 2012년에 헌법재판소의 합헌 판결이 있었고, 그 후 7년 만에 헌법불합치 판결을 받은 것이다. 따라서 현행 낙태죄는 2020년 12월 31일까지만 적용되며, 올해 말까지 대체입법안을 마련하거나, 그렇지 않을 경우에 자동 폐지된다. 헌법불합치의 이유는 모자보건법 제14조에서 규정한 우생학적, 유전

적, 전염성 질환, 강간, 근친혼, 보건의 사유를 제외하고는 사회·경제적 사유를 포함한 어떠한 사유와 기간에 대한 고려 없이, 전면적이고 일률적으로 낙태를 금지하고 처벌하여 임신한 여성의 자기결정권을 과잉 침해하기 때문이다. 덧붙여 헌법재판소는 여성의 자기결정권이 태아의 생명권과 충돌하지 않는다는 점을 명시했고, 임신 전 기간에 걸쳐 여성의 판단과 결정을 존중하고 지원할 필요가 있다는 점을 강조했다. 헌법불합치 판결로 우리 사회는 그동안 여성의 출산을 통제해 온 정부 정책의 변화를 기대했다.

그러나 이런 기대와 달리, 정부는 헌법불합치 판결 이후 별다른 사회적 논의 없이 입법시한 약 3개월을 남겨 둔 10월 7일에 '낙태죄' 헌법불합치 결정에 따른 형법과 「모자보건법」 개정안(이하 개정안)을 입법예고했다. 개정안의 요지는 현행 '낙태죄'를 유지하면서, 임신 14주까지는 임신중지(낙태)를 허용하고, 15주에서 24주 이내의 임신중지는 '일정한 사유'가 있을 경우에 제한적으로 허용하는 것이다. 그리고 임신중지의 조건으로 상담과 숙려를 의무화했다. 정부는 개정안이 태아의 생명권 보호와 여성의 자기결정권이 실제적 조화를 추구했다고는 취지를 밝히고 있다. 하지만, 그동안 임신중지 합법화를 위해 활동해 온 시민사회에서는 30여 개 이상의 비판 성명서가 발표됐으며, 낙태죄 폐지를 촉구하고 있다.

사문화된 '낙태죄'

개정안의 취지에도 나타나듯이 임신중지를 둘러싼 논의는 여성의 선택권 대 태아의 생명권이라는 이분 구도로 전개되었고, 법률에서는 태아의 생명권 프레임이 지배해왔다. 여성과 태아는 분리가 불가능함에도 대립하는 구도를 형성해온 것이다. 막상 생명권 존중 프레임은 현실정치에서 모순적으로 나타났다. 낙태죄가 있음에도, 1960년대 이후 경제개발 과정에서 산아제한 정책과 호주제 영향 아래서 음성적인 임신중지가 행해졌고 용인됐다. 모자보건법의 우생학적 사유에 따른 낙태 허용은 태어나지 말아야 할 생명이 있다는 것을 전제함으로써 생명존중의 가치와도 모순되는 것이었다. 1990년대 중반 이후 저출산 국면이 지속되는 가운데 이명박 정부에서는 임신중지와 비혼을 저출산의 원인으로 보고 처벌을 강화하고 통제하는 조치를 취하기도 했다. 그동안 여성의 출산과 임신중지를 둘러싼 삶의 조건에 주목하기보다는 도구적 관점을 취했던 것이다.

2017년 낙태죄 폐지 촉구 청원 인원이 20만 명을 넘어 청와대는 임신중지 실태와 낙태죄 폐지에 대한 조사를 하겠다는 답변을 한 적이 있다. 그 후속 조치로 한국보건사회연구원이 2018년에 실시한 인공임신중절 실태조사에서 생애에 임신을 경험한 사람의 19.9%가 인공임신중절을 한 것으로 나타났다. 또한 형법 제269조와 제270조 개정에 찬성한 여성은 75.4%에 이르렀다. 여론조사기관 리얼미터 조사에서도 여성은 59.9%, 남성은 43.7%가 낙태죄 폐지에 찬성했으며, 유지해야 한다는 의견에 여성은 30.1%, 남성은 42.5%가 응답했다. 2030세대는 훨씬 높은 60% 이상이 폐지에 찬성하는 것으로 나타났다. 성별 연령별 차이가 있으나, 낙태죄 개정을 요구하는 대중적 인식이 형성돼 있다고 볼 수 있다.

또한 임신중지를 방지하겠다는 입법의 목적이 제 기능을 한 것은 아니다. 임신중단 수술로 보건복지부의 행정처분을 받은 의사는 2013년부터 2018년까지 27명에 불과했고, 2018년 이후 낙태죄로 기소된 사례는 모두 불기소 처분이 내려졌거나, 불법 임신중절 의사에 대한 행정처분도 적용된 적이 없는 것으로 나타났다.[34]

'낙태죄' 개정안의 쟁점들

현재 논란을 이해하려면 형법과 모자보건법 개정안의 요지를 개괄하고 몇 가지 쟁점을 살펴볼 필요가 있다.

첫째, 개정안은 임신 14주 이내에는 여성이 자신의 의사에 따라 낙태를 결정할 수 있으며, 임신 15주에서 24주 내에는 모자보건법에 규정된 낙태 허용 예외 사유와 덧붙여 사회·경제적 사유의 낙태를 허용하고 있다. 이에 대해 정부는 태아의 생명권과 여성의 자기결정권을 함께 고려한 취지라고 밝혔다. 그러나 현실적으로 임신 주수의 기준은 임의적이어서 혼란을 초래할 수 있고 임신 초기에 판별이 어려운 경우도 문제가 된다. 무엇보다 여전히 임신중지를 처벌하는 것은 여성을 판단의 주체로 인정하지 않는다는 것이 쟁점이다.

둘째, 개정안은 사회·경제적 사유의 낙태의 경우 모자보건법에서 정한 상담과 24시간의 숙려기간을 의무화했다. 그러나 현실적으로 24시간이 경과해야 임신중지가 가능하고, 수술 시기가 늦어져 여성 건강을 위협할 것이라는 우려를 낳고 있다. 정부는 위기 갈등 상황의 임신

---

34 문화된 낙태죄, 폐지가 답이다., 〈여성신문〉, 2020. 10. 27.

에 대해 상담 등의 조치를 통해 사회적 지원을 한다는 방침이다. 그러나 사회적 상담 지원에 대한 원칙과 내용이 구체적으로 제시돼 있지 않은 문제가 지적된다. 안전하게 임신중지를 할 수 있는 정보, 교육, 건강관리를 위한 상담 지원은 당연히 필요한 것이나, 그 목적이 위기 상황을 입증하기 위한 것에 두어지는 것은 문제인 것이다.

셋째, 모자보건법 개정안은 배우자 동의 요건을 삭제하고, 자연유산 유도 약물을 허용하였다. 자연유산 유도 약물의 허용은 그동안 여성들이 요구해왔던 것으로 이번에 반영되었다. 또한 심신장애가 있을 때 법정대리인의 동의로 대신할 수 있고, 미성년자는 보호자 동의를 필요로 하지만, 어려운 경우에는 상담사실확인서 등으로도 대신할 수 있도록 했다. 그러나 여전히 장애를 가진 사람과 미성년자의 자기결정권의 제한이라는 점에서 쟁점이 되고 있다.

넷째, 개정안은 의사의 개인적 신념에 따른 낙태 거부를 인정하고 있다. 의사가 임신중지 시술을 거부하게 되면 임신 출산 등에 관한 긴급전화나 종합상담기관에 대한 정보를 안내할 의무를 두고 있다. 그러나 시술을 받을 수 있는 다른 의료기관을 안내할 의무가 명시되지 않아 상담기관을 거치는 동안 임신중지 시기를 놓치거나, 시술이 가능한 의료기관을 전전해야 하는 문제가 발생할 수 있다. 이것은 임신중지를 위한 보건 의료서비스의 접근을 제한한다는 점에서 쟁점이 되고 있다. 또한 임신중지 시술 거부권은 진료 거부를 금지하고 있는 현행 의료법과도 상충하여 쟁점이 된다. 한편에서는 의사의 자의적 판단에 의한 진료 거부를 용인하는 최초의 사례여서 이후에 의료접근성을 저해할 개연성이 있다는 우려가 있다.

[그림 3-12] 2020년 11월 5일 국회 소통관에서 정의당 이은주 의원이
낙태죄 완전 폐지를 위한 개정안 발의 기자회견을 하고 있다.

[그림 3-12] 2020년 11월 5일 국회 소통관에서 정의당 이은주 의원이
낙태죄 완전 폐지를 위한 개정안 발의 기자회견을 하고 있다.

'낙태죄' 개정 과정의 폐쇄성과 사회적 논의의 부재

어느 사회에나 각축하는 사회적 쟁점이 있고, 정부는 사회적 갈등을 줄이고자 하며, 그 일환으로 여러 입장을 경청하고 합의점을 찾아가는 사회적 대화를 해야 한다. 낙태죄 개정은 첨예한 사회적 쟁점이기 때문에 개정안 마련 과정에서는 그 어느 때보다 사회적 대화가 요청됐다. 그러나 낙태죄 개정 과정은 임신중지 비범죄화 입장을 최소화하는 방식으로 진행됐다는 점에서 커다란 비판에 직면하고 있다.

현 정부는 성인지 관점을 사회 정책에 반영하고 성폭력 및 성차별적 조직문화를 근절하려는 취지로 8개 부처에 양성평등담당관실을 설치했다. 이를 뒷받침할 수 있는 정책 거버넌스의 주요 기구로 양성평등위원회를 두고 있다. 낙태죄 주무 부처인 법무부의 양성평등정책위

원회는 8월에 낙태의 처벌에서 여성과 태아가 평등하고 안전하며 건강하게 임신 및 출산, 임신중단, 그리고 출생과 성장이 가능한 여건을 조성하는 법과 정책의 패러다임을 전환하는 방향에서 낙태죄 전면 폐지와 재생산권 보장을 권고했다. 그러나 개정안은 그 권고와는 다른 방향을 담고 있다. 모자보건법의 주무 부처인 보건복지부 또한 임신중지 비범죄화 입장에 대해 폐쇄적인 태도로 일관하여 큰 비판을 받고 있다. 보건복지부 성평등위원회는 모자보건법 개정안의 추진 방향과 주요과제를 건의하였고, 자문위원회를 개최하여 개정 경과와 내용에 대한 공유와 논의를 출산정책과에 요청하였다. 그러나 형법 개정안이 나오지 않아 모자보건법 개정안을 공유하기 어렵다는 원론적인 답변만을 들었다. 그러나 개정안의 골격은 이미 8월에 국무조정실 주관의 차관회의에서 정해져 있었고, 자문위원회는 입법예고 불과 일주일 전에 개최됐다. 양성평등정책을 위한 자문기구를 부처에서는 정책 파트너로 인식하지 않음을 보여준 사례라 하겠다. 입법예고기간도 형법은 40일이었으나, 모자보건법은 예고기간 단축의 특별한 사유를 밝히지 않은 채 2주에 그쳐, 논쟁의 여지를 축소하고 다른 의견을 경청하려는 의지가 희박함을 보여줬다.

또한 사회정책에 성인지 관점을 반영하기 위한 「성별영향평가법」 제2장 제5조에 따르면 법령의 개정은 성별영향평가의 대상이며 법제처 법령안 심사 이전에 평가를 결과를 제출하도록 되어 있다. 원칙적으로는 법 개정 이전에 사전 평가를 하고 주무부처인 여성가족부의 의견을 반영해야 한다. 개정안은 입법예고 이후에 성별영향평가 의견을 주무 부처에 의뢰한 것으로 알려지고 있다. 오랜 기간 국민적 관심사이며 여성건강 및 성평등 관련된 사안에 대해 그 절차를 충분히 활용하지 않았다는 비판을 면하기 어렵다.

국회 본회의 종료를 하루 앞둔 12월 8일에 낙태죄 개정안에 대한 공청회가 열렸다. 하지만 낙태죄 존치론자 6인과 폐지론자 2인으로 구성되어 공청회 참여자의 편파성으로 심한 비판에 직면했다.[35]

낙태죄 개정 과정에서 보인 사회적 논의의 부재는 정책에 대한 신뢰를 낮추는 결과를 초래하게 될 것이다. 갈등이 진통을 동반한다고 하더라도 낙태죄와 같은 중요한 사안에 대한 사회적 대화는 필수적이다.

포용적 재생산 정책의 과제

이 글을 쓰는 동안에도 포털사이트에서 임신중지 시술을 구하는 청소년에게 산부인과 의사를 사칭해 접근해 성폭력을 저지른 사람에게 징역 23년이 구형됐다는 기사를 접했다.[36] 임신중지를 처벌하기 때문에 음성적인 방법으로 자구책을 마련할 수밖에 없는 현실을 극명하게 보여주고 있다.

임신중지에 대한 국제사회의 추세는 처벌이 아니라 여성의 건강권과 자기결정권을 존중하는 방향으로 가고 있다. 유엔의 여성차별철폐위원회(CEDAW)는 협약 국가에 임신중지의 합법화를 비롯하여 임신

---

35 "낙태죄 개정 시한 다가오는데⋯국회는 '졸속 공청회'", 〈경향신문〉, 2020.12.08.
36 "포털서 임신중지 문의했다 성범죄 노출⋯청소년 의료상담 지원 시급", 〈한겨레신문〉, 2020.12.22.

및 임신중지 전후의 양질의 의료서비스 제공을 권고하고 있다. 이 위원회는 2018년에 한국 정부에 대해 낙태죄 폐지와 양질의 의료서비스 제공을 권고한 바 있다. 이러한 흐름에 맞춰 최근 국가인권위원회도 낙태죄 개정안이 헌법재판소의 결정을 담고자 했으나, 낙태행위를 범죄화하는 것으로 이해될 수 있어서 비범죄화하는 방향으로 재검토할 것을 권고했다. 또한 정부의 개정안과는 달리 일부 여당 의원들은 임신중지를 비범죄화하는 법안을 발의했다. 대표적으로 권인숙 의원안은 낙태죄 전면 폐지와 임신 주수나 사유의 제한 없이 임신 중지를 가능하게 하는 내용을 담고 있다.

국제사회는 임신중지 비범죄화와 함께 재생산권 개념을 중심으로 한 포용적인 재생산 정책의 필요성을 강조하고 있다. 재생산권은 여성의 출산을 인구 조절 정책의 대상으로 보는 것에서 탈피하려는 시도로 1994년 카이로 국제인구개발회의에서 본격적으로 논의됐다. 1950년대 이후 제3세계의 인구 증가를 빈곤과 자원 부족의 원인으로 우려한 국제기구는 출산 조절을 위한 국제원조와 프로그램을 시행했다. 우리나라의 가족계획 사업도 이런 맥락에 있다. 그러나 경제개발 패러다임에 입각한 출산 조절 정책은 제3세계를 타자화하고 여성의 출산을 국가 관리의 대상으로 봤다는 점에서 비판을 받는다. 서구 여성운동에서도 재생산권은 안전하고 합법적인 임신중지의 권리 확보를 위한 중요한 정치적 의제이다. 이런 과정을 거치면서 재생산권은 차별·강압·폭력 없이 출산 여부·자녀수·시기·방법을 선택하고, 이에 대한 자원과 정보의 접근을 보장하는 권리로 정의된다.[37]

37 성과 재생산 포럼 기획, 배틀그라운드: 낙태죄를 둘러싼 성과 재생산의 정치, 후마니

한국에서는 2016년 낙태죄 폐지운동에서 본격적으로 성과 재생산권 개념을 제기하기 시작했으며, 법무부 양성평등위원회의 권고 내용인 여성이 평등·건강·안전·행복하게 임신·임신중단·출산할 권리를 보장하고, 태아가 건강·안전·행복하게 출생·성장할 수 있는 여건을 조성하는 패러다임은 재생산권의 의미를 풀어 쓴 것으로 이해할 수 있다.

연말까지 국회가 대체 입법을 하지 않는다면 형법의 낙태죄 처벌 조항은 없어지고 결국 임신중지는 비범죄화될 것이다. 또한 인공 임신중절수술의 허용에 대한 모자보건법 14조도 무효가 될 수 있다. 그렇더라도 임신중지에 대한 포용적 재생산 정책 접근을 위한 견고한 논의와 안전과 건강을 보장하는 보건 의료서비스 정책은 공백으로 남아 있다. 이것이 앞으로 남아 있는 중요한 국정 과제라 할 수 있다.

타스, "낙태죄 폐지 투쟁의 의미를 갱신하기"『나영』, 2018, 278쪽.

제27장

교육(지원)청이 주도하여 빈틈없는 돌봄 체계 구축을

김용 정책기획위원회 포용사회분과위원, 한국교원대학교 교육정책대학원 교수

복합적 사회문제가 된 돌봄

돌봄이 중요한 사회문제가 된 지 오래다. 2019년 통계청 조사 결과에 따르면 15세에서 54세 기혼 여성 약 885만 명 중 결혼, 임신, 출산, 육아 등으로 일을 쉬게 된 경력 단절 여성이 약 170만 명으로 그 비율은 19%에 이른다. 그리고 경력 단절 사유는 육아 〉 결혼 〉 임신·출산 〉 가족 돌봄 순으로 나타났으며 육아 곤란으로 일을 쉬게 된 여성이 약 40%, 65만여 명에 달하고 있다. 주의 깊게 볼 부분은 근래 들어 경력 단절 여성은 꾸준히 줄고 있으나 육아 어려움 때문에 일을 쉬는 여성 비율은 지속적으로 높아지고 있다는 사실이다.

2020년 코로나19로 인하여 학교의 등교를 몇 차례 연기하고 원격 수업을 재개한 후에도 많은 가정에서 아동 돌봄에 엄청난 어려움을 겪었다. 부모가 모두 출근한 집에 사실상 방치된 채 남겨진 아이들이 적지 않았다. 식사를 제 때 챙기지 못하는 아이들, 원격 수업을 한다고 하니 컴퓨터는 켜둔 채로 휴대전화로 게임에 빠진 아이들도 많았다. 대면 수업을 시작했을 때 적지 않은 교사들이 의자에 앉아있는 일조차 버거워하는 아이들이 너무 많아서 놀랐다고 말했다. 학교가 문을 닫고

[그림 3-13]

출처: 교육부.

있는 사이에 학력 격차가 훨씬 심해졌다는 사실은 이미 널리 알려져 있다.

돌봄은 복합적 사회문제이다. 일찍이 한국과 비슷한 경험을 하고 이제는 '이행의 계곡'을 슬기롭게 탈출하고 있는 독일은 돌봄 정책의 성격을 가족 정책과 교육 정책 그리고 사회 정책이 맞물린 것으로 규정하였다. 즉 돌봄은 부모의 일과 가정 양립, 고학력·중산층 여성의 출산 기피, 한부모 가족 또는 빈곤층 가족의 근로 집중 등과 긴밀하게 관련되어 있다는 점에서 가족 정책의 측면을 지닌다. 또 정규 교육과정 운영 후에 이루어지는 돌봄은 양질의 방과후 교육과 결합하여 교육 불평등을 완화하고, 학부모의 교육 부담을 분담하며, 학교와 지역사회의 단절을 극복할 수 있다는 점에서 교육 정책의 성격도 지닌다. 마지막으로 돌봄은 빈곤의 대물림을 예방할 수 있고 다문화가정 자녀의 적응 기간을 단축하며, 실업률을 줄이고, 사회계층 격차를 해소하여 사회 통합에 기여할 수 있다는 점에서 사회 정책의 일환이 된다.

돌봄 수요에 미치지 못하는 정책 대응

초등 학령 아동의 돌봄 문제에 관하여 정부가 대응하기 시작한 것은 2000년대 초부터다. 중앙정부 부처별로 다양한 방식으로 대응하였다. 교육부는 방과 후와 방학 중에 발생하는 돌봄 사각 지대를 해소하기 위하여 2004년에 초등 저학년 방과후 교실을 시범 운영하기 시작했다. 그 이전에 사교육비 경감 대책의 일환으로 초등학교 방과후 학교를 운영해오고 있었는데 수요자 입장에서는 아동 돌봄을 방과후 학교에 의탁하는 일도 적지 않다. 초등 돌봄 교실과 방과후 학교가 사실상 구분되지 않는 셈이다. 보건복지부에서도 2004년부터 돌봄 정책을 시작하였다. 그 해 「아동복지법」을 개정하여 과거에 '공부방'으로 불리던 시설을 '지역아동센터'로 개칭하면서 아동복지시설로 운영하도록 했다. 2017년부터는 '다함께돌봄' 사업을 활발하게 전개하면서 '다함께돌봄센터' 건립에 박차를 가하고 있다. 여성가족부에서는 청소년방과후아카데미 사업을 시행하고 있는데 이 사업은 2005년 청소년위원회의 주요 정책 과제로 시작한 것이다. 정리하자면 2004~2005년부터 정부 여러 부처에서 돌봄 정책이 시작되어 오늘에 이르고 있는데, 돌봄 대상이나 운영 방식, 비용 부담 등 면에서 차이를 보이고 있다.

2020년 4월 기준으로 초등학교 1학년 학생은 426,484명, 2학년 학생은 471,054명, 3학년 학생은 458,247명이다. 초등학교 저학년 학생을 돌봄 대상으로 생각한다면 3학년생까지를 포함하는 경우 135만여 명, 1~2학년생만을 포함하는 경우에는 89만여 명이 정책 대상이 되는 셈이다. 문재인 정부는 출범 초기에 2022년까지 학교 돌봄 34만 명, 마을 돌봄 19만 명 등 총 53만 명을 공적 돌봄 체계로 수용한다는 계획을 발표하였으나 지금까지 계획이 원만하게 추진되고 있지 않다. 문재인 정부에서 정책 목표를 달성한다 해도 여전히 35만~50만 명 정도의 추가 수요가 존재한다.

돌봄 정책에 대한 국민의 요구가 매우 높고 정부는 나름대로 대응을 해오고 있지만 여전히 개선 과제가 적지 않다. 우선 앞에서 살펴본 것처럼 돌봄 수요에 공급이 미치지 못하는 것이 문제이다. 나아가 돌봄 대상 인원뿐 아니라 돌봄 시간 면에서도 공백이 발생하고 있다. 많은 부모들이 오후 6시까지 근무하고 7시 또는 8시가 되어야 아동을 안정적으로 돌볼 수 있는 형편인데, 그 시간까지 아이들이 편안하면서도 알차게 시간을 보낼 수 있는 공간이 충분하지 않다. 부모들은 자녀들이 방과 후에 학교에서 시간을 보내면서 유익한 경험을 하기를 바라지만 정작 학교 현실은 쉽지 않다. 우선 정규 교육과정을 운영하는 교실 외에 돌봄교실을 별도로 운영하는 학교가 많지 않은 형편이라 저학년 담당 교사들이 수업을 마친 후에 황급히 교실을 내주고 교무실 등에서 업무를 처리하는 경우가 있다. 또 돌봄교실 운영을 담당하는 교사가 처리해야 하는 행정 업무 부담이 만만치 않아서 해당 교사들에게는 큰 불만 요인이 되고 있다. 마지막으로 돌봄 운영 과정에서 발생하는 각종 사고에 대한 책임을 학교장이 져야 하는 상황에서 돌봄 운영에 선뜻 의지를 보이는 학교장도 많지 않다. 이런 이유로 학교 돌봄이 어려움에 처해 있다.

한편 지방자치단체 차원에서 마을 돌봄이라는 이름으로 보건복지부와 여성가족부의 몇몇 정책에 호응하고 있다. 그런데 그 과정에서 문제가 심화하고 있다. 보건복지부에서 지역아동센터와 다함께돌봄센터를 관장하고 있는데 전자는 저소득 가정 아동들이, 후자는 중산

〈표 3-3〉 온종일 돌봄 기관별 방과후 돌봄 서비스 운영 현황

구분		교육부	보건복지부		여성가족부
사업명		초등 돌봄교실	지역아동센터	다함께돌봄센터	청소년 방과후 아카데미
지원대상		1~6학년	만 18세 미만	만 6~12세	초등 4학년~ 중등 3학년
지원기준 (소득)		맞벌이 가정 중심 (없음)	취약계층 중심 (중위소득 100% 이하)	맞벌이 가정 중심 (없음)	기초생활수급권자, 차상위계층 ·한부모·조손 ·다문화·장애가정 ·2자녀 이상 가정 ·맞벌이 가정의 청소년
지원내용		보호, 교육 및 일부 급·간식지원	보호, 교육, 문화, 정서지원, 지역사회 연계 등	상시 및 일시 돌봄 프로그램 운영	학습지원, 창의융합, 진로체험활동, 급식, 귀가차량 지원 등
지원형태		무상 (프로그램, 간식비 등 일부 자부담)	무상 (소득별 이용료 5만 원 이내 부담)	10만 원 이내 이용료 자부담	무상 (교재비·준비물 등 수익자부담)
운영시간	학기	방과후~17시	14~19시	여건에 따라 자율	방과후~21시
	방학	여건에 따라 자율	12~17시	여건에 따라 자율	1일 4시간 (시간대는 자율 운영)
현황		6,117개교 13,910실 290,358명 (2019.4월 기준)	4,217개소 98,501명 (2019.2월 기준)	173개소 2,968명 (2019.12월 기준)	280개소 11,465명 (2019.11월 기준)
근거법		초·중등교육과정 총론 (교육부 고시)	아동복지법	저출산 고령사회 기본법, 아동복지법	청소년기본법

층 가정 아동들이 주로 이용하는 기관으로 성격이 구분되고 있다. 돌봄 기관의 계층화가 진행하고 있는 것이다. 또 보건복지부에서는 다함께돌봄센터를 최대한 많이 건립하고자 노력하고 있는데 해마다 출생

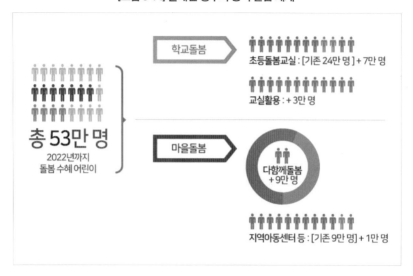

[그림 3-14] 문재인 정부의 공적 돌봄 체계

학교돌봄
초등돌봄교실: [기존 24만 명] + 7만 명
교실활용: + 3만 명

총 53만 명
2022년까지
돌봄 수혜 어린이

마을돌봄
다함께돌봄
+ 9만 명
지역아동센터 등: [기존 9만 명] + 1만 명

아동 수가 급감하는 상황에서 센터를 많이 건립해두면 머지 않아 센터의 활용도가 낮아지고 예산 비효율 문제가 불거질 가능성이 있다. 한편 지역아동센터의 경우 개인과 법인, 시민단체나 종교단체 그리고 지자체 등 다양한 주체가 운영하고 있는데 이 가운데는 돌봄의 질이 높지 않은 경우도 있다. 특히 개인이 운영하는 경우는 영리 목적으로 지역아동센터를 운영하기도 하는데 다함께돌봄센터가 이웃에 만들어지는 경우, 이에 반발하여 갈등을 빚는 사례도 나타나고 있다.

학교 중심의 돌봄을 펴는 독일과 스웨덴

오늘날 우리가 겪고 있는 돌봄 문제는 선진 국가들 역시 이미 경험한 것이다. 독일과 스웨덴은 돌봄 문제를 슬기롭게 극복하고 있는 사례로 알려져 있는데 두 국가 모두 학교 시설을 적극적으로 돌봄에 활용하고 있다.

독일은 1970년대부터 저출생 문제가 심화하였다. 1965년 무렵에는 출산율이 2.5를 넘었지만 1970년대 중반에는 1.5 선이 무너지고 1990년대 초에는 1.3 선이 위협받는 지경에 이르렀다. 일과 가정을 양립하기 어려워 여성 경력 단절에 대한 불안감이 고조된 것은 우리와 비슷했고, 초저출생률의 결과로 미래 전문 노동력이 부족해지고 내수 시장이 위축되는 문제도 나타났다. 이런 배경에서 독일 정부는 2000년대 들어 전일제 학교(GTS: Gantstagschule) 정책을 펴기 시작했다. 전일제 학교는 최소 주 3일, 1일 7시간 이상 수업을 진행한다. 학교에 따라 형태가 다르지만 오전 8시부터 오후 4시까지 모든 학생들에게 수업 참여를 의무화하는 학교도 있고(의무형 학교), 오전 8시부터 12시까지는 교과 중심으로 모든 학생이 수업에 참여하도록 하고 그 이후 오후 4시까지는 희망하는 학생들만 수업을 받을 수 있도록 하는 학교도 있다(개방형 학교). 이와 함께 학급 단위 또는 학년 단위로 돌봄 형태를 결정하는 경우도 있다(혼합형). 돌봄 비용 부담 방식은 주마다 차이를 보인다. 주 정부가 전액 부담하는 경우도 있고(라인란트-팔츠주) 부모와 지방자치단체가 공동 부담하는 경우도 있다(노르트라인-베스트팔렌주).

독일 사례에서 흥미로운 부분은 국가와 지방자치단체, 학교의 역할이 잘 정돈되어 있다는 사실이다. 국가는 돌봄의 가이드라인을 제정하고 재정을 지원한다. 각 학교에서의 돌봄 실태를 지속적으로 모니터링하는 역할도 연방정부가 맡고 있다. 지방자치단체는 돌봄 운영에서 발생하는 비용 관리 책임을 진다. 학교는 돌봄의 주체로서 자율적으로 구체적인 결정을 내리고 실행한다. 즉 의무형과 개방형, 혼합형 중 어떤 형태를 취할지를 교장과 교사 학부모와 학생들이 토론 후에 자율적으로 결정하고 돌봄 프로그램의 구성과 운영 면에서도 자율성을 발휘하고 있다.

2002년 전일제 학교는 1,757개교로 전체 학교의 10% 정도였으며 참가 학생은 4% 선에 머물렀으나 2015년에는 55%가 넘는 학교에서 35%에 달하는 학생들이 전일제 학교에 참가할 만큼 성공을 거두고 있다. 저소득·이주 배경 아동의 사회통합과 부모의 소득에 관계 없이 평등한 교육을 제공하고, 실업률은 감소하고, 고용률은 증가한 것 등이 정책 성과로 꼽힌다.

스웨덴은 출생률이 낮아지기 전에 보편적 복지와 아동 복지 차원에서 돌봄 정책을 적극 시행했다. 서비스업 비중이 높아지고 보육교사나 간호사 등 직종에 여성이 대거 진출함에 따라 방과후 돌봄 수요가 증가하였고 아동이 안정적 환경에서 성장할 수 있도록 배려해야 한다는 요구와 함께 적극적으로 돌봄 정책을 시행하기 시작했다.

스웨덴은 학교 중심으로 기관 돌봄을 펼치고 있다. 학교 부지에 레져 센터(Leisure center)라는 독립 건물을 설립하여 방과후 학교를 운영한다. 정규 교육과정과 방과후 학교를 분리하지 않고 통합하여 운영하는데 교육법은 방과후 학교와 돌봄의 성격을 학교 교육을 보완하는 것으로 규정하고 있다. 방과후 학교에서는 교육과정 운영과 휴식, 여가 활동을 모두 수행하며 단순 지식교육이나 단순 놀이가 아닌 창의적인 교육적 놀이를 강조한다. 드라마나 음악, 댄스나 시각 예술 등을 중심으로 자신을 이해하고 창의성과 호기심, 자신감을 높이는 동시에 학생들의 도덕, 가치, 책임감 등을 배양할 수 있는 과제를 부여한다. 이처럼 매우 질 높은 프로그램을 제공하고 있는 것이 스웨덴 방과후 학교의 큰 특징이다. 이렇게 질 높은 활동이 가능한 데에는 돌봄 교사들이 3년의 교사 교육을 이수하고 상당한 수준의 전문성을 함양하고 있는 것이 배경이 되고 있다.

학교장이 레저 센터도 관장하지만 1학교 2교감제를 채용하여 정규 교육과정 운영을 관리하는 교감과 방과후 학교를 관리하는 교감을 분리하고 있는 점도 특징이다. 돌봄 재원은 지방자치단체(코뮌)가 상당 부분을 부담하지만 중앙정부 보조금과 세금 그리고 학부모 부담금을 더하여 마련하고 있다. 학부모가 코뮌에 방과후 학교 비용을 지불하면, 코뮌에서 바우처를 제공하고, 그 바우처를 원하는 기관에 제출하면 서비스를 받을 수 있다. 학부모가 소액의 방과후 학교 비용을 부담하지만 사실상 무상교육에 가깝다.

새로운 원칙으로 빈틈 없는 돌봄을

과거에 돌봄은 가정의 일이었고 개인이 책임을 져야 하는 일이었다. 대가족 형태가 보편적이고 마을이 살아있던 시절에는 이런 방식으로도 돌봄을 감당할 수 있었다. 그러나 가족 구조가 핵가족 형태로 변화하고 양육 환경이 변화하면서 가족이 동원할 수 있는 돌봄 네트워크가 약체화하고 있다. 제도화한 돌봄서비스는 충분하지 않고 불평등한 성별 분업 구조가 고착화한 상황에서 30~40대 일하는 여성이 큰 타격을 받고 있다. 또 가정 형편에 따라 아동이 경험하는 돌봄의 질이 상당히 다르고 이는 학교교육 이전에 이미 출발선에서부터 불평등을 만들어내는 중요한 원인이 되고 있다. 따라서 돌봄을 사회적 과업으로 인정하고 적정 수준의 돌봄을 공적으로 제공하는 일은 개별 가족의 돌봄 부담을 덜어주는 의미를 넘어 모든 아동·청소년이 건강하게 성장하도록 돕는 사회 통합적 '사회 투자'로 보아야 한다.

돌봄을 사회 통합적 사회 투자로 본다는 것은 돌봄에 대한 보편주의적 접근을 요청한다. 현재 정부 정책은 물론 국회에 계류 중인 돌봄 관련 법안에서도 "돌봄이 필요한" 또는 "보호자에 의해 안전하게 보호되기 어려운 시간에"라는 조건을 붙여서 맞벌이 가족 등 특정 가족 유형에 필요한 '잔여적' 서비스라는 인식을 암암리에 드러내고 있다. 그러나 초등학생이라면 누구나 원하는 시간에 돌봄서비스를 이용할 수 있도록 선언할 필요가 있다.

돌봄을 마을 중심으로 할 것인가, 학교에서 담당할 것인가를 둘러싸고 논란이 있지만 향후에는 학교 중심의 돌봄을 원칙으로 천명해야 한다. 다음과 같은 이유에서 학교 돌봄 원칙이 중요하다.

첫째, 자녀가 학교 수업을 마친 후에 이동하지 않고 학교에서 안전하게 돌봄을 받기를 원하는 학부모가 90%를 넘을 만큼 학부모들의 바람이 크다.

둘째, 학교에서 정규 교육과정을 마친 이후 시간을 활용하는 면에서 격차가 크게 나타나고 있다. 부모의 보호를 받으며 양질의 사교육을 경험하는 아동들이 있는 한편, 방임 상태로 남겨진 아동들도 있다. 학교에서 돌봄을 주도하게 되면 계층 간 격차를 줄이고 궁극적으로 사회 통합을 강화할 수 있다. 또 인적, 물적 자원이 풍부하고 우수하며, 돌봄서비스를 민주적이고 투명하게 제공할 수 있다는 점도 학교의 장점이다. 돌봄을 제공하는 민간 주체들은 매우 영세하여 2~3명 규모로 운영되는데 조직 민주성과 투명성이 취약한 경우가 적지 않다. 반면 학교에는 학교운영위원회를 통해 민주적으로 의사를 수렴하고 결정할 수 있는 구조가 존재한다.

마지막으로 돌봄 전달 체계를 분절화하기보다 통합하는 데에도 학교가 기여할 수 있다. 현재 보건복지부는 다함께돌봄센터를 확장하고자 하고 있으나 이는 돌봄 체계의 분절을 심화하고, 향후 자원 활용의 비효율성을 초래할 위험이 있어 정책 시정이 요청된다.

학교 중심 돌봄은 돌봄서비스에 관한 모든 요구를 학교가 감당하도록 하여 교사 업무 부담을 확대시키자는 의미가 아니다. 학교가 중심이 되어 학교 내·외의 인적·물적 자원을 최대한 활용하고 지역사회와 긴밀하게 연계·협력해가는 체제를 의미한다.

그런데 학교를 돌봄의 중심 무대로 삼는 방안을 반기지 않는 학교

[그림 3-15] 문재인 대통령이 '온종일 돌봄정책'을 발표하고 서울 성동구 경동초등학교 돌봄교실을 방문해 어린이들과 대화하고 있다(2018년 8월 4일).

출처: 청와대.

장과 교사들이 적지 않다. 앞에서 언급한 것처럼 책임 소재와 공간 문제 그리고 돌봄 담당 교사의 과중한 업무 등 문제가 존재하며 교사들의 주장에도 일리가 있다. 따라서 이 문제를 해결하지 않은 채로 돌봄에 관한 모든 부담을 학교에 전가하는 일은 무책임하다. 이 세 가지 문제는 구분하여 검토할 필요가 있다. 학교장은 돌봄 시간에 발생하는 아동 안전사고나 학교 시설물 관리 책임 문제를 민감하게 생각한다. 그런데 돌봄 시간 중 안전사고는 학교안전공제회를 통해 보상할 수 있게 되었으며 돌봄과 관련된 시설물 관리에 대해서는 면책 조항을 신설하여 학교장을 보호할 필요가 있다. 학교 공간 여건은 학교에 따라 상당한 차이가 있다. 학생 수가 너무 많아서 돌봄 공간을 확보하기가 매우 어려운 학교도 있지만 공간 여력이 있음에도 돌봄에 할애하지 않는 학교도 적지 않다. 사실 이런 학교의 참여를 유도하는 정책이 필요하다. 이 문제는 돌봄 담당 교사의 과중한 업무 그리고 학교장의 책임 문제와 관련되어 있다.

이 문제의 대안으로 교육(지원)청 중심의 돌봄 체제를 제안하고 싶다. 교육(지원)청이 중심이 된다는 것은 돌봄 인력 선발 및 관리, 돌봄 프로그램 개발, 돌봄 비용 관리 등 현재 학교에서 돌봄 담당 교사가 수행하는 업무를 교육(지원)청으로 모두 이관하여 수행하고, 학교는 단지 돌봄 공간을 제공하는 방식이다. 학교로서는 공간 제공 외에 전혀 추가 부담을 지지 않기 때문에 이 정책에 호응하지 않을 이유가 없다. 교육(지원)청으로서는 돌봄 인력을 전체적으로 관리하면서 돌봄 수요가 있는 학교에 탄력적으로 대응할 수 있다. 또 학교마다 상당한 격차를 보이는 돌봄 프로그램의 질을 상향 평준화할 수 있는 장점도 기대된다. 다만 이 경우에 교육(지원)청의 관리 인력을 보강하고 관련 예산을

추가 지원하여야 한다. 돌봄을 사회 투자로 간주할 때 이 정도의 부담
은 국가가 져야 한다.

제28장

문재인 정부 4년의 성과와 앞으로 남은 과제

김태완 정책기획위원회 포용사회분과위원, 한국보건사회연구원 선임연구위원

들어가며

문재인 정부가 2017년 5월 들어선 지 4년이 지나 이제 마무리 단계의 1년여 임기를 남겨두고 있다. 촛불로 시작한 문재인 정부는 탄핵 속에서 국민들의 희망 속에 출범하였고, 2017년 7월 5대 국정목표와 20대 국정전략 100대 국정과제를 발표하고 이를 달성하기 위해 쉼 없이 달려왔다.

문재인 정부는 사회정책과 관련하여 5대 국정목표 중 하나인 '내 삶을 책임지는 국가'에서 '포용적 복지'를 강조하였다. 대표적으로 20대 국정전략 중 하나로 '모두가 누리는 포용적 복지국가'를 주요한 과제로 발표하였다. 2018년 9월 대통령 직속 정책기획위원회에서는 문재인 정부 '포용국가' 비전과 전략을 발표하며 새로운 사회정책 3대 비전과 국가전략을 제시하고 이를 추진하고자 하였다. 포용(Inclusiveness)과 혁신(Innovation)을 두 축으로 사회통합 강화, 사회적 지속가능성 확보, 혁신능력 배양 및 구현이라는 3대 비전을 제시하면서 기존 사회복지 영역에 머무르고 있던 복지정책을 사회정책으로 확대하는 계기를 마련하였다.

위와 같은 문재인 정부의 지속적인 사회정책 발전과정 중에 사회정책을 더욱 촉진하게 만드는 사건들이 발생하였다. 두 번의 사회문제가 크게 발생했는데 첫 번째는 통계청 가계동향조사를 통해 촉발된 2018년 소득분배 악화 현상이었다. 당시 정부는 위기 상황 극복을 위해 국민기초생활보장제도 부양의무자 기준 완화, 근로장려금 및 근로장려세제 확대 등의 조치를 통해 취약해진 빈곤층을 돕고자 하였다. 하지만 소득분배 위기를 극복하기 위한 정부의 노력이 채 성과를 거두기도 전에 다시 2020년 1월 코로나19라는 전대미문의 감염병 위기를 경험하게 되었다. 코로나19 위기는 우리나라는 물론 전 세계적으로 영향을 주고 있으며, 모든 국가에서 아직도 진행 중이다. 코로나19 극복을 위해 제시된 방역조치들은 감염병을 막아내는 데 효과를 거두고 있지만, 그 속에서는 국민들의 희생을 동반하고 있어 이에 대한 위기를 극복하기 위한 지원 또한 함께 제공되어야 한다는 당위성이 있다. 코로나19 위기 극복 과정 속에 정부는 2020년 7월 한국판 종합 뉴딜을 발표하였으며, 고용·사회안전망 강화 전략으로 전국민 고용보험제도 도입, 기초생활보장제도 생계급여 부양의무자 기준 폐지, 상병수당 도입을 위한 시범사업 등을 발표하였다(〈표 3-4〉).

〈표 3-4〉 한국판 뉴딜 종합계획 안전망 강화 분야 과제

분야	과제
1. 고용 사회 안전망	전(全) 국민 대상 고용안전망 구축
	함께 잘 사는 포용적 사회안전망 강화
	고용보험 사각지대 생활·고용 안정 지원
2. 사람투자	디지털·그린 인재 양성
	미래적응형 직업훈련 체계로 개편
	농어촌·취약계층의 디지털 접근성 강화

출처: 기획재정부(2020.7.14).

위기를 경험하고 이를 극복하기 위한 과정에서 문재인 정부가 표방한 포용복지는 기존 복지정책의 범위를 넘어 사회정책으로 그 영역을 더욱 확대해 나갈 수 있는 계기를 마련하게 된 것이다. 여기서는 사회정책 측면에서 지난 4년간 주요정책 성과와 한계, 향후 우리 사회가 대비해야 할 과제들이 무엇이 있는지 살펴보고자 한다.

문재인 정부 사회정책 분야 성과와 한계

서두에서 설명한 것과 같이 문재인 정부는 '포용적 복지'를 발표하며, 기존 복지정책을 넘어 사회정책으로 사회보장 영역을 확장해 나갔다. 주요한 사회정책 성과들을 분야별로 살펴보면 다음과 같다. 분야는 소득과 서비스로 구분하고 여기서 소득은 다시 (근로)빈곤층을 위한 제도와 이외의 수당제도로 구분하여 그동안의 성과를 살펴보고자 한다.

(근로)빈곤층을 위한 성과로는 지난 20년간 빈곤층의 생활안정에 기여하고 있는 국민기초생활보장제도의 수급조건을 크게 개선한 점이다. 특히 2018년 소득분배 위기, 2020년 코로나19 감염병 극복을 위한 주요 정책 중 하나로 국민기초생활보장제도의 부양의무자 기준이 점진적으로 폐지되어 왔다. 2018년 10월 주거급여 부양의무자 기준이 폐지되었으며, 생계급여에대해서는 2020년 1월 중증장애인, 2021년 1월 만 65세 이상 노인 및 한부모가구(만 30세 이상), 2022년 1월에는 그 외 가구에 대해 부양의무자 기준이 폐지될 예정이다(〈표 3-5〉). 오랜 기간 빈곤층 소득지원 사각지대의 주요 원인이었던 부양의무자 기준이 폐지되는 점은 큰 변화가 아닐 수 없다. 하지만 여전히 의료급

여에는 부양의무자 기준이 그대로 적용되어 완전한 폐지를 이루지 못한 점은 한계로 볼 수 있다.

〈표 3-5〉 기초생활보장제도 부양의무자 기준 단계적 폐지 변화 과정

구분	2015년 7월	2017년 11월	2018년 10월	2019년 1월	2020년 1월	2021년 1월	2022년 1월
생계급여		수급자 및 부양의무자 가구 모두에 노인·중증 장애인이 포함된 가구		부양의무자 가구에 노인·중증 장애인이 포함된 가구 (소득 하위 70%)	중증장애인 가구	만 65세 이상 노인 및 한부모 가구 (만 30세 이상)	그 외 가구
의료급여				부양의무자 가구에 중증 장애인이 포함된 가구 (소득 하위 70%)	부양의무자 가구에 노인이 포함된 가구 (소득 하위 70%)		
주거급여			폐지	유지			
교육급여	폐지	유지					

출처: 보건복지부(2020), 2차 기초생활보장종합계획.

근로빈곤층을 위한 또 다른 변화는 근로장려세제의 확대와 더불어 기초생활보장제도 근로연령 수급층을 대상으로 근로소득 공제(30%)가 도입되었다는 것이다. 이는 일을 통해 빈곤층의 탈빈곤을 유도하는 적극적 노동시장 정책의 하나이며, 동시에 빈곤 대물림을 방지하기 위한 주요한 수단이라는 점에서 의미가 있다.

사회수당과 관련해서는 노인빈곤 해소 및 장애인 생활안정을 위해 기초연금의 급여가 확대되어 2021년 4월부터는 기존 월 20만 원에서

월 30만 원으로 인상되었으며, 중증장애인을 대상으로 지급되던 장애인 연금 역시 동일한 수준으로 급여가 늘어나 노인 및 중증장애인에 대한 소득보장이 강화되었다. 노인과 장애인을 위한 연금 급여수준의 증가는 단기적으로 대상층의 소득안정에 기여하겠지만, 여전히 한국 사회에서 노인 및 장애인의 빈곤문제는 비노인 및 비장애인에 비해 심각하다는 점에서 이들의 빈곤문제를 해소할 수 있는 획기적 대안 마련이 동시에 필요하다. 문재인 정부 들어 새롭게 도입된 수당으로 아동수당이 있다. 아동수당제도는 저출산 극복과 자녀양육에 대한 부담 경감을 위해 2018년 9월 소득인정액 하위 90%의 만 0~6세 미만 아동이 있는 가구를 대상으로 시작되었지만, 2019년 1월에는 모든 아동이 있는 가구로 확대되면서 연령도 만 0~7세 미만으로 조정되었다. 오랜 기간 서구 복지국가에서 주요한 역할을 담당하고 있던 가족수당 혹은 아동수당이 국내에도 도입됨으로써 자녀양육 부담과 저출산 문제에 대한 최소한의 해법을 가지게 된 것이다. 저출산 극복을 위한 정책으로 아동수당 외에 가족돌봄 휴가 확대, 육아 휴직 급여 기간 및 급여액 또한 인상되었다.

사회적 위험에 대한 대비로서 한국판 뉴딜종합계획에서는 전국민 고용보험제도와 상병수당제도의 도입이 포함되었다. 전국민고용보험 제도는 그동안 사각지대에 놓여져 있던 노동자층을 고용보험틀 속에 포함하여 실업으로 인한 생계불안을 해소하는 데 목적이 있다. 2021년부터 시작된 한국형 실업부조제도인 국민취업지원제도 역시 근로빈곤층과 장기실업자의 생활안정에 기여할 것으로 보인다. 또한 오랜 기간 도입이 미루어졌던 상병수당제도 도입을 위한 기반이 마련된 점도 의미 있는 정책 변화라 할 수 있다. 하지만 새롭게 도입 예정인 제도들이 실질적 성과를 거두기는 시간이 더 걸릴 것으로 보인다. 전국민고용보험 및 상병수당제도는 단계별 혹은 시범사업을 통해 도입될 것으로 보여 완전한 사회안전망 구축에는 시간이 더 걸릴 것으로 보이며, 국민취업지원제도는 포괄 범위와 급여 수준 기간이 제한적으로 되어 있어 이에 대한 개선 또한 함께 검토될 필요가 있다.

문재인 정부 사회정책 성과 중 또 다른 부문은 서비스 부문에서의 발전을 들 수 있다. 코로나19를 극복하기 위한 방역조치는 다른 국가에 모범이 될 정도로 성과를 거두고 있다. K-방역으로 일컬어지는 3T 방역전략(Test-Trace-Treat), 질병관리청 승격, 진단시약, 마스크 등 방역물품에 대한 적절한 대처 등은 초기에 발생할 수 있는 사회 혼란을 방지하는 데 크게 기여하였다. 정부 초기부터 강조된 건강보험 보장성 강화정책은 과도한 의료비 부담으로 생활이 어려운 국민들의 생활안정에 크게 기여했으며, 현재도 진행 중에 있다. 고령인구 증가 대응과 장애인에 대한 지원 강화를 위한 치매국가책임제(2017), 발달장애인 종합대책(2019), 장애등급제 폐지(2019) 등은 서비스 부문에서의 큰 성과로 볼 수 있다. 이외에 서비스에 대한 국민들의 접근성을 높이고, 양질의 서비스 제공을 위해 전달체계를 개선하여 전국 광역 단위로 사회서비스원을 개설하여 일자리 창출과 서비스의 공공성을 높이고자 하였다. 돌봄에 대한 사회적 요구가 커지면서 돌봄정책 강화를 위한 커뮤니티 케어로 불리는 지역사회 통합돌봄(2019), 온종일 돌봄서비스체계 구축 등이 점차적으로 시행되어 일정 부문 성과를 거두고 있다.

지난 4년간 문재인 정부의 사회정책 분야 성과에도 불구하고 여전히 아쉬운 점을 일부 지적할 수 있다. 먼저 사회적 위기에 대한 대응과제로 국민연금에 대한 개혁조치가 매우 미흡했다는 점이다. 2018년

[그림 3-16] 전국민 고용보험 로드맵(2020.12.23)

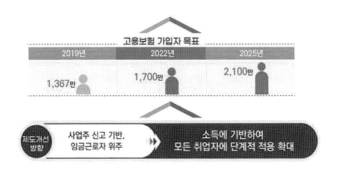

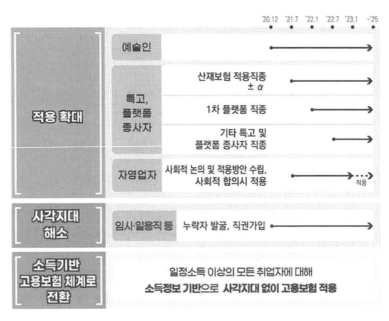

출처: 고용노동부.

제4차 국민연금재정재계산과 국민을 대상으로 한 사회적 합의 과정을 통해 논의된 국민연금 개혁과제에 대해서는 진전이 거의 이루어지지 못하였다. 고령화가 심화되는 속에서 노인들의 소득보장과 빈곤해소를 위해 중요한 역할을 담당해야 할 국민연금이 노후 소득보장 강화 혹은 재정안정화 강화 중 어느 것으로 아직 방향을 제대로 설정하고 있지 못한 점은 미흡한 것으로 평가될 수 있다.

건강보험의 보장성 강화도 지속적으로 이루어지고 있지만 재정부담 한계로 인해 본래 목표로 한 70% 수준에 도달하지 못하고 있으며, 전국민 고용보험제도 도입을 천명했지만 단계적 도입으로 인해 여전히 노동자들이 실업으로 인한 생활고에서 벗어나지 못하는 점은 아쉬운 대목이라 할 수 있다. 빈곤층 지원에 있어서도 국민기초생활보장제도 부양의무자기준이 폐지되고 있지만 의료급여에서만은 여전히 유지되고 있다는 점 그리고 코로나19 극복을 위한 과정 속에서 드러난 생계급여 선정기준인 기준중위소득 30%를 벗어나면 현물서비스 이외 직접적 생계지원이 모두 단절된다는 점은 취약계층의 생활유지의 어려움을 가속화시키고 있다.

코로나19 방역조치 하나인 사회적 거리두기는 감염병 발생을 감소시키는데 기여하였지만, 돌봄 공백이라는 부정적 현상 역시 함께 드러나게 하였다. 노인, 아동, 장애인 등 사회취약계층에 대한 돌봄 공백은 정서적, 정신적으로 본인과 그 가족을 힘들게 한다는 점에서 사회적 거리두기와 병행하여 돌봄 공백을 최소화하기 위한 정책이 함께 제공되어야 했지만 이에 대한 정책적 배려가 부족했던 것은 향후 개선 사항으로 남아있다.

구분	현행유지방안	기초연금 강화방안	노후소득보장 강화방안 ①	노후소득보장 강화방안 ②
	소득대체율 40% 유지	소득대체율 40% + 기초연금 40만 원	소득대체율 45%	소득대체율 50%
기본 모형 (소득대체율)	국민 40% + 기초 12%[38](52%)	국민 40% + 기초 15%[39](55%)	국민 45% + 기초 12%(57%)	국민 50% + 기초 12%(62%)
국민연금 소득대체율	현행유지 ('28년까지 40%로 인하)	현행유지 ('28년까지 40%로 인하)	'21년 45%	'21년 50%
국민연금 보험료율	현행유지 (보험료율: 9%)	현행유지 (보험료율: 9%)	'31년 12% ('21년부터 5년마다 1%p씩 인상)	'36년 13% ('21년부터 5년마다 1%p씩 인상)
기초연금	'21년 30만 원	'21년 30만 원 '22년 이후 40만 원	'21년 30만 원	'21년 30만 원

출처: 보건복지부.

미래 사회 위기와 향후 과제

문재인 정부 들어 4년 간 사회정책 부문에서 많은 성과와 발전들이 이루어져 왔다. 위기가 기회라는 말처럼 위기를 극복하면서 많은 성과들을 도출해 낸 것이다. 하지만 여전히 한국 사회가 직면하고 있는 여러 문제들이 있으며, 사회정책 부문의 성과에도 불구하고 이를 극복해 내지 못하고 있다.

---

38 기초연금 강화방안에서 기초연금 40만 원 인상 시 소득대체율은 '22년 A값의 15%로 계산.

39 기초연금 30만 원은 '22년 국민연금 A값의 약 12%에 해당.

한국 사회가 짊어지고 있는 대표적인 문제를 네 가지 정도로 들 수 있다. 첫째 소득불평등과 양극화, 둘째 저출산 및 고령화 현상, 셋째 1인가구 증가에 따른 가족구조 변화, 넷째 미래 사회에 대한 불안감이다.

1998년의 경제위기를 극복하면서 나타난 노동시장 유연화 정책은 노동시장 이중구조라는 양극화 현상을 발생시켰으며, 이는 현재까지 소득분배 악화의 주요 원인으로 평가되고 있다. 노동시장 이중 구조는 임금 차별을 넘어 현재는 안전, 노동조건 차별 등 더 넓은 영역으로 확대되어 나가고 있지만, 이에 대한 개선은 미흡한 실정이다. 소수자, 비정규직, 장애인 등이 노동시장에서 경험하고 있는 차별을 시정하기 위한 정책 강화는 필연적이며, 노동시장에서 계속해서 발생하고 있는 산업재해로 인한 노동자들의 사고와 사망 등을 최소화하기 위한 노력도 필요하다.

지난 정부도 해소하지 못했고 현 정부 역시 문제 해결을 위한 답을 충분히 제시하지 못한 것이 저출산 현상이다. 2018년 합계출산율이 0.97명으로 처음 1.0명 이하로 감소한 이후 최근에는 출산율 저하가 더욱 심각해져 2021년 1분기 합계출산율은 0.88명까지 줄어들었다. 1981년 이후 가장 낮은 수준의 분기 합계출산율을 기록한 것이다. 연간 출생아 수가 30만 명 이하를 밑돌게 되면서 한국 사회의 지속가능 발전은 위기에 직면해 있으며, 출생아 수 감소는 반대로 고령층 비율이 늘어나는 고령화 현상을 가속화시키고 있다. 한국 노인빈곤 문제의 취약함 속에서 고령 인구의 증가는 미래 세대의 부담을 증가시키고 노인복지 지출 확대에 따른 세대 간 갈등을 유발할 수 있다. 따라서 저출산 극복을 통해 고령화 현상을 최소화하기 위한 강력한 정책적 수단이 필요하다.

(단위: 명, %)

구분	2015	2016	2017	2018	2019	2020
출생아수	2,985	-32,177	-48,472	-30,949	-24,146	-30,266
	0.7	-7.3	-11.9	-8.7	-7.4	-10.0
사망자수	8,203	4,932	4,707	13,286	-3,710	10,017
	3.1	1.8	1.7	4.7	-1.2	3.4

출처: 저출산고령사회위원회.

세 번째로 우리 사회는 빠르게 가족구조가 변하고 있다. 2015년 인구주택조사를 통해 1인가구가 최빈가구로 등장한 이후, 최근에는 전체 가구 중 1인가구 비중이 30% 수준까지 늘어났다. 1인가구의 증가는 기존 다인 가구 중심 사회구조를 소인 가구 중심 사회구조로 재편하는 전환을 가속화시키고 있다. 기존 전통 가부장 중심의 사회를 다양한 가족형태(비혼가구, 동거가구, 소수자 가구 등)가 함께 공존하는 사회로 전환해 나가는 상황이다. 하지만 현재의 사회정책은 다인 가구 중심으로 되어 있어 개인화, 서비스 강화 등 지원형태의 다양성을 적극 검토할 시점이다.

네 번째로 미래 사회에 대한 불안정에 충분히 대비해야 한다. 디지털 전환 가속화로 인한 산업 구조 변화가 크게 나타나고 있으며, 이에 적응하지 못한 비숙련 노동자 등에 대한 보호조치가 만들어져야 한다. 또한 기후위기가 점차적으로 현실화 되면서 기후위기로 인한 사회변화가 예상되고 있다. 기존의 사회정책 틀로는 변화가 예상되는 미래 사회에 충분히 대응할 수 없다. 다양화되고 계층화되고 있는 미래 사회의 문제를 적극적으로 해소하기 위한 발전전략이 필요하다.

2021년에 새로운 사회 현상이 나타나고 있다. 공정, 젠더 갈등, 세대 갈등 등이 심각해지고 있다. 기존에도 이들 갈등은 있었지만, 최근과 같이 주요한 사회 현상으로 대두되지는 못했다. 하지만 이제는 우리 사회가 필연적으로 해소해 나가야 할 공정, 갈등 문제로 나타나고 있으며, 현 정부 역시 남은 기간 공정, 젠더, 세대 갈등 해소 정책을 우선 순위에 두어야 할 것이다.

제29장

포용적 복지국가의 완성: 선 순환적 돌봄 경제

문진영 정책위 포용사회분과 위원장, 서강대학교 교수

근대사회의 두 축: 산업화와 민주화

우리나라 역사에서 2021년은 획기적인 해로 기억될 것이다. 7월, 유엔무역개발회의(UNCTAD)는 회원국의 만장일치로 우리나라를 개발도상국 그룹(A 그룹)에서 선진국 그룹(B 그룹)으로 지위를 변경하는 안건을 통과시켰다. 이러한 국가 지위의 상향 조정은 UNCTAD가 설립된 1964년 이후 첫 사례라고 한다. 물론 선진국이라는 개념 자체가 명확히 정의내릴 수 있는 것이 아니어서 사용 맥락에 따라 다르게 분류되기는 하나, 우리나라는 제3세계에서 선진국으로 진입한 유일한 나라로 평가받는다. 2020년 말 현재 우리나라의 국민총생산(GDP) 규모는 브라질과 러시아를 제치고 세계 10위의 경제 대국으로 부상하였고, 1인당 국민소득(GNI)은 G7 국가 중 하나인 이탈리아를 앞선 것으로 나타났다. 이러한 경제적 번영은 정치적 권리의 신장으로 발전하여, 1987년의 6월 항쟁을 통해 민주주의 체제로 이행하였고, 그로부터 30년 후인 2017년 평화로운 촛불혁명을 통해 주권이 국민에게 있음을 다시 확인하였다. 그 결과 우리나라는 2차 세계대전 이전 식민지 경험이 있는 나라로서는 유일하게 경제적 풍요와 더불어 민주적 질서를 정착시킨 선진국으로 제3세계 국가의 발전모델로 확고하게 자리 잡게 되었다.

산업화의 그늘

근대사회의 핵심 동력인 산업화는 그 자체로서 좋은 것이긴 하나, 대한민국이라는 공동체의 경제적 번영이 일상을 살아가는 국민 개개인에게 풍요롭고 안락한 생활을 보장하는 것은 아니다. 물론 유년 시절 발전주의 사고의 세례(洗禮)를 받았던 베이비부머 세대의 정신세계를 지배한 것은 "나라의 융성이 나의 발전의 근본(국민교육헌장, 1968)"이라는 것이다. 초등학생 시절 교실 뒷면을 도배하다시피 걸려있던 각종 표어들, 그 중에서도 대망의 1980년대가 되면 수출실적 100억 불에 일인당 국민소득 1,000불을 달성하여 우리도 선진국이 된다는 표어를 보면서, 나라의 발전이 개인의 행복으로 단선적으로 이어진다고 믿었다. 이러한 발전주의 사회 분위기에서 발전의 목적이 무엇인지, 발전의 과실을 어떻게 나누어야 하는지 묻는 것은 부질없는 짓으로 자칫 잘못하면 패가망신하기 일쑤이고, 일단 경제 규모를 키우는 것이 지상과제가 되었다. 하지만 일부 대기업의 약진으로 수출이 잘된다고 해서, 나의 개인적 삶이 나아진다는 보장은 어디에도 없었다.

그때나 지금이나 개인의 일상적인 삶은 여전히 힘들긴 마찬가지여서, 인간으로서 당연히 누려야 할 '저녁이 있는 삶'이 정치적 슬로건이 될 정도로 각박한 삶을 살고 있다. 한마디로 한국 사회는 직장과 가정에서 피곤하기 그지없는 '피로사회(한병철, 2012)'이고, 획일적 집단주의와 퇴행적 개인주의 사이에 압사당하는 '분노사회(정지우, 2014)'이자, 국내외의 재해에 무방비로 노출된 '불안사회(에르스트 디터 란터만, 이덕임 역, 2019)'로서, 그 결과 세계 최저의 출산율에 따른 인구 감소와 역사상 최고 수준의 부채, 그리고 부의 양극화로 더 이상 발전을 기대하기 어려운 '수축사회(홍성국, 2018)'로 전락하고 말았다.

내 삶을 책임지는 포용적 복지국가

이러한 점에서 2017년 촛불혁명을 거쳐서 집권한 문재인 정부가 '포용'을 국정운영의 키워드로 삼아 「내 삶을 책임지는 포용적 복지국가」를 표방한 것은 시의적절할 뿐 아니라 불가피한 측면이 있다. 지난 세기 압축적 산업화의 과정에서 무한경쟁 시스템이 우리 사회 시스템으로 내장되었고, 그 경쟁의 결과를 오롯이 개인의 몫으로 받아들이도록 학습되었다. 그러니 학교 성적이 나쁜 것도, 취업을 못하거나, 실직한 것도, 사업에 실패한 것도, 가정이 해체된 것도, 심지어는 몸이 아픈 것도 누구 탓도 아닌 내 탓이라 여기며 살아왔다. 소위 정글 자본주의라는 밀림에서는 나와 가족 이외 모든 사람은 잠재적인 경쟁자이기 때문에 생존을 위해서라도 협력과 연대보다는 상대방을 꺾고 내가 살겠다는 각자도생이 당연하게 여겨졌다.

이와 같이 개인주의적 경쟁문화가 팽배해 있는 우리나라에서 국가가 개인의 삶을 책임지겠다는 선언은 결코 가볍지 않다. 한마디로 국가와 시민의 관계에서 패러다임 변혁을 통한 새로운 지평을 보여주는 것이다. 예전처럼 공권력을 행사하는 국가가 규율을 만들고 여기에서 벗어나면 벌을 주는 강압적 존재가 아니라, 생활에서 지치고 힘들 때, 믿고 의지할 수 있는 삶의 자리를 기꺼이 내어줄 수 있는 따뜻한 집과 같은 존재가 되겠다는 의지의 표현이라고 할 수 있다. 지금으로부터 약 90년 전인 1932년 집권한 스웨덴 사민당은 국가는 국민들을 위한 좋은 집이 되어야 한다는 '국민의 집(Folkhemmet)'을 표방하였고, 이후 스웨덴 복지국가의 정신이자 지도원리가 되었다. 실질적으로 국민의 삶을 더 낫게 만드는 것은 추상적인 이념이나 정치구호가 아니라, 점진적으로 국민이 편하게 살 수 있는 사회로 만들어가는 사회 공학(Social Engineering)에 있다는 것을 스웨덴 복지국가는 웅변으로 보여주고 있다.

이러한 점에서 현 정부는 포용적 복지국가의 기틀을 마련하기 위해

[그림 3-17] 보건복지 정책에 청년의 목소리를 담는다(2021.05.03)

출처: 보건복지부.

서 다양한 정책적 노력을 다하고 있다. 대표적으로 2018년 9월 대통령 주재로 「포용국가 전략회의」를 들 수 있다. 이 회의에서 '혁신적 포용국가'를 현 정부의 정책적 중심과제로 설정하였고, 이후 2019년을 혁신적 포용국가의 원년으로 선언한 정부는 포용국가 사회정책 추진계획을 발표하여 현재까지 차근차근히 실천하고 있다. 그러면 앞으로 미래 한국 복지국가의 모습은 어떠하여야 하는가?

복지국가의 위계성

복지국가라는 보통명사에는 '포용적'이라는 수식어가 생략되어 있다고 보아야 한다. 복지국가를 표방하는 이상 사회적으로 배제되어 있거나 뒤처져 있는 사람을 국가가 보듬어 안아서(포용), 당당한 공동체의 일원으로 살아갈 수 있도록 도와야 하는 것은 당연하기 때문이다. 즉 포용의 과정은 우위에 있는 국가 기관이 열위에 있는 국민을 포용하여 이들의 사회적 기능을 정상(正常)으로 회복시키는 정상화(Normalisation)의 과정이라 할 수 있다. 마치 모든 것을 가진 엄마가 아무것도 갖지 않은 갓난아이를 포용하듯이, 절대적 우위에 있는 국가가 열위에 있는 국민의 삶을 책임지겠다는 것이다. 대신에 '합리적이고 자율적이며, 독립적이고 이해관계에 충실한 자족적인' 성인은 스스로 자신의 삶에 책임을 져야 한다는 것이 전제되어 있다.

이러한 위계성은 복지국가의 철학적 기반인 사회정의론에서 배태되었다. 즉 자유롭고 이성적인 개인 간 계약을 전제로 한 사회정의론에서 타인의 도움을 받아 살 수밖에 없는 돌봄 의존자나, 이들을 돌보아야 하는 돌봄 제공자는 주변화 되어 누군가에게 의존하여 살 수 밖에 없는 나약한 존재가 되었다. 하지만 사회정의론에서 설정한 합리적이고 책임감 있는 성인 남성 역시 어릴 때는 누군가의 돌봄을 받으며 성장하였고, 나이가 들어가면서 언젠가는 도움을 받을 수밖에 없는 취약하고 의존적인 존재이다. 사실 자본주의 사회의 표준적 인간상(像)은 허구적 초상일 뿐, 실제 인간은 평생 돌봄이 필요한 상호의존적이고 관계적 존재이다. 더 나아가 한 개인이 일생을 맺고 있는 돌봄 관계가 그 사람의 인간됨(Personhood)을 결정하기 마련이다. 이렇듯 모든 인간은 평생 돌봄의 주체이자 객체로서 돌봄을 주고받으려 살지만, 현재의 복지국가 시스템에서는 이를 공적 활동으로 인정하지 않고, 돌봄을 사적인 가족의 책임으로 전가하고 있다.

가정 내 돌봄 과정

[그림 3-18]은 한 사회에서 돌봄을 받으며 살 수밖에 없는 돌봄 의존자(B)와 이들을 돌봐야 하는 돌봄 제공자(A, 파생 의존자)가 가정 내 조달자(C, 주로 남성 가장)에게 의존해서 살 수밖에 없는 구조를 설명하고 있다. 돌봄이 오롯이 가정의 책임 하에 있는 이 구조에서 돌봄 제공자(A)는 돌봄 의존자(B)에게 돌봄을 제공해야하기 때문에 자신의 소질과 능력을 발휘할 수 있는 기회를 박탈당했고, 설사 직장생활을 하더라도 돌봄 부담이 없는 남성이나 독신 여성과의 경쟁에서 도태될 수밖에 없다. 즉 돌봄의 부담으로부터 자유로운 특권적 무책임(Privileged Irresponsibility, Tronto, 2013: 103-106)의 희생자가 될 수밖에 없다는 것

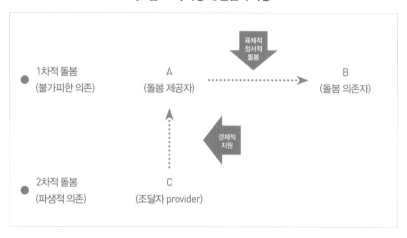

[그림 3-18] 가정 내 돌봄의 과정

육체적 정서적 돌봄

1차적 돌봄
(불가피한 의존)

A
(돌봄 제공자)

B
(돌봄 의존자)

경제적 지원

2차적 돌봄
(파생적 의존)

C
(조달자 provider)

이다.

따라서 돌봄 제공자(A)는 시장에서 돌봄서비스를 구매해야 하는 한편으로, 이런 희생을 치르고 직장생활을 하느니, 차라리 본인이 돌봄을 전담하면서 가정 내 조달자인 가장에게 복속되는 삶을 살아갈 수밖에 없게 된다. 특히 대학진학률 세계 1위인 우리나라에서 돌봄 제공자가 돌봄 부담으로 사회생활을 박탈당하는 것은 개인뿐 아니라 사회적으로도 커다란 손실이 아닐 수 없다

우리나라는 선진국을 모방하던 추격국가에서, 이제는 글로벌 스탠다드를 제시하는 선도국가로서 면모를 갖추고 있다. 하지만 사회정책의 차원에서는 아직 갈 길이 먼 것이 사실이며, 특히 돌봄 서비스는 여전히 오롯이 가족의 부담으로 남아있어서, 거의 대부분의 가정에 짙게 끼어있는 먹구름이라고 할 수 있다.

몇 가지 사례를 들자면 아이가 초등학교에 들어가면 돌봄 절벽에 가로 막혀, 엄마가 다니던 직장을 포기해야 하는 사례가 늘어나고 있다. 또한 집안 식구 중 한 사람이 입원하면, 보호자가 입원실에서 간병을 하거나 사적으로 간병인을 고용해야 한다. 6인실 입원실에는 모두 12명이 모여 숙실을 같이하고 있기 때문에 생활상의 불편은 물론이고 감염 등의 위험에 그대로 노출되어 있다. 또한 집안에 장애인이 있으면 가족 중 한 사람이 사회생활을 포기하고 온종일 장애인 돌봄에 매달리게 되며, 집안 어르신이 치매나 중증질환을 앓기라도 하면, 온 집안 식구가 전전긍긍하며 불안한 나날을 보내고 있다. 경제는 선진국으로 진입하였으나, 돌봄 서비스는 여전히 전근대적인 가족부양에 매달리고 있다.

이러한 가족 돌봄의 문제는 현재 우리 사회가 골머리를 앓고 있는 저출산 고령화 문제뿐만 아니라, 고질적인 세대 갈등, 계층 갈등, 젠더 갈등, 일자리 갈등의 원인이자 그 결과이라고 할 수 있다.

코로나19 이후 돌봄의 양극화

코로나19 이후 나타난 특징적인 사회 현상 중 하나는 소득 격차에 따라 돌봄 격차가 더욱 벌어지고, 이것이 다시 미래의 사회경제적 양극화로 고착될 가능성이 크다는 것이다. 특히 비대면 교육을 받아야 하는 초등학생의 경우, 부모의 보호와 지원 하에 안전한 집안에서 양질의 인터넷 교육을 받는 학생과 돌봄의 사각지대에서 끼리끼리 어울려 길거리를 배회하는 학생 간 학력 차이는 회복할 수 없을 정도로 커져 이후 생애과정에서 현격한 기회의 차이를 가져온다. 이러한 돌봄 서비스 격차에 따른 삶의 질의 차이는 입원 환자, 장애인, 그리고 노인

[그림 3-19] 중증장애인 경력채용 면접시험장 점검(2021.06.04)

출처: 인사혁신처.

등에서 더욱 크게 벌어진다.

따라서 돌봄의 사회화를 통해서 돌봄을 공적 시스템으로 제공하지 않으면, 돌봄 의존자는 물론이고 가족 내 돌봄 제공자에 대한 이중적인 차별과 배제는 지속적으로 일어날 수밖에 없다. 이제 돌봄서비스는 전근대적 가족 부담이나 시장의 상품이 아니라 우리 사회가 공동으로 책임지는 공적 서비스로 제공되어야 한다. 다시 말해 가족을 옭죄고 있는 돌봄 부담으로부터 개인을 해방시켜 사회의 당당한 일원으로 자신의 능력을 발휘하며 살 수 있는 기회를 제공하여야 한다. 또한 공적인 돌봄 서비스를 전문성을 갖춘 양질의 일자리로 창출하여 선순환적 돌봄 경제를 구축하여, 저출생 고령화 문제와 일자리 문제를 동시에 해결할 수 있는 계기를 마련하여야 한다.

선순환적 돌봄 경제

몇 년 전 필자는 덴마크의 코펜하겐에 있는 장애인 생활시설을 방문한 적이 있다. 중도 뇌병변 장애인 약 70명이 생활하는 이 시설에는 모두 230여 명이 일하고 있었는데 이들 대다수는 코펜하겐 시 소속의 공무원이었다. 이 중에는 직접 돌봄 서비스를 제공하는 케어 워커도 있었지만, 행정 실무를 보는 사람, 시설 관리하는 사람, 그리고 음악, 미술, 원예 등 다양한 프로그램을 진행하는 전문가도 있었다. 쉽게 말해 장애인 한 사람 당 약 3명의 일자리(+3)가 창출된 셈이고 경우에 따라서는 경증 뇌병변 장애인이 보호작업장에서 일할 수도 있다(+1). 그런데 만약 뇌병변 장애인에 대한 돌봄 부담이 가족에게 있다면, 가족 내 누군가는 일을 포기하고(-1) 돌봄에 매달리게 된다. 따라서 중도 뇌병변 장애인이 발생했을 때, 가족 부담으로 두는 것(-1)과 공공 서비스로 제공하는 것(+4) 사이에는 모두 5개의 일자리 차이가 나는 셈이다.

2020년 우리나라의 고용률은 65.9%로 OECD 평균에 못 미칠 뿐 아니라, 노르딕 복지국가인 스웨덴(75.5%), 노르웨이(74.7%), 덴마크(74.5%) 그리고 핀란드(72.2%)의 고용률과는 꽤 큰 차이가 있다(통계청). 이러한 고용률의 차이를 보이는 이유 중의 하나가 돌봄서비스의 공급 구조라 할 수 있다. 위에서 살펴본 바와 같이, 중도 뇌병변 장애인 한 사람이 발생했을 경우 가족의 부담이냐 아니면 국가의 공공 책임이냐에 따라 일자리 5개의 차이가 난다. 이러한 일자리의 차이는 중도 뇌병변 장애인에 대한 돌봄뿐 아니라, 전체 장애인 돌봄서비스에서도 나타난다. 우리나라에서 30대 이하 장애인 중 약 80%는 발달 장애인이다.

하지만 발달장애인에 대한 공공 지원 서비스는 턱없이 부족하여 부모가 평생 짊어져야 할 부담으로 남아있다. 만약 발달장애인을 포함한 중증 장애인에게 24시간 전문 서비스 지원체계가 구축된다면, 장애인은 보다 전문적인 서비스를 제공받을 수 있으며 부모는 장애인 돌봄으로부터 해방되어 사회생활을 할 수 있게 된다. 이러한 선순환 효과는 장애인 돌봄 외에도 초등생 방과 후 돌봄과 장기입원 환자 간호 간병 서비스, 그리고 노인 요양서비스 영역에도 기대되어, 당사자들은 전문적인 서비스를 받아서 삶의 질이 높아지는 한편으로, 집안의 돌봄 제공자는 돌봄 부담으로부터 해방되어 당당한 사회의 일원으로 사회생활을 할 수 있는 일석이조의 효과를 기대할 수 있다. 이제는 돌봄의 부담을 가족에게 전담시키는 전근대성에서 벗어나 우리 사회가 공동으로 책임을 나누어야할 때이다.

| 참고문헌 |

교육부·기획재정부, 2019, '돌봄부터 노후까지' 생애주기별 기본생활 보장-'포용국가 사회정책 추진계획.' 2019년 2월 19일.

통계청, e-나라 지표,'OECD 주요국의 고용률,' 검색일 2021년 9월 7일.http://www.index.go.kr/potal/stts/idxMain/selectPoSttsIdxSearch.do?idx_cd=4212&stts_cd=421202.

에루스트 디터·란터만, 2019, 『불안 사회』. 이덕임 역. 책세상.

정지우, 2014, 『분노 사회』. 이경.

한병철, 2012, 『피로 사회』. 문학과 지성사.

홍성국, 2018, 『수축 사회』. 메디치미디어.1

Tronto, J. 2013. Caring Democracy: Markets, Equality and Justice. New York: New York Univ. press.

제30장

예술인의 지위와 권리, 법으로 보장받다
: 〈예술인의 지위와 권리의 보장에 관한 법률〉
제정의 의미

이동연 정책기획위원회 지속가능사회분과 위원, 한국예술종합학교 한국예술학과 교수

예술인 지위와 권리, 왜 중요한가?

2021년 8월 31일 제390회 임시국회 본회의에서 「예술인의 지위와 권리의 보장에 관한 법률」(이하 예술인권리보장법)이 찬성 161표, 반대 1표, 기권 22표로 가결되었다. 문재인 정부의 문화정책 공약 1순위인 이 법 제정을 위해 현장 예술인들과 문화체육관광부(이하 문체부)의 오랜 분투가 마침내 결실을 보는 순간이었다. 법률 제목에 고스란히 담겨있듯이 이 법은 '법'이라고 칭하기엔 너무나도 상식에 가깝다. "예술인의 지위와 권리가 아직도 법적으로 보장받지 못했나요?", "모두 살기 힘든데 예술인들만을 위해 특별히 이런 법을 만들어야 하나요?", 예술인권리보장법은 3년간 많은 우여곡절 끝에 가까스로 제정되었고, 이 법이 만들어지게 된 그럴 만한 사정도 있다.

예술인들은 아직도 자신의 지위가 무엇인지 모르고 우리 사회도 예술인 권리가 무엇인지 잘 알지 못한다. 이 법 제정을 위해 오랫동안 현장 예술인들이 많은 토론을 벌였다. 때로는 구체적인 법조문 구성 과

정에서 현장 예술인들은 문체부와 국회 문화체육관광위원회 소속 여야 의원들과 의견 충돌을 벌이기도 했다. 법에 제정될 때까지 예술인들이 문체위와 법사위 소속 여야 의원들에게 지속적인 전화로 설득을 하고 수차례 의원실을 방문했다. 예술인의 지위와 권리를 법으로 정한다는 것은 매우 까다로운 문제이다. 이 법에서 정한 예술인의 정의와 예술인의 지위와 권리에 대한 사회적 합의가 더 필요한 사안이기도 하다. 그럼에도 이 법률이 제정된 마당에 예술인의 지위와 권리가 왜 중요한지를 다시 한 번 짚고 넘어가는 것은 여러모로 의미가 있다고 생각한다. 문재인 정부의 〈문화비전2030-사람이 있는 문화〉 추진 단장이자 이 법의 TF 위원장으로서 예술인권리보장법 제정을 위해 오래동안 고민했던 당사자로서 필자는 다음과 같은 세 가지가 중요하다고 생각한다.

[그림 3-20] '문화비전 2030-사람이 있는 문화' 기자회견장에서 멋글씨 퍼포먼스가 진행 중이다(2018.05.16).

출처: 문화체육관광부.

첫째, 예술인권리보장법은 블랙리스트 사태와 예술계 미투 사건이 계기가 되었다는 점을 간과해서는 안 된다. 문화예술계 블랙리스트와 미투라는 사태를 겪으면서 우리는 예술인의 지위와 권리에 대해 다시 한번 생각해보는 시간을 갖게 되었다. 박근혜 정부 하에서 자행된 예술계 블랙리스트 사태는 정치적으로 반대된 입장을 표명했다는 이유로 국가가 특정 예술인과 단체를 지원에서 대규모로 배제한 초유의 사건이다. 반면 예술계 미투는 특정 예술인이 위계 권력을 행사하여 자신에게 종속된 예술인을 성적으로 착취하거나 모욕을 주는 구조화된 젠더 폭력 사건을 의미한다.

블랙리스트의 관점에서만 보자면 예술인은 정치적 억압과 차별로부터 독립된 지위를 갖고 자율적 권리를 보장받는 것으로 충분할 수 있다. 그러나 미투 운동을 통해 예술인의 지위와 권리는 정치적 자유만으로는 충분하지 않다는 것을 알게 되었다. 예술계 미투 운동은 예술인의 지위와 권리에서 성희롱, 성폭력의 의미가 얼마나 심각한지, 성평등의 권리가 얼마나 중요한지를 각인시켜주었다. 이러한 문제들을 해결하기 위해 예술인권리보장법은 예술인의 표현의 자유 및 창작과 노동의 권리, 예술계 성희롱, 성폭력 사건들을 독자적으로 조사하고 처벌할 수 있는 법적 근거들을 마련하였다.

둘째, 포스트코로나 시대에 예술인의 노동과 생존에 대한 사회보장이 그 어느 때보다 중요해졌다. '한국예술총연합회'가 2020년에 조사한 「코로나19 사태가 예술계에 미치는 영향과 과제」 보고서에 따르면, 코로나19 사태로 인해 2020년 1월에서 4월 사이에 총 1,614건의 문화예술 행사가 취소되었고, 예술가의 88.7%가 수입이 급격하게 감

출처: 문화체육관광부.

소했다.[40] 공연예술 분야만 놓고 보면 같은 시기 공연예술의 매출액이
76.6%가 감소했다. 프리랜서 예술가 비율이 70%나 되는 공연예술 인
력들은 여전히 코로나19의 지속과 확산으로 극장이 폐쇄되면서 월수
입이 제로에 가까울 정도로 생계에 큰 어려움을 겪고 있다. '예술의전
당', '국립극장', '국립국악원', '세종문화회관' 등 국공립 극장들은 예
정된 공연프로그램을 취소하거나 온라인 중계로 대체했다. 지금은 철
저한 방역 하에서 객석의 50%만 개방하지만, 극장의 정상화는 여전히
먼 미래의 일 같아 보인다.

대학로 소극장과 홍대 인디클럽 같은 민간에서 운영하는 작은 규모

---

40 위 보고서에 따르면 예술인의 수입 감소를 물어보는 설문조사에서 서울은 100%, 경
남은 94.1%, 충남·전북은 93.3%로 응답을 했고, 코로나19 사태가 종료된 이후에도
수입에 변화가 없거나 감소할 것(84.1%)으로 예상했다.

의 공연장들은 '사회적 거리두기' 정책으로 인해 사실상 휴업을 선언하거나, 적자를 감수하면서 부분 운영을 하고 있다. 비단 공연예술만 그런 것은 아니다. 문학을 포함해 출판 분야[41]와 오프라인 전시 공간이 기본 플랫폼이 되는 미술관[42]도 또한 그렇다. 코로나19는 언제 끝날지 모르고 어떻게 지속될지 모른다. 그런 점에서 코로나19를 극복하는 예술계의 장기 계획이 필요하다. 예술인들의 노동권과 생존을 위한 사회보장의 근거들을 만들고 법으로 보호하는 것이 대표적인 정책과제이다.

셋째, 예술인권리보장법은 예술의 사회적 가치 확산을 위해 창작의 주체인 예술인의 지위를 이해하고 인정하는 계기를 마련해주었다. 예술인의 정의는 통상적으로 우리가 알고 있는 것보다 훨씬 폭넓게 이해해야 한다. 예술인은 통상 출판, 극장, 미술관 등에서 활동하는 창작자나 연주자로 한정해서 생각한다. 그러나 예술인은 예술 현장에서 일하는 기획, 제작, 기술, 홍보 등의 인력들도 포함한다. 1980년 10월, 유네스코는 제21차 총회에서 '예술인의 지위에 관한 권고'에서 예술인을 다음과 같이 정의했다. "예술인이란 예술 작품을 창작하거나 독창적으로 표현하고 혹은 이를 재창조하는 사람, 자신의 예술적 창작을 자기

---

41 출판계도 '작가와의 대화'와 같은 오프라인 모임이 잇달아 취소되고 여행 관련 서적 판매가 57%나 감소했다. 교보문고 측은 "매장 방문객이 이전보다 30% 이상 줄었고, 지난 설 이후 한 달간 전년대비 오프라인(바로 드림 서비스 포함) 매출은 약 15% 감소했다"면서 "반면, 전자책 등 온라인 매출은 12% 정도 증가했다"고 설명했다.(김기중, 「코로나19 사태 속 출판계, 그리고 이후의 출판계」, 『한국출판문화산업진흥원 웹진 〈출판N〉 Vol.8, 2020.03, 참고).

42 코로나19 확진자 확산 이후 국공립 미술관이 모두 휴관하고, 광주비엔날레 등 국내 주요 미술행사가 연기되었다. 코로나19로 인해 4월까지 취소된 공연 및 전시행사가 2,500건으로 피해액은 대략 600억 원으로 추산하고 있다(『월간미술』 4월호 참고).

생활의 본질적인 부분으로 생각하는 사람, 이러한 방법으로 예술과 문화발전에 이바지하는 사람, 고용되어 있거나 어떤 협회에 관계하고 있는지의 여부와는 상관없이 예술인으로 인정받을 수 있거나 인정받기를 요청하는 모든 사람을 의미한다."[43] 이렇듯 예술인의 정의는 매우 넓으며, 예술인의 지위 역시 그 정의에 근거하여 다면적으로 이해되어야 한다.

「예술인권리보장법」의 주요 내용

1. 목적과 예술인의 정의

예술인권리보장법의 주요 내용을 구체적으로 살펴보도록 하자. 예술인권리보장법은 총 5장, 41조와 부칙으로 구성되어 있다. 1장 총칙은 목적, 정의, 예술인의 지위와 권리에 대한 설명, 예술인의 역할, 국가의 책무 등을 명시하고 있다.

먼저 이 법의 목적은 크게 예술인의 권리보장과 성평등한 예술 환경 조성으로 요약할 수 있다. 제1조(목적)는 "예술 창작과 표현의 자유를 보호하고 예술인의 노동과 복지 등 직업적 권리를 신장하며, 예술인의 문화적·사회적·경제적·정치적 지위를 보장하고 성평등한 예술 환경을 조성하여 예술 발전에 이바지하는 것을 목적으로 한다"고 말하고 있다. 예술인의 지위에 있어 표현의 자유가 가장 중요하며, 그 자

---

43 캐슬린 김, 『예술법』, 학고재, 2013, 37쪽에서 재인용.

유의 바탕 하에 노동권과 복지권을 보장하는 것이 예술인 권리의 기본 축이다. 여기에 그동안 예술계에 만연해왔던 성희롱 및 성폭력을 근절하기 위해 조사와 처벌에 대한 독자적인 법적 근거를 마련한 것도 법 제정의 중요한 목적이다.

예술인권리보장법은 예술인의 정의를 폭넓게 정의하고자 노력하였다. 제2조 2항에는 예술인을 다음과 같이 정의한다.

> 가. 예술 활동을 업(業)으로 하여 국가를 문화적, 사회적, 경제적, 정치적으로 풍요롭게 만드는 데 공헌하는 사람으로서 문화예술 분야에서 창작, 실연(實演), 기술 지원 등의 활동을 하는 사람.
>
> 나. 예술 활동을 업(業)으로 하기 위하여 대통령령으로 정하는 바에 따라 교육·훈련 등을 받았거나 받는 사람.

[그림 3-22] 문화체육관광위 전체회의(2021.06.30)

출처: 연합뉴스.

이 정의에 따르면 예술인은 직업을 가지고 있는 사람뿐 아니라 전문 직업가로 성장하는 과정에서 교육과 훈련을 받는 자도 포함된다. 예술인의 지위를 인정하고 그 권리를 보장하는 데 있어 예비 예술인도 인정한다는 점이 진일보한 면이다. 또한 성희롱 성폭력에 쉽게 노출되어 있는 예술대학생들이나 청년예술인들이 처한 상황을 이 법이 고려했다는 점이 특징이다.

2. 예술 표현의 자유 보장

2장은 예술 표현의 자유를 보장하는 조항들로 구성되어 있다. 표현의 자유는 헌법이 보장하는 국민의 기본권이다. 예술인권리보장법은 헌법의 선언적 가치를 넘어 예술 현장에서 벌어질 수 있는 침해 사례들을 고려해서 표현의 자유 보장의 근거들을 만들었다. 이 법은 구체적으로 예술을 지원하는 과정에서 표현의 자유가 침해되어서는 안 된다는 점을 분명히 한다. 특히 제7조(예술의 자유의 침해금지)는 "예술 지원 기관이 예술인과 예술단체가 예술 활동을 하거나 전파하는 행위를 방해하면 안 된다"는 점을 명시했고, 제8조(예술지원사업의 차별금지)는 "국가기관 등 또는 예술지원기관의 예술 지원 사업에서 예술인이 합리적인 이유 없이 차별을 받지 아니할 권리"가 있음을 강조한다. 또한 제9조(예술지원사업의 공정성 침해 금지)는 "국가기관 등 소속 공무원 또는 예술 지원기관의 임직원은 정당한 이유 없이 예술 지원 사업에 있어 차별행위를 할 목적으로 예술인 또는 예술단체의 명단을 작성하거나 예술지원 기관에 작성을 지시하여 이를 이용 또는 이용에 제공하거나 이를 제공받아 이용하여서는 아니 된다"고 말하고 있다. 예술인권리보장법 제2장은 예술계 블랙리스트 사태로 인해 벌어진 지원의 차별과 배제를 위법한 행위임을 분명히 했다는 데 그 의의가 있다. 이는 헌법이 보장한 표현의 자유가 공공 지원의 과정에서 성별, 나이, 장애, 지역, 국적, 인종, 정치적 의견이 다르다는 이유로 배제되는 일이 없도록 법으로 그 침해의 부당성을 말한 것이라 할 수 있다.

3. 예술인의 직업적 권리보장

그동안 예술인의 권리는 추상적인 차원에서 불안정하게 보호받았다. 예술인의 권리가 구체적으로 무엇이고, 그 권리를 어떻게 주장하고 보호받을 수 있을지에 대해서도 충분하게 논의하지 못했다. 예술인에게 권리는 그저 본인이 스스로 찾아야 하는 것이고, 그 권리가 사회적으로 충분히 인정되지 않은 채 개인의 주관적인 요구로 간주되는 경우가 대부분이었다. 특히 예술인 활동을 하나의 직업행위로 간주하고 그 권리를 구체적으로 논의한 것은 극히 이례적인 경우에 불과했다. 예술인권리보장법은 그동안 모호한 채로 정리되지 않은 예술인의 직업상 권리를 법으로 보호하고 보장한다는 중대한 의미를 갖는다.

"예술인은 예술 활동과 그 성과에 대한 정당한 보상을 누릴 권리가 있다"는 제10조 1항의 조항은 너무 당연한 말이지만, 그동안 예술계 현장에서 충분하게 지켜지지 못했다. 정당한 보상의 내용과 수준도 제 각각 다르고, 공공 지원에 있어 예술인 사례비도 보장받지 못하는 경우도 많았다. 또한 예술인들은 개별적인 활동이 많기 때문에 자신들의 권리를 지키기 위해 단체를 결성할 수 있는 법적 권한을 갖지 못했다. 예술인권리보장법 제14조(예술인조합 활동방해의 금지)는 "특정 예술 활동에 관하여 특정 예술사업자 또는 예술 지원 기관과 계약을 체결하거나 계약 체결을 준비 중인 2명 이상의 예술인은 자신의 권리를 보호하기 위하여 예술단체를 결성"할 수 있는 권한을 보장한다. 따라서 소규모의 출판사, 극단, 음악 레이블, 댄스컴퍼니와 같은 예술단체 안에서 활동하는 예술인들이 자신들의 권리를 지키기 위해 단체결성권을 행사할 수 있는 법적 근거가 마련된 셈이다.

4. 성평등한 예술 환경의 조성

제4장에서는 예술인이 예술 활동 중 당할 수 있는 성적 차별과 폭력으로부터 보호받을 권리와 함께 스스로 그 권리를 침해하지 말아야하는 책임을 말하고 있다. 예술인은 성차별, 성폭력의 피해자일 수도 있지만, 가해자일 수도 있기 때문이다. 제16조 (성평등한 예술 환경의 조성)는 성차별, 성폭력으로부터 예술인이 보호받을 권리와 예술인 스스로 침해하지 말아야하는 책임을 다음과 같이 명시하고 있다.

①. 예술인은 예술 활동에 있어 성별에 따른 차별, 편견, 비하, 폭력 없이 인권을 동등하게 보장받고 성희롱·성폭력으로부터 보호받을 권리가 있다.
②. 예술인은 예술 활동 또는 예술교육 활동과 관련하여 다른 사람에 대하여 성희롱 또는 성폭력을 하여서는 아니 된다.

특히 16조 3항에서는 예술인이 아니더라도 예술인들을 고용한 자, 예술교육을 하는 자, 예술기관에 종사하는 자 등이 예술인에 대해 성희롱 및 성폭력을 행사할 경우 처벌할 수 있는 법적근거를 마련해 놓고 있다. 이런 조항이 필요한 이유는 예비 예술인들을 교육하는 각종 기관들에 종사하는 자나 예술인들을 행정 지원하는 기관에 종사하는 자들이 예술인들에게 성희롱 및 성폭력을 행사하는 경우가 그동안 예술계 현장에서 많았기 때문이다. 또한 4장에서는 성희롱 및 성폭력 예방·피해구제 지원 기관을 지정하고, 2년마다 성희롱·성폭력 관련 실태조사를 할 수 있게 법으로 정함으로써 국가가 해야 할 구체적인 실천들을 보완하고 있다.

5. 예술인 권리 구제를 위한 행정조직 구성

예술인권리보장법 제5장은 예술인의 창작의 권리가 침해되거나, 성희롱 성폭력의 피해를 입을 경우 이를 구제할 수 있는 구체적인 행정 지원 기구와 조직을 설명하고 있다. '예술인 권리보장 및 성희롱·성폭력 피해구제 위원회(이하 위원회)'가 대표적이다. 위원회의 주된 역할은 "예술인의 사회적 지위와 권리의 보장에 관련된 사항 및 예술 활동 또는 예술교육 활동에서의 성희롱·성폭력으로 인한 피해구제와 관련된 사항을 심의·의결"하는 것이다. 위원회는 구체적으로 '예술인의 지위와 권리보장 정책의 수립 및 시행에 관한 사항', '예술인 권리 침해 행위 신고사건에 관한 사항', '성희롱·성폭력 신고사건에 관한 사항' 등을 심의 의결할 수 있다. 위원회는 위원장 1명을 포함하여 15명 이내의 위원으로 구성되며, 위원은 예술 및 예술인의 권리보호, 공정거래, 성희롱·성폭력예방 분야 등에서 10년 이상의 경력이 있는 사람 및 관계 중앙행정기관 소속의 공무원 중에서 문화체육관광부 장관이 임

[그림 3-23] 코로나19의 어려운 상황 속에서도 예술 활동을 이어나가는 청년 예술인들의 목소리를 듣고 정책 대안을 모색하기 위해 간담회가 마련되었다(2021.03.25).

출처: 연합뉴스.

명하거나 위촉한다. 특정 위원의 성(性)이 10분의 6을 초과해서는 안 된다.

위원회와 함께 중요한 행정조직으로 법에 명시된 것이 예술인보호 관이다. 예술인보호관은 예술인의 지위와 권리의 보장을 위하여 소속 공무원을 예술인보호관으로 지정할 수 있다. 예술인보호관은 '예술인 권리침해행위 및 성희롱·성폭력에 관한 조사', '분쟁조정 지원', '예술인의 지위와 권리보장 정책의 수립 및 시행', '문화체육관광부 장관이 관장하는 예술인의 권리보호에 관한 업'을 수행하는 역할을 맡는다. 예술인보호관은 특정한 사람을 지칭하지만, 보호관 아래 예술인의 권리와 성희롱 및 성폭력 구제를 위한 실무를 담당하는 인원이 배치된다는 점에서 하나의 조직으로 이해할 수 있다. 중요한 것은 예술인의 권리를 보호하고 보장하는 실질적인 행정 지원에 있어서 위원회와 예술인보호관의 상호협력이 절대적으로 중요하다는 점이다. 위원회의 전문성과 예술인보호관의 행정력이 서로 조화를 이루어야만 이 법이 당초 목적으로 삼는 현장에서의 예술인 권리 보장이 실현될 수 있다.

예술인권리보장법의 실천 과제들

현장예술계의 오랜 숙원이었던 예술인권리보장법은 제정되었다. 이제 이 법이 제대로 실행될 수 있도록 1년 동안 시행령을 잘 만들어야 하는 과제가 남았다. 시행령 작업을 시작하기 전에 먼저 해야 할 일이 있다. 예술인권리보장법에 대해 아직도 현장예술인들은 자세히 알지 못한다. 무엇보다 예술인권리보장법의 취지와 배경, 예술인의 정의에 대한 이해, 예술인의 지위와 권리의 실질적인 내용, 예술인의 노동권 보장, 예술인 성차별 및 성폭력의 피해 구제와 처벌, 예술인 구제를 위한 위원회와 예술인보호관의 역할 등등을 현장에 있는 예술인들에게 잘 설명하여 많은 예술인들이 공감하는 실효성 있는 시행령을 마련해야 한다.

특히 예술인들의 창작과 노동의 권리를 보호하고 보장하는 과정에서 예술인들 스스로 주체이자 대상이 될 수 있다는 점을 주지할 필요가 있다. 예술인권리보장법은 앞서 설명했듯이 예술인의 피해에 대한 구제와 보호의 역할도 하지만, 예술인 스스로 다른 예술인들에게 피해를 주지 않도록 책임감을 갖게 하는 법이기도 하다. 특히 성희롱 및 성폭력과 같은 행위에 있어서 예술인들이 피해자가 될 수도 있지만 가해자가 될 수도 있기 때문에 이러한 이중적인 상황에 대해 현장예술인들에게 충분한 설명이 선행되어야 한다.

예술인권리보장법이 제정된 후에 각종 신고사례와 피해구제 절차가 진행될 때 사건의 당사자 간 서로 대립하거나 갈등 양상이 고조될 수 있어 이에 대한 사전 대비도 필요한 상황이다. 또한 이 법이 블랙리스트와 미투 사태로 인해 제정의 필요성이 제기된 것 뿐 아니라, 예술인 복지로는 해결할 수 없는 예술계 현장에 벌어지는 다양한 불공정, 갑질 피해 사례들을 구제하는 목적을 가지고 있다. 그런 점에서 창작 지원의 불합리한 불공정한 사례들, 창작 및 노동의 부당한 침해 사례들, 불공정계약에 대한 개인 및 단체행동, 성희롱 및 성폭력 사건 고발, 조사, 처벌의 일련의 과정 등에 있어 앞으로 특수한 현장 사례들에 대비하는 사전 시뮬레이션 작업이 필요하다.

[그림 3-24] 문화체육관광부는 방송, 게임, 애니메이션, 캐릭터, 만화, 음악, 공연 등 분야별 콘텐츠 산업의 종사자들에게 현장 이야기를 듣고 필요한 지원책을 논의하기 위해 자리를 마련했다(2021.04.13).

출처: 문화체육관광부.

현장 예술인들이 이 법의 모든 법조문을 다 지지하는 것은 아니다. 예술인권리보장법이 제정되기까지 현장 예술인들이 요구했던 사항들이 온전히 반영되었다고 보긴 어렵다. 특히 예술인 권리보장과 성희롱 및 성폭력을 다루는 두 위원회를 하나로 통합하거나, 예술인보호관의 지위를 공무원으로 한정한 것, 조사 대상 기관의 범위가 제한적이고, 위원회에 충분한 조사권이 부여되지 않는 점들이 앞으로 개선되어야 할 과제들이다.

그래도 예술인권리보장법이 더 늦지 않게 이번 임시국회에서 통과된 것은 그나마 다행이다. 이 법이 제대로 실행되기 위해서는 위원회의 전문성과 자율성을 잘 살리는 동시에 예술인보호관이 행정 편의주의에 빠지지 않고, 피해 구제에 적극 나서는 협치가 필요하다. 그리고 무엇보다 이 법 제정을 강력하게 요구했던 현장예술인들의 적극적인 관심과 참여가 절실하다.

제31장

정책기획위원회 2021년 하반기 중점 검토 과제
: 공공보건의료 강화

정백근 정책기획위원회 포용사회분과 위원, 경상국립대학교 의학과 교수

공공보건의료 강화에 대한 방향

문재인 정부는 출범 직후부터 공공보건의료 강화를 중요한 정책과제로 제시하였으나 이를 효과적으로 추진하지 못한 한계가 있다. 이에 대통령직속 정책기획위원회는 '공공보건의료 강화'를 2021년 하반기 중점 검토 과제로 설정하고 문재인 정부의 코로나19 대응정책을 포함한 공공보건의료정책을 비판적으로 검토·정리함으로써 향후 신종 감염병 대응 정책을 포함한 공공보건의료 강화 정책의 방향을 체계적으로 정립하기 위하여 '공공보건의료 강화정책 방향 설정을 위한 전문가 간담회'를 진행하였다.

문재인 정부가 출범 후 2017년 7월에 발표한 100대 국정과제 중 45번 과제가 '의료공공성 확보 및 환자 중심 의료서비스 제공'이었다. 이 과제의 주요 목표는 한마디로 공공보건의료 강화였고 주요 내용은 지역사회 기반 의료체계 구축, 의료격차 해소, 의료 공공성 강화, 감염병 관리체계 구축 및 운영 등이었다.

공공보건의료 강화를 중심으로 하는 45번 국정과제는 2018년 10

월 1일「공공보건의료 발전 종합대책」이라는 보건복지부의 정책으로 구체화되었다. '필수의료의 지역 격차 없는 포용국가 실현'이라는 비전 아래 4대 분야 12대 과제로 구성된 공공보건의료 발전 종합대책은 공공보건의료를 새로운 차원에서 해석하고 혁신적인 정책수단을 제시한 정책으로 평가받았다. 이후 2019년 11월 11일에는「믿고 이용할 수 있는 지역의료 강화대책」을 발표함으로써「공공보건의료 발전 종합대책」의 중요한 목표인 '필수의료 분야 건강 격차 완화'를 핵심 목표로 설정하고 '지역의료 자원 육성'과 '지역의료 협력 활성화'와 관련된 주요 과제를 제시하였다. 뿐만 아니라 코로나19 위기 상황이었던 2020년 12월 13일에는「감염병 효과적 대응 및 지역 필수의료 지원을 위한 공공의료체계 강화방안」을 발표함으로써 지역완결적 의료체계 확립을 위하여 중증 응급 및 중증 감염병 분야를 집중 지원하는 것을 중심으로 하는 '3대 분야 9대 주요정책'을 발표하였다. 새로운 정부가 출범한 후 굵직한 공공보건의료정책을 연속적으로 3가지나 발표한

[그림 3-25] 병상 확보 관련 공공의료 관계자 간담회(2021.12.30)

출처: 청와대.

것은 매우 이례적인 것으로서 이는 현 정부의 강력한 공공보건의료강
화 의지를 시사하는 것으로 해석되었다.

문재인 정부의 공공보건의료 정책의 차별점

실제로 문재인 정부의 공공보건의료 정책은 기존 공공보건의료 정
책들과는 몇 가지 측면에서 새롭고 혁신적인 차원들을 내포하고 있는
것으로 평가되고 있다.

첫 번째, 새로운 공공보건의료의 개념을 제시하였다. 공공보건의료
는 시장 실패로 인하여 보건의료서비스 제공이 취약한 영역을 대상으
로 하는 잔여적이고 보완적인 것이 아니라 국민의 생명·안전 및 기본
적 삶의 질을 보장으로 하는 필수의료라고 규정함으로써 모든 국민을
대상으로 하는 선제적이고 기본적인 것이라는 적극적 개념으로 전환
하였다. 동시에 응급·외상·심뇌혈관질환을 중심으로 하는 필수중증
의료, 산모 및 어린이를 대상으로 하는 의료, 장애인 대상 건강보건서
비스 및 재활, 지역사회 건강관리, 감염 및 환자안전을 필수의료의 중
요한 분야로 규정하였다.

두 번째, 책임의료기관이라는 새로운 정책수단을 제시하였다. 전국
을 17개 권역과 70개 중진료권으로 구분하고 각 권역과 중진료권에는
공공보건의료 협력체계의 총괄·조정, 필수의료서비스의 제공·연계를
통하여 지역 내에서 자체완결적으로 필수의료를 공급하는 역할을 하
는 책임의료기관을 지정·육성하기로 하였다. 또한 책임의료기관으로
서의 역할을 강화하기 위한 공공의료본부라는 새로운 조직을 설치·운

영하기로 하였고 현재 이를 추진 중에 있다.

세 번째, 공공병원의 양적 확충을 시도하였다. 중앙정부가 국가적 차원에서 공공보건의료체계를 강화하기 위한 목표 아래 공공병원 확충 계획을 구체적으로 제시한 것은 획기적인 것으로서 민간의료가 주도하는 우리나라 보건의료체계의 공공성을 강화하기 위한 보다 직접적인 전략을 기획한 것으로 평가할 수 있다.

네 번째, 지방정부의 책임과 역할을 강화하기 위한 대안들을 제시하였다. 시·도 차원의 중요한 공공보건의료 의사결정을 위한 시·도 공공보건의료위원회 설치·운영, 시·도 공공보건의료정책 지원을 위한 시·도 공공보건의료지원단 설치·운영 지원 등이 대표적인 방안이다. 이를 통하여 시·도 공공보건의료위원회 및 시·도 공공보건의료지원단을 중심으로 하는 의사결정체계와 책임의료기관을 중심으로 하는 실행체계가 권역 및 중진료권 내 공공보건의료 협력체계의 원활한 운영을 위하여 상호 협력할 수 있는 기반이 마련된 것이다.

공공보건의료 강화정책의 비판적 평가와 문제점

그러나 이상과 같은 정부의 공공보건의료 강화정책에 대해서는 비판적인 평가가 지배적이었다. 주요한 문제점은 다음과 같다.

첫 번째, 체계적인 예산 계획이 없다는 점이다.

「믿고 이용할 수 있는 지역의료 강화대책」에서 지방의료원 기능보강 예산 1,026억 원 확보 계획이 들어 있었던 것 외에는 체계적인 예산 계획이 빠져 있었다. 특히 코로나19로 인하여 공공의료 강화 필요성에 대한 시민사회의 지지가 그 어느 때보다 높았던 상황에서도 공공병원의 양적 확충 예산은 2021년도에도 전무하였다.

두 번째, 의사 인력 등 공공보건의료인력 양성과 관련된 구체적인 정책 추진이 없었다.

당초 정부는 지역 의료인력 부족을 해결하기 위하여 2022년 3월 개교를 목표로 국립공공의료대학원 설립을 계획하였었다. 시·도별로 학생을 일정 비율로 배분하고 적절한 역량을 갖춘 학생을 별도의 평가 체계로 선발한 후 국립중앙의료원을 교육병원으로 구축하고 국립병원과 지방의료원 등을 활용하여 공공의료에 특화된 교육을 실시할 예정이었다. 동시에 2019년부터 공중보건장학제도를 실시하여 장학금을 지급받은 기간과 동일하게 공공보건의료분야에 근무할 수 있는 인력을 양성하고자 하였다. 이후 정부는 의대정원 확대를 통한 지역의사제 실시 계획도 발표함으로써 다양한 정책수단을 통하여 의사인력을 중심으로 하는 공공보건의료 분야 인력을 확충하기 위한 계획을 제시하였다. 하지만 이런 조치에 대해 전공의를 중심으로 하는 의료계의 파업과 의과대학 학생들의 동맹 휴업이 발생하였고 2020년 9월 4일 보건복지부와 더불어민주당은 대한의사협회와 각각 합의문과 정책협약 이행 합의서를 공유하면서 코로나19 상황이 안정화될 때까지 관련 논의를 중단하고 이후 협의체를 구성하여 논의하는 것으로 일단락되었다. 이와 함께 국립공공의료대학원 설립 등 공공보건의료분야 의사인력 확충 등과 관련된 정책 추진은 중단된 상황이다. 이와 관련하여 일각에서는 의료의 취약성으로 고통 받고 있는 시민사회 당사자들이 배제된 상태에서 의정합의를 통해서 공공보건의료인력 양성 정책을 논의하고 추진하는 것은 의사결정의 민주성과 공공성에 부합하지 않는다고 비판하였다. 공중보건장학의 시범사업 역시 모집 정원을 지속적으로 채우지 못하고 있어 활성화 방안을 마련해야 하는 상황에 직면하고 있다.

세 번째, 중앙정부 차원의 거버넌스 구축에 대한 계획과 실행에 문제가 많았다.

정부는 공공보건의료에 관한 법률 개정을 통하여 공공보건의료정책심의위원회를 구성·운영할 예정으로 있으나 중앙정부와 지방정부 간 협력, 분야별 협력을 구체화할 수 있는 기전을 마련하지 못하였다. 또한 국무조정실 산하 범부처 공공병원 협의체를 구성하였으나 실질적으로 가동시키지 못하였고 보건복지부 내 분산된 공공보건의료 관련 정책 및 사업을 연계·통합하고 공중보건과 공공의료 간 협력을 구현할 수 있는 조직 개편을 검토하겠다고 하였으나 실질적인 개편은 없었다.

네 번째, 시·도의 책임 및 권한 강화와 관련하여 시·도의 공공보건의료 의사결정 및 실행의 자율성을 확대하기 위한 구체적인 계획이 없었다.

문재인 정부에서는 공공보건의료에 대한 시·도의 책임 및 권한 강화를 강조하였고 공공보건의료에 관한 법률 개정을 통하여 시·도 공공보건의료위원회 설치 및 운영의 법적 근거를 확보하였다. 시·도 공공보건의료위원회는 시·도 차원의 공공보건의료 의사결정기구로서 여러 가지 역할을 부여 받았으나 의사결정을 실행할 수 있는 행정적 재정적 권한을 이전하기 위한 중앙정부의 구체적인 계획이 없는 상황이다. 결국 광역지방정부는 책임과 역할은 부여 받았지만 이를 구현하기 위한 권한과 자원은 받지 못한 상황이다. 이런 한계는 시·도 공공보건의료위원회를 유명무실한 또 하나의 위원회로 만들 수 있다는 지적이 많다.

이런 문제점들에 대한 사회적 비판이 지속되는 과정에서 정부는 공공보건의료 중장기 계획인 제2차 공공보건의료 기본계획을 발표하였다. 많은 전문가와 시민노동단체들은 제2차 공공보건의료 기본계획이 지금까지 제기된 모든 사회적 비판과 우려를 반영한 보다 혁신적이고 과감한 공공보건의료 강화정책의 청사진이기를 기대하였다. 하지만 결과적으로 제2차 공공보건의료 기본계획은 예산 계획이 수립되는 등 일부 개선된 사항도 있으나 공공병원 양적 확충과 관련된 소극적 의지, 불분명한 공공보건의료 인력확충 계획, 중앙 및 지방 차원의 공공보건의료 거버넌스 상의 문제점을 해결할 수 있는 전략 미흡 등 기존 공공보건의료 정책의 내용과 추진과정 상의 한계와 문제점을 그대로 답습하고 있다는 평가를 받았다. 급기야 전국보건의료노조는 조속한 감염병 전문병원 설립, 전국 70개 중진료권마다 공공의료 확충, 공공병원 시설 및 인력 확충 등을 내세우며 파업을 선언하였다. 그러나 2021년 9월 2일 보건복지부와 보건의료노조 간 노정합의가 이루어짐으로써 현재 합의 사항을 추진 중에 있다.

공공보건 의료 강화 추진 목표

이러한 상황 속에서 정책기획위원회는 '공공의료 선진화'를 2021년 하반기 정책기획위원회 중점 검토 과제로 설정하였는데 이는 문재인 정부가 약속한 공공보건의료 강화 성과가 미흡했다는 평가에 기반하여 이후 정책 방향을 모색하기 위한 노력에 불과하다. 이와 관련하여 정책기획위원회 포용사회분과에서는 보건의료 소분과를 중심으로 '공공보건의료 강화정책 방향 설정을 위한 전문가 간담회'를 진행하였다. 이 간담회는 문재인 정부의 공공보건의료정책을 비판적으로 검토 및 정리하고 향후 공공보건의료강화 및 신종감염병 대응 정책방향을 체계적으로 설정하는 것을 주요 목표로 하였는데 이를 구체적으로 정리하면 다음과 같다.

첫 번째, 문재인 정부의 공공보건의료정책 및 코로나19 대응 보건의료정책의 한계와 문제점을 정리하고 이를 극복하기 위한 정책 방향을 설정한다.

두 번째, 공공보건의료 핵심 자원인 시설 및 인력 확충 방안을 마련한다.

세 번째, 공공보건의료 자원 확충을 위한 재원조달 방안과 정책 추진 거버넌스의 구축 방안을 마련한다.

네 번째, 코로나19 대응을 위한 방역체계와 진료체계를 비판적으로 검토하고 향후 신종 감염병 대응을 위한 방역체계 및 진료체계의 개편 방안을 마련한다.

이상의 4가지 세부 목표를 주제로 설정하여 총 4차례의 전문가 간담회를 2021년 10월 28일, 11월 10일, 11월 25일, 12월 9일 개최하였다. 1차 간담회에서는 문재인 정부 공공보건의료정책과 코로나19 대응정책에 대한 비판적 평가와 극복방향, 2차 간담회에서는 공공보건의료 시설 및 인력 확충 방안을 다루었다. 이후 3차 간담회와 4차 간담회에서는 공공보건의료 재원조달 및 거버넌스 개선 방안, 신종 감염병 보건의료 대응체계의 문제점과 개선방안을 각각 다루었다.

정책기획위원회는 4차에 걸친 간담회 결과를 정리하여 문재인 정부와 이후 정부가 추진할 공공보건의료 강화정책의 방향을 정립함으로써 필수의료의 지역 격차 완화를 통한 지역 간 건강 및 의료이용의 불평등 해소, 신종 감염병 대응을 위한 보건의료체계 공공성 강화 등과 관련된 정책 수립의 기본 틀을 제시하고자 한다.

문재인 정부의 공공보건의료정책의 내용과 추진과정에서 문제점이 없었던 것은 아니지만 현 정부는 공공보건의료의 개념을 선제적이고 기본적인 필수의료라는 적극적 개념으로 전환하고 지역 간 필수의료 격차 완화라는 공공보건의료의 목표를 새롭게 정립하였다. 또한 공공보건의료의 목표를 달성하기 위하여 전국을 권역과 중진료권으로 나누고 각 진료권을 담당하는 책임의료기관이라는 혁신적 정책수단을 지정·운영·확산하고 있고 중앙과 시도 차원의 의사결정 거버넌스와 실행 거버넌스를 구축하기 위한 노력을 진행하고 있다.

이번 전문가 간담회를 통해 제시될 공공보건의료 강화 정책 방향은 이상과 같은 문재인 정부 공공보건의료 정책의 성과를 계승하는 동시에 문제점을 개선할 구체적인 정책 대안이 마련될 것으로 기대한다. 이를 통하여 국민들의 필수의료 이용으로 인한 고통과 문제점을 해결하고 지역 간, 사회계층 간 건강불평등을 해소하고 모든 국민의 차별 없는 건강증진을 구현하는 공공보건의료체계가 만들어질 수 있기를 바란다.

국정과제협의회 정책기획시리즈 20

국정의 상상력 I

발행일	2022년 03월 30일
발행인	조대엽
발행처	**대통령직속 정책기획위원회**
	서울특별시 종로구 세종대로 209 정부서울청사 13층
	대통령직속 정책기획위원회 (02-2100-1499)
판매가	27,000원
편집·인쇄	경인문화사 031-955-9300
ISBN	979-11-978306-6-2 93300

Copyright@대통령직속 정책기획위원회, 2022, Printed in Korea